契約法を考える

山城一真

日本評論社

はしがき

　本書の原型は、「契約法を考える」として、法学セミナー795号〜824号（2021年〜2023年）に連載された拙論である。書籍化にあたり、同誌784号（2020年）に掲載された「『契約とは何か』を考える」と題する論文（の原型）を序章として収録した。

　これらは、契約法を考えるために重要ではないかと私が感じることを伝えたいという気持ちで執筆された。それをまとめた本書は、学生向けの書籍である。しかし、こんな本を読む学生がいるのかという疑問が生じそうだから、私の心算を弁明しておきたい。

　学生であったころ、私は、日々の授業に出席し、あとは独り本を読んで勉強に取り組んでいた。その過程で最も楽しかったのは、学術論文とはいえないにせよ、教科書よりも一歩進んだ解説で、著者の——時に冒険的な——考えに接した時であった。そのことを想い起こし、連載に臨んでは、かつての自分に語りかけるような気持ちで執筆に取り組みたいと考えた。そうして私なりにおいしいところを選りすぐった結果が、すなわちこれである。

　こういったところで、結局、照準の定め方がおかしい気はするし、かつての自分のような孤独な学修者にとって本書がよい導きとなるかも心許ない。書き進めて力不足を感じた点も多く、書籍化の機会にまで恵まれたのに、なお誤りを犯してはいないかとも心配している。こうして不安は尽きないが、本書を手に取ってくださった方の興味を惹くところが一条でもあれば、望外の喜びである。

　連載のお誘いを受けたのは、在外研究から戻ってまだ1年に満たない時であった。連載にあたり、蛮勇を奮って自分の考えを述べようと思ったのも、在外研究中の経験によるところが大きい。とりわけ、親しく議論する機会に恵まれたレミー・リブシャベール（Rémy Libchaber）教授（パリ第1大学）、フロラン・マソン（Florent Masson）教授（当時パリ第1大学講師、現ヴァランシエンヌ大学）への感謝は、言葉に尽くせない。

　加えて、多くの方々が、連載中には草稿を送ることをお許しくださり、連

i

載終了後には原稿の見直しのために行ったセミナーにお付き合いくださった。ご意見や励ましをくださったすべての方への謝意を記したい。

　最後に、連載と本書刊行にあたっては、法学セミナー編集部の晴山秀逸さん（現東京大学出版会）、小野邦明さん、市川弥佳さんからお力添えをいただいた。連載のご依頼をいただいた時は、契約法の仕事をくださって本当にありがたいと感じた。このような機会を恵んでくださったことに、心からの感謝を申し上げたい。

2024 年 7 月

山城一真

凡 例

■条文の参照

民法の規定を参照する際には、紛れが生じない限りは法令名を示さない。

法令名は、巻末の法令索引に示した略称を用いて指示することがある。

■体系書・概説書

秋山ほか・物権	秋山靖浩ほか『物権法（日評ベーシック・シリーズ）』（日本評論社、第三版、2022年）
アルマ契約	山本豊＝笠井修＝北居功『民法5 契約』（有斐閣、2018年）
淡路・債権総論	淡路剛久『債権総論』（有斐閣、2002年）
幾代・総則	幾代通『民法総則』（青林書院新社、第二版、1984年）
石坂・債権総論上	石坂音四郎『日本民法 債権総論上巻』（有斐閣書房、1911年）
石坂・債権総論中	石坂音四郎『日本民法 債権総論中巻』（有斐閣書房、1913年）
石田（喜）編・総則	石田喜久夫編『現代民法講義I 民法総則』（法律文化社、1985年）
石田（喜）・物権	石田喜久夫『口述物権法』（成文堂、1982年）
石田穣・総則	石田穣『民法総則』（信山社、2014年）
石田穣・物権	石田穣『物権法』（信山社、2008年）
石田穣・契約	石田穣『民法V（契約法）』（青林書院新社、1982年）
磯谷・債権各論下	磯谷幸次郎『債権法論（各論）下巻』（巌松堂書店、1929年）
稲本・物権	稲本洋之助『民法II（物権）』（青林書院新社、1983年）
内田・民法I	内田貴『民法I 総則・物権総論』（東京大学出版会、第四版、2008年）
内田・民法III	内田貴『民法III 債権総論・担保物権』（東京大学出版会、第四版、2020年）
梅・総則	梅謙次郎『民法要義 巻之一 総則編』（有斐閣書房、1911年（1984年復刊））
梅・債権	梅謙次郎『民法要義 巻之三 債権編』（有斐閣書房、1912年（1984年復刊））

江頭・商取引法	江頭憲治郎『商取引法』（弘文堂、第九版、2022 年）
近江・総則	近江幸治『民法総則』（成文堂、第七版、2018 年）
近江・物権	近江幸治『物権法』（成文堂、第四版、2020 年）
近江・債権総論	近江幸治『債権総論』（成文堂、第四版、2020 年）
大村・消費者法	大村敦志『消費者法』（有斐閣、第四版、2011 年）
大村・総則	大村敦志『新基本民法 1 総則編』（有斐閣、第二版、2019 年）
大村・契約	大村敦志『新基本民法 5 契約編』（有斐閣、第二版、2020 年）
大村・読解総則	大村敦志『民法読解 総則編』（有斐閣、2009 年）
岡松・民法理由上・下	岡松参太郎『註釈民法理由 上巻・下巻』（有斐閣書房、1897 年）
岡松・法律行為論	岡松参太郎『法律行為論』（有斐閣書房、1914 年）
奥田・債権総論	奥田昌道『債権総論』（悠々社、増補版、1992 年）
於保・総則	於保不二雄『民法総則講義』（有信堂、1951 年）
於保・物権上	於保不二雄『物権法（上）』（有斐閣、1966 年）
於保・債権総論	於保不二雄『債権総論』（有斐閣、新版、1972 年）
笠井＝片山・債権各論	笠井修＝片山直也『債権各論 I〔契約・事務管理・不当利得〕』（弘文堂、2008 年）
加藤・総則	加藤雅信『新民法大系 I 民法総則』（有斐閣、第二版、2005 年）
加藤・債権総論	加藤雅信『新民法大系 III 債権総論』（有斐閣、2005 年）
加藤・契約	加藤雅信『新民法大系 IV 契約法』（有斐閣、2007 年）
河上・総則	河上正二『民法総則講義』（日本評論社、2007 年）
川島・総則	川島武宜『民法総則』（有斐閣、1965 年）
川名・総論	川名兼四郎『日本民法総論』（金刺芳流堂、1912 年）
川名・債権	川名兼四郎『債権法要論』（金刺芳流堂、1915 年）
北川・総則	北川善太郎『民法総則』（有斐閣、第二版、2001 年）
北川・債権総論	北川善太郎『債権総論』（有斐閣、第三版、2004 年）
北川・債権各論	北川善太郎『債権各論』（有斐閣、第三版、2003 年）
来栖・契約	来栖三郎『契約法』（有斐閣、1974 年）
近藤・註釈（総則）	近藤英吉『註釋日本民法（総則編）』（巌松堂書店、1932 年）
佐久間・総則	佐久間毅『民法の基礎 1 総則』（有斐閣、第五版、2020 年）
佐久間・物権	佐久間毅『民法の基礎 2 物権』（有斐閣、第三版、2023 年）

潮見・債権総論 I	潮見佳男『新債権総論 I』（信山社、2017 年）
潮見・債権総論 II	潮見佳男『新債権総論 II』（信山社、2017 年）
潮見・契約各論 I	潮見佳男『新契約各論 I』（信山社、2021 年）
潮見・契約各論 II	潮見佳男『新契約各論 II』（信山社、2021 年）
潮見・プラ	潮見佳男『プラクティス民法 債権総論』（信山社、第五版補訂、2020 年）
司研・1 巻	司法研修所『増補 民事訴訟における要件事実 第一巻』（法曹会、1986 年）
司研・類型別	司法研修所編『紛争類型別の要件事実』（法曹会、四訂、2023 年）
司研・起案の手引き	司法研修所編『10 訂 民事判決起案の手引（補訂版）』（法曹会、2020 年）
七戸・物権 I	七戸克彦『物権法 I 総論・占有権・所有権・用益物権』（新世社、2013 年）
品川・契約上	品川孝次『契約法 上巻』（青林書院、補正版、1995 年）
四宮＝能見・総則	四宮和夫＝能見善久『民法総則』（弘文堂、第九版、2018 年）
末川・契約上	末川博『契約法 上（総論）』（岩波書店、1958 年）
末川・契約下	末川博『契約法 下（各論）』（岩波書店、1975 年）
鈴木・物権	鈴木禄弥『物権法講義』（創文社、五訂版、2007 年）
鈴木・債権	鈴木禄弥『債権法講義』（創文社、四訂版、2001 年）
田島ほか・注釈（契約総論）	田島順ほか『註釋日本民法（債権編 契約総論）』（巌松堂書店、1937 年）
田山・物権	田山輝明『物権法』（成文堂、2012 年）
辻・総則	辻正美『民法総則』（成文堂、1999 年）
土田・労働契約法	土田道夫『労働契約法』（有斐閣、第二版、2016 年）
外岡・親族	外岡茂十郎『親族法概論』（敬文堂、増訂、1931 年）
富井・総論	富井政章『民法原論 第一巻 総論』（有斐閣、1922 年（1985 年復刊））
富井・物権	富井政章『民法原論 第二巻 物権』（有斐閣、1923 年（1985 年復刊））
富井・債権総論	富井政章『民法原論 第三巻 債権総論上』（有斐閣、1929 年（1985

年復刊））

道垣内・担保物権	道垣内弘人『担保物権法』（有斐閣、第四版、2017年）
中川・相続	中川善之助（泉久雄補訂）『相続法』（有斐閣、第四版、2000年）
中島・釈義総則	中島玉吉『民法釈義 巻之一 総則篇』（金刺芳流堂、1911年）
中島・釈義親族	中島玉吉『民法釈義 巻之四 親族篇』（金刺芳流堂、1937年）
中田・債権総論	中田裕康『債権総論』（岩波書店、第四版、2020年）
中田・契約	中田裕康『契約法』（有斐閣、新版、2021年）
永田ほか・入門＝総則	永田眞三郎ほか『民法入門・総則（エッセンシャル民法1）』（有斐閣、第五版補訂版、2023年）
仁井田・親族相続	仁井田益太郎『改訂増補 親族法相続法論』（有斐閣書房、1919年）
西原・商行為法	西原寛一『商行為法』（有斐閣、第三版、1973年）
野澤・債権総論	野澤正充『債権総論 セカンドステージ債権法II』（日本評論社、第四版、2024年）
野澤・契約	野澤正充『契約法 セカンドステージ債権法I』（日本評論社、第四版、2024年）
服部・商法総則	服部榮三『商法総則』（青林書院新社、第三版、1983年）
鳩山・民法総論	鳩山秀夫『増訂改版 日本民法総論』（岩波書店、1930年）
鳩山・債権総論	鳩山秀夫『増訂改版 日本債権法（総論）』（岩波書店、1925年）
鳩山・債権各論上	鳩山秀夫『増訂 日本債権法各論（上巻）』（岩波書店、1924年）
鳩山・債権各論下	鳩山秀夫『増訂 日本債権法各論（下巻）』（岩波書店、1924年）
林ほか・債権総論	林良平（安永正昭補訂）＝石田喜久夫＝高木多喜男『債権総論〔第三版〕』（青林書院、1996年）
平井・債権総論	平井宜雄『債権総論』（弘文堂、第二版、1994年）
平井・契約総論	平井宜雄『債権各論I上 契約総論』（弘文堂、2008年）
平野・総則	平野裕之『民法総則』（日本評論社、2017年）
平野・債権総論	平野裕之『債権総論』（日本評論社、第二版、2023年）
平野・契約	平野裕之『債権各論I 契約法』（日本評論社、2018年）
広中・綱要	広中俊雄『新版民法綱要 第一巻 総論』（創文社、2006年）
広中・物権	広中俊雄『物権法』（青林書院、第二版増補、1987年）
広中・債権各論	広中俊雄『債権各論講義』（有斐閣、第六版、1994年）

舟橋・総則	舟橋諄一『民法総則』（弘文堂、1954 年）
舟橋・物権	舟橋諄一『物権法』（有斐閣、1960 年）
星野・概論III	星野英一『民法概論III』（良書普及会、1978 年）
穂積・親族	穂積重遠『親族法』（岩波書店、1933 年）
前田・債権総論	前田達明『口述債権総論』（成文堂、第三版、1993 年）
松岡・物権	松岡久和『物権法』（成文堂、2017 年）
水町・労働法	水町勇一郎『詳解労働法』（東京大学出版会、第三版、2023 年）
三宅・契約総論	三宅正男『契約法（総論）』（青林書院新社、1978 年）
三宅・契約各論上	三宅正男『契約法（各論）上巻』（青林書院新社、1983 年）
三宅・契約各論下	三宅正男『契約法（各論）下巻』（青林書院、1988 年）
薬師寺・総論	薬師寺志光『改訂日本民法総論新講 上巻・下巻』（明玄書房、1967 年）
山野目・総則	山野目章夫『民法概論1 民法総則』（有斐閣、第二版、2022 年）
山野目・債権各論	山野目章夫『民法概論4 債権各論』（有斐閣、2020 年）
山本・総則	山本敬三『民法講義I 総則』（有斐閣、第三版、2011 年）
山本・契約	山本敬三『民法講義IV-1 契約』（有斐閣、2005 年）
柚木＝高木・担保物権	柚木馨＝高木多喜男『担保物権法』（有斐閣、第三版、1982 年）
柚木・契約総論	柚木馨『債権各論（契約総論）』（青林書院、1956 年）
横田・物権	横田秀雄『改版増補 物権法 全』（清水書店、1909 年）
吉田・物権III	吉田克己『物権法III』（信山社、2023 年）
我妻・総則	我妻榮『新訂 民法総則（民法講義I）』（岩波書店、1965 年）
我妻・物権	我妻榮（有泉亨補訂）『新訂 物権法（民法講義II）』（岩波書店、1983 年）
我妻・担保物権	我妻榮『新訂 担保物権法（民法講義III）』（岩波書店、1968 年）
我妻・債権総論	我妻榮『新訂 債権総論（民法講義IV）』（岩波書店、1964 年）
我妻・債権各論上	我妻榮『債権各論 上巻（民法講義 V1）』（岩波書店、1954 年）
我妻・債権各論中一	我妻榮『債権各論 中巻一（民法講義 V2）』（岩波書店、1957 年）
我妻・債権各論中二	我妻榮『債権各論 中巻二（民法講義 V3）』（岩波書店、1962 年）
Legal Quest 契約	曽野裕夫ほか『Legal Quest 民法IV 契約』（有斐閣、2021 年）

■コンメンタール

注民⑷	於保不二雄編『注釈民法⑷ 総則⑷』（有斐閣、1967 年）
注民⑾	西村信雄編『注釈民法⑾ 債権⑵』（有斐閣、1965 年）
新版注民⑴	谷口知平＝石田喜久夫編『新版注釈民法⑴ 総則⑴』（有斐閣、改訂版、2002 年）
新版注民⑶	川島武宜＝平井宜雄編『新版注釈民法⑶ 総則⑶』（有斐閣、2003 年）
新版注民⑷	於保不二雄＝奥田昌道編『新版注釈民法⑷ 総則⑷』（有斐閣、2015 年）
新版注民⑹	舟橋諄一＝徳本鎮編『新版注釈民法⑹ 物権⑴』（有斐閣、補訂版、2009 年）
新版注民⑺	川島武宜＝川井健編『新版注釈民法⑺ 物権⑵』（有斐閣、2007 年）
新版注民⑽Ⅰ	奥田昌道編『新版注釈民法⑽Ⅰ 債権⑴』（有斐閣、2003 年）
新版注民⒀	谷口知平＝五十嵐清編『新版注釈民法⒀ 債権⑷』（有斐閣、補訂版、2006 年）
新版注民⒄	鈴木禄弥編『新版注釈民法⒄ 債権⑻』（有斐閣、1993 年）
新注民⑴	山野目章夫編『新注釈民法⑴ 総則⑴』（有斐閣、2018 年）
新注民⑸	小粥太郎編『新注釈民法⑸ 物権⑵』（有斐閣、2020 年）
新注民⑻	磯村保編『新注釈民法⑻ 債権⑴』（有斐閣、2022 年）
新注民⒁	山本豊編『新注釈民法⒁ 債権⑺』（有斐閣、2018 年）
新注民⒂	窪田充見編『新注釈民法⒂ 債権⑻』（有斐閣、2017 年）
新注民⒆	潮見佳男編『新注釈民法⒆ 相続⑴』（有斐閣、第二版、2023 年）
改正債権法 コンメンタール	松岡久和＝松本恒雄＝鹿野菜穂子＝中井康之編『改正債権法コンメンタール』（法律文化社、2020 年）

■解説・演習書

磯村・改正債権法	磯村保『事例でおさえる民法 改正債権法』（有斐閣、2021 年）
森田・文脈	森田修『「債権法改正」の文脈——新旧両規定の架橋のために』（有斐閣、2020 年）
森田・深める	森田宏樹『債権法改正を深める——民法の基礎理論の深化のため

に』（有斐閣、2013年）

森田監修・債権法改正	森田宏樹監修・丸山絵美子ほか『ケースで考える債権法改正』（有斐閣、2022年）
争点Ⅰ	加藤一郎＝米倉明編『民法の争点Ⅰ』（有斐閣、1985年）
争点	内田貴＝大村敦志編『民法の争点』（有斐閣、2007年）
民法講座1	星野英一編集代表『民法講座1　民法総則』（有斐閣、1984年）
民法講座5	星野英一編集代表『民法講座5　契約』（有斐閣、1985年）
民法典の百年Ⅰ	広中俊雄＝星野英一編『民法典の百年Ⅰ　全般的観察』（有斐閣、1998年）
民法典の百年Ⅱ	広中俊雄＝星野英一編『民法典の百年Ⅱ　個別的観察(1)　総則編・物権編』（有斐閣、1998年）
民法典の百年Ⅲ	広中俊雄＝星野英一編『民法典の百年Ⅲ　個別的観察(2)　債権編』（有斐閣、1998年）
要件事実30講	村田渉＝山野目章夫編『要件事実論30講』（弘文堂、第四版、2018年）

■民法制定過程に関する資料

法典調査会・主査会	法務大臣官房司法法制調査部監修『法典調査会民法主査会議事速記録』（商事法務研究会、1988年）
法典調査会・一〜五	法務大臣官房司法法制調査部監修『法典調査会民法議事速記録一〜五』（商事法務研究会、1983〜1984年）
法典調査会・整理会	法務大臣官房司法法制調査部監修『法典調査会民法整理会議事速記録』（商事法務研究会、1988年）

■債権法改正に関する資料・解説等

　本書において、「法制審議会―民法（債権関係）部会」の部会資料を参照する際には、http://www.moj.go.jp/shingi1/shingikai_saiken.html 所掲の PDF ファイルを用いる。その引用にあたっては、「部会資料」と略記して【　】内に資料番号を付する。

　なお、すべてが改正に結実したわけではないが、「債権法改正の基本方針」を策定するために重ねられた議論は、学説の一つの到達点を示したものとして、債権法改正の後にお

いても高い参照価値を有すると考える。本書では、これを一学説として参照する機会が少なくない。

中間試案の補足説明	商事法務編『民法（債権関係）の改正に関する中間試案の補足説明』（商事法務、2013 年）
一問一答（債権関係）	筒井健夫＝村松秀樹『一問一答 民法（債権関係）改正』（商事法務、2018 年）
潮見・概要	潮見佳男『民法（債権関係）改正法の概要』（金融財政事情研究会、2017 年）
詳解改正民法	潮見佳男ほか編『詳解改正民法』（商事法務、2018 年）
定型約款 Q & A	村松秀樹＝松尾博憲『定型約款の実務 Q & A』（商事法務、補訂版、2023 年）
平野・論点と解釈	平野裕之『新債権法の論点と解釈』（慶應義塾大学出版会、第二版、2021 年）
詳解基本方針 I	民法（債権法）改正検討委員会編『詳解 債権法改正の基本方針 I 序論・総則』（商事法務、2009 年）
詳解基本方針 II	民法（債権法）改正検討委員会編『詳解 債権法改正の基本方針 II 契約および債権一般(1)』（商事法務、2009 年）
詳解基本方針 III	民法（債権法）改正検討委員会編『詳解 債権法改正の基本方針 III 契約および債権一般(2)』（商事法務、2009 年）
詳解基本方針 IV	民法（債権法）改正検討委員会編『詳解 債権法改正の基本方針 IV 各種の契約(1)』（商事法務、2010 年）
詳解基本方針 V	民法（債権法）改正検討委員会編『詳解 債権法改正の基本方針 V 各種の契約(2)』（商事法務、2010 年）
債権法改正と民法学 I	安永正昭ほか監修『債権法改正と民法学 I 総論・総則』（商事法務、2018 年）
債権法改正と民法学 II	安永正昭ほか監修『債権法改正と民法学 II 債権総論・契約(1)』（商事法務、2018 年）
債権法改正と民法学 III	安永正昭ほか監修『債権法改正と民法学 III 契約(2)』（商事法務、2018 年）

目 次

はしがき………i

凡例………iii

序章 「契約とは何か」を考える……………1

1 はじめに 1

2 各当事者の行為として 2

3 両当事者の規範として 10

4 おわりに 16

第1章 法律要件論……………17

1 はじめに 17

2 法律要件論の意義 18

3 法律行為を構成する三つの要素 20

4 成立要件と有効要件 25

5 おわりに 30

第2章 意思能力……………31

1 はじめに 31

2 能力の概念 32

3 意思能力の位置づけ 35

4 意思能力の判断枠組 40

5 おわりに 44

第3章 行為能力 ································· 46

1 はじめに 46

2 成年後見制度の位置づけ 47

3 高齢者法・障害法から 50

4 ふたたび、民法へ 56

5 おわりに 59

第4章 法律行為の分類 ···························· 61

1 はじめに 61

2 法律行為の分類方法 61

3 単独行為 64

4 合同行為 70

5 おわりに 75

第5章 契約の成立 ································· 76

1 はじめに 76

2 契約と意思表示 77

3 意思表示とその内容 82

4 契約の成立の認定 87

5 おわりに 90

第6章 契約の解釈 ································· 91

1 はじめに——解釈と意思の探究 91

2 意思表示の解釈 94

3　契約の解釈　101

　　4　おわりに　106

第7章　契約の内容規制をめぐって……………………………108

　　1　はじめに　108

　　2　暴利行為論　109

　　3　契約条項の規制　113

　　4　おわりに　121

第8章　意思表示の瑕疵——錯誤論を中心に………………123

　　1　はじめに　123

　　2　意思表示の瑕疵と法律行為の有効性　123

　　3　錯誤論の流れ——改正前　125

　　4　錯誤論の仕組み——現行法　131

　　5　おわりに　137

第9章　意思欠缺とは何なのか？………………………………138

　　1　はじめに　138

　　2　効果意思　141

　　3　法律行為の要素　142

　　4　現行規定の解釈　146

　　5　錯誤以外の場面　150

　　6　おわりに　151

第10章　なぜ「合意主義」なのか？ ……………………154

1　はじめに　154

2　錯誤論から　155

3　約款論から　160

4　おわりに──「契約モデル」としての合意主義　166

第11章　代　理 ……………………168

1　はじめに　168

2　契約当事者の概念　168

3　代理行為と顕名　171

4　法律効果の帰属　176

5　おわりに　181

第12章　信義誠実の原則 ……………………183

1　はじめに　183

2　契約の信義則　185

3　契約当事者の信義則　188

4　おわりに　196

第13章　債権の目的 ……………………198

1　はじめに　198

2　債権の目的物と特定　199

3　債権の目的と特定　207

4　代物弁済をめぐって　210

5 おわりに 214

第14章　債務不履行の救済──全体像の概観 ……………215

1 はじめに　215

2 債権総論　216

3 契約総論　221

4 契約各論　228

5 おわりに　230

第15章　損害賠償 ……………231

1 はじめに　231

2 帰責の根拠　231

3 損　害　236

4 賠償の範囲　242

5 おわりに　247

第16章　履行拒絶権 ……………248

1 はじめに　248

2 契約における対価関係　248

3 要　件　254

4 効　果　257

5 おわりに　262

第17章　解　除 ··· 263

1　はじめに　263

2　解除の原因　264

3　解除の範囲　268

4　契約の目的とは？　272

5　おわりに　277

第18章　多数当事者の債権関係 ························ 278

1　はじめに　278

2　分割債権関係　279

3　不可分債権関係　280

4　連帯債権関係　281

5　保証債務　288

6　債権の準共有——補論　289

7　おわりに——定義の問題など　292

第19章　契約上の地位 ··································· 294

1　はじめに　294

2　契約上の地位、あるいは契約当事者たる地位　295

3　契約上の地位の譲渡　297

4　法律上当然の移転　304

5　おわりに　307

目 次

第20章　物権法も考える ································308

1　はじめに　308

2　物権法の役割　309

3　共　有　311

4　制限物権　318

5　おわりに　324

第21章　いわゆる復帰的物権変動をめぐって ············325

1　はじめに　325

2　復帰的物権変動　327

3　物権変動論への展開　333

4　おわりに　340

第22章　典型契約の分類 ································341

1　はじめに　341

2　給　付　343

3　組合せ　346

4　非典型契約　349

5　和解の特殊性　352

6　おわりに　355

第23章　移転型契約 ································356

1　はじめに　356

2　契約の構造——給付　357

xvii

3　契約の内容——目的物　362

　　4　おわりに　370

第24章　契約不適合責任 ································371

　　1　はじめに　371

　　2　責任の性質　371

　　3　救済の性格　374

　　4　救済の内容　379

　　5　おわりに　385

第25章　貸借型契約 ······································387

　　1　はじめに　387

　　2　貸借の目的物　388

　　3　物の利用　389

　　4　物の返還　397

　　5　おわりに　401

第26章　役務提供型契約 ·······························403

　　1　はじめに　403

　　2　役務の提供　406

　　3　結果を実現する債務——完成　411

　　4　手段を尽くす債務——注意　414

　　5　おわりに　418

目 次

第27章　無償契約 ··419

1　はじめに　419

2　移転型契約　422

3　貸借型契約　427

4　役務提供型契約　432

5　おわりに　435

第28章　組 合 ··437

1　はじめに　437

2　組合の成立　439

3　出資の履行　443

4　業務の執行　446

5　利益の分配　448

6　おわりに　452

第29章　給付に還元されない利益 ···················453

1　はじめに　453

2　契約への取込み　454

3　契約の構造への取込み　459

4　おわりに　468

第30章　給付によらない契約の分類 ···············469

1　はじめに　469

2　当事者　469

xix

3　成　立　474

4　履　行　477

5　おわりに　483

法令索引　484

判例索引　488

事項索引　489

序　章
「契約とは何か」を考える

1　はじめに

(1)　契約に関する民法の規定

　契約は、民法が定める制度のうち、最も基本的なものの一つである。ところが、民法の規定をいくら眺めても、「契約とは何か」はみえてこない。民法には、契約が履行されなかった場合の規定（412 条以下）や、売買（555 条以下）、賃貸借（601 条以下）といった各種の契約に関する規定はあっても、契約そのものの定義はないからである。

　もっとも、「契約とは何か」が明らかにされていないからといって、それが民法の不備だというわけではない。民法の役割は、ある仕組みがどのようにはたらくかを定めることにあるのであって、それが何かを明らかにすることにはないからである[1]。

　とはいえ、「契約とは何か」を考えることは、契約という仕組みのはたらきを理解するためにも重要である。そこで、以下では、「契約とは何か」という問いを中心に据えて、契約法における様々な規律を考察してみたい。

---

[1]　少なくとも、民法の起草者はそう考えていたとみられる。そのため、明治民法の起草にあたっては、定義規定を多数置く等、旧民法が「教科書に近い様な体裁」を採っていた点が改められた。起草者の認識については、梅謙次郎「法典ニ関スル述懐」星野通『明治民法編纂史研究』（ダイヤモンド社、1943 年）540 頁を参照。

1

(2) 契約がもつ二つの側面

一般的にいって、契約とは、「約束をかわすこと。また、その約束」をいう[2]。この定義は、契約が二つの側面をもつことを示している。次の例をもとに考えたい。

【事例】Ｘは、Ｙから、2 年間、1 か月 7 万円の家賃で部屋を借りた。

一方で、契約とは、「約束をかわす」という各当事者の「行為」である。【事例】のＸについていえば、「毎月 7 万円を支払う」と約束することである。もっとも、行為は、約束を「かわす」だけにとどまらない。各当事者が約束を「守る」こと、つまり、Ｘが実際に毎月 7 万円を支払うことも、一つの行為だといえる。

他方で、契約とは、両当事者の間でかわされた「その約束」でもある。【事例】では、「部屋を借りる代わりに、毎月 7 万円を支払う」ことが、その内容である。この点からみれば、約束というのは、両当事者が守るべきルール、いいかえれば「規範」である。

以下では、「契約とは何か」を考えるにあたり、「行為」と「規範」という二つの側面に注目する。まず、各当事者の行為としての契約（2）を、次に、両当事者の規範としての契約（3）を検討する。

2　各当事者の行為として

上にみたとおり、契約当事者がする「行為」としては、契約という法規範をつくることと、これを守ることとを問題とすることができる。

ところで、契約当事者の行為に関する民法の基本原則の一つに、信義誠実の原則（信義則）がある（1 条 2 項）。信義則は、規定の文言上は「権利の行使」「義務の履行」に関する原則だとされている。しかし、今日の判例・学説においては、契約の締結にも信義則の要請が及ぶことが、争いなく認められて

2）　松村明編『大辞林』（三省堂、第四版、2019 年）844 頁（「契約」の項の②）。

いる[3]（第12章［189頁以下］）。そこで、信義則を梃子として、当事者の行為を考えてみたい。

「信義」「誠実」とは、いったい何を意味するのか。契約を締結する行為（(1)）と、履行する行為（(2)）とについて、この問題を考察する。

(1) 約束をかわす――締結行為

契約を締結するとは、両当事者の間に適用される規範をつくることである。それでは、契約は、どのようにして締結されるのか。この問いとの関係では、契約が、「相対立する二つの意思表示の合致によって成立する法律行為」と定義されることが重要である（522条1項を参照[4]）。この点に関わって、二つのことに注意しておきたい。

第一に、契約は、双方の当事者が意思表示をしない限り成立しない。つまり、契約の成立は、意思表示という各当事者の行為によってもたらされる。このことは、契約締結の自由（521条1項）とよばれる。

第二に、契約の締結に関する規律は、締結行為、つまり各当事者の意思表示が有効な契約を成立させるに足りるものであるか否かを検証することを主な目的とする。「誠実に締結する」ということの意味はここにあるのだが、以下では、締結行為についてどのようなチェック・ポイントが設けられているかをみていきたい。

(a) 意思表示の合致を否定する

まず、意思表示が合致しているようにみえても、実はそもそも意思表示が合致していないと判断されることがある。約款による契約を例にとって検討

3）　たとえば、新注民(1)161頁（吉政知広）は、信義則が「契約プロセスにおける当事者の義務」を根拠づけるとみる。

4）　522条1項の文言上は、二つの意思表示は「申込み」と「承諾」に区別される。しかし、当事者が一堂に会して契約書に調印するような場合には、申込みと承諾を区別することはできないし、そうする意味もない。申込み・承諾は、契約を締結するためのやり方（成立形態）の一つにすぎないのである（この点につき、池田清治『契約交渉の破棄とその責任』（有斐閣、1997年）、特に210頁を参照）。そうすると、この規定の意義は、二つの相対立する意思表示によって契約が成立することを明らかにした点にあるといえよう（第5章［77頁］）。

する。

　約款とは、一連の契約条件をあらかじめ定めたものである。それを多数人との間で用いることで、細かな条件について逐一交渉をして契約を締結する手間を省くことができる。これは、いずれの当事者にとっても便利なことである。だから、「約款に従う」とさえ取り決めれば、そこに定められている内容を逐一精査しなくても、約款の内容が契約に組み入れられると考えられてきた[5]。この考え方は、民法においても、「定型約款」について採用されているといってよい（548条の2第1項）。

　けれども、自分が用意した約款を使う側はそれでよいとしても、相手方としては、契約を締結するならば、事前に用意された約款の内容を飲むしかない。しかも、膨大で細かな条項を精査することは、非現実的、さらにいえば不可能であろう。そうすると、約款を用いた取引では、相手方は、一方的に不利な条件を飲まされるおそれがある。

　たとえば、【事例】で、「賃料の支払を1か月でも怠ったときは、契約は自動的に解除され、Xは直ちに退去しなければならない」という条項が付属書類中に記載されていたが、この点について十分な説明を受けずにXがサインしたとする。履行遅滞（412条）を理由として契約を解除するためには、相手方に対して催告（541条）と解除の意思表示（540条）をしなければならないこととの関係でみると、この条項には、相手方の権利を制限する面がある[6]。

　このような条項を一方的に飲まされるおそれがあるというデメリットに対応するために、民法は、定型約款のなかで用いられる条項については[7]、その条項が、「1条2項に規定する基本原則」、つまり信義則に反して相手方の

---

5)　大判大正4年12月24日民録21輯2182頁。この考え方は、意思推定説とよばれる。

6)　権利を制限するといえるかは、厳密に考えれば微妙である。しかし、消費者契約法10条について、最判平成24年3月16日民集66巻5号2216頁は、保険契約の無催告失効条項が、保険契約者の「権利を制限する」こととなると認めている（第7章［115頁］）。

7)　もっとも、【事例】の条項が定型約款に当たるか否かについては、「定型取引」（548条の2第1項）をどう理解するかに関わって問題がある。以下は、この規定の適用を確認するためのさしあたりの説明である。

4

利益を一方的に害するときは、その点については「合意しなかった」ものとみなされるとした（548条の2第2項）。つまり、合意の形式は調っていても、当事者の意思に照らして「合意」の存在を認めることができないとするのが、この規定の基本的な効果である。

　民法がこのような仕組みを設けている理由は、締結行為という観点からみると、次のように説明することができる。契約の締結プロセスとして、民法が想定していたのは、各当事者が契約内容を自由に吟味したうえで、相手方と交渉して合意を取り交わすというものであった。しかし、約款が用いられるようになると、互いに交渉して利害調整を行うというこの仕組みは、機能しなくなる。つまり、約款によって契約を締結する場合には、意思による正当化が及ばない。だから、それを補うために、合意の質を審査する規律が課されるのである[8]（第10章［160頁以下］）。

(b) 契約の効力を否定する

　合意があったと認められると、契約が成立し、両当事者の間に規範が設定される。この点からみれば、上にみた契約締結の自由は、「合意さえあれば、規範としての法的効果を発生させられる」という原則だといえる（522条2項も参照）。

　ところが、合意がかわされても、その法律効果が生じないことがある。

　たとえば、【事例】において、Yが、「隣地には高層建物の建築規制があるから、日当たりと眺めが確保されている」と述べたため、これを信じてXが部屋を借りたとする。ところが、実際には、契約を結んだ当時には隣地に高層ビルが建つ計画があり、Yもこのことを知っていたのだが、「いまXに貸せば、ビルが建ってから貸すよりも高い賃料を取ることができる」と考えて、あえて嘘をついていたとする。

　この場合には、Yは、Xを誤信させて契約を締結させようと意図して虚偽の事実を述べているのだから、Yの行為は詐欺に当たる。したがって、これによって意思表示をしたXは、この契約を取り消すことができる（96条1項）。

---

8) 河上正二『約款規制の法理』（有斐閣、1988年）、特に113頁以下を参照。

そして、契約が取り消されれば、その効果は生じない（121 条）。

　以上にみたように、契約当事者の一方が詐欺を行った場合に、その相手方が契約を取り消すことができるのは、契約を締結するという意思表示に瑕疵があるからである。瑕疵があるというのは、相手方が虚偽の事実を述べなければ、事情を正確に認識することができただろうし、そうであれば、そのような意思表示もしなかっただろうと考えられるということを意味する（第 8 章 [133 頁]）。

　ここでも、締結行為における意思形成の過程にチェック・ポイントを設けて、意思表示に不十分な点があると判断されたときは、規範としての法的効果を生じさせないという考え方が適用されている。意思形成の過程というのは、各当事者が契約を締結するかどうかを吟味するプロセス、いいかえれば情報を収集・分析するプロセスである。

　さらに、この理解の延長線上で[9]、時によっては、相手方による意思決定を妨げないだけでなく、それに協力するよう求められることもある。たとえば、相手方が意思表示をするにあたって重要な情報を提示することを義務づけられる場合である。このような義務は、説明義務、あるいは情報提供義務とよばれ、その根拠は信義則に求められてきた[10]。

　改めて例を挙げたい。【事例】の部屋がいわゆる「事故物件」であったにもかかわらず、そのことを説明しなかったとする。この種の事情は、部屋を借りる際に多くの人が気にかけるものだが、貸主の側では容易に把握することができる反面、借主の側で調査することは難しい。そこで、このような場合には、多くの裁判例が、貸主の側に損害賠償責任（709 条）が生じる可能性があると判断してきた[11]。

　約款の場面でもそうであったが、民法には、合致した意思表示から、締結

9）　森田宏樹「『合意の瑕疵』の構造とその拡張理論(1)～(3)」NBL 482 号 22 頁、483 号 56 頁、484 号 56 頁（1991 年）。

10）　後藤巻則『消費者契約の法理論』（弘文堂、2002 年）、特に 2 頁以下を参照。

11）　たとえば、東京地判平成 20 年 4 月 28 日判夕 1275 号 329 頁を参照。もっとも、そのような理解に疑義を述べる見解もある。横山美夏「個人の尊厳と社会通念」法時 85 巻 5 号（2013 年）11 頁を参照。

序章 「契約とは何か」を考える

行為に問題のある部分を差し引くことで、法的効果をもつ規範として契約が
成立する範囲を確定する仕組みが用意されている[12]。締結行為に関する規律は、
このように、誠実性の要請がいわば引き算的にはたらく場面だといえる。

(2) 約束を守る——履行行為

こうして約束がかわされると、当事者は、相手方に対して、約束を実現す
る行為を求めることができる。民法は、約束がもつそのようなはたらきを「債
権の効力」として基礎づける（412条以下）。そして、債権・債務の目的とな
る行為を、給付という。

このように、給付とは、債務の履行行為である。債務が履行されることで
得られる結果・利益を給付ということもあるが、いずれにしても、給付とは、
約束の実現だといってよい（第13章［199頁］）。そうであれば、「誠実に履行
する」とは、約束したことをそのとおりに守ることだといえそうである。と
ころが、実際には、契約当事者は、約束したとはいえそうもない義務を負う
ことがある。

(a) 給付の延長で

【事例】の続きとして、Xが、新しく入居した部屋で使うために、組立て
が必要な食器棚をZから買ったとする。ところが、組み立て方についての
説明が不十分だったせいで組立てに失敗し、食器を入れたら棚板が抜けてし
まい、食器がすべて壊れたとする。

Zは、Xに対して、食器棚の組み立て方を説明しなくてよいのか。売買契
約からは、売主から買主への財産権移転を目的とする債権が発生する（555条）。
これに対して、組み立て方の説明は、財産権の移転ではない。しかし、だか
らといってZがXに対してこの点の説明をしないでよいというのでは、相

---

12) 二つの場面に共通するのは、契約を締結する際に考慮されるべき情報が一方の当事者に偏在
している状況にどのように対応するかという問題である。情報の偏在を是正するというのが、現
行法が目指す解決の主な方向性であるが、これに対しては、そもそも十分な情報を得られればそ
れでよいのかという根本的な問題提起もある（西内康人『消費者契約の経済分析』（有斐閣、
2016年）を参照）。締結行為の背後にある「意思」の捉え方に関わる問題だといえよう。

7

当ではないだろう。そこで、Zは、信義則上、Xに対して組み立て方を説明する義務を負うと考えられてきた。そして、信義則に基づき、給付以外の行為をすることを求めるこうした義務は、付随義務とよばれてきた。

ここでの信義則は、いったい何を意味するのだろうか。たしかに、Zは、食器棚を売ると約束するのであって、組み立て方を説明すると約束するわけではない。けれども、両者をそのように区別することができるかは疑問である。食器棚を買うのは、食器棚を食器棚として使うためだが、組み立て方の説明がなければ、食器棚を食器棚として使うことはできない。そうであれば、組み立て方の説明は、食器棚を売るという給付から切り離すことができないとみるべきであろう。

これは、つまり、組み立て方の説明が、財産権の移転という給付からしかるべく利益を得るために必要な行為だということである（この点につき、第23章［360頁］）。そのような行為は、給付の延長にあるといってよい[13]。そう考えられる限りでは、誠実な履行とは、「約束を守ること」以上のものではない。

(b) 給付の外側で

しかし、判例には、給付の実現とは関わらない義務の履行が問題とされた例もみられる。

たとえば、鉱石を採掘して、その全量を売買することを約定した契約につき、売買契約における目的物引渡義務の債権者である買主が引取義務を負うとした有名な判例がある。目的物を受け取ることは、本来は買主の権利である。しかし、この事案では、契約期間を通じて採掘する鉱石の全量を売買することとし、売主が買主に鉱石を継続的に供給することとされていたことから、「信義則に照らして考察するときは」、売主が約旨に基づいて鉱石を出荷し、買主がこれを引き取るべき法律関係が存在したとされた[14]。

買主が負う引取義務は、どこをとっても買主による給付とは関わらない。

---

13) 潮見佳男『契約規範の構造と展開』（有斐閣、1991年）、特に74頁を参照。
14) 最判昭和46年12月16日民集25巻9号1472頁。

序章 「契約とは何か」を考える

判例が、この義務を「信義則に照らして」基礎づけたのは、そのためであろう。そして、本件では、買主による引取りは、売主が「約旨に基づいて」給付を完了するために不可欠な行為であった。ここからは、本判決が援用した信義則が、合意と対立するものではなく、契約の趣旨を探究するための手がかりとされていることが窺われる。信義則に照らして契約の趣旨を探究するということの意味は、後でふり返ることとしたい（3(1)）。

これに対して、契約の趣旨と関わりのないところにまで当事者の義務を拡げるべきかは、疑問である。契約の当事者間には特別な社会的接触関係があるから、両者の間で生じた問題は契約によって解決するのだという議論もあるが、たとえば、【事例】において、XがYを殴ったからといって債務不履行になるわけではない。どこまでが契約に関わるとみられるかは微妙であるが[15]、少なくとも、当事者間で起きることのすべてが契約に関わるわけではないことは確かであろう[16]。

(c) 小 括

さて、以上を要約すると、こうである。約束は、給付を通じて実現される。当事者がすべきことは、基本的には締結行為によって定まるけれども、信義則を根拠として、締結行為で定めた以上のことを求められることがある。つまり、この場面では、誠実性の要請は、当事者が明確に合意した以外の行為を義務づけるという意味で、いわば足し算的にはたらく。

こうして付け加えられる義務は、契約の趣旨・目的と無関係ではない。つまり、合意と信義則とは、決して対立するわけではなく、どちらも規範としての契約の内容を決定づける要素だと考えられる[17]。3では、この点をさらに検討したい。

---

15) この点について考える一つの素材として、最判平成17年7月19日民集59巻6号1783頁を参照。

16) この点について考える題材として、最判平成23年4月22日民集65巻3号1405頁。契約関係に直接に関わるものではないが、最判平成28年4月21日民集70巻4号1029頁をも参照。

17) 事情変更の法理に即してこの問題を考察するものとして、吉政知広『事情変更法理と契約規範』（有斐閣、2014年）。

9

3 両当事者の規範として

契約当事者は、契約を締結するかどうかだけでなく、どのような内容の契約を締結するかも自由に決めることができる。これは、契約の内容決定の自由とよばれる原則であるが（521条2項）、それによると、当事者が取り決めた内容には、原則としてそのままの法的効力が認められることとなる（例外としての「法令の制限」の一例として、90条を参照）。

したがって、規範としての契約を考察するためには、契約の内容に着目する必要がある。まず問題となるのは、それがどのように確定されるかである（(1)）。そのうえで、そこにどのような内容が含まれ（(2)）、その全体にどのような枠組みが与えられるのか（(3)）を検討する。

(1) 内容の確定

契約の内容を確定するためには、両当事者がどのような意図をもって契約を締結したかを解明することが出発点となる。これは、契約の解釈とよばれる（第6章）。

既に述べたとおり、意思表示が合致したといえる限り、行為の結果は、基本的にはそのまま規範の内容となる。そうであれば、何について意思表示が合致したかを確かめれば、契約の内容も自ずから明らかになるはずである。ここが出発点である。つまり、当事者が何を合意したかを、締結行為に即して明らかにすることが、契約の解釈の最も基本的な内容である[18]。

しかし、そもそも当事者が何も意思表示をしないこともないわけではない。【事例】でいうと、たとえば、借りた部屋を事務所として使ってよいかについて、契約に取決めがなかったとする。このように、ある点について何も合

---

18) その限りでは、契約の解釈は、意思表示の解釈に帰着する。このように、合致した意思表示の意味を探究することを、「狭義の解釈」ということがある。これには、「本来的解釈」「規範的解釈」とよばれるものが含まれるが、その内容については、磯村保「法律行為の解釈方法」争点Ⅰ30頁を参照されたい。以上に対して、「広義の解釈」が何を含むかは、次に述べる。

意がないときは、その点を何らかの方法で補充する必要が生じる。それには、二つの方法がある。

　一つは、解釈によることを断念して、法律の規定によって補充する方法である。定めのない事項について法律の規定（任意規定）があれば、それでよい。ただ、あらゆる事項について任意規定が用意されているわけではないし、個々の当事者の意思が明らかになるならば、それに従うほうが任意規定を適用するよりも望ましいともいえるであろう。

　そこで、もう一つの方法として、ここでも解釈によることが考えられる。とはいえ、意思表示がされていない点については、締結行為に基づいて当事者の意思を導き出すことはできない。そこで、この場合には、「契約を締結した当時に、当事者がどのように考えただろうか」という仮定に基づいて、当事者の意思を探ることとなる。そのような意思は、仮定的意思とよばれる。そして、このように、仮定的意思に基づく解釈によって契約の内容を補充することを、補充的（契約）解釈という[19]。

　以上にみたように、契約の解釈は、契約書の内容を字義どおりに理解することに尽きない。契約書に現れていない事情から締結行為の意味を読み取り、あるいは、仮定的意思に照らして規範の内容を埋め合わせることも、その重要な内容である。そして、その際には、信義則が解釈の一つの基準となる[20]。いいかえれば、ここでの信義則は、行為の誠実性を求めるのではなく、規範の内容を確定する基準を与える役割を果たす。履行行為について、信義則が「足し算」的にはたらくと指摘したが（2(2)(c)）、それは、主にこうした解釈によって実現される規律だといえる。

(2) 様々な内容

　さて、補充の必要が生じることはあるにせよ、多くの場合には、当事者は、契約書を取り交わして何らかの取決めを行っている。その場合には、当事者

---

19)　山本敬三「補充的契約解釈——契約解釈と法の適用との関係に関する一考察」同『契約解釈の構造と方法Ⅰ』（商事法務、2024年）3頁。

20)　最判昭和32年7月5日民集11巻7号1193頁。

の意思表示の内容は、契約書のなかの条項というかたちで具体化されている。この点からみれば、契約内容の決定の自由とは、契約条項作成の自由だといってよい。

契約条項によって定められる事項は、多岐にわたる。もちろん、給付の内容を定めることが最も重要である。【事例】の契約書を作成する際に、家賃を定めないことはあり得ない。けれども、契約条項には、給付とは関わらない事柄が定められることもある。

たとえば、【事例】の契約書において、「X は、Y に対して少なくとも 30日前に解約の申入れをすることによって、本契約を解約することができる」という条項を設けたとする。これは、当事者の一方である賃借人に対して、任意解除権という一方的な権限（形成権）を与えるものである。X がこの権限を行使しなかったからといって、債務不履行になるわけではないし、X が条項に基づく権限を行使すれば契約解消の効果は直ちに生じ、Y が何かを履行しなければならないわけでもない。

また、紛争が起こった場合の手続を定めることも考えられる。【事例】において、「本契約に関する一切の紛争につき、釧路地方裁判所をもって第一審の専属的合意管轄裁判所とする」と定めたとする。この条項は、管轄の合意（民訴 11 条）としての効力をもつこととなるが、たとえば、X がこれに従わず、那覇地方裁判所に訴えを提起したとしても、債務不履行になるわけではなく、管轄違いを理由とする移送（民訴 16 条）の決定がされ得るにすぎない。

このように、契約内容の意味合いは様々である。このことを踏まえて、二点を確認しておきたい。

第一に、契約の内容のなかには、必ず合意しなければならない事項と、合意しなくてもよい事項とがある。給付について合意がなければ、そもそも契約は成立しない。そのような部分は、契約の（本質的）要素とよばれる[21]（**第5 章** [82頁]、**第 22 章** [342頁]）。賃貸借契約についていえば、目的物（部屋）

---

21) 石川博康『「契約の本性」の法理論』（有斐閣、2010 年）、特に 505 頁以下における「本質的要素」に関する分析を参照。

12

序章　「契約とは何か」を考える

を貸すことと、賃料（毎月7万円）を支払うことが、これに当たる（601条）。これに対して、上にみた任意解除権や管轄に関する条項は、必要がなければ定められていなくても構わない。

第二に、すべての条項が、債務の発生を法律効果とするわけではない。いいかえれば、契約の内容は、債務の内容と一致するわけではない。だから、条項どおりに当事者が行為しなくても、債務不履行の問題が生じるとは限らない。

以上を要約すると、契約条項は、給付に関する条項を核心として、その周縁に位置する様々な効果をもつ定めによって構成される[22]。「核心」や「周縁」というイメージが示すように、規範としての契約は、一定の構造をもつのだといってもよい。

(3)　契約の趣旨・目的

(a)　目的の役割

それでは、契約の構造は、どのようにして決まるのか。これに答えるためには、何のために契約を締結するのか、つまり、契約の趣旨や目的とよばれるもの（以下、「目的」という）を考える必要がある[23]。およそ契約は、何らかの目的をもって締結される。したがって、目的を達するのに必要な事項は、重要性が大きいといえるだろう。

もっとも、ひとくちに「契約の目的」といっても、そこには様々なレベルのものがある。注意が必要なのは、契約の目的というのが、各当事者の内心において意図されただけでは足りず、規範としての契約にとっての目的といえるものでなければならないことである。敷衍すれば、こうである。

たとえば、【事例】で「XがYに対して毎月7万円を払うのはなぜか」と

---

22)　山本豊『不当条項規制と自己責任・契約正義』（有斐閣、1997年）、特に54頁を参照。

23)　なお、「法律行為の目的」や「債権の目的」（399条を参照）というときには、目的の語は、それらの「内容」を意味するものとして用いられる（法律行為の目的につき、我妻・総則249頁）。ここにいう「目的」とは、「客体（英：object）」を意味するものだといってよい。これに対して、本文にいう「契約の目的」とは、契約の内容ではなく、それによって達成しようとするもの（英：purpose）を意味するものである。

13

問われれば、だれでも「部屋を借りるためだ」と答えるだろう。つまり、X
が給付を約束するのは、Yから対価としての給付（反対給付）を得るためで
ある[24]。しかも、そのことは、だれが見ても明らかである。賃貸人が物を貸し、
賃借人が賃料を支払うことは、常に賃貸借の内容となる——より正確にいえ
ば、その定義からして、賃貸借とはそのような給付をする契約である——か
らである。このことは、契約がもつ経済的作用が、給付と反対給付の組合せ
によって決定されることを示している[25]。このような意味で、給付は、常に
契約の目的を構成するといえる。

　けれども、「何のために契約を締結するのか」という問いへの答えは、こ
れに尽きない。上の問いを進めて、【事例】で「Xが部屋を借りるのはなぜか」
を考えると、「眺めを楽しむためだ」「大学に通うためだ」といった多様な答
えを想像することができる。しかし、この種の目的を知るのは、部屋を借り
るXだけである。契約は合意なのだから、一方の当事者だけにとって重要
な事情は、契約にとっての目的だとはいえない。このように、一方の当事者
が内心で抱く目的は、動機とよばれる。

　契約の目的と動機とをこうして区別するのは、それぞれが欠けた場合の効
果が異なるからである（第8章［126頁］）。契約の目的が欠ける事態は、典
型的には、相手方からの給付を得られない場合に生じる。この場合には、給
付を得られなかった当事者は、契約を解除し、契約関係から離脱することが
できる（545条1項）。これに対して、動機にあたる事情が存在しなかったと
しても、契約の存在に影響は及ばない。このように、契約の目的は、規範と
しての契約の存在を枠づけるファクターだといえる（542条1項5号も参照）。

(b)　動機の格上げ

　ところで、動機が法的な意味をもたない理由が、それが契約の構成部分と

---

24)　大村敦志『契約法から消費者法へ』（東京大学出版会、1999年）92頁、特に102頁以下を参照。
25)　ただし、片務契約、特に無償契約の場合には、給付に対して反対給付を組み合わせることが
　　できない。この場合には、いうなれば、経済的な利益ではなく、精神的な満足という利益を得る
　　ことが対価とされる（第27章［421頁］）。

14

序章 「契約とは何か」を考える

はいえないことにあるのだとすれば、両当事者が合意することで、これを契約の構成部分に格上げすることはできるはずである。契約自由の原則は、そのような合意をも許容する。二つの例を挙げたい。

まず、通常であれば動機に属するような事情も、それが「法律行為の基礎」とされ、相手方に「表示」されたときは、錯誤による取消しを基礎づける（95条1項2号・2項）。基礎事情錯誤とよばれるこの規定については、様々な解釈が成り立ち得るが、以上の要件を満たすときに、動機が「契約の目的」に高められるというのは、一つの有力な説明である（第10章［155頁以下］）。つまり、たとえば「眺めを楽しむ・た・め・」に契約を締結することが両当事者間で了解されると、それが契約の目的に高められ、これが実現しなかったときは契約は効力を失うとするのである。

次に、解除との関係では、いわゆる定期行為が重要である。

通常の場合には、履行期までに給付をすることは、それだけでは契約の目的とはならない。履行期を過ぎてから給付がされたとしても、遅滞によって生じる損害を賠償すればよく、契約そのものが意味を失うことはないからである。だから、履行遅滞を理由に契約を解除するためには、催告をし、債務者に対して再度の履行のチャンスを与えるという手順を踏むことが求められる（541条。第17章［266頁以下］）。

これに対して、定期行為とは、期日までに契約を履行することが「契約をした目的」となっている場合をいう。履行期を守ること自体が契約の目的である以上、履行期までに給付を得られなかった者を契約によって拘束する理由は、もはやない。そこで、定期行為の場合には、催告をせずに契約を解除することが認められる（542条1項4号）。

問題は、ある契約における期限の定めが、その契約を定期行為とする趣旨のものであるか否かである。この点は、「契約の性質」のほか、「当事者の意思表示」、つまり合意によって決まる（同）。ここでも、両当事者が合意することで、一定の事項を契約の目的へと高めることが認められている。

既に述べたとおり、契約を「規範」として捉えることは、一定の構造をもつものとして契約を捉えることを意味する[26]。この構造を決定するのが、契約の目的である。比喩的に述べるならば、契約の目的は、契約の内容という

15

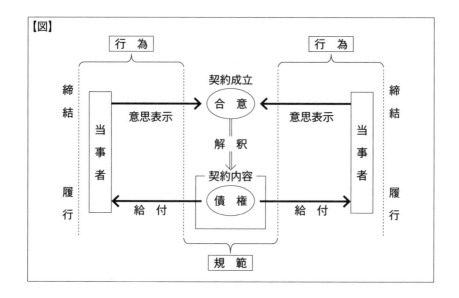

よりは、契約の構造を形づくる枠組みとみるべきものであろう。

4　おわりに

　さて、以上では、「契約とは何か」を考えようと試みてきた。この問いに対して筆者が用意した見方は、各当事者の行為としての側面と、両当事者の規範としての側面とを区別して契約を考察するというものである[27]。その内容は、【図】のように示すことができる。

　以上に述べたところが、本書において「契約法を考える」うえでのいわば総論となる考え方である。以下の各章では、これら様々な側面に着目しつつ、契約に関わる法的規律を検討していきたい。

---

26)　森田修『契約規範の法学的構造』（商事法務、2016 年）332 頁以下における「契約のエコノミー」の概念をめぐる分析を参照。
27)　筆者自身は、契約の内容がどのように形成されるかという問題を検討する際に、この見方を展開することを試みた（山城一真『契約締結過程における正当な信頼』（有斐閣、2014 年））。

第1章
法律要件論

1　はじめに

　契約は、法律行為の一種である。それでは、法律行為とは何であろうか。

　法律行為は民法総則で扱われるが、講義や入門的な概説書では、法律行為の説明にあたり、「さしあたり契約をイメージしてもらえばよい」などと断って議論を進めることが少なくないように思う。このような断りをするのは、主に教育的な理由によるものと推察される。つまり、民法総則は、普通であれば民法の最初に学ぶ分野だから、ここであまり抽象的な説明を重ねても、かえってわかりにくさが増幅するだけに終わる可能性が高い。

　そうであれば、学術的な観点からは、法律行為については何らかの定義や説明がされているはずである。ところが、これも容易ではないことが窺われる。というのは、こうである。

　債権法改正をめぐる立法論議においては、法律行為を定義すべきか否かが論じられた。しかし、たとえば、「『契約』と『単独行為』を明示し、それぞれの定義を定めること」によって法律行為が定義されるはずだとの試みに対しては、「かえってわかりにくさが増幅するだけに終わる可能性が高い」定義しか得られないとの悲観的な見通しが示された[1]。結局、法律行為に関する定義規定が民法のなかに置かれなかったことは、現行規定が示すとおりで

---

1)　詳解基本方針Ⅰ 47頁以下。

17

ある[2]。

ところで、上記の定義づけの試みは、法律行為の構成要素である「単独行為」と「契約」の総和によって法律行為がカバーされるという前提に立っている[3]。これは、法律行為とは何かを正面から定義することを避けたものであろう。けれども、法律行為のなかには「合同行為」という類型もあるとするのが多数の見解だとみられるから（第4章［70頁以下］）、上記の定義については、その構成要素を列挙して法律行為を定義するという方法がそもそも十分なのかという疑問も残る。これを避けるためには、法律行為に何が含まれるかを明らかにするにとどまらず、やはり法律行為そのものを定義せざるを得ないであろう。

それでは、法律行為そのものは、どのように定義されてきたのか。この点について、旧来の概説書では、「意思表示を要素とする私法上の法律要件」などとされるのが通例であった[4]。この定義は、法律行為論が、法律要件論の一環として論じられるべきものであることを示している。

このような理解を踏まえて、本章では、法律行為に関する規定の仕組みを概観しつつ、法律行為が法律要件であることがもつ意義を考えてみたい。その内容には、序章を別の角度から説明し直したような面もあるから、両者を対照しつつ読み進めていただければと思う。

2　法律要件論の意義

(1)　法律要件論とは？

まず、法律要件論とは何かを簡単に確認しておくこととする。

法律要件論とは、要件・効果の形式、つまり、「一定の事実が存在したならば、一定の効果が発生する」という形式に従って法律関係の存否を判断するための枠組に関する理論である[5]。法の適用がこのような形式——法的

---

2)　その理由につき、部会資料【73B】を参照。

3)　詳解基本方針Ⅰ 47頁以下。

4)　たとえば、我妻・総則238頁。

第 1 章　法律要件論

三段論法——に従って行われることは、教科書ではごく基本的な事項として
説明されている[6]。

　この説明にあるとおり、法律要件は、法律効果が発生するために必要な事
実によって構成される。法律要件を構成するそれらの事実は、法律事実とよ
ばれる[7]。法律事実は、単一であることもあれば、複数であることもあるが、
ともかく、法律事実の存在が確認されることによって法律要件が充たされ、
それによって法律効果の発生が確認されるという順序に従って判断が行われ
る。

　法律事実をめぐっては、詳細にわたる分類が行われることもある[8]。しかし、
ここでその内容に立ち入ることはしない[9]。3 以下では、そのような分類が
なぜ行われてきたのかに思いを致しつつ、法律要件論の観点から法律行為の
仕組みを考えることとする。

(2)　要件事実論との関係

　ところで、法律要件論には、要件事実論へと展開する契機もある。という
のは、こうである。

　民事訴訟は、事実審の口頭弁論終結時を基準として、原告が訴訟物として
主張する権利または法律関係の存否について判断することを内容とする。そ
のためには、その権利または法律関係を基礎づける法律効果が発生したかど
うかを明らかにしなければならないが、その前提として、法律要件を充足す
る法律事実が存在したか否かを確かめなければならない。要件事実とは、こ
のような意味での法律事実にほかならない[10]。

5）　より正確には、於保・総則 144 頁以下、北川・総則 27 頁を参照。

6）　たとえば、永田ほか・入門＝総則 18 頁を参照。

7）　我妻・総則 232 頁。

8）　分類そのものは、岡松参太郎「法律要件及法律事実」京都法学会雑誌 6 巻 10 号（1911 年）1
　　頁において既に完成されているようにみえる。なお、本論文は、最新の議論状況を追導すること
　　で「学生ヲシテ徒ニサビニ、ウインドシャイドノ糟粕ヲ嘗ムルヲ戒シムルノ趣旨ニ出」もの
　　（傍線原著者）だとされる（同 2 頁）。当時の民法学者の矜持が伝わってくるようであり、なかな
　　かに迫力のある一節である。

9）　分類に懐疑的な見方として、広中・綱要 77 頁注 1 をも参照。

19

しかし、いまは、要件事実論についての技術的な問題は扱わない。以下での検討との関係では、さしあたり、法の適用が問題とされる場面においては[11]、法律要件論が、「権利または法律関係」の存否を確定することを終局的な目的として論じられることに注目しておきたい。

3　法律行為を構成する三つの要素

それでは、「権利または法律関係」とは何か。法律関係とは、主体間に存する法的に規律される関係であり、そこには少なくとも一つの権利が含まれる等と説かれる[12]。ここでは、法律関係が「主体」と「目的（権利）」を構成要素とするとされることを確認しておきたい。法律行為は法律要件の一つであり、法律要件は法律関係の発生原因なのだから、上の説明に従えば、法律関係の発生原因である法律行為にも、主体と目的を指示する要素が含まれているはずである。これに加えて、「意思表示を要素とする私法上の法律要件」という法律行為の定義を参照すると、法律行為には、全部で三つの構成要素が含まれていることがわかる。すなわち、主体（(1)）、目的（(2)）、意思表示（(3)）である。

(1)　主　体
法律行為の主体は、当事者とよばれる。

法律行為の「当事者」概念は、大きく分けて二つの意味で用いられる。一つは、意思表示をする者という意味であり、もう一つは、法律効果が帰属する者という意味である[13]。前者は行為当事者、後者は効果当事者とよばれる

---

10)　以上につき、司研・1巻2頁。

11)　「法の適用」を裁判という場面に限って考察すべきであるかは、一つの問題である。ここでは立ち入らないが、旧来の概説書のなかには、「法源」を「裁判規範」に意識的に限定して定義するものがみられることに注意しておきたい（川島・総則16頁のほか、広中・綱要30頁を特に参照）。

12)　はっきりとした説明を見出すことができなかったので、さしあたり、J. Neuner, Allgemeiner Teil des Bürgerlichen Rechts, 12. Aufl., C. H. Beck, 2020, S. 221 を参照しておきたい。なお、佐藤遼『法律関係論における権能』（成文堂、2018年）をも参照。

第1章　法律要件論

こともあるから[14]、以下ではこの用語法に従うこととする。

当事者をめぐる解釈論上の問題の現れ方は、どちらの意味での当事者を問題とするかに応じて異なる。

(a)　行為当事者

行為当事者については、その者に即して、法律行為をするための適性があるか否かが問題とされる。そのような問題を扱う議論は、能力論と総称することができる。

民法は、様々な「能力」を規律するが、法律行為に固有の問題を生じさせるのは、意思能力と行為能力である（第2章、第3章）。一般的な見方によれば、意思能力と行為能力は、いずれも行為当事者が法律行為をするのに必要な判断能力を備えているかを検証するために用いられる概念である。この点を捉えてみれば、両者は連続する制度だといってよい。両者の相違は、意思能力の有無が、当事者が意思表示をする際の具体的な状況に着目して判断されるのに対して、行為能力の有無が、年齢や審判の有無を指標として、当事者の属性に即して定型的・画一的に判断される点にある[15]。

(b)　効果当事者

行為当事者がした法律行為の効果は、原則として、自身に帰属する。つまり、効果当事者は、通常であれば行為当事者と一致する。

以上の例外を定めるのが、代理である。代理の場合には、意思表示をするのは代理人であるが、法律関係の主体となるのは本人である。このように、行為当事者と効果当事者との間にずれが生じることが、代理の要件・効果を特徴づけるとともに、代理に固有の解釈論上の問題を生み出す[16]（第11章）。

---

13)　中島・釈義総則449頁。さらに、河上正二「当事者の認定」争点166頁をも参照。

14)　注民(4)6頁（於保不二雄）。大村・総則36頁は、これらを「行為主体」「効果帰属主体」とよぶ。

15)　このような見方を最も徹底して示す議論として、舟橋・総則45頁を参照。

16)　この点につき、奥田昌道「代理、授権、法律行為に関する断想」『京都大学法学部創立百周年記念論文集　第三巻』（有斐閣、1999年）1頁を特に参照。

21

ところで、法律行為がひとたび有効に成立すると、あとは法律効果の問題が生じるだけであるから、行為当事者が問題とされることはもはやない。いいかえれば、法律行為の効果が存続する間に生じる当事者の問題は、すべて効果当事者に関わる。たとえば、契約上の地位の移転とは、効果当事者たる地位の移転にほかならない（第19章［295頁］）。

(2) 目　的

法律行為の目的は、法律行為に基づいて生じる法律効果の内容を定める要素である。

先にみた定義によれば、法律行為によって発生する法律関係には、「権利」が含まれる。これを契約に即してみると、民法上、契約が債権の発生原因として位置づけられていることからすれば、上にいう「権利」とは債権であり、そのような法律関係を発生させることが契約の本質なのだと、ひとまずは確認することができるであろう。

ところが、実際には、契約は、債権を発生させる場面だけに関わるわけではない。たとえば、代物弁済は、「債務を消滅させる旨の契約」（482条）である。さらに、債権を発生させる場合にも、契約から生じる効果はそれに尽きるわけではない（簡単には、序章［12頁］）。このことが、様々な領域において議論を複雑にしているようにみえる。

(a)　債権の発生

債権は、「他人をして将来財貨または労務を給付させることを目的とする権利」であり、「権利者（債権者）は、これによって、特定の行為（給付）をなすべきことを請求する権利を有し、義務者（債務者）は、これに対して、その行為をなすべき義務を負う」と説かれる[17]。

以上の定義に現れるように、債権は、給付を目的とする（第13章［198頁］）。この側面からみる限りは、債権の発生原因としての契約は、給付を得るために締結されるのだといえるであろう。このように、契約という仕組みに照ら

---

17)　我妻・債権総論1頁、5頁。

第1章　法律要件論

してみたときに、債権・給付は、「何のために契約を締結するのか」を説明するものとして重要な意義を担っている。

さらに進んでみると、給付は、債権だけでなく、契約の構造を形づくる役割をも果たしていることがわかる（**序章**［15頁］，**第22章**［346頁以下］）。たとえば、給付と反対給付とが対価的関係に立つことに着目して双務契約という類型が設けられ、このことを根拠として、対価的関係に立つ給付の間に牽連関係が認められる（533条、536条。詳細につき、**第16章**［223頁以下］）。このような仕組みは、契約の当事者が給付をするのは、それぞれの相手方から反対給付を得るためであるという見方を反映したものである。

(b)　それ以外の効果

もっとも、契約に基づいて生じる法律効果には、債権の発生以外のものもある[18]。ここでは、二つの例を挙げておきたい。

第一に、法律行為の条件・期限は、法律行為の効力の発生・消滅を決定する要素を合意によって付加するものである。これは、給付の内容となるわけではないけれども、法律行為の内容であることに疑いはない。

第二に、契約に基づく物権変動は、どのように生じるのか。物権行為の独自性を認める立場からは、物権契約という、物権の移転のみを目的とする契約を観念することとなるが、これは、債権の発生を目的としない契約の存在を認めることにほかならない。さらに、物権行為の独自性を否定する見解も、物権変動という法律効果は、債務の履行という論理を介在させることなく、契約から直ちに生じるのだと説く[19]。これに従うならば、売買契約は、財産権移転義務とともに、物権変動をも生じさせるとみなければならないであろう（この点に関して、**第21章**［333頁以下］、**第23章**［357頁以下］）。

以上のとおり、契約は、「債権の発生 + a」の効果を生じさせる。そのよ

---

18)　旧来の概説書においては、このような観点から契約を定義する説明が序論に置かれることがあった。末川・契約上3頁以下、来栖・契約1頁のほか、我妻・債権各論上42頁以下を特に参照。

19)　たとえば、我妻・物権57頁は、売買契約に基づく所有権の移転は、債権の効力として生じるのではなく、「所有権を移転するという……効果意思」に基づいて生じると説く。

23

うな意味での契約内容は、たとえば、錯誤に関する判例において、「動機が相手方に表示されて法律行為の内容となった」ときに限り、動機の錯誤によって法律行為が無効となると説かれるような場面においても論じられてきたといえる[20]（第8章［128頁以下］、第10章［155頁以下］、第29章［454頁以下］）。ここには、契約の問題を検討するにあたり、「債権の効力」ではなく、「契約の効力」を直截に問題とすべきだという主張に結びつく契機がある[21]。

(3) 意思表示

さて、冒頭に述べたとおり、法律要件の一つとしてみたとき、法律行為の特徴は、以上にみてきた二つの要素に「意思表示」が加わるところにある。そこで、法律要件論の観点からみたときに、意思表示がどのような役割を果たすのかを考えてみたい。

(a) 行為の自由

意思表示は、当事者の行為である。意思表示をしなければ、法律行為というかたちで法的に拘束されることはない。いいかえれば、法律要件が充足されるために当事者自らの行為が介在しなければならない点に、法律行為の一つの特徴がある。

以上のことは、意思表示が、行為者が責任を負うべき根拠をその意思に求めるという思想を法制度として具体化する役割を担っていることを示している。そして、契約において重要なのは、それぞれの当事者が同じ内容の意思表示をすることが、その成立要件とされることである（第5章［82頁以下］）。契約の成立は、一方の当事者による力の行使によってもたらされるのではなく、相手方もまたこれに対抗する力（contre-pouvoir）をもつ[22]。これが契約

---

20) 改正前の規定を前提とする議論であるが、最判平成28年1月12日民集70巻1号1頁を参照。

21) 契約責任論についてこのような認識を示す議論として、たとえば、潮見佳男「債務不履行の救済手段」同『債務不履行の救済法理』（信山社、2010年）89頁を参照。

22) Th. Revet, Réflexions sur l'unilatéralisme dans le droit rénové des contrats, in: Études Ph. Neau-Leduc, LGDJ, 2018, n° 7, p. 894 による説明であるが、同様の理解は日本法についても妥当するといってよいであろう。

締結の自由（521条1項）であり、契約の古典的なイメージである（第10章 [167頁]）。

(b) 内容の決定

とはいえ、主体の行為を含む法律要件は、法律行為のほかにも存在する。たとえば、不法行為もそうである。

これと比較したとき、法律行為の特徴は、法律効果の内容が効果意思によって決定されるところにある。不法行為に基づく損害賠償請求権は、金銭の支払しか目的とすることがないのに対して（ただし、723条を参照）、契約の内容は、当事者の定めるところに従って様々であり得る（521条2項）。

以上のとおり、意思表示は、法律効果の決定基準としての役割を果たすのであるが、このこととの関係では、二点に注意が必要である。

第一に、法律効果の確定が問題となる場面では、法律行為と別に意思表示を論じる意味は、もはやない。法律効果の源泉となるのは、あくまでも法律要件である法律行為だからである。いいかえれば、意思表示は、法律行為の一構成要素であるにすぎない。したがって、法律行為が成立した後に、その内容を確定する際にも、意思表示を独自に問題とする必要はなく、法律行為の内容を端的に問題とすればよい（第6章 [102頁]）。

第二に、法律行為の内容を決定するのは、意思表示だけではない。法律行為の内容は、法律の規定や慣習によって補充される余地があるからである。つまり、契約の内容は、「意思表示＋a」によって決定されるということができる。

4　成立要件と有効要件

さて、以上まで、主体、目的、意思表示という構成要素に即して、法律行為に関する規律の内容を概観してきた。法律要件論の枠組みからすれば、これら三つの要素が揃うことによって法律要件が充足され、法律効果の発生が基礎づけられることとなる。

けれども、法律行為に関しては、その成立が基礎づけられた場合において

も、効力の発生が認められないことがある。法律行為については、成立要件のほかに、有効要件が存在するからである。以下では、この点について検討したい。

(1) 有効性の問題はなぜ生じるのか

有効要件は、法律行為以外の法律要件については論じられない。その理由も、法律行為が、他の法律要件とは違って、意思表示を要素とすることによって説明することができるであろう。有効要件には諸種のものがあるが、ここでは、成立要件に対応して問題とされる有効要件（(a)）と、そうではないもの（(b)）とを区別して、それぞれについて意思表示との関係を考察する。

(a) 成立要件に対応する有効要件

有効要件の問題は、まず、意思表示の瑕疵（第8章）について論じられる。意思表示の瑕疵は、意思表示を要素とする法律要件、つまり法律行為についてしか問題とならない。これは当然である。

その点を踏まえて、ここで問題としたいのは、主体や目的に着目して有効性が否定される場合が、どのようにして意思表示と関わるかである。

第一に、法律行為の主体は、意思表示を手段として自らに関する法律関係を形成することができる者でなければならない。新生児でも——さらにいえば、胎児でも——、たとえば相続によって権利を取得することはできる（886条1項を参照）。しかし、これらの者が自ら法律行為をすることができるかは、自ずから別の問題である。そこで、主体については、意思表示を手段として法律関係を形成することができるかを判断するための要件として、能力が論じられる（第2章、第3章）。

第二に、法律行為の目的は、意思表示を通じて決定される。したがって、その内容は、当事者の意思には適合するとしても、法的にみて相当な内容を有するとは限らない。そのため、法律行為については、意思表示を内容とする法律効果を発生させることの当否が吟味されなければならない。たとえば、公序良俗に反する法律行為が無効とされるのは（90条）、そのあらわれである（第7章）。

第 1 章　法律要件論

　ところで、このような問題は、法規に従って法律効果の内容が定まる場面においては生じない。この場合には、その効果に服しようという意思の有無が問題とされる余地はなく、また、法規の内容が違法であることは（基本的には）あり得ないからである。

　このようにみてくると、契約における有効要件は、実質的にみるならば、契約が意思表示を不可欠の要素とすることを前提として、契約自由の原則を作動させるべきかどうかを主体や目的に即して検証するチェック・ポイントとしての役割を果たすのだといえるであろう。

(b)　成立要件に対応しない有効要件

　以上にみたような、成立要件のいわば裏面の問題を規律する有効要件は、法律効果の発生がその不存在にかからしめられることから、消極要件とよばれる。これに対して、有効要件には、成立要件との対応関係をもたないものもある。先にみた条件・期限が、そうである。これらは、条件成就、期限到来という事実の存在が法律行為の効力を左右することから、積極要件とよばれることがある。

　条件・期限は、成立要件との対応関係をもたないけれども、意思表示と関わらないわけではない。条件・期限は、法律行為の「付款」とよばれるとおり[23]、当事者の意思表示によって付される。この点をとってみれば、有効要件に関する問題は、やはり意思表示との関わりをもち、したがって法律行為に固有の問題だということができるであろう。

　もっとも、消極要件と積極要件とでは、法律行為との関わり方が異なる。というのは、こうである。消極要件としてみた各種の有効要件は、意思表示による法律関係の形成を限界づける役割を果たす。これに対して、契約の当事者が付款を約することができるのは、法律行為の効果の決定を当事者の意図するところに委ねる以上、法律効果を発生させるか否かについても当事者の自由を認めるほかないからである[24]。このように、積極要件は、まさに意

---

23)　付款は、Nebenbestimmung の訳語である。Bestimmung は、ここでは「当事者の定め」を意味する（三瀦信三『独逸法律類語異同辨』（有斐閣、1935 年）187 頁）。

27

思表示によって形成される法律関係である点において、消極要件とは異なる仕方で法律行為の有効性を規律する。

(2) 成立要件と有効要件の関係

それでは、以上にみてきた成立要件と有効要件とは、法律要件として互いにどのような関係に立つのか。

(a) 即時発効の原則

両者の関係については、まず、法律行為が成立すれば、直ちにその効果が発生するのが原則（以下、これを「即時発効の原則」とよぶこととする）だという理解が、当然のこととして受け容れられてきたといえる。しかし、正面からそう説明されることは少なく、その理由に関する説明もあまり見当たらない[25]。

即時発効の原則は、契約自由の原則の帰結だと説かれることがある[26]。しかし、契約自由の原則は、効果意思に従った法律効果の発生が認められることまでは正当化するとしても、法律効果の発生が「契約の成立」に結びつけられるのか、それとも「有効な契約の成立」に結びつけられるのかを明らかにはしない。「契約は、成立すれば、その内容どおりの効力を生ずる」というのは、即時発効の原則そのものであって、これを認めるべき理由とはいえないであろう。

そこで、これに代えて、即時発効の原則は、次のように正当化することができるのではないかと考える。一般的には、法律要件は、成立要件のみによって構成されるため、成立要件が充足されれば、それによって法律効果の発生が確認されるという枠組みに従って規定される。即時発効の原則は、法律行為についてもこの枠組みが出発点とされることのあらわれである。このよ

---

24)　鳩山秀夫『法律行為乃至時効』（厳松堂書店、1912年）451頁。

25)　たとえば、司研・1巻111頁は、「法律行為の効力は、法律行為が成立すれば直ちに発生するのが原則である」と明言する一方で、その理由を述べてはいない。

26)　たとえば、沖野眞已「条件および期限について」大塚直ほか編著『要件事実論と民法学との対話』（商事法務、2005年）174頁を参照。

第1章　法律要件論

うな見方からすれば、有効要件は、法律行為以外の法律要件においては問題
とされないという意味において「例外」であり、だからこそ、法律効果の発
生を妨げる——障害する——要件として位置づけられることとなる。

　(b)　区別の意義

　ところで、上に述べたところは、法律効果の発生という終局的な効果に着
目する限りは、成立要件と有効要件とを区別することができないことを示し
ている。実際にも、学説においては、両者の区別は必然的なものではなく、
これを実体法的に基礎づけることはできないと説かれてきた[27]。

　こうした理解を踏まえて、成立要件と有効要件とを区別することの意義に
ついては、二方向の見方が示されることとなる。

　第一は、成立要件と有効要件とを区別する必要はなく、「どのような法律
効果が発生するか」を端的に問題とすればよいという見方である。このよう
な見方から、一部の学説においては、法律行為の有効性とは、法律行為に基
づいて生じる法律効果の確定の問題にすぎず、これらを一括して「法律行為
の解釈」の問題として検討すべきであるとする主張が展開された[28]。

　第二は、実体法とは異なる次元において両者を区別する見方である。これ
によると、成立要件と有効要件とを区別する意義は、証明の場面で現れると
される[29]。というのは、こうである。成立要件が充足されたことは、法律効
果の発生を主張する者が証明しなければならない。これに対して、相手方は、
有効要件が充足されないことを証明して法律効果の発生を争うことができる。
二つの要件を区別する意義は、「『思考の経済』のためだと考えるのがよい」

---

27)　於保不二雄「有効要件についての一考察」同『財産管理権論序説』（有信堂、1954年）346頁。
　　なお、高橋宏志『重点講義民事訴訟法 上』（有斐閣、第二版補訂版、2013年）541頁以下におけ
　　る「実体法」の意義に関する叙述をも参照。そこでは、実体法を「裁判規範」とみて、そこに主
　　張責任を指示する役割を見出す見解は、訴訟の手続を加味する点において、既にして「純粋の実
　　体法以外の考慮を入れている」との評が示されている。

28)　石田穣「法律行為の解釈方法——再構成」同『法解釈学の方法』（青林書院新社、1976年）
　　141頁、特に153頁以下。この見解によると、「法律行為の解釈」とは、法律行為に基づいて生
　　じる法律効果の確定と同義であることとなる（石田穣・総則513頁以下をも参照）。

29)　於保・前掲論文（注27)）353頁以下。

と説かれるのは[30]、このような趣旨であろう。今日においては、この考え方が一般に支持されているといってよい。

　なお、ここで深入りはしないが、上記第一の立場によれば、契約に基づく法律効果の発生を主張する場面において、それぞれの当事者がどのような事実を証明しなければならないのかについても、上記第二の立場とは理解を異にする余地がある[31]。

5　おわりに

　以上、法律要件論という観点から、法律行為に関する規律の内容を概観してきた。次の点を改めて確認しておきたい。

　第一に、法律行為の構成要素は、主体、目的、意思表示に三分される。そして、そのそれぞれについて、成立要件と有効要件の問題が論じられる。

　第二に、法律行為について有効要件が論じられるのは、当事者が自らの行為によってその内容を自由に決定することができることと関わる。その関わり方は、大きく分けて二つある。一つは、法律行為の構成要素のいずれかに、法律効果の発生を基礎づけられない事情がある場合であり（消極要件）、もう一つは、当事者が合意によって自ら有効要件を付加する場合である（積極要件）。

　第三に、成立要件と有効要件とは、実体法的な位置づけではなく、証明の観点から区別されると考えられてきた。具体的にいえば、法律効果の発生を主張する者は、成立要件が充足されたことを証明しなければならず、法律効果の発生を争う者は、有効要件が充足されなかったこと――いいかえれば、有効性を障害する要件が充足されたこと――を証明しなければならない。

　第2章以下では、上にみた法律行為の諸要素相互の関係に留意しつつ、そこで触れられた個々の問題をもう少し具体的に検討していきたい。

---

30)　大村・総則32頁。

31)　石田説についていえば、証明責任について、いわゆる法律要件分類説に与しないため（学説状況につき、高橋・前掲書（注27）539頁以下を参照）、成立要件と有効要件の区別は、証明の場面においても意味をもたないとされる（石田穣『証拠法の再構成』（東京大学出版会、1980年）153頁以下。さらに、同・前掲書（注28）521頁以下をも参照）。

第2章
意思能力

1　はじめに

第1章で確認したとおり、法律行為は、主体、目的、意思表示という三つの要素によって成り立っており、それぞれに即して有効要件が存在する。能力は、それらのうち、法律行為の主体——より正確には、行為当事者——に関する有効要件である。

法律行為との関係で問題とされる能力には、権利能力、意思能力、行為能力がある。もっとも、自然人に関する限り、権利能力が法律行為の有効性を左右する原因となることはない[1]。自然人は、あらゆる法律関係の主体となることができるため、権利能力を欠くことがないからである。権利能力を有することは、法人格を有することと同義だと説かれるのは、少なくとも自然人については疑いのないことである。

これに対して、意思能力と行為能力をめぐっては、法律行為の有効要件として種々の議論がみられる。本章では、意思能力に関する問題を採り上げて検討する[2]。

1）　これに対して、法人は、その目的の範囲内でしか権利能力を享有しないため（34条）、権利能力の有無が法律行為の有効性に影響を及ぼすことがあり得る。しかし、いまはこの問題には立ち入らない。

2）　意思能力に関する研究としては、熊谷士郎『意思無能力法理の再検討』（有信堂高文社、2003年）が重要である。

31

民法は、「意思能力を有しなかった」ことが法律行為の無効原因となることを定めるだけであって（3条の2）、意思能力が何であるかを明らかにしてはいない。そこで、意思能力がどのように理解されるべきかを考察したいのであるが（3、4）、それに先立ち、そもそも「能力」とは何であるのかを検討しておくことが有益であろう（2）。

2　能力の概念

民法においては、権利能力、意思能力、行為能力、責任能力といった呼称をもつ概念が論じられる[3]。しかし、これらを統合する「能力」という概念は、少なくとも実定法上は存在しない。

今日の概説書に現れる「能力」の語は、上記各能力を総称するための便宜として用いられることが多いようにみえる[4]。「能力」そのものを扱う数少ない叙述として、「法的評価をうけ一定の法律効果が与えられるような行為をなしうる人の能力」とする例がみられるけれども[5]、これも、「能力」を説くのに「能力」の語を用いる点で、十分に明確な説明とはいい難い。

とはいえ、素朴な考えかもしれないが、上記の各概念に「能力」という同じ呼称が与えられるのは、何らかの共通項があることが——少なくとも暗黙のうちに——前提とされてきたからではないだろうか。その内容を探ってみるならば、次の点が注意を惹くであろう。

(1)　適格・地位
能力は、一般的にいって一種の「適格・地位」を意味する[6]。適格と地位

---

3)　以上の諸概念につき、須永醇「権利能力、意思能力、行為能力、不法行為能力——それぞれの意義ならびに相互の関係」同『須永醇 民法論集』（酒井書店、2010 年）1 頁、中舎寛樹「意思能力・行為能力・責任能力・事理弁識能力」同ほか『民法トライアル教室』（有斐閣、1999 年）1 頁を参照。

4)　たとえば、河上・総則 26 頁、大村・総則 38 頁を参照。

5)　於保・総則 47 頁。内容において同旨を説くものとして，近藤・註釈（総則）36-37 頁。

6)　以下に述べるところにつき、岡松参太郎「意思能力論(1)」法協 33 巻 10 号（1914 年）13 頁以下を参照。

第2章 意思能力

はニュアンスの異なる概念であるが、さしあたり「適格」といわれるところ
に注目して、能力が「適格」であるとされることのもつ意味を検討してみた
い。

(a) 何のための適格か?

まず、能力は、何のための適格なのか。

元来、能力の語は、私権の「享有 (jouissance)」(3 条 1 項を参照) に関す
る資格に対して、私権の「行使 (exercice)」に関する資格を意味するものと
して用いられた[7]（旧民法人事篇 1 条[8]）。私権の行使は、債権に基づく請求
なども含むであろうから、概念としては、法律行為をすることよりも広い対
象を指示する。現行法上も、被保佐人による元本の領収 (13 条 1 項 1 号) の
ように、法律行為をすることではなく、私権を行使することが制限されてい
るとみるほうが説明しやすい規定があることには注意を要しよう。

しかし、ドイツ法上の概念にならって、上の意味での「能力」を「行為能
力 (Geschäftsfähigkeit)」と同義とみる理解が広く受け容れられるようになる
と[9]、能力の概念は、法律行為に即して論じられるようになった。明治民法
(1898 年) において、「能力」の語は行為能力を意味するものとして用いられ
たと説かれるのは[10]、こうした事情を示している[11]。

このように、現在では、能力とは、法律行為をするための適格だと考えら
れているといってよい。

---

7) 梅・総則 6 頁を参照。

8) 旧民法人事篇 1 条は、「凡ソ人ハ私権ヲ享有シ法律ニ定メタル無能力者ニ非サル限リハ自ラ其
私権ヲ行使スルコトヲ得」と定めていた。

9) たとえば、梅・総則 6 頁は、前示の叙述に続けて、享有と行使との区別は、権利能力と行為
能力との区別に対応すると説く。さらに、松本烝治『人法人及物』（巌松堂書店、1910 年）97 頁
をも参照。

10) 我妻・総則 48 頁を参照。一例を挙げると、現行 6 条 1 項は、「成年者ト同一ノ能力ヲ有ス」(傍
点引用者) との文言によって規定されていた。

11) とはいえ、起草者においても、意思能力という観念が存在することが看過されていたわけで
はない。たとえば、富井・総論 144 頁を参照。

33

(b)　適格とは何か？

それでは、能力が適格であるということは、何を意味するのか。

これについては、適格という概念の用法に照らして、おおよそ三点を指摘することができるであろう。第一に、適格は、有無のみを問題とすることができ、程度を問題とすることができない概念である。第二に、適格は、法律関係が発生するための前提条件ではあるけれども、その原因となる行為の構成要素ではない。そして、第三に、第二点と関わるが、適格は、それが権利変動の原因となる行為の前提条件とされることからみて、法律行為の行為当事者がもつ属性として構成される。

ここでの課題は、法律行為の当事者に関する有効要件を検討することであるから、以下では、能力が当事者の属性であるとされることの意味を考えてみたい。

(2)　心理作用

能力は、何に関する属性なのか。この問いに対しては、能力は、意思、つまり弁識や決定という心理作用に関わるとされてきたと答えることができるであろう。

法律行為が問題となる場面についていえば、能力と意思との関係は、おおむね次のように説明されてきた。私的自治・意思自治の原則のもとでは、各人は、自らの意思に基づいて法律関係を形成する自由を有する反面、そうして形成された法律関係に拘束される。そうである以上、その行為は「自己の正常な意思決定に基づいて」されたものでなければならず、行為者には「自己の行為の意味を判断するだけの能力」（傍点引用者）がなければならない[12]。

ここで注意が必要なのは、引用文に傍点を付したとおり、「能力」の語が、実際に弁識や決定を行うことができることを示すためにも用いられることである。このことは、能力という同一の語が、法概念としては法律行為による権利変動を生じさせるための適格を示す一方で、弁識・決定ができる状態に

---

12)　以上は、四宮＝能見・総則 44 頁の説くところであるが、細部の相違を捨象すれば、同様の理解が共有されているといってよい。

あるという事実ないし可能性を示すためにも用いられることを示している。たとえば、「事理を弁識する能力」(7条、11条本文、15条1項本文。「事理弁識能力」とよばれる)という概念は、このような「可能性としての能力」を意味するものである。

　以上の区別を前提とするならば、「能力」の語をもって能力概念を定義する前述の説明を理解することもできるであろう。つまり、適格としての能力が認められるための前提として、可能性としての能力が備わっていることが求められているのである。

　そのうえで、可能性としての能力については、適格としての能力とは異なり、有無だけではなく、程度を問題とすることができることにも注意が必要である。意思能力については「その『程度』を問題とする余地は概念上ない」のに対して、行為能力を制限するための要件としての事理弁識能力については程度が問題とされるのも[13]、事理弁識能力が、弁識・決定ができるという事実に着目するものだからである。このような、人の心理作用としてみた弁識・決定の可能性という意味での能力を、以下では「判断能力」とよぶこととする。

　以上の「能力」概念を手がかりとして、次に、意思能力に関する規律を考察する。

3　意思能力の位置づけ

　意思能力とは、最大公約数的にいえば、法律行為をするにあたり、その意味を理解することができる精神的能力をいう[14]。その基準については、学齢(7歳[15])に達しない幼児がもつ程度の知能しか有しない者はこれを欠くと説かれるのが通例であった。

　けれども、意思能力という概念の厳密な定義をめぐって、判例・学説にお

---

13)　この点につき、小林明彦＝原司『平成11年民法一部改正法等の解説』(法曹会、2002年) 64頁注7を参照。
14)　たとえば、山野目・総則57頁を参照。

いて一致した見解があるかは、はっきりしない。意思能力を定義するために、学説は様々な定式を用いてきたが、それぞれの定式において用いられる語が何を意味するかが必ずしも明確でないため、論者の意図を正確に把握することは難しい[16]。したがって、ここでは、意思能力に関する様々な定式を挙示して比較・検討することは控えたい[17]。

　なお、こうした状況は、意思無能力に関する現行規定（3条の2）のもとでも、基本的には変わらない。冒頭にも述べたとおり、この規定は、意思能力が何であるかを明らかにはしないからである[18]。しかし、改正論議の曲折をたどることによって、この規定がどのような構想のもとで成立したかを探ることはできるであろう。

　そこで、以下では、改正論議の過程で、意思能力をめぐって採り上げられた問題のうち、意思能力が「人」「意思表示」のいずれに関わるかという問題に目を止めて、この規定の意義を窺ってみたい。

(1)　二つの見方——当事者の属性か、意思表示の前提か

　意思能力を当事者の属性に関する有効要件とみる見解においては、意思能力は、これまでにみてきた「能力」たる特徴をもつものとして理解される。そのことのもつ意義は、それとは反対に、意思能力を意思表示に関する規律とみる構想との対比によって、よりよく理解されるであろう。

　意思能力の位置づけとして、これを意思表示に関する規律とみる構想は、

---

15)　7歳とされるのは、直接には、ドイツ民法典104条1号をはじめとする外国の立法例を参照したものと推測される。もっとも、7歳を基準とする考えはドイツ民法典に始まったわけではなく、「たまたまローマ人は、ギリシャ思想の影響をうけて、七という数を神聖視していたので、この迷信的観念にしたがって話しうる者か否かの限界を七歳とした、といわれている」とも指摘される（於保不二雄「行為能力についての一考察」同『財産管理権論序説』（有信堂、1954年）116頁注4）。

16)　このことにつき、熊谷・前掲書（注2）21頁、新注民(1)380頁（山本敬三）を参照。

17)　意思能力を定義するために用いられる定式は様々であるが、特に特色のあるものを挙げるならば、我妻・総則60頁（鳩山・民法総論52頁が同旨を説く）、於保・総則47頁（北川・総則40頁が同旨を説く）、四宮＝能見・総則44頁、石田穣・総則152頁を比較検討されたい。

18)　改正規定に関する説明として、部会資料【73A】を参照。

既に 1980 年代には学説において明示されており[19]、こうした理解を前提とする概説書もある[20]。債権法改正との関係で提出された議論としては、民法（債権法）改正検討委員会による「債権法改正の基本方針」（以下、「基本方針」という）に注目したい。

基本方針【1.5.09】は、意思能力の定義につき、「法律行為をすることの意味を弁識する能力（以下「意思能力」という。）を欠く状態でなされた意思表示は、取り消すことができる」との定式を提案した。ここで注目されるのは、「法律行為をすることの意味」とは何かである。この点については、意思能力は、法律行為一般について適格の有無を問うものではなく、個別具体的な法律行為につき、その制度の趣旨に照らして「自らその行為をしたといえるか」を問題とするものであるとの説明がみられる[21]。

このように、個々の法律行為との関係においてしか意思能力の有無を判断することができないのだとすれば、それは、当事者の属性ではなく、その行為、つまり意思表示に関する規律だとみるほうが理に適う。より一般的にいえば、弁識・決定の可能性という観点から捉える限り、能力は、人の属性ではなく、意思表示の問題だとみることが適切であろう。実際にも、基本方針は、意思能力に関する規定を「意思表示」に関する節の冒頭に位置づけている。

(2) 意思能力の相対性

以上にみた分析に対して、現行法は、意思能力に関する規定（3 条の 2）を、「法律行為」ではなく「人」の章に位置づける。このことをもって、意思能力は当事者の属性であると考えるべきなのか。その試金石となるのが、いわゆる意思能力の相対性の問題である。

---

19)　前田達明「意思能力・行為能力・権利能力」同『民法随筆』（成文堂、1989 年）29 頁。

20)　たとえば、佐久間・総則 81 頁。

21)　詳解基本方針 I 79 頁、特に 82 頁以下。

(a) 意 義

意思能力の相対性とは、意思能力の存否を判断するにあたり、法律行為の種類、法律行為がされた時の個別事情に照らして、その基礎となる判断能力の内容・程度を具体的に設定すべきであるとする考え方をいう[22]。先にみた基本方針は、この考え方に従っている。

このように、相対性を認めるべきであるという主張によれば、意思能力の存否は、具体的な時点における具体的な法律行為の意味を理解して意思決定をすることができる状態にあったか否かの判断に帰着する。これは、もはや人の属性を一般的に問題とするものではない[23]。意思能力の相対性が意思能力の体系的な位置づけと関わって論じられるのは、以上の理由からである。

もっとも、ここで注意が必要なのは、そのような理解が、改正論議の過程で浮上したわけではないことである。岡松参太郎博士は、既に 1910 年代の論文において、意思能力の相対性を認めるべきことを主張している。それによると、意思能力は、行為の種類および行為の時に関わるものであり、現にされた特定の行為について、理性に従って法律行為が行われたとみるに足りる精神能力が認められなければならないとされる[24]。その後の学説も、細部に相違はあるにせよ、このことを基本的には認めてきたといってよい[25]。

このように、意思能力の相対性を認める見解は、新たな構想ではなく、むしろ従来の議論を踏まえて提示されたものであったといえる。

(b) 適合性原則との関係

ところが、改正論議においては、意思能力に相対性を認める構想に対して、次のような疑義が投げかけられた。意思能力の相対性を認めると、取引の仕組みが複雑になればなるほど、法律行為をするにあたって要求される判断能力の水準は高まることとなる。それは、すなわち、適合性原則を一般的に

---

22) たとえば、薬師寺・総論 89 頁注 1 を参照。
23) 鹿野菜穂子「高齢者の取引被害と意思能力論」大河純夫ほか編『高齢者の生活と法』（有斐閣、1999 年）64 頁を参照。
24) 岡松参太郎「意思能力論(2)」法協 33 巻 11 号（1914 年）77 頁。
25) 学説についての評価として、熊谷・前掲書（注 2）)20 頁本文および注 62 を参照。

第 2 章　意思能力

──しかも、法律行為の無効原因として──承認することに帰着するのでは
ないか。

　ここにいう適合性原則とは、契約当事者の一方に対して、「相手方の知識・
経験、財産力、契約目的に適合した形で勧誘・販売を行わなければならない」
という行為義務を課する原理だと考えてよい[26]。このような行為義務は、投
資取引のように、商品の特性が複雑でリスクも大きい契約に際して、事業者
が顧客に対して尽くすべきものであって、あらゆる契約においてこれを課す
ることが主張されてきたわけではない。しかるに、意思能力の相対性を認め
ることが、結果的に適合性原則を広汎に認めることにつながるとすれば、「非
常に複雑な、例えばデリバティブ取引といわれるような非常に複雑な契約
……ということになると、私を含めてここにいらっしゃる先生の中にも、あ
るいは意思無能力と判定されるようなことにもなりはしないか」という疑義
が生じる[27]。

　こうした疑義に対して、意思能力の相対性を認める議論は、想定される判
断能力の程度を段階化することによって一定の線引きを行うことを試みた。
一例を挙げれば、こうである。立法論議において問題とされた判断能力には、
①およそ人の行為といえるための前提となるミニマムな能力、②個別具体的
な法律行為の意味を理解する能力、③法律行為の性質に応じて異なるその意
味を理解する能力、④一定の法律行為をするための資格として必要とされる
能力、⑤より高い経済的合理性を判断する能力がある[28]。適合性原則が④の
水準を問題とするものであるとしたとき、意思能力は、①ないし③のいずれ
かの水準の判断能力を問題とするものだと考えるのである。

　以上に対して、意思能力を人の属性とみるならば、その人がするあらゆる

---

26)　民法について適合性原則が問題とされた著名な判決として、最判平成 17 年 7 月 14 日民集 59
　　巻 6 号 1323 頁がある。本文に述べた適合性原則の定義は、同判決が想定する適合性原則よりも
　　射程の広い考え方による。適合性原則に広狭二義があることにつき、河上正二「『適合性原則』
　　についての一考察──新時代の『一般条項』」星野英一先生追悼『民法学の新たな時代』（有斐閣、
　　2015 年）594 頁以下を参照。

27)　法制審議会民法（債権関係）部会第 10 回会議議事録における深山雅也幹事の発言（PDF 版
　　20 頁）。

28)　新注民(1) 383 頁（山本）。

39

行為に共通する判断能力の水準を問題とするほかない。そうである以上、意思能力の有無は、①によって画されることとなりそうである。

4　意思能力の判断枠組

以上を踏まえて、意思能力についてどのような判断枠組が用いられるのかを考えてみたい。二つの観点から検討を行う。

(1)　認識することができないのは何か？

一つは、意思能力の相対性を擁護する議論が指摘したとおり、判断能力の内容・程度を限定するという観点である。

(a)　定式の問題

既に示唆したとおり、意思能力が何に関する認識を問題とするのかについて、学説が説くところは必ずしも一致しない。代表的な概説書を一瞥するだけでも、「結果」とするもの[29]、「法的な意味・結果」とするもの[30]、「利害得失」とするものがみられる[31]。

これらの定式が内容の違いを伴うのか、それとも表現に違いがあるだけなのかは、やはり明らかでない。しかし、一般にいわれるところからすれば、取引が自分にとって実際に利益をもたらすかを判断する能力まで要求されるわけではないと考えられる。つまり、「利害得失」とは、先に⑤として挙げたような意味での「経済合理性」を意味するわけではない。

とはいえ、法律行為の経済的側面をまったく捨象してよいかというと、それにも疑問が残る。一般に、「法的な意味・結果」の内容は、権利を取得し、義務を負うことだとされるけれども[32]、現実売買・贈与においては、学齢に

---

29)　たとえば、我妻・総則 60 頁。
30)　たとえば、四宮＝能見・総則 44 頁のほか、近江・総則 42 頁を参照。
31)　たとえば、佐久間・総則 82 頁。
32)　近江・総則 42 頁。

達しない幼児であっても、「自分のものではなくなる（自分のものになる）」という程度のことは理解するであろう。そうすると、何らかの得失を理解していることを求めなければ、判断能力の程度を適切に設定することができないのではないかという疑問が生じそうである。

これに対しては、法律行為の「法的意味」を前面に出して、「所有権を喪失する（取得する）」ことの理解を求めればよいと考えられるかもしれない。しかし、「所有権を喪失する（取得する）」と（厳密・正確な意味で）理解することは、学齢に達していても難しい。さらに、そもそもの問題として、そのような理解ができるか否かは、判断能力ではなく法的知識の有無に依存するものであろう。そうすると、これもまた有効な基準とはなり得ないと思われる。

(b) 法律行為の意味とは？

以上のとおり、学説の定式は必ずしも明確ではないが、ここでも「基本方針」に示された定式を手がかりとして検討を続けたい。

先にみたとおり、基本方針は、意思能力の基準として、「法律行為をすることの意味」を理解することができる程度の判断能力を想定する。この定式に従う限り、表意者が認識すべきことは、「法律行為」に即して定まることとなる。このことのもつ意味を、契約に即して検討してみたい。

序章や第1章でも確認したとおり、契約の内容は、債権債務関係の発生という観点だけでは捉えられない。ここにいう「法律行為をすることの意味」についても、同じことが当てはまると思われる。たとえば、売買に即してみると、買主にとっての「契約の意味」には、財産権を取得し、代金支払義務を負うことだけでなく、少なくとも両者が対価関係に立つことが含まれるはずである。これを先の定式に当てはめると、買主に意思能力があると認められるためには、自己の物の所有権を喪失することを理解したうえで、それと引換えに得る代金がその等価物であるという「仕組み」をも理解していなければならないであろう。

なお、その際、ここにいう「等価」とは、物の客観的な価値が釣り合っていることを求める趣旨ではないことに注意を要する。そこで問題とされるの

は、等しい価値を有するものを交換するのだと当事者が評価していることである。いいかえれば、有償契約における対価関係とは、給付と反対給付とが主観的に等価であることを意味すると考えられる（第22章［347頁］。無償契約につき、第27章をも参照）。

以上にみたところをより一般的にいえば、「法律行為をすることの意味」を理解したといえるためには、単に自らが債務を負うことを理解するだけでは足りず、有償性の有無に応じて、何のために債務を負うのかを理解することができなければならないであろう。これは、契約のもつ経済的作用の理解を求めることに帰着する。

(c)　さらなる疑問点

以上の試論に対しては、疑義を差し挟む余地があるかもしれない。有償（無償）性に着目することが適切であるかについては、なお検討が必要であろうし、「対価」や「等価性」という観念も、なお一義的に明瞭ではない。

しかし、より根本的には、以上に述べたことを是としても、意思無能力と適合性原則違反との線引きが明瞭にならないのではないかという疑義が残るように思われる。たとえば、先に引いたデリバティブ取引の例にみられるように、給付目的物の商品特性を十全に理解し得なかった場合においては、それが代金と等価であると評価することはできないはずだという見方も成り立ち得るであろう。

この疑問は、当事者が認識すべきことがらを厳密に定義すれば、意思能力と適合性原則の適用領域も自ずから明確になるはずだという理解（3(2)(b)）そのものに限界があることを示唆している。

(2)　認識することができないのはなぜか？

そこで、考えられるもう一つの観点として、判断能力が不十分だと認められる原因に注目してみたい。これまでにみてきた議論は、契約を締結するか否かについての判断が困難であるという心理作用上の結果に着目する一方で、その原因を問題とはしなかった。そのような分析で十分なのかというのが、ここで検討したいことである。

第2章　意思能力

(a)　心理作用と精神状態

実をいえば、この問題も、民法改正論議に先立つ学説において既に意識されていた。というのは、こうである。

意思能力について、一部の論者は、ある法律行為について合理的な認識・判断をすることができないという心理作用上の結果だけに着目するのでは、錯誤との違いがはっきりしなくなると指摘していた。そして、論者は、これを避けるためには、意思無能力をもたらす原因に着目するほかないと説いた[33]。これによると、制限行為能力が「精神上の障害」を原因とする場合に限定されていることと同じく、意思無能力も、「精神上の障害」が心理作用に影響を及ぼしたとみられる場合に限って認められるべきだとされる。

こうした理解も、もとをたどれば岡松博士の議論に遡る。岡松博士は、精神状態と心理作用という二つの側面を区別し、意思無能力によって法律行為が無効とされるのは、精神疾患が判断の誤りを惹き起こすというように、精神状態の欠陥が心理作用の異常を帰結した場合であるとした。このような立場を、岡松博士は「混合主義」とよぶ[34]。

これらの見解に従って、意思無能力もまた「精神上の障害」を前提とするとみるならば、適合性原則の適用場面との線引きは明確になる。適合性原則は、少なくとも直接には、「精神上の障害」の有無を問題としないからである。そして、意思無能力は、「精神上の障害」を問題とする限りにおいて、まさに「人の属性」に関わる問題だと理解されることとなる。

(b)　精神状態に注目することの意義

とはいえ、「精神上の障害」という原因に着目すればすべてが解決するわけでもない。考慮されるべき問題が、少なくとも二つある。

第一に、意思能力が否定される場面は、精神上の障害がある場合に限られ

---

33)　須永醇「成年無能力制度の再検討」法と精神医療学会『法と精神医療』5号（成文堂、1991年）37頁、特に49頁。同様の見解を唱えるものとして、円谷峻編著『民法改正案の検討　第二巻』（成文堂、2013年）267頁以下（村田彰）を参照。

34)　岡松・前掲論文（注24)）46頁以下。

43

るべきなのか。岡松博士が法律行為の有効性に影響を及ぼさない場合の例として挙げた「恋愛による恍惚」は[35]、今日では——そのままのかたちではないにせよ——消費者契約法上の取消し原因として考慮されている（消契法4条3項4号を参照）。精神状態を問題としない意思能力概念は、この例のように、合理的な判断を下すことができない状態でされた法律行為をより広く無効とする可能性を拓くこととなるが、その点を積極的に評価するということも[36]、あり得べき一つの態度ではあろう。

第二に、法律行為の有効性を決する基準として、精神上の障害に着目することが適切なのかという問題がある。精神上の障害があるからといって有効な法律行為を締結する可能性が否定されるのだとすれば、それは、障害を理由とする差別ではないのかという疑義が生じよう[37]。この問題は、制限行為能力制度において、より深刻なかたちで現れる。そこでは、まさに「精神上の障害」のゆえに有効な法律行為をする能力が否定されるからである（7条、11条本文、15条1項本文を参照）。

5　おわりに

以上、法律行為の当事者に関わる有効要件として、能力に関する問題を検討してきた。その結果を要約しておくと、こうである。

法律行為との関係で、能力が有効要件とされるのは、効果意思に基づいて法律関係を形成することができるためには、その前提として、行為当事者が一定の判断能力を有していることが当然に要請されるからである。契約に即していえば、そのような判断能力は、契約のもつ経済的作用を理解すること

---

35)　岡松参太郎「意思能力論(3)」法協33巻12号（1914年）32頁。
36)　中田裕康ほか『講義債権法改正』（商事法務、2017年）20頁以下（大村敦志）は、これを意思能力規定の「破壊力」とよぶ。大村教授は、意思能力の相対性を認めることによって直ちに意思能力法理の適用領域が拡大するとされるようであるが、本文に述べたとおり、精神上の障害を意思無能力の要件とみるか否かという問題も、議論の一つの分岐点となるのではないかと考える。
37)　この問題に関する考察として、上山泰「意思能力概念の意義と機能」債権法改正と民法学I 351頁、特に387頁以下を参照。

第 2 章　意思能力

ができるかという観点から判断することが適切ではないかと考える。

　もっとも、意思能力に関していえば、その位置づけをめぐっては、人の属性ではなく、むしろ意思表示の前提だという見方が示されてきた。こうした見方を徹底すると、能力という観点から法律行為の有効性を論じることに意味があるのかという疑問が生じる。この点について、本章では、「精神上の障害」に着目するところに伝統的な能力論の特徴があったのではないかとの推測を示したが、そうだとしても、そのような「人の属性」に着目して法律行為の有効性を否定することが適切なのかという疑問は残る。

　この最後の疑問に答えるために、**第 3 章**では、行為能力に関する問題を採り上げ、「精神上の障害」と法律行為の有効性とを結びつけることの適否について改めて考えたい。

45

第3章
行為能力

1　はじめに

第2章でみたとおり、意思能力については、それが厳密な意味で「能力」に関わる仕組みなのかという疑問が残った［37頁］。これに対して、行為能力が主体の属性に関わるものであり、その意味で能力に関する仕組みであることには、疑いの余地はない。

はじめに、本章の主題である行為能力とは何かを確認しておきたい。権利能力と行為能力との関係を説くにあたり、ある概説書では、市民社会での取引をゲームに譬えた説明が用いられている[1]。まず、権利能力は、競技場に入る資格であり、これがなければ、そもそも取引というゲームに参加することができない。そのうえで、参加が認められても、ゲームのルールを理解して、自分がしようとしていることがゲームのなかでどのような意味をもつかをある程度理解することができないと、「悪賢い人に食い物にされかねず、せっかくの自分の財産も失ってしまいかねない」から、「能力的に劣った人については、本人を保護するために、ゲームのプレーにも一定の制限をする必要が生ずる」。これが、一定の者について行為能力が制限される理由である。

このような説明を踏まえて、以下で検討したいのは、なぜゲームへの参加が制限されるのか、本当にそれでよいのかという問題である。この疑問を手

1）　内田・民法Ｉ 101-104頁。

がかりにして、制限行為能力という観点から、成年後見制度をめぐる問題を
考えていきたい。

2　成年後見制度の位置づけ

　成年後見制度という語は、（成年）後見という類型（7条以下、838条以下）
を示すだけでなく、保佐（11条以下、876条以下）・補助（15条以下、876条の
6以下）を含む法定後見の総称としても用いられる[2]。保佐・補助については、
後見に関する規定の多くが準用されるから、以下ではまず、後見に関する規
律をいわば祖型と位置づけて、これに即して成年後見制度の全体を素描して
みたい。

(1)　民法の構成

　成年後見制度は、成年者の行為能力を制限するとともに、これを補充する
ことを内容とする。こうした制度設計は、成年者が行為能力を有することを
当然の前提とするが、この原則そのものは自明視されており、特に規定され
てはいない（旧民法人事篇1条。第2章［33頁］を参照）。

　成年後見に関する規定は、民法上、総則編と親族編に分かれており、「条
文の側から読むだけでは、なかなかその全体像がわかりづらく」なっている[3]。
それぞれの編に置かれた規定の性格は、次のように理解することができる。

　一方で、総則編は、法律関係の主体としての本人自身の属性に着目して、
行為能力の制限を扱う。具体的には、どのようにして、また、何についての
行為能力が制限されるかが定められる。そこに定められる事由が取消原因と
なり、本人がした法律行為は、「無効及び取消し」に関する規定（119条以下）
に従って取り消される。

2）　最も広くは、任意後見をも含めて「成年後見制度」とよぶ。この用法につき、成年後見制度
　の利用の促進に関する法律2条を参照。

3）　安永正昭「成年後見制度(2)──新しくなった法定後見制度（その1）」法教237号（2000年）
　53頁。

他方で、親族編は、制限行為能力者のために法律関係を形成する可能性を確保するための規律を扱う。これは、「後見の事務」（853条以下）とよばれる。後見の事務は、財産関係を扱うことが多いが、身上保護に関する事項が排除されるわけではない[4]。

　以上のとおり、総則編と親族編は二つの側面から成年後見法を規律するのであるが、これらに対応して、家庭裁判所による審判の手続も複線的に設計されている。すなわち、行為能力を制限するのが後見開始の審判であり（7条、家事事件別表第一1の項）、制限された行為能力を補充するのが後見人選任の審判（843条1項ないし3項、家事事件別表第一3の項）である。そのうえで、後見開始の審判は、法定の申立権者による申立てによって開始されるのに対して、後見人選任の審判は、後見開始の審判がされたことを契機として、家庭裁判所が職権によって行うという違いもある。この点は、行為能力が制限された以上、これを補充する方途が必ず講じられなければならないという構想を反映したものだといえる。

(2) 民法の体系
(a) 成年後見法と親族法

　さて、以上にみたところのうち、行為能力の制限に関する規律は、法律行為の有効要件としての本人の能力に関わるから、それが総則に定められる理由はわかりやすい。これに対して、成年後見法がどのような意味で親族法に関わるかは、問題である。成年後見人は、親族から選任されるとは限らないからである（843条4項を参照）。現行法上、親族法と成年後見法との結びつきは、主な申立権者として親族が想定される（7条）点等[5]、限られた規律に窺われるにすぎない。

4）　小林明彦＝原司『平成11年民法一部改正法等の解説』（法曹会、2002年）260頁においては、後見の事務は、法律行為に関わる限りは身上保護・財産管理の両面に及ぶとしたうえで、ただ、性質上、一身専属的な事項はそこから除外されるとの理解が示される。

5）　なお、このこととの関係では、現行法の制定過程において、本人による申立てのほかは職権開始手続に一本化すべきであるとの立法提案がされていたことにも注意されてよい。その代表的な主張として、田山輝明「成年後見制度」ケ研240号（1994年）2頁を参照。

こうしたことを承けて、親族法の古い体系書においては、後見法がいかなる意味において親族法であるのかという問題に触れられることが少なくなかった[6]。それらの多くは、後見制度が、制限行為能力者の保護を目的とする制度であって、厳密にいえば親族関係を規律するものではないことを認めつつも、制度の講述にとって便利であるという理由から、これを親族法の一環として扱うことが適切であると論じた[7]。

(b)　成年後見法と人の法

　明治民法の当初からのこうした疑問との関係では、現行成年後見法の制定を契機として、成年後見制度を「人の法」の観点から考察すべきであるとの提案がされたことも注目される[8]。この提案は、成年後見を総則編と親族編とに分断するという構成を採らざるを得ないところに、「人事」を統一的に扱うという視点の希薄さが現れているとして、「人の法」を基軸とする民法体系の再構築を説く。ここで民法の体系を論じる用意はないが、成年後見法が扱うのが、まさに「親族間の関係ではないけれども、『人の法』に属するとみるべき法律関係[9]」であることには留意しておきたい。この点を、もう少し詳しく述べておく。

　民法は、「人」という概念に対して、法的人格、つまり法律関係の帰属点としての位置づけを与える[10]。すべての人が等しく権利能力を有するというときに想定されるのは、そのような意味での「人」である。けれども、この観点からみる限り、「生きている人間個人[11]」がもつ個別具体的な特徴は、法的な考察の俎上には載せられないこととなる。

　「人の法」という観念が脚光を浴びたのは、こうした古典的な権利主体論に対して、より具体的な属性をもつ人間に着目すべきであるとの考え方が台

6）　たとえば、仁井田・親族相続 1 頁、中島・釈義親族 3 頁。さらに、外岡・親族 2 頁をも参照。

7）　穂積・親族 618 頁。中島・釈義親族 4 頁も、これを支持する。

8）　広中俊雄「成年後見制度の改革と民法の体系 下」ジュリ 1185 号（2000 年）99 頁。

9）　広中・前掲論文（注 8））102 頁。

10）　川島・総則 60 頁以下を参照。

11）　川島・総則 60 頁。

頭してきたことを一つの契機とする[12]。そのような構想は、古くは労働法をはじめとする「社会法」の理念として強調されたが（第 30 章 [471 頁]）、より近くは、20 世紀末から 21 世紀初頭における消費者法（消費者契約法の制定：2000 年）、そして成年後見法（民法の改正：1999 年）の展開が、具体的な生活上のニーズを抱える人々の支援を目的とする法領域の発展として注目される。

3 高齢者法・障害法から

以上のとおり、成年後見法は、具体的な生活上のニーズに応じて体系化される法領域である[13]。この観点からみたとき、成年後見法がカバーする主な領域としては、「高齢者法」（(1)）と「障害（者）法[14]」（(2)）とを指摘することができるであろう[15]。

(1) 高齢者法

高齢者法において主に想定されるのは、加齢の影響により、（近い）将来において判断能力が低下する局面を迎えることが予想される者である。このような者は、自らあらかじめ備えをしておくことができ、そうすることが望ましい。

そのため、高齢者法においては、まず、各人の状況に即して将来の財産管

---

12) 山野目章夫「『人の法』の観点の再整理」民法研究第 4 号（信山社、2001 年）9 頁が、「状況規定的な人の類型」という視角から主体論を把握するのも、こうした現象を捉えたものだといえるであろう。

13) ここにいうニーズ（あるいはニード）の概念につき、L. ドイヨル＝I. ゴフ（馬嶋裕＝山森亮監訳）『必要の理論』（勁草書房、2014 年）、H. ディーン（福士正博訳）『ニーズとは何か』（日本経済評論社、2012 年）を参照。

14) 用語としては、Disability Law と平仄を合わせて「障害法」とされるのが通例である（菊池馨実ほか編『障害法』（成文堂、第二版、2021 年）3 頁（川島聡＝菊池馨実）を参照）。以下でも「障害法」の呼称を用いる。

15) 網羅的ではないが、高齢者法の観点から、樋口範雄＝関ふ佐子『高齢者法』（東京大学出版会、2019 年）127 頁（西森利樹＝中田裕子）、障害法の観点から、菊池ほか編・前掲書（注 14）94 頁以下（上山泰＝菅富美枝）、山村りつ編著『入門障害者政策』（ミネルヴァ書房、2019 年）143 頁（清水恵介）を参照。

50

第3章　行為能力

理をプランニングし、紛争を予防することの重要性が強調される[16]。

(a)　委任契約による規律

以上の目的を達するために活用されるのは、契約、特に委任契約である。そして、こうした需要に特化した仕組みとして、任意後見契約が制度化されている。法定後見は、これによる備えがされていない場合を補充する仕組みとして位置づけられる（任意後見 10 条 1 項を参照）。

ところで、委任契約は法律行為であるから、有効に締結されなければその効力を生じない。しかし、その一方で、それがひとたび有効に締結されれば、その存続中に委任者が意思能力や行為能力を有しない状態になったとしても、契約の効力が影響を受けることはない。

ただし、受任者について後見開始の審判がされ、受任者自らが事務処理をすることができなくなったときに委任契約が終了する（653 条 3 号）ことは、以上とはまた別の問題である。このように扱われる根拠は、委任——特に、委任事務の処理——が、当事者間の人的な信頼を基礎とすることに求められる。そのため、受任者が自ら委任事務を処理することができなくなったとき、契約は終了するのである。

これに対して、委任者が後見開始の審判を受けたことは、委任の終了事由ではない[17]。その理由は、二つの方向から説明される。第一に、後見人は、破産管財人のように財産管理を独占的に行う地位にあるわけではなく、受任者による財産管理を当然には排除しない[18]。第二に、後見人が選任される以上、受任者が財産管理を継続したとしても、委任者・受任者とも不利益を被ることはない[19]。

---

16)　アメリカ法の考察を通じて日本法のあるべき方向性を説く叙述として、樋口範雄『アメリカ高齢者法』（弘文堂、2019 年）9 頁以下を参照。

17)　そのような立法がされた経緯と理由につき、新注民(14) 337 頁（一木孝之）を参照。

18)　我妻・各論中二 697 頁、三宅・契約各論下 1022 頁。

19)　岡松・民法理由下次 298 頁以下、磯谷・債権各論下 685 頁のほか、平野・契約 396 頁を参照。

51

(b) 履行段階における判断能力

さて、上記第二の指摘は、委任契約が次のような特徴をもつことを想起させる。

一方で、委任契約のような役務提供契約においては、受任者がどのような給付をすべきかは、履行過程において初めて具体的に定まる[20]。したがって、受任者がすべき給付を特定するために委任者が指図を行い、また、履行がしかるべくされたかを委任者が確認しなければならないことがある（第26章［408頁以下］）。

他方で、委任契約のような継続的契約においては、契約が締結されてから履行が完了するまでの間に時間的な間隔が生じるのが通例である。そのため、委任の履行過程において委任者が判断能力を有しなくなったときは、前記の指図・監督を行うことができない不利益を埋め合わせる必要が生じる。

委任者について後見開始の審判が開始されたときは、これらの役割は後見人が担う。委任者が不利益を被ることはないといわれるのは、そのためである。

ところが、任意後見契約においては、受任者がまさに後見人の役割を果たすから、受任者による履行を確認・監督する者が存在しない。そこで、任意後見契約においては、特に任意後見監督人を選任し、受任者による委任事務の履行状況を監督するという仕組みが採用されている（任意後見4条1項柱書き本文）。

以上のとおり、任意後見契約は、契約の締結段階における意思を尊重するために、任意後見監督人の選任を通じて、いわば履行管理能力を補充するための仕組みを提供するものである。ただ、こうした仕組みが積極的に活用されているとはいい難いのが実情であるため、政策的な課題としては、その利用促進が久しく指摘されてきた[21]。

---

20) こうした特徴を指摘した議論として、中田裕康『継続的取引の研究』（有斐閣、2000年）172頁以下、潮見佳男『契約責任の体系』（有斐閣、2000年）211頁以下を参照。

(2) 障害法

これに対して、障害法の領域においては、本人自らが将来に備えるという関心は前面には現れない。ここでは、成年後見法の主たる役割は、判断能力が既に低下した状態にある者を保護することに見出される。そこでの課題は、判断能力の低下に起因する「障害」について、適切な支援を実現することにある。

(a) 「障害」概念

障害法の綱領的規定ともいうべき障害者基本法1条は、この分野における現行法上の指導理念として、「障害者の自立（自律）」と「社会参加の支援」を掲げる。以上を踏まえて、障害者に対してどのような「支援」が与えられるべきかは、克服の対象としての「障害」とは何かを明らかにしたうえで検討されなければならない。

障害者基本法2条によると、障害者とは、心身の機能障害および社会的障壁により、継続的に日常生活または社会生活に相当な制限を受ける状態にある者をいう（同条1号）。社会的障壁とは、「障害がある者にとって日常生活又は社会生活を営む上で障壁となるような社会における事物、制度、慣行、観念その他一切のもの」と定義される（同条2号）。

ここで注目されるのは、この規定が、機能障害と社会的障壁という二つの要素を参照して障害を定義することである。このように、社会的障壁という側面に（も）力点を置いて障害を捉えようとする立場は、障害の社会モデルとよばれる[22]。こうして社会のあり方という角度から障害を捉えることは、障害をめぐる法と政策の目標を、障害者が自立した生活を送ることができる

---

21) 成年後見制度の利用促進をめぐる問題については、成年後見制度の利用の促進に関する法律が2016年に制定されたこと、これに基づき、成年後見制度利用促進基本計画（第一期：2017年度から2021年度まで、第二期：2022年度から2026年度まで）が策定され、様々な施策が実施されていることをさしあたり指摘しておきたい。その内容につき、大口善徳ほか『ハンドブック成年後見2法』（創英社、2016年）を参照。

22) 菊池ほか編・前掲書（注14）4頁（川島＝菊池）。その定義につき、杉野昭博『障害学』（東京大学出版会、2007年）5頁以下をも参照。

社会づくりという側面に設定することを含意する。こうした考え方は、理念としては「社会的包摂（social inclusion）」とよばれる[23]。

以上の観点からみると、成年後見法は、「精神上の障害」によって「事理を弁識する能力」が低下した（機能障害）ために、自ら意思決定をすることについて生じた困難（社会的障壁）を取り除くための法制度上の支援手段と位置づけられることとなろう。

(b) どのような支援か？

それでは、成年後見法は、どのような支援を提供すべきなのか。

現行の制限行為能力制度は、十分な判断能力を有せずに締結された法律行為によって経済的な不利益を被ることを回避することを目的とするものだといってよい。そのために、本人がした法律行為を取り消す可能性を与える一方で、本人に代わって意思決定を行う者として、法定代理人が選任されることとなる。

ところが、こうした仕組みに対しては、近年、とりわけ障害者権利条約の批准を一つのきっかけとして厳しい批判が向けられるようになっている[24]。見直しを迫られた論点は多岐にわたるが[25]、その概略をみていきたい。

まず、障害者権利条約の文言を確認する。同条約 12 条は、「障害者が全ての場所において法律の前に人として認められる権利を有する」との原理を打ち出しており（同条 1 項）、これを基礎として、「障害者がその法的能力の行使に当たって必要とする支援を利用する機会を提供するための適当な措置」（同条 3 項）を講じることを要請する[26]。成年後見制度は、ここにいう「適当

---

23) 社会的包摂という観念は、生活困窮者の社会参加と自立支援という文脈においても論じられる。たとえば、岩田正美『社会的排除』（有斐閣、2008 年）を参照。

24) 条約の訳文につき、外務省による翻訳（https://www.mofa.go.jp/mofaj/gaiko/jinken/index_shogaisha.html）を参照。議論状況の概観として、松井亮輔＝川島聡編『概説 障害者権利条約』（法律文化社、2010 年）、特に 183 頁以下（池原毅和）を参照。

25) 上山泰「意思決定支援をめぐる近時の動向──成年後見制度との関係を中心に」同法 72 巻 4-1 号（2020 年）445 頁。比較法的な観点からの分析として、橋本有生「法定後見をめぐる比較法的研究」床谷文雄編『現代家族法講座 第 4 巻 後見・扶養』（日本評論社、2020 年）87 頁をも参照。

第3章 行為能力

な措置」の一つとなることが想定される。

　それでは、「適当な措置」としての成年後見制度は、どのようなものであるべきか。この点については、「支援型の決定」の実現が課題として指摘される。支援型の決定とは、意思決定につき、法的能力の行使を判断能力の有無にかからしめることなく、本人の意思と選好に照らして自らこれを行うことができるようにすることを意味する。こうした考え方からすると、制限行為能力と法定代理を内容とする現在の制度は、「代行型の決定」を旨とする点で、同条約の理念に適合しないものとして批判されることとなる。

　こうして支援型の決定が説かれることについては、成年被後見人であっても、適切な支援を受けたならば意思決定をすることができるとの理解が含意されていることを意識する必要がある。上にみてきた一連の傾向には、「成年被後見人について自己決定をどこまで語ることができるのか[27]」という、従来の民法学における共通認識への挑戦としての意味合いがある。

　(c)　意思決定支援の射程

　なお、意思決定支援という構想を考える際には、そこにいう「意思」が、法律行為における効果意思を意味するわけではないことにも注意が必要である。そこでは、法律効果の発生にとどまらず、本人の生活上の選択等についてもその意思を探究し、それを忠実に実現することが要請される。それは、まさに858条にいう「意思」だといってもよいであろう。

　そのような意味での意思決定は、意思表示という一時点における行為に収れんされるものではなく、ある種のプロセスであると説かれる[28]。いいかえ

---

26)　障害者権利条約が成年後見法に対して与える影響を評価するにあたっては、同条約12条にいう「法的能力」をどのように理解するかが重要な問題となる。同条2項は、「締約国は、障害者が生活のあらゆる側面において他の者との平等を基礎として法的能力を享有することを認める」と定める。ここにいう「法的能力」が「権利を享有する能力」を意味するのであれば、成年後見制度が条約の趣旨に反することはない。これに対して、それが「権利を行使する能力」をも含むのであれば、行為能力の制限を内容とする成年後見制度が条約の要請に適合するのかという疑義が生じることとなる。この点の解釈をめぐる問題につき、川島聡「障害者権利条約12条の解釈に関する一考察」実践成年後見51号（2014年）72頁以下を参照。

27)　佐久間・総則94頁を参照。

55

れば、法律行為を締結するという場面を念頭に置くとしても、そこでの「意思」にとっては、その形成過程、つまり、法律行為論においては考慮の外に置かれる動機こそが重要なのであって、効果意思は、その実現手段として位置づけられることとなろう。

4　ふたたび、民法へ

　以上まで、成年後見法の課題を領域ごとにみてきたが、そこに示された課題に対して、民法はどのように応えることができるのか。当面の関心である行為能力につき、障害法の領域における問題提起を念頭に置いて以下に検討を試みる。

(1)　理念と現実
(a)　理　念
　まず、制度の理念から考えてみたい。成年後見法は、ノーマライゼーションの理念を基礎とすると説かれる[29]。このことは、障害法において要請される「社会的包摂」とどのような関係に立つのか。
　両者の関係については、双方とも「人間の尊厳」を目指すものであるが、前者はこれを個人のノーマルな生活の回復の問題として受け止めるのに対して、後者は環境の変革に力点を置くものであるとの指摘がある[30]。このように理解すれば、二つの理念は、相反するものではなく、むしろ相補的な関係にあるとみることができるであろう。そうすると、現行法の理念を推し進めることが障害法からの問題提起にも応えることともなるのだと、一応は考えることができそうである。

---

28)　日本福祉大学権利擁護研究センター監修『権利擁護がわかる意思決定支援——法と福祉の協働』（ミネルヴァ書房、2018 年）36 頁（佐藤彰一）を参照。
29)　小林＝原・前掲書（注 4 ）) 3 頁。
30)　清水貞夫『インクルーシブな社会をめざして』（クリエイツかもがわ、2010 年）182 頁。

(b) 制　度

そこで、次の問題は、現行の成年後見制度が、そうした理念に十分に応えているかである。

まず確認されるべきことは、障害法をめぐる議論に対応するためには、成年後見制度を「行為能力の制限」という視点だけから理解するのでは不十分だということである。このことは、意思決定支援というときの「意思」の捉え方に端的に現れている。行為能力が有効な法律行為の基礎としての意思に着目するのに対して、ここでの「意思」は、より広い内容を含むものとして理解されているからである。

しかし、そうだとすると、そのような課題がはたして民法によって扱われるべき問題なのかという疑問は残るであろう[31]。実用法学的には、それらは、本人意思尊重義務（858 条）をはじめとする規定の解釈論に帰着するのであり、個別の場面に即してそれを明確化する以上のことは必要ではないと考えるのも、一つの立場ではある。

とはいえ、本人の意思を尊重することこそが現行の成年後見制度の理念でもある以上、行為能力の制限と法定代理という仕組みが本人の意思の尊重に真に資する制度となっているかについては、絶えず検証を重ねる必要があろう。そのような観点から、現行法の問題状況を窺ってみたい。

(2)　現行法上の問題

行為能力の制限という問題を実質的に考察するときに重要なのは、能力が制限されるという概念上の位置づけそのものではなく、精神上の障害をもつ者による行為の自由が法によって制約されるという帰結である。この観点から制限行為能力制度を論じる際には、二つの問題を区別しつつ検討する必要がある。

第一は、取消しの要件である。現行法上、行為能力を制限された者がした

31）　障害者権利条約を契機として提起された疑義に対して、「にわかに納得できない」との評価を示すものとして、水野紀子「成年後見制度を契機として日本法の課題を考える」河上正二先生古稀記念『これからの民法・消費者法（I）』（信山社、2023 年）705 頁、特に 716 頁以下を参照。

法律行為は、画一的に取り消すことができるものとされる。しかし、そのような行き方は、必然ではない。たとえば、法律行為の有効性を一律に否定することに代えて、その法律行為によって何らかの損害を被ったときに限って取消しを認めるというような規律を構想することも考えられるであろう。このような理解を突き詰めると、判断能力の不十分さは、暴利行為論（90条。詳しくは、**第7章**［110頁］を参照）においても問題とされる当事者の「脆弱さ」に似たものとして位置づけ直されることともなり得る。

　第二は、取消権者である。判断能力の不十分な者がした法律行為を、その行為をした本人自身が取り消すことができるとするときには、取消権は、契約から離脱するという選択を認める機能をもつ。そうした機能は、契約当事者の一方に撤回権を与えることにあたかも類する。

　ところで、このような権能が認められるだけでは、本人の意思や自由が制約されているとはいい難い。それは、クーリング・オフ権が消費者の自由を制限するわけではないのと同じである。もっとも、相手方の立場からみれば、法律行為が取り消されることを恐れて契約の締結を差し控えるという萎縮効果は生じるかもしれない[32]。それがある種の差別をもたらすという見方は、あり得なくはない。けれども、判断能力が不十分な者との間で契約を締結するに際して、相手方に対してそのような配慮を求めることは、助言義務が課される場面等においてもみられることであり、「支援」の実践ともいえるであろう。

　ところが、現行法においては、本人だけでなく、法定代理人等もまた取消権を行使することができる（120条1項）。本人自身に判断能力がないときには、これに代わって法律行為を取り消すべきかどうかを判断する者が必要だというのが、この規定の背後にある理解であるが、そこには、意思決定の代行的性格が如実に現れている。取消権が本人の自由を制約するのは、主にこの場

---

32)　制限行為能力という仕組みには、こうした萎縮効果を逆用する面がある。幾代・総則53頁を参照。なお、この関係では、「日用品の購入その他日常生活に関する行為」については、制限行為能力を理由とする取消しに関する例外が設けられている（9条ただし書）ことにも注意を要する。この規定と本文に述べた萎縮効果との関係につき、詳解基本方針Ⅰ87頁をも参照。

面だといえよう。

　こうした制度を、本人の意思を尊重するものとして再設計するための解釈論の試みとしては、たとえば、制限行為能力の場合における取消権者は、その性質上、制限行為能力者本人のみに限定されるとしたうえで、「代理人」による取消しとは、あくまでも本人が有する取消権を代理行使するものにすぎないとみることが考えられるであろうか[33]。そのような理解のもとでは、取消権もまた本人の意思を尊重しつつ（858条）行使されなければならないこととなり、その「代行」的性格も幾分かは緩和されるであろう。

　同様の関心に基づいて解釈論の見直しを試みる余地のある規定は、ほかにもありそうである。ただ、いずれにしても、障害者権利条約の要請に応えるためには、解釈論による対応には限界があり、成年後見法制の見直しを視野に入れた検討が求められることは確かであろう。

5　おわりに

　これまでの検討をふり返って、最後に、制限行為能力、あるいはこれを中核とする成年後見制度に関する課題の一斑を確認しておきたい。

　成年後見制度は、生活事実に即してみれば、加齢や障害に伴って生じる具体的なニーズに応えるための仕組みである。もっとも、子細にみると、高齢者と障害者がもつニーズの内容は異なる。この側面を強調すると、成年後見

---

33)　かつては、120 条 1 項が定める「代理人」の取消権が、本人が有する取消権を代理行使する趣旨であるのか、それとも、代理人に固有の取消権を認める趣旨であるのかは、はっきりしないとの指摘がみられた（幾代・総則 428 頁本文および注 6 を参照）。実際にも、たとえば、「制限行為能力者の行為については、取消権が制限行為能力者本人とその法定代理人とに発生する」と説かれるときには（新版注民(4) 488 頁（奥田昌道＝平田健治））、法定代理人に固有の取消権が観念されているが、同項にいう「代理人」には取消権の行使について代理権を授与された任意代理人を含むと説かれるときには（たとえば、同 490 頁（同））、本人が有する取消権の代理行使が問題とされているとみられる。もっとも、1999 年改正において「同意をすることができる者」が取消権者に加えられた（その経緯につき、小林＝原・前掲書（注 4 ）182 頁を参照）ことを考えると、現行規定の解釈としては、そこに挙示される者は自己に固有の取消権を有するとみることが素直であると思われる。ただ、それらの者は、性質上、本人が取消権を有する限りで、それを行使する権限を与えられているにすぎないのだと説明することは、なお可能ではあろう。

制度とは、高齢者法や障害法といった法領域（が扱う問題の一部）の総和にすぎないとの見方も成り立ちそうである。

　これに対して、民法は、「精神上の障害」による「事理弁識能力」の低下という抽象的な概念によってこれら諸領域を統一的に捉え、これを成年後見制度と総称している。その背後には、「能力」という法概念を用いることによって生まれる体系性が、法制度を構想・運用するのにも有用であるとの理解が窺われる。

　もっとも、諸領域を統一的に捉えるといっても、何を統合の原理とするかは問題である。「能力的に劣った人については、本人を保護するために、ゲームのプレーにも一定の制限をする必要が生ずる」という成年後見制度の理解に対しては、今日、人の多様なありようを尊重するという基本的な価値に反するのではないかという疑義が投げかけられている。こうした疑問を向ける立場からは、成年後見制度についても、これを「脆弱な（vulnerable）」状況に置かれた人を支援する仕組みとして再編すべきことが有力に主張される。そこでは、行為能力の制限を所与とする制度設計は、支持を失いつつある。

　このように様々な課題に直面する成年後見制度であるが、それがどのように設計されるべきかにつき、著者自身に定見があるわけではない。ただ、こうした問題が論じられていることは、契約法を学ぶ際にも意識されてよいとは考えている。

第4章
法律行為の分類

1　はじめに

　法律行為が「意思表示を要素とする私法上の法律要件」等と定義されてきたことは、第1章でみたとおりである［18頁］。そのうえで、法律行為は、単独行為、契約、合同行為に分類される。

　今回は、この分類を出発点として、それぞれの法律行為がもつ特徴を考察したい。具体的には、各種の法律行為がどのような基準に従って分類されてきたのかをみたうえで (2)、単独行為 (3)、合同行為 (4) の特徴を検討する。

2　法律行為の分類方法

(1)　分類の基準

　法律行為は、単独行為、契約、合同行為に区別され、それぞれ、「一人一個の意思表示で成立するもの」「対立する二個以上の意思表示が合致して成立するもの」「方向を同じくする二個以上の意思表示が合致して成立するもの」と定義されるのが通常である[1]。

　この分類においては、意思表示の「個数」と「方向」という二つの基準が用いられている。すなわち、単独行為と契約・合同行為は、意思表示の「個

---

1)　鳩山秀夫『法律行為乃至時効』（巌松堂書店、1912年）35頁以下、我妻・総則244頁。

61

数」によって区別され、契約と合同行為は、意思表示の「方向」によって区別される[2]。しかし、これに対しては、「観察点を異にする三個の概念を以て法律行為を同時に分類することは正当でない」との批判が加えられている[3]。

この批判は、もっともであるように思われる。かりに上の二つの基準を用いるならば、その組合せにより、法律行為は四つに分類されるべきであろう。ところが、上記の分類は、「方向を異にする一個の意思表示」で成立する法律行為の存在を認めない。これは、「方向が異なる以上、意思表示は一個ではあり得ない」という理解を含意するとみられるが、そのように考える理由は、方向が異なる意思表示によって成立する法律行為、つまり契約において、なぜ二つの意思表示が必要とされるかを検討することによって明らかになるであろう。

(2) 契約の定義

(a) 意思表示の「方向」とは何か？

意思表示の「方向」という観点からみたとき、契約は、方向を異にする意思表示によって組成される点で、他の法律行為から区別される。「X が、Y に対して、甲土地を 5000 万円で売却する」という例に即して、「対立する二個以上の意思表示が合致して成立する」という命題の意味するところをさらに考えてみたい。

はじめに注意が必要なのは、契約が「対立」する意思表示によって構成されることと、契約が成立するために、両当事者の意思表示が「合致」しなければならないこととの関係である。これは、両当事者が、内容における対立を含む同一の意思表示をすることによって契約が成立することを意味する。上の例に即していえば、X・Y が、それぞれ「甲土地を 5000 万円で売る」「甲土地を 5000 万円で買う」という意思表示をすることで契約が成立すると説かれることがあるが、これは、X・Y が、ともに「X が、Y に対して、甲土地を 5000 万円で売却する（＝ Y が、X から、甲土地を 5000 万円で購入する）」

2） 我妻・総則 244 頁。さらに、我妻・債権各論中二 756 頁をも参照。
3） 薬師寺・総論 365 頁注 3。

という意思表示をするという趣旨である[4]。契約の成立につき、申込みと承諾が「契約の内容」について合致することを求める民法の規定（522条1項）からも、以上は明らかであろう。

それでは、意思表示の「方向」が「対立」するとは、どういうことなのか。「Xが、Yに対して、甲土地を5000万円で売却する」という意思表示は、甲土地の所有権移転に着目すれば、Xがこれを失い、Yがこれを取得するという内容をもつ。正確にいえば、意思表示の方向が「対立する」とは、このように、それぞれの当事者につき、利害の異なる法律効果が発生することを意味する（第22章［348頁］）。

なお、無償契約、たとえば贈与においては、売買と同じ意味で当事者の利害が「対立する」ことはない[5]。しかし、一方が権利を取得し、他方が権利を失う点を捉えれば、なお利害が「異なる」ということはできるであろう。

(b) 意思表示の「方向」と「個数」

さて、以上を踏まえて考えると、契約が成立するために、二個以上の意思表示が存在しなければならないのは、各当事者にとって利害の異なる法律関係を発生させる以上、契約が効力を生じるためには、その法律関係に服する各当事者に対して利害を調整する機会が与えられなければならないからだといえるであろう。そして、この利害の調整は、交渉と意思表示というプロセスのなかで行われる。以上のことを具体化するのが、はたして、またどのような契約を締結するかは当事者の自由に委ねられるという原則、つまり契約自由の原則である（521条各項）。

そうすると、法律行為を分類する基準としては、意思表示の方向、つまり利害の相違に着目すれば足りるのであって、意思表示の個数は、各当事者を

4） この点を詳論するものとして、神戸寅次郎『民法論纂』（巌松堂書店、1926年）319頁以下を参照。

5） 贈与の冒頭規定において、その成立に関して特に「受諾」（549条）という文言が用いられることは、このような微妙な相違を反映したものであろうか。同条の起草過程には、「受諾」に代えて「承諾」の語を用いるほうがよいとの指摘に対して、梅謙次郎が「詰マリ感覚デアリマスナ」と応じたくだりがみられる（法典調査会・三839頁）。

めぐる利害を反映したにすぎないとみることができるであろう。さらに、このこととの関係では、意思表示の個数に着目する見解に対して、意思表示の個数に着目するだけで契約と単独行為とを区別することができるのかという疑義が示されていることにも注意を要する。たとえば、被保佐人が保佐人の同意を得て相続を放棄する（13条6号）場合には、一つの単独行為が効力を生じるために複数の意思表示がされなければならない。この例は、意思表示の個数という基準が、それだけでは法律行為を分類する基準として不十分であることを示すものであろう[6]。

　学説においては、法律行為を分類する基準としては意思表示の個数に重きをおくものが多いように見受けられる。しかし、以上に述べたところから、ここでは、「利害」に着目して法律行為を分類することの意義を検討してみたい。単独行為、合同行為のもつ特徴を考察する。

3　単独行為

(1)　単独行為の類型

　法律行為に関しては、単独行為、契約、合同行為の区別以外にも、その効果や構造に着目した様々な分類が行われてきた。そのなかには、主として（あるいは、もっぱら）単独行為を念頭に置くとみられるものがある。そのようなものとして、ここで二つの分類に着目したい。

(a)　独立的・付属的

　まず、古い学説においては、法律行為は、独立的なものと付属的なものと

---

6)　もっとも、後述のとおり、被保佐人による相続の放棄と、保佐人による同意は、それぞれが別個の単独行為だと考えられてきた。そうすると、上の例についても、二つの意思表示によって二つの単独行為がされたと説明することはできる。ただ、法律行為が法律効果の発生原因であるという観点からみれば、上の例では、相続の放棄という一つの効果を発生させるために二つの意思表示が加功しているとみざるを得ない。このように、一つの法律効果を発生させるために二つの意思表示を要する点をとってみれば、意思表示の個数だけに着目するのでは単独行為と契約との区別が明瞭にならないという問題がやはり残るであろう。

64

に区別されることがあった[7]。独立的な法律行為とは、それだけで独立に実質的な法律効果を発生させるものをいい、付属的な法律行為とは[8]、他の法律行為に基づく効果の発生を補充するために必要とされるものをいう。たとえば、被保佐人による相続の放棄について被保佐人がする同意は、それ自体として一個の法律行為ではあるけれども、保佐人による法律行為を補充するにすぎないと説かれる。

この分類については、二点に注意が必要である。

第一に、付属的な法律行為の例とされるものは、単独行為であることを常とする。何らかの法律行為の効力を補充するために契約を締結しなければならないという場面は、考え難いのであろう。しかし、単独行為は、常に付属的な法律行為であるとは限らない。たとえば、法律行為の取消しや解除は、それ自体として独立に法律効果を発生させる[9]。

第二に、付属的な法律行為は、「独立の実質内容を有しない」と説かれるように[10]、固有の利害を生じさせない。これに関わる利害関係は、それが補助する独立的な法律行為に基づいて発生する。

以下では、独立的な単独行為の取扱いを検討する。契約をはじめとするその他の法律行為との比較が問題となるのは、主としてこの場合だからである。

(b) 相手方の有無

次に、契約が常に相手方のある法律行為であるのに対して、単独行為については、相手方のあるものと、ないものとが区別される。

単独行為について、相手方の要否を区別することの直接の意味は、到達（97条以下）の要否にある。すなわち、相手方のある単独行為は、意思表示の通知が相手方に到達してはじめてその効力を生じるのに対して、相手方のない

---

7) これに言及するおそらく最後の概説書として、薬師寺・総論 370 頁を参照。
8) 呼称としては、補充行為（薬師寺・総論 370 頁）とよばれたり、補助行為（鳩山・民法総論 299 頁）とよばれたりする。
9) もっとも、取消しも解除も、その対象となる法律行為が存在する場合に限って問題となるという意味では、他の法律行為に従属するといえる。この点につき、岡松・法律行為論 12 頁を参照。
10) 鳩山・民法総論 300 頁。

単独行為は、到達という要素を含まない。

　それでは、ある単独行為が相手方に対する到達を要するか否かは、どのようにして決まるのか。これは、単独行為に基づいて発生する法律効果がもっぱら表意者に関わるか、それとも他人に（も）関わるかによって決まるのだと考えられる。ある法律行為が、表意者以外の者の法律関係に対して直接に影響を及ぼすときには、その者もまた、はたして、またどのような行為がされたかを了知することができなければならないからである。

　このように、相手方のある単独行為は、相手方に属する法律関係を一方的に変更させる。そのため、相手方のある単独行為ができるためには、そのような権能が表意者に与えられていなければならない。

　この点は、契約との相違である。契約においては、どのような場合に、どのような内容の法律行為をするかは、両当事者の意思表示によって決まる。そして、契約が適正なものであることは、原則として両当事者の意思を通じて担保される。これに対して、相手方のある単独行為においては、どのような場合に、どのような内容の法律行為をするかは、表意者の意思に全面的に委ねられるわけではなく、あらかじめ定められた要件に従う。また、その適正性も、単独行為の要件があらかじめ定められ、その充足が裁判所の判断に服することを通じて担保される。

　以上に対して、相手方がない単独行為については、それをするかどうかは、基本的には表意者の自由に委ねられているとみてよい。単独行為の効果は、表意者以外の者に属する法律関係には影響を与えないからである。もっとも、法律行為である以上、権利濫用の禁止（1条3項）や公序良俗違反（90条）を通じた規制が及ぼされる余地はある。

　このように、単独行為がどのような取扱いに服するかは、単独行為が認められる根拠によって異なると考えられる。以下、もう少し立ち入ってこの点を検討したい。

(2)　単独行為の取扱い

　単独行為は、どのような根拠に基づいて認められるのか。網羅的ではないけれども、相手方の有無に応じて二つの事例を採り上げてみたい。

(a) 形成権の行使

第一に、相手方のある単独行為は、少なからぬ場合には、形成権を行使するための手段として行われる。形成権とは、一方的意思表示によって一定の法律関係を発生させる権利をいう[11]。法律行為の取消権や、契約の解除権が、その典型例である。

上の定義に示されるとおり、形成権は、一方的意思表示、つまり単独行為によって行使される。いいかえれば、この場面では、形成権と単独行為の間には、形成権は単独行為によって行使され、単独行為は形成権の存在によって基礎づけられるという相互関係が存在する。

ところで、単独行為については、条件を付けることができない（506条1項後段）、撤回することができない[12]、法律がなければ認められないといった特徴が指摘されることがある。そのうえで、形成権についても「単独行為と共通の考慮」が必要であると説かれることがある[13]。

しかし、この指摘は奇妙である。これらの制約が単独行為に関するものなのであれば、形成権が単独行為によって行使されるものである以上、形成権がそれに服するのは当然である。これに対して、それらがむしろ形成権に関する制約なのだとすれば、同様の制約に服しない単独行為もあるはずである。

これらの制約が妥当する範囲を明らかにするためには、それが課される理由を検討する必要があろう。単独行為に条件を付けることができず、また、法律がなければ単独行為が認められないと説かれるのには、二つの理由がある。第一は、それによって相手方の地位が不安定になること[14]、第二は、相手方に属する法律関係を一方的に変更することには、相手方による法律関係形成の自由を奪うという意味での恣意性が伴うことである。

以上の考慮は、単独行為全般に関わるというよりは、形成権の特徴を反映したものであるようにみえる。事実、形成権の行使については、相手方が置

11）　定義につき、於保・総則 32 頁、川島・総則 48 頁、薬師寺・総論 64 頁等を参照。

12）　椿寿夫「形成権」椿寿夫＝中舎寛樹編著『解説　新・条文にない民法』（日本評論社、2010 年）22 頁。

13）　椿・前掲同所（注 12））。

14）　この点につき、新版注民(4) 573 頁以下（金山正信・直樹）を参照。

かれる立場の不安定さを緩和するための仕組みや議論がある。たとえば、形成権を行使するか否かを早期に確定するために、相手方に催告権や取消権が認められることがある（制限行為能力による取消しに関する 20 条、無権代理の追認に関する 114 条・115 条、解除に関する 547 条、遺贈の放棄に関する 987 条）。また、形成権の消滅時効・除斥期間によっても、単独行為をすることができる期間は限定される。さらに、一方的な権限行使の恣意性を緩和するために、形成権を行使するにあたって理由を付することが求められることもある[15]。単独行為について説かれる上記の特徴も、その趣旨においてはこれらと軌を一にするであろう。

　これに対して、単独行為が形成権の行使である場合であっても、相手方の地位が不安定にならないときは、条件を付することを禁じる理由はない。たとえば、停止条件（停止期限）付解除の意思表示が認められるのは、条件（期限）の内容が、債務の履行という、債務者の行為のみによって実現（阻止）することができる事実だからである。いいかえれば、この場合には、恣意性（あるいは随意性）は、表意者（債権者）ではなく、むしろその相手方（債務者）にある。

　(b)　遺　贈

　ところで、単独行為のうち、どのようなものが形成権の行使に当たるかについては、必ずしも明確な基準が説かれておらず、あまりはっきりしない。この点について、一部の学説は、「全ての人ができることは、権利とはいえない」という基準によってその外延を画することを試みる[16]。それによると、だれにでもすることができる行為、たとえば、遺言、単独でする財団法人の設立（一般法人法 152 条）、所有権の放棄等は、単独行為ではあっても形成権の行使ではないこととなる。

---

15)　法律上、理由の提示が要求されている場面としては、労働契約における解雇を挙げることができる（労基法 22 条 1・2 項を参照）。より一般的には、本城武雄「形成権の行使について――その理由開示義務」名城法学 15 巻 1・2 号（1965 年）133 頁を参照。

16)　ドイツ法における形成権概念の展開を追った考察であるが、永田眞三郎「形成権理論の展開(1)」関法 26 巻 2 号（1976 年）35 頁を参照。

第4章 法律行為の分類

　そのうえで、上に例として挙げた行為が、いずれも相手方のない単独行為とされることにも注意を要する。遺言についていえば、遺贈がされると、受遺者は遺言者に属していた財産を取得する。しかし、「受遺者は、遺贈の目的であって、相手方ではない[17]」。いいかえれば、遺贈は、受遺者に属する法律関係を直接に変動させるわけではない。

　こうした特徴をもつことから、先に形成権の行使について述べた取扱いは、遺贈には当てはまらない。受遺者に属する法律関係を変動させるわけではない以上、受遺者への配慮は求められないからである。事実、遺言には条件を付けることができるし（985条2項）、撤回も認められる（1022条）。このことからも、条件に親しまない等、単独行為全般について説かれてきた特徴が、すべての単独行為に一律に当てはまるわけではなく、あくまでも個別に吟味する必要がある問題であることがわかるであろう。

(3) 単独行為と利害関係

　さて、先にみた単独行為の定義が当を得ているとすれば、上にみたいずれの場合にも、利害の相違が問題になることはないはずである。最後に、この点について考えておきたい。

(a) 形成権の行使

　まず、形成権の行使についてみると、取消しや解除によって復帰的物権変動が生じるという理解を前提とすると、単独行為によっても贈与や売買の場合と同じく権利の移転が生じるのであるから、それによって利害の相違が生み出されているようにみえる。それにもかかわらず、利害の相違がないのだとすれば、それは、次の二点によるものであろう。

　第一に、取消しや解除は、あくまで既発生の法律効果の消滅に向けられるにすぎず、それ自体が新たな物権変動を生じさせるわけではない。いいかえれば、復帰的物権変動は、物権変動の原因が消滅したことに伴う物権状態の矯正を目的とする（第21章 [339頁]）。このような見方からは、形成権の行

---

17)　中川・相続566頁。さらに、佐久間・総則46頁をも参照。

使による法律関係の消滅は、それ自体としては利害関係の対立を生み出さないと考えることができる[18]。

　第二に、以上は、実質的には次のことを意味する。契約において利害関係の相違が問題とされるのは、利害関係を調整する必要があるからである。ところが、取消し・解除の効果は、既存の法律関係の解消に尽きるから、利害の内容は、解消されるべき契約によって既に確定されている。そうである以上、この場面では、利害関係を新たに調整する必要は生じない。

（b）遺　贈

　次に、遺贈についてはどうか。受遺者が財産を取得する原因となるという点に着目するならば、遺贈には、死因贈与と同様の経済的実質が認められる。しかし、あくまで厳密にみるならば、遺贈は、受遺者が相続財産を承継することができるという法律関係を発生させるにすぎないのであり、それのみによって受遺者の財産関係を変動させるわけではない。実際にも、受遺者には、遺贈を承認・放棄する自由がある（986条1項）。

　以上のことは、遺贈によって生み出される法律効果そのものについては、受遺者との間での利害の調整が問題とならないことを示している。

4　合同行為

　既述のとおり、合同行為は、「方向を同じくする二個以上の意思表示が合致して成立するもの」等と定義される。たとえば、社団の設立（一般法人法10条1項）がこれに当たる。それは、社員になろうとする者が「共同して」する行為であって、それによって法人の設立というすべての当事者に共通する効果を発生させるからである。

　この定義によると、合同行為は、意思表示の方向によって契約と区別され、意思表示の個数によって単独行為と区別される。しかし、それは同時に、合

18）　消滅した契約に基づく給付が履行されていなかった場合を考えると、このことは首肯され得るであろう。

同行為が、意思表示の方向によっては単独行為から区別されず、また、意思表示の個数によっては契約から区別されないことをも意味する。

(1) 単独行為との区別

(a) 合同行為と共同行為

合同行為と単独行為との関係を考える際には、まず、通常であれば単独行為であることに疑いのない法律行為が、「方向を同じくする二個以上の意思表示」によってされる場合があることが注目される。共同で借りている建物につき、賃借人が全員で賃貸借契約解除の意思表示をするような場合（544条1項を参照）が、そうである。

この場合における解除が単独行為であることについては、ほとんど異論はない[19]。その理由は、次のように説明することができる。上の例では、たまたま当事者が複数であるために、各自が共同して意思表示をしている。しかし、解除は、一方の当事者が一人であればその者の意思表示のみによってすることができるのであり、表意者が一人であるか複数であるかによってその法的性質が変わるわけではない。いいかえれば、上の例では、複数人が共同してそれぞれの意思表示をしているにすぎない[20]。

このように、単独行為や契約の当事者として複数人が関与する場合は、特に「共同行為」とよばれることがある[21]。今日の学説がいう合同行為は、そのようなものとは区別されているとみられる。

(b) 単独行為との相違

さて、意思表示の方向という基準に従って単独行為と合同行為とを区別することができるのかという問題に立ち返ると、はたして、両者の区別は不可

---

19) 反対の見解として、石田穣・総則506頁。

20) この場合には、各当事者がそれぞれに解除の意思表示をするのであって、総当事者が共同して一つの意思表示をするわけではない。複数の当事者がする解除の意思表示は、同時にされる必要はなく、異なる時期にされたときは最後の意思表示がされた時に解除の効力が生じるとする判例（大判大正12年6月1日民集2巻417頁）は、このような理解に親和的である。

21) 岡松・法律行為論75頁。

能であるとみる見解が、かつては有力に主張されていたことに気づかされる[22]。その論拠は、こうである。

　たしかに、合同行為は、複数の意思表示がされなければおよそ成立する余地がないのであり、この点において、上に述べた共同行為とは異なる特徴をもつ。けれども、意思表示の「方向」、つまり利害関係によって法律行為を分類するという前提に立つならば、すべての表意者にとって同じ意義をもつ法律効果しか生じさせないのだから、合同行為における利害関係は単一である。そうである以上、それは、本質的には単独行為の一種であるとみざるを得ない[23]。両者の区別については、せいぜい、共同行為であることが必要的である場合を合同行為とよんでいるにすぎないのだといえるであろう[24]。

(2)　契約との区別

　以上に反して、法律行為を分類する基準を意思表示の個数に求める見解からは、合同行為は、契約から区別され得ないこととなる。法律行為の分類方法として、意思表示の個数に着目するものが有力であることから、このような理由で合同行為の独自性を否定するものも少なくない[25]。この点は、組合契約の締結と法人の設立行為との相違を論じる際に問題とされてきた（第28章［439頁以下］を参照）。

(a)　契約との相違

　組合契約の締結と法人の設立行為との間には、どのような相違が認められてきたのか。

---

22)　この旨を詳論するものとして、神戸・前掲書（注4））特に378頁。体系書としては、中島・釈義総則441頁、薬師寺・総論359頁、川島・総則161頁、幾代・総則187頁等を参照。

23)　意思表示の個数と方向の両方に着目して法律行為を分類する者も、利害の内容という点に着目する限りは、「契約よりもむしろ協同した単独行為に近い」という（我妻・総則147頁）。

24)　末川博「民法上の組合の本質」同『債権』（岩波書店、1970年）402頁。同旨を説くものとして、薬師寺・総論359頁を参照。

25)　先駆的な議論として、宮崎孝治郎「合同行為否認論」愛学10巻2号（1967年）39頁を参照。そのほか、北川・総則118頁、北川・債権各論140頁、石田穣・総則279頁以下・506頁、佐久間・総則47頁をも参照。

第4章　法律行為の分類

　まず、組合について考える。組合は、各組合員が共同の事業のためにそれ
ぞれ出資を行い（667条1項）、組合財産を形成したうえで（668条）、事業の
結果からの利益分配に与るという構造をもつ。ここで注意が必要なのは、営
利組合においては、各組合員が必ず何らかの意味での出資をし、利益分配に
与ることである。一部の組合員だけが利益の分配に与る場合は、獅子組合と
よばれ、「民法の組合ではない」とされる[26]（第28章［442頁］）。
　組合契約に基づく法律関係には、二つの特徴がある。第一に、これらは、
組合員間の法律関係として構成される。組合財産は組合員の共有に属するの
であり、そこに出資し、またそこから利益分配を受けることも、組合員相互
の法律関係である。第二に、組合員間では、出資や損益分配につき、その方
法や割合を取り決める必要がある。この点で、各組合員には独自の利害があ
るのであり、それを調整する仕組みが必要とされる。組合が契約であること
の意義は、こうした利害の調整が意思表示を通じて行われる点にある。
　これに対して、法人の設立行為は、構成員間の法律関係を生じさせない[27]。
それは、法人の設立を目的とするにすぎず、構成員間で利益の分配等もまた、
各構成員と法人との間の法律関係として規律される。そのような意味で、法
人の設立行為には、構成員間における利害の相違を見出すことはできない。

(b)　合同行為と利害の共同

　それでは、契約と合同行為とをこうして区別する意義は、どこにあるのか。
　この点につき、多くの見解は、合同行為の場合には、それを構成する意思
表示の一部が無効であっても、法律行為全体が当然に無効になるわけではな
く、このことが契約との相違であると説いてきた[28]。
　しかし、現行法のもとでこうした理解を維持することができるかは、疑問

---

26)　我妻・債権各論中二 773 頁。これは、契約が直ちに無効になるという趣旨ではなく、贈与等、
　　組合ではない契約として扱われるということである（来栖・契約 631 頁を参照）。
27)　中島・釈義総則 441 頁は、ここに契約と合同行為との区別を見出す（ただし、前述のとおり、
　　合同行為は単独行為の一種であるとみる）。なお、我妻・総則 147 頁をも参照。
28)　川島・総則 161 頁、幾代・総則 187 頁、山本・総則 103 頁。現行規定をもとにする叙述として、
　　佐久間・総則 47 頁。

である。組合員の一人について意思表示の無効・取消しの原因が生じても、組合契約が全体として無効となるわけではないことが明言されたからである（667条の3を参照）。上記の理解をあくまでも維持するならば、組合契約は——その名称に反して——一種の合同行為だとみるべきこととなろう。そのような理解も有力ではあるが[29]、一般に受け容れられているとはみられない。

　それでは、組合について、契約全般とは異なる規律が適用されるのはなぜか。この点については、次のように考えられるであろう。組合員になろうとする者の一人の意思表示に瑕疵があった場合に、それが組合契約全体の効力に影響を及ぼすかは、一種の一部無効の問題である。しかるに、一部無効に関する一般論によれば、残りの者だけで組合を成立させようという意思があるならば、組合契約の全部を無効とすべきではない[30]（意思表示の合致の構造につき、**第28章**［440-441頁］を参照）。

　以上の見方に立つと、組合員になろうとする者の一人の意思表示に瑕疵があった場合をどのように扱うかは、当事者の通常の意思をどのように考えるかという問題に帰着する[31]。667条の3の存在は、民法が、残りの者だけで組合を成立させようという意思があるのが通常だと考えていることを示唆するが、この点は、組合契約においては、売買等とは契約の経済的作用が異なることによって説明することができるであろう（**第22章**［348頁］）。しかし、いまのところは、法律行為の無効・取消しに関する限り、契約と合同行為とで取扱いに相違が生じるとは限らないことを確認するにとどめたい[32]。

---

29)　我妻・債権各論中二758頁。ただし、後掲注31)を参照。

30)　この点につき、部会資料【75A】においては、667条の3の規律につき、「他の組合員の意思を尊重して組合契約の効力を認める必要がある」との理由が指摘される。

31)　したがって、組合を一種の合同行為とみる立場からも、組合員になろうとする者の一人の意思表示に瑕疵があったときは、組合契約は原則として全部無効になるとみる余地があることとなる（我妻・債権各論中二763頁）。

32)　そのため、この場面においては、契約と合同行為とを強いて区別することの実益は乏しいとの指摘もみられる（平野・総則76頁）。

74

第4章　法律行為の分類

5　おわりに

　以上、意思表示の「方向」、つまり「利害」という観点に留意しつつ、法律行為の分類について考察した。教科書等ではあまり掘り下げて論じられない問題であるが、法律行為という概念の全体像のなかで契約を理解するためには、無視することができない点であろう。検討の結果を要約して示すならば、次のとおりである。

　第一に、契約とは、利害を異にする複数の者を当事者とする法律行為をいう。ここにいう利害は、対立することもあれば（例：売買）、単に相違するにすぎないこともある[33]（例：贈与、組合）。当事者間の利害を調整するために、契約の成立は、意思表示の合致をその要件とする。

　第二に、単独行為とは、単一の利害のみに関わる法律行為をいう。この場合には、当事者間において利害を調整する必要が生じないから、単一の意思表示によってすることができる。利害の調整を必要としない理由は、法律効果が表意者の利害にしか関わらない（相手方のない単独行為。例：遺贈）か、あるいは、利害の内容が既に定まっている（相手方のある単独行為。例：取消権・解除権の行使）ことに求められる。

　第三に、合同行為とは、単独行為の一種であって、複数の者が常に共同して意思表示をしなければならないものをいう（必要的共同行為としての単独行為。例：社団の設立）。

---

33)　利害が相違するとは、それぞれ当事者について各別に法律効果が発生することを意味するが（2(2)(a)）、贈与と組合とではその意味合いが異なる。贈与は、一方の当事者の損失において他方の当事者が利益を得る関係を生じさせる（2(2)(a)）のに対し、組合は、各当事者が利益を共同する関係を生じさせる（4(2)(a)）からである。以上は、契約の経済的作用が異なることに起因する差異だといえる（第22章）。

75

第5章
契約の成立

1　はじめに

　契約の成立は、どのような教科書でも説明されるが、これを理解するためには、関連する様々な問題のつながりに留意することが重要である[1]。以下では、その点を意識しつつ、教科書の説明で前提とされている理解を少し掘り下げてみたい。議論は、次の順序で進める。

　契約の締結は、契約を成立させようとする当事者の行為である。ここで「行為」というのは、つまるところは意思表示である（序章［3頁以下］）。そこで、第一に、契約を成立させる意思表示とはどのようなものかを検討する（2）。

　そうして締結された契約は、拘束力をもつ。つまり、当事者は、契約によって取り決められた内容を遵守しなければならない。このことは、契約の締結が、当事者が遵守すべき内容を取り決める行為であることを意味する。そこで、第二に、取り決められるべき「契約の内容」とは何かを検討する（3）。

　以上の点を確認したうえで、最後に、契約の成立がどのように認定されるのかという問題にも触れておきたい（4）。

1）　「契約の成立」に関する問題の拡がりを示す分析として、中田裕康「消費者契約の成立の意義」
　　同『継続的取引の研究』（有斐閣、2000年）432頁以下を参照。

2 契約と意思表示

契約は、相対立する内容をもつ二つの意思表示が合致することで成立する。以下では、このことのもつ意味を確認したうえで（(1)）、契約の構成要素である意思表示に関する規律をみることとする（(2)）。

(1) 契約の成立

(a) 基本原則

契約の成立について、民法は、「契約は、契約の内容を示してその締結を申し入れる意思表示（以下「申込み」という。）に対して相手方が承諾をしたときに成立する」という原則を定めている（522条1項）。まず、この規定の意味するところを確認したい。

522条1項は、「申込み」の意思表示によって締結されるべき「契約の内容」が示され、これをそのまま「承諾」することで契約が成立するというプロセスを想定している。そのようにいうと、承諾は受動的な役割しか果たさないようにみえるが、承諾もまた申込みと同じ内容をもつ意思表示であり、契約の構成要素であることに変わりはない。申込みと承諾との関係を定めるのは、二つの意思表示の間にある時間的な先後にすぎない。

この点を踏まえたうえで確認したいのは、実際に契約が締結される場面では、二つの意思表示が先後してされるとは限らないことである。たとえば、両当事者が数次にわたる交渉を行ったうえで、最終的に両当事者が一堂に会して契約書を取り交わすことで契約が締結される場合がある。その場合にも、二つの意思表示が合致していることは確かであるから、契約の成立を認めて差支えない[2]。しかし、それら二つの意思表示の先後を決めることは不可能であるし、また、強いて先後を決める意義も乏しい。

さて、そのような場面でも契約が成立するのだとすると、契約の成立について定める522条1項は、二つのことを含意しているとみるべきであろう。

2）　この点につき、潮見・債権総論Ⅰ 13頁を参照。

第一に、時間的に先後する二つの意思表示によって契約が成立する場合を念頭に置いて、先行するものが「申込み」、後行するものが「承諾」となることである。この定義は、続く523条以下において、申込みの効力が規定されることの布石となっている。

　第二に、そもそもの前提として、契約が、二つの意思表示の合致によって成立することである。契約の成立にとって重要なのは、あくまでも二つの意思表示が合致していることなのであり[3]、申込みと承諾の合致は、契約の「成立形態」の一つにすぎない[4]。

(b)　交渉を経て成立する契約

　以上にみたとおり、申込みと承諾の合致とはみられない形態で契約が成立する場合があることは、多くの学説が認めてきた[5]。いずれにしても二つの意思表示がなければ契約が成立しないのに、こうして特定の成立形態に着目するのは、それぞれの成立形態には特有の問題があるからである。

　上にも触れたとおり、民法は、523条以下に申込みの効力を規定するが、これらは、隔地者間の契約であれ、対話者間の契約であれ、二つの意思表示が各別にされる場合を念頭に置くものである。たとえば、申込みの意思表示を撤回することができるのはいつまでかという問題（525条を参照）は、交渉を経た後に、各当事者が二つの意思表示を同時にするという仕方で契約が締結される場合には、生じる余地がない。

---

3)　民法の外に目を向ければ、契約が「合意」によって成立することを端的に定める規定もある。たとえば、労働契約法6条は、「労働契約は、労働者が使用者に使用されて労働し、使用者がこれに対して賃金を支払うことについて、労働者及び使用者が合意することによって成立する」（傍点引用者）とする。これは、契約の成立に関する一般理論を表現したものとみるべきであろう。たとえば、土田・労働契約法199頁は、ここにいう「合意」を「申込みと承諾」と同義であると説く。

4)　契約の「成立形態」という分析視角を示し、これを「申込承諾型」と「練り上げ型」とに区別した議論として、池田清治『契約交渉の破棄とその責任』（有斐閣、1997年）特に250頁以下を参照。

5)　たとえば、中田・契約も、民法が定める契約締結に関する規律を「申込み＝承諾モデル」とよび（79頁以下）、それだけでは捉えられない場面があるという（98頁以下）。

第 5 章　契約の成立

　以上とは反対に、交渉を経て契約が締結される場面にしか生じない問題も
ある。その典型例が、契約交渉の不当破棄の問題である。
　申込みと承諾の合致によって契約が成立するという規律の背後には、契約
というのは存在するか否かであって、承諾の意思表示がされるのとともに、
あたかも無から有が生じるかのように当事者間の法律関係が発生するのだと
いう見方があるといわれる。こうした見方のもとでは、契約成立以前の交渉
関係が観念されることはなく、これを不当に破棄する事態が生じることも考
えられない。
　しかし、交渉を重ねて契約が締結される場合には、こうした見方はあては
まらない。この場合には、契約が成立する以前から相手方との接触が始まる
から、それぞれの交渉当事者は、交渉の継続中から、契約の成否について誤
った見通しを抱かせないように注意する義務を相手方に対して負うのであり、
これに違反したときは、契約が成立すると信じたことによって被った損害を
賠償しなければならない（信頼利益の賠償。**第 15 章**［237 頁]）。

(2)　契約を成立させる意思表示

　さて、くり返しになるけれども、成立形態のいかんを問わず、契約が成立
するためには、各当事者が意思表示をしなければならない。そこで、以下で
は、契約を成立させる意思表示とは何かを確認したい。

(a)　意思表示の存在

　まず、意思表示がされたといえるためには、効果意思が表示されなければ
ならない。つまり、意思表示は、表示行為によって完成する。そのうえで注
意が必要なのは、表示行為は、終局的なものとして、つまり法的拘束力を生
じさせるという意図をもってされなければならないことである。
　それでは、終局的な意思を表示するとは、どういうことなのか。申込みと
承諾によって契約が締結される場合に即していえば、この点については、「承
諾がありさえすれば契約を成立させるという、確定的な意思」（傍点原著者）
が表明されない限り、申込みがされたとはいえない等と説かれる[6]。いいか
えれば、契約の条件を提示したけれども、そのような確定的な意思を伴わな

79

いときは、それは、相手方からの申込みを誘い出す行為、つまり「申込みの誘引[7]」にすぎない。

以上のほか、法的拘束力を生じさせるという意思が表示されたか否かは、法的拘束力のない合意の位置づけを考える際にも問題となり得る。

法的拘束力のない合意は、父が子に対して「試験でよい成績を取ったら、夏休みに旅行をするためのお金をあげよう」と約束したといった類の例に即して論じられることが多い[8]。けれども、いわゆる紳士協定のように、法的拘束力のない合意が取引関係において用いられることもある[9]。契約の成立に関する問題との関係では、レター・オブ・インテント等とよばれる中間的合意の取扱いが論じられることも注目されてよいであろう[10]。

この問題そのものに立ち入ることは、いまは差し控えたい[11]。ここで確認したいのは、上に挙げたような場面において、ある合意が拘束力を有するか否かを決定する基準をどこに求めるかである。この点が正面から議論されることはあまりないが、当事者の意思がその基準となると考えるのが、現在の一般的な理解であろう[12]。

6） 三宅・契約総論6頁を参照。

7） 申込みの「誘因」とされることもあるが（江頭・商取引法11頁）、「誘引」とするものが一般的であろうか（一例として、宅建業法47条3号を参照）。

8） この種の事例は、古来論じられてきたところであるらしく、たとえばR.-J. Pothier, Traité des obligations, tome 1ᵉʳ, Paris, Debure l'aîné, 1761, nᵒ 3, p. 7 にも見出される。

9） その実例に関する考察として、滝澤孝臣「いわゆる『紳士協定』について——契約とその法的拘束力」同『民事法の論点』（経済法令研究会、2006年）24頁を参照。

10） この点につき、潮見・債権総論Ⅰ14頁を参照。

11） この問題を検討するにあたって重要な意義をもつ判例として、最決平成16年8月30日民集58巻6号1763頁を参照。判例評釈として、沖野眞已「判批」『平成16年度重要判例解説』（有斐閣、2005年）68頁等がある。

12） その趣旨を述べるものとして、たとえば我妻・総則240頁を参照。最判平成元年11月24日判時1344号132頁は、紳士協定の法的効力につき、「合意の解釈」の問題として、「合意が成立するに至った経緯、成立時における状況等を勘案して、全体的な見地から」判断すべきであると説く。なお、これらと異なる見方として、ある合意が法的効力をもつか否かは、一種の法的評価——一種の法性決定——の問題であり、その最終的な決定権限は、当事者ではなく裁判官にあるとすることも、検討には値するであろう。

第5章　契約の成立

（b）　意思表示の成立と効力

　ところで、民法は、法律行為ではなく、その構成要素である意思表示について、「成立」と「効力」の問題を区別している。契約は、これらの要件を充たす意思表示がされたときに成立する[13]。

　意思表示の仕組みについては、その時系列に即して、動機→（内心的）効果意思→表示意識→表示行為という順でその構成要素が説明されるのが通例である。このことからは、まず、表示行為というかたちで効果意思が外部に表白されない限り、意思表示はそもそも存在しないという理解を読み取ることができる。たとえば、権利の放棄や遺言のような相手方のない単独行為であっても、その意思が何らかのかたちで外部に表白されない限りは、法律効果の発生を認める余地はおよそない。

　そのうえで、97条1項は、意思表示が相手方への到達を要するものである場合（相手方のある法律行為）につき、意思表示が「効力を生ずる」ためには、それが存在することを前提として、さらに「その通知が相手方に到達」しなければならないことを明らかにする。

　この規定には、意思表示についても、成立と効力の問題が区別され得ることが示されている。つまり、意思表示は、表示行為がされることによって成立し、通知の到達によってその効力を生じる。ここで、効力発生の要件である到達に関する規律を確認しておきたい。

　第一に、表示行為が当事者の行為であるのに対して、通知の到達は、意思表示が完成した後の事実の経過である。したがって、表意者が意思表示をする能力を有していたか否かは、意思表示がされた時点を基準として定まる。すなわち、意思表示の通知が発信された後に表意者が死亡したり、あるいは行為能力の制限を受けたとしても、それが到達した時に意思表示の効力は発生する（97条3項）。

　第二に、意思表示の効力発生要件としての「到達」とはどのような状態を

---

13)　意思表示の成立・効力の問題は、どちらも法律行為の「成立」にとっての前提問題である。この点は、法律行為そのものの成立・効力（第1章）とは異なる角度から論じられることに注意する必要がある。

81

いうかが問題となる。この点について、判例は、意思表示を記載した書面が相手方の勢力範囲（支配圏）内に置かれたか否かという基準を示してきた[14]。このような基準が採用される背景には、相手方から意思表示の存在・内容を了知することができる状態になった以上、それを了知すべく合理的な対応をすることを相手方に期待してよいとの理解がある[15]。通知の成立を妨げた場合に関する 97 条 2 項も、本質的にはこれと同じ趣旨に基づく規定だとみることができるであろう。

　そして、第三に、以上のような意味での到達が認められるならば、相手方が意思表示を受領する能力を有しなかったとしても、意思表示の効力は発生する。相手方が受領能力を有しなかったことは、意思表示の効力発生を対抗することができるか否かという観点から論じられる（98 条の 2）。

3　意思表示とその内容

　契約は、必ず一定の内容を伴って成立する（522 条 1 項を参照）。そして、その内容には、当事者の意思表示によって定まる部分が含まれている（521 条 2 項を参照）。

　それでは、契約が成立するために必要とされる二つの意思表示は、どのような内容を含んでいなければならないのか。これについては、契約の「要素」、あるいは「本質的な部分」について意思表示が合致することで契約が成立すると説かれるのが通例である[16]。ここにいう「契約の要素」としては、二つのものが論じられる。

(1)　客観的要素

　契約の要素には、契約の類型ごとに、その契約に本質的なものとして定型

---

14)　最判昭和 36 年 4 月 20 日民集 15 巻 4 号 774 頁。

15)　最判平成 10 年 6 月 11 日民集 52 巻 4 号 1034 頁。この問題の詳細につき、小林一俊『意思表示了知・到達の研究』（日本評論社、2002 年）を参照。

16)　契約の「要素」の概念に関する重要な研究として、石川博康『「契約の本性」の法理論』（有斐閣、2010 年）特に 505 頁以下における「本質的要素」に関する分析を参照。

第5章　契約の成立

的に定まるものがある（**第22章**［342頁］）。当事者の具体的な意思にかかわらずに定まることを捉えて、以下ではこれを客観的要素とよんでおきたい。これについて意思表示の合致がなければ、およそ契約が成立することはなく（(a)）、その反面、それがあれば、原則として契約は成立する（(b)）。

(a)　必要条件として

　法律行為の分類という観点から契約の定義を検討した際に、「Xが、Yに対して、甲土地を5000万円で売却する」という例を採り上げ、「Xが、Yに対して、甲土地を5000万円で売却する（＝Yが、Xから、甲土地を5000万円で購入する）」という意思表示が合致することによって契約が成立すると説明した（**第4章**［62頁］）。この説明では、次のような理解が前提とされている。

　民法は、売買契約が効力を生じるために、「当事者の一方がある財産権を相手方に移転することを約し、相手方がこれに対してその代金を支払うことを約すること」が必要であると規定する（555条）。ところで、売買契約が効力を生じるためには、その前提として契約が成立していなければならないから、この規定は、契約が成立するために意思表示が合致すべき事項（522条1項にいう「契約の内容」）をも明らかにしているとみるべきであろう。そうすると、555条からは、売買契約が成立するためには、少なくとも、移転すべき「財産権」の内容と、それに対して支払われる「代金」について意思表示が合致していなければならないことがわかる[17]。

　民法は、売買以外の典型契約についても、それぞれの冒頭にこの種の規定（「冒頭規定」と通称される）を設けているが、それらについても同じ考え方が当てはまる。このように、冒頭規定は、各種の典型契約の客観的要素を定めることで、どのような事項について意思表示が合致していなければならないかを明らかにするとともに、それを通じて、それぞれの契約を他から類別する役割を果たす。

　ところで、民法においては、各種の典型契約は、基本的には給付とその組合せに従って分類されている[18]（**第22章**［343頁以下]）。そうすると、上に述

---

17)　以上の点につき、司研・1巻138頁を参照。

83

べたことは、契約の成立を判断する際には、その契約に基づいて各当事者が
すべき給付について意思表示が合致したか否かが問題とされるというに帰す
ることとなろう。

(b) 十分条件として

もちろん、契約の内容には、給付以外にも様々なものが含まれる(序章 [11
頁以下])。しかし、契約が成立するためには、その要素について意思表示が
合致していれば足りるとする理解によれば、給付以外の事項について意思表
示の合致がなかったとしても、契約の成立が妨げられることはない。522 条
1 項の文言に即していえば、「契約の内容を示してその締結を申し入れる」
というときの「契約の内容」とは、契約の要素のみを意味すると理解すべき
こととなる。

たとえば、ある契約において、紛争が生じた場合に備えて裁判管轄を合意
するにあたり、一方の当事者が甲裁判所を、他方の当事者が乙裁判所を、そ
れぞれ選定することを望んでいたとする。かりに、契約交渉の対象となった
すべての点について意思表示が合致しなければ契約は成立しないと考えるな
らば、裁判管轄についての合意が欠けている以上、この場合には契約は成立
しないこととなろう。しかし、契約の要素について意思表示が合致すると契
約は成立すると考えるならば、この場合にも契約の成立を認めることができ
る[19]。

とはいえ、契約の成立が認められるとしても、裁判管轄に関する契約内容
をどのように確定するかについては、別途に検討が必要である。こうした場
合の取扱いは、当事者双方が、自らに有利な条件で契約を結ぶために、それ
ぞれが使用する契約書式を送付し合って契約条件を決定しようとする場面に
即して論じられてきた。「書式の戦い(battle of forms)」とよばれる問題であ

---

18) この点に関わって、曄道文藝「混合契約観念及分類」同『民法研究』(弘文堂書房、1921 年)
109 頁、特に 153 頁における「典型契約ノ構成分子」に関する表を参照。

19) この点につき、道垣内弘人「民法☆かゆいところ 契約の成立をめぐって——その 2」法教
284 号(2004 年)37 頁以下を参照。

る[20]。

　これについては、大別して二つの考え方が論じられる。一つは、最後に提示された条件が、それ以前に提示された条件に優先するとするものである（国際物品売買契約に関する国際連合条約19条2項を参照）。最後に提示された条件が申込みとなり、契約が履行されることによって承諾がされたとみることができるというのが、その理由である。これに対して、もう一つの解決は、書式の内容が矛盾する以上、その点については合意は成立しないとするものである。合意が成立しなかった点は、任意規定の適用や契約の解釈（第6章［102頁以下］）によって補充されることとなる[21]。

(2) 主観的要素

(a) 客観的要素ではない要素

　以上にみたとおり、給付に関する事項について意思表示が合致していれば、契約は成立するというのが、出発点となる理解である。

　それでは、給付に着目するのはなぜなのか。その理由は、その契約によって当事者が達成しようとする目的が、給付によって具体化されているからだと説明することができるであろう（この点につき、第17章［272頁以下］をも参照）。というのは、こうである。売買契約における買主となろうとする者にとって、その物についての財産権を取得することに関心をもたないことはあり得ない。しかも、そのような関心をもっていることは、相手方からみても——また、その他の者からみても——明らかである（序章［14頁］）。

　もっとも、契約を締結する目的は、現実には様々であり、給付によって得られる利益だけを重視して契約が締結されるとは限らない（第29章）。それにもかかわらず、客観的要素に含まれない事項は、いかなる場合においても、契約の成立を基礎づける「要素」とはならないのであろうか。

　この問題について、次のように説示した裁判例がある。「売買契約は、当事者間に、財産権の移転とその対価としての金銭の支払の合意が成立すれば、

---

20) この問題につき、中田・契約104頁、江頭・商取引法61頁を参照。

21) 中田・契約104頁は、後者の見解を支持する。

原則としてその時点で成立する。しかし、当事者は、一般的に付随的手続事項と解されるものに重要性を認めて、それを売買契約の要素とすることができ、その場合は、その付随的事項についても合意が成立することを必要とする[22]」。

ここには、本来であれば要素には属しない事項であっても、当事者がそれを要素に「格上げ」することができるという理解が示されている。契約自由の原則からすれば、そのように考えることが適切であろう[23]。このような意味での要素を、当事者が特に要素とした事項という意味で、主観的要素とよんでおきたい。

(b) 要素性の判断

そうすると、次に、主観的要素がどのように定まるのかが問題となる。ここで検討したいのは、「当事者が売買契約の要素とする」というときの「当事者」とは、一方の当事者のみを指すのか、それとも双方の当事者を指すのかである。

ここで問われているのは、何が「契約の要素」かである。契約の要素であるという以上、それは、契約の内容でなければならないはずである。この前提に立って検討すると、契約の内容は、双方の当事者が合意して決定されるのだから、契約の要素もまた、双方の当事者が合意して決定されなければならないというべきであろう。つまり、上にいう「当事者」とは、一方の当事者ではなく、双方の当事者を指すと考えられる。

(c) 終局性と要素性

なお、以上に述べたことについては、確定的な意思表示がされたか否かという先述の問題 (2(2)(a)) との違いに留意する必要がある。

たとえば、「Xが、Yに対して、甲土地を5000万円で売却する」という事

---

22) 東京地判平成4年5月26日判時1458号71頁。

23) 以上に加えて、非典型契約について契約の成否を判断する際には、当事者が重視した事項について意思表示が合致したかを判断せざるを得ないことにも、併せて注意が必要であろう。

例において、目的物と代金については合意に至ったうえで、Yが8月1日までに履行して欲しいと求めていたのに対して、Xが9月1日以前に履行することはできないと述べていたとする。こうした事情のもとで、Xが売買契約の成立を主張したとき、X・Y間に売買契約が成立したと認められるであろうか。

履行期は、給付そのものではなく、給付が履行される態様を定めるものだから、客観的要素には属しない。そうすると、履行期を特に重視するという合意がX・Y間でされ、それが主観的要素とされていない以上、この点について意思表示の合致を欠いたとしても、契約の成立を認めるのに支障はないといえそうである。

しかし、これに対しては、Yは、「8月1日までに履行がされる見込みがない以上、契約を締結しようとは考えていなかった」と反論するであろう。この反論は、法的な視点から分析すれば、「Yは、いまだ確定的な意思表示をしておらず、したがって契約が成立することはない」という趣旨だとみることができる。

ここで注意が必要なのは、Yが以上の反論をする際には、履行期が契約の要素に格上げされたか否かは問題とならないことである。意思表示をするか否かは、各当事者が自由に決められることだからである。上の場面で契約の成否を論じる際には、むしろ、履行期について合意に至らない以上、契約は締結しないという意思を明らかにするために、Yが自らの態度を留保したか否かが重視されることとなろう。

4　契約の成立の認定

最後に、ここまでの検討とは視点を変えて、契約の成立の認定に関わる問題を採り上げたい。

(1)　契約書の作成
(a)　契約書と意思表示
契約が締結されたときには、契約書が作成されるのが通常である。もっと

も、契約書の作成は、法令に特別の定めがない限り、契約成立の要件ではない（522条2項）。その意義は、直接には、契約の締結という事実を証明する点にあるにすぎない。以上の限りでは、契約書を作成するという行為には、実体法的な意義は認められないこととなる。

　しかし、そう速断してよいかは、問題である。先にみたとおり、契約を締結する仕方として、両当事者が数次にわたる交渉を行ったうえで、最終的に両当事者が一堂に会して契約書を取り交わすことは、決して珍しくない。その場合には、当事者は、たとえ契約の内容が煮詰まっていたとしても、契約書が取り交わされるまでは契約は成立しないと考えるのが通常であろう。それでも、契約書の作成は、証明の問題にしか関わらないのであろうか。

　ここで注意しなければならないのは、契約を締結するために書面を作成する必要がないからといって、書面を作成することをもって契約を締結することまでもが斥けられるわけではないことである。522条2項は、書面の作成という形式ではなく、当事者の意思によって契約の成否が判断されるべきことを定めるのだから、書面の作成をもって契約を締結しようという当事者の意思があるときには、まさにその意思に従って、書面が作成されたことをもって契約が締結されるとみなければならない。いいかえれば、各当事者は、書面の作成という行為を通じて終局的な意思（2(2)(a)）を表示するのである[24]。

(b)　契約書と内心の意思

　以上に述べたことに対しては、実際の意思と書面の記載とが食い違うこともあるではないかという疑問が生じるかもしれない。もちろん、そのような場合があることは否定し得ない。

　しかし、だからといって、当事者の意思と書面とを常に切り離して考えるべきかは、疑問である。書面を作成する際には、各当事者は、自分の意思ができる限り正確に反映されるように注意するであろうし、また、そうすべき

---

24)　この問題に関する考察として、香川崇「諾成契約の今日的意義」九大法学77号（1999年）135頁を参照。

でもある。そうであれば、書面に記載されている内容は、基本的には当事者の意思と一致していると考えるほうが、むしろ自然であろう[25]。

これは、次のようにいいかえることもできる。先にみたとおり、意思表示の構造は、表意者の行為を時系列的にみて、動機→（内心的）効果意思→表示意識→表示行為という順序で分析・説明される。しかし、表意者以外の者にとってみれば、どのような意思表示がされたかを判断する際には、外部から知覚することができる事情、つまり表示行為——より正確にいえば、表示行為によって示される「表示上の効果意思」——を出発点とせざるを得ない。そのため、裁判所が行う意思表示の解釈においては、表示から遡って意思を推察するという順序で検討が進められる。法律行為の本質は意思であるとして、意思の尊重を説く立場においても、尊重されるべき意思とは何かを解明する際には、上のようなプロセスを経て判断を下さざるを得ないであろう。

(2) 当事者の関係

以上によると、それぞれの当事者が書面の作成に関与し、しかも自らの意思を書面に忠実に反映させることができる状況においては、書面における表示は、当事者の意思を基本的には正確に映し出しているとみることができそうである。とはいえ、すべての契約が、そのような条件のもとで締結されるわけではない。

たとえば、消費者契約や、約款を用いて締結される契約においては、自らの意思を書面に反映させる機会をもつのは、一方の当事者だけである。こうした状況では、両当事者の合意が契約書に反映されているはずだという仮定をそのままに受け容れることには、慎重さが必要とされよう。

以上を契約の成立に関する判断に投影してみれば、次のような問題を提起することができるであろうか。すなわち、契約の成否に関する判断は、契約の成立を主張するのがいずれの当事者であっても、同じ枠組みで行われるのか。やや異なる文脈での議論ではあるが、契約の成否を論じる学説には、「い

---

[25] 書面と合意との関係に関する以上の見方につき、大村敦志「合意の構造化に向けて」同『契約法から消費者法へ』（東京大学出版会、1999年）108頁、116頁の指摘を参照。

ずれの当事者から主張がなされるかによって、契約の成立に関する判断の結果は異なってもよい」と指摘するものがある[26]。あるいは、労働契約について、基本的な労働条件は定まったものの、賃金の額についてはなお茫漠とした合意しか形成されていないという状況を想定してみたとき、使用者が労働者に対して就労を求める場合と、労働者が労働者たる地位の確認を求める場合とで、はたして同じ枠組みによって契約の成否を判断することができるのかといった問題も生じ得るかもしれない[27]。

5 おわりに

以上、契約の成立に関する問題をあちこちで掘り起こしてみたものの、「様々な問題のつながり」（1を参照）を整理するには至っておらず、過不足のない検討ができたかといえば心許ないところがある。一方で、契約が締結される態様は、これに限られるわけではなく、その点に不足があることは当然である。しかし、他方で、特に4に述べたことのなかに、私見にわたる部分が含まれていることが、いっそう気に懸かる。**第6章**では、契約の解釈に関する問題を採り上げて、上に述べた論旨を、いま一歩、展開することを試みたい。

---

26) 鎌田薫「不動産売買契約の成否」判夕484号（1983年）121頁。これは、練り上げ型の契約成立につき、いわゆる「契約の熟度」論を提唱したものとして知られる論稿であり、本文に引いた一節も、熟度論の帰結の一つとして述べられている。

27) 労働契約の成立に関する議論には、民法の観点からみてもきわめて興味深い分析が多々含まれている。この問題に関する詳細な検討として、新屋敷恵美子『労働契約成立の法構造』（信山社、2016年）を参照。同書は、民法における契約の成立をめぐる議論を踏まえつつ、これを労働契約の成立に特有の問題の考察へと展開している。

第6章
契約の解釈

1　はじめに——解釈と意思の探究

(1)　契約の解釈とは何か？

「契約の解釈」とは、どのような問題か[1]。およそ契約当事者の意思の探究に関わる問題は、すべて契約の解釈であるかのように説かれることもある[2]。けれども、契約当事者の意思の探究は、契約の成立・内容決定・解消といった様々な場面で問題となるのであり、それらをすべて同じ枠組みで議論することには疑問も生じ得るであろう。この点を留保しつつ、以下では、次の方針に従って検討を進める。

　まず、契約の解釈とは、「当事者の意思を探究することによって、契約の内容を確定すること」をいうと理解したい。いいかえれば、それは、契約当事者が「契約の内容を自由に決定することができる」(521条2項)というメタ・ルールの存在を前提として[3]、当事者がそれをどのように「決定」したかを

---

1)　従来の議論状況を簡明に示すものとしては、磯村保「法律行為の解釈方法」争点 I 30 頁が、いまもって参考になる。

2)　たとえば、平井・契約総論 86 頁を参照。

3)　山本敬三「『契約の解釈』の意義と事実認定・法的評価の構造——債権法改正の反省を踏まえて」曹時 73 巻 4 号（2021 年）36 頁は、契約の内容形成については、「当事者が契約をしたときは、その内容にしたがった法律効果が認められる」という「承認規範」が妥当すると説く。こうした理解は、実定法的には 521 条 2 項によって根拠づけられるであろう。

91

明らかにすることである。

　そうすると、以下での検討の対象は、二つの観点から限定される。

　第一に、当事者の意思を探究する必要がある場合のすべてが、契約の解釈に帰着するわけではない。たとえば、契約が拘束力を有するか否かは、当事者の意思を探究して決定する必要があると考えられてきた（第5章［80頁］）。しかし、これは、契約の「内容」からは区別して理解することが適切であろう。

　第二に、契約の内容を確定する根拠となるのは、当事者の意思だけではない。たとえば、契約の内容は、任意規定に基づいて確定されることもある。契約の解釈と任意規定の適用との関係についても理解は分かれ得るが、ここでは、両者を区別する見方を前提として検討を進める。

(2)　契約の解釈に関する準則

　ところで、債権法改正論議においては、契約の解釈に関する準則の導入が検討された。最終的には、「コンセンサスの形成可能な成案を得る見込みが立たない[4]」という理由で明文化が断念されたけれども[5]、中間試案によって提案された規律は、それまでの有力な学説が支持してきた理解を定式化したものであったといえる[6]。その内容は、次のとおりである。

中間試案29

　　1　契約の内容について当事者が共通の理解をしていたときは、契約は、その理解に従って解釈しなければならないものとする。

　　2　契約の内容についての当事者の共通の理解が明らかでないときは、契約は、当事者が用いた文言その他の表現の通常の意味のほか、当該契約に関する一切の事情を考慮して、当該契約の当事者が合理的

4）　部会資料【80-3】を参照。
5）　その経緯については、既に多くの検討があるから、ここで立ち入って検討することはしない。森田・文脈45頁以下、山本（敬）・前掲論文（注3）1頁を特に参照。
6）　その内容は、大綱において、詳解基本方針II 147頁以下に沿うものといえる。

に考えれば理解したと認められる意味に従って解釈しなければならないものとする。

　　3　上記1及び2によって確定することができない事項が残る場合において、当事者がそのことを知っていれば合意したと認められる内容を確定することができるときは、契約は、その内容に従って解釈しなければならないものとする。

　これらは、それぞれ次のことを明らかにしている。

　第一に、意思表示をした各当事者の真意が一致しているときは、それを基準として契約の内容が確定される。このことを定めるのが「1」であり、そのような解釈は「本来的解釈」とよばれる。

　第二に、各当事者が意思表示をしたけれども、両当事者の真意が一致しているとは認められないときは、どうするか。この点について定めるのが「2」であり、「契約の当事者が合理的に考えれば理解したと認められる意味」を基準として契約の内容が確定される。そのような解釈は、「規範的解釈」とよばれるのが通例である。

　第三に、意思表示が存在しないと判断された事項については、どうするか。この点について定めるのが「3」であり、「当事者がそのことを知っていれば合意したと認められる内容」を基準として契約の内容が確定される。そのような解釈は、「補充的解釈」とよばれる。

　契約の解釈をめぐる従来の議論は、以上のそれぞれの解釈が行われる場面を確定し、その判断枠組を明らかにすることを課題としてきたということができる。

(3) 当事者の意思

　以上にみたとおり、契約の解釈は、当事者の意思の探究を目的とするのであるが、一般論として、当事者の「意思」というときには、次元の異なる二つのものを問題とする余地がある。一つは、各当事者が表示する意思であり、もう一つは、それらが合致したものとしての両当事者の意思である（序章）。「契約の解釈」というときには、どちらの意思が対象とされているのであろうか。

この点については、一方で、「意思表示が、その本体的な効果を生ずるのは、法律行為を構成した上のことだから、とくに意思表示の解釈として考えずに、法律行為の解釈として考えれば充分である」との指摘がある[7]。あるいは、上に述べた「合致した両当事者の意思」とは、結局のところ各当事者がした意思表示の総和なのだから、両当事者の意思を端的に問題にすればよいともいえるであろう。

　しかし、他方では、法律行為の解釈とは、「厳密に言えば、構成要素となる『意思表示の存否』の判断と、これに続く『意思表示の解釈』を先行させつつ……『法律行為の成否』が語られ……、その内容を確定すべく『法律行為の解釈』として推し進められる一連の作業である」と説くものもみられる[8]。ここでは、「意思表示の解釈」と「契約（＝法律行為）の解釈」が、段階を異にする問題として区別されており、これに対応して、「各当事者」と「両当事者」の意思が、それぞれ解釈の対象とされていることが窺われる。

　これらのうち、筆者は、後者の見方が適切ではないかと考えるのであるが、以下では、「意思表示の解釈」と「法律行為の解釈」がどのように違うのかに留意しつつ、意思表示の解釈（2）と契約の解釈（3）とを区別して、それぞれについて生じる問題を検討したい。

2　意思表示の解釈

(1)　はじめに

　ここで「意思表示の解釈」というのは、契約の成立段階において、各当事者の行為である意思表示を、そのプロセスに即して解釈することである。その特徴をはじめに挙示しておくと、次のとおりである。

　第一に、ここで解釈の対象となるのは、契約を締結しようとする各当事者の行為としての意思表示である。つまり、ここで問題とされる「意思」は、各当事者のそれである。したがって、それぞれの意思の内容が食い違うこと

---

7)　我妻・総則249頁。

8)　河上・総則246頁。さらに、四宮＝能見・総則209頁をも参照。

があり得る。

　第二に、これを解釈する者は、まず、意思表示という行為が向けられた相手方であり、次に、意思表示の内容を確定する裁判所である。

　意思表示の解釈に属するのは、先にみた三つの解釈のうち、本来的解釈と規範的解釈である。これらは、二つの意思表示がされ、それらが合致したか否かを確定するための解釈である点で共通するものであり、その点に着目して「狭義の解釈」と総称される。

(2) 本来的解釈

【事例1】 Xは、Yに、トイレット・ペーパー（1パック350円）を10グロス配達するよう注文した。10グロスとは、120ダース＝12個×120＝1440個を意味するが、XもYも、グロスとは12個入りの1パックのことだと勘違いしていた[9]。

(a) 基 本

　従来の議論においては、意思表示の解釈は、当事者の内心における意思いかんにかかわらず、表示行為の客観的な意味に従って行われると説かれてきた。けれども、今日では、中間試案1の準則が示すとおり、当事者の真意が一致する限りはそれに従うべきであるとする見解が一般に支持を得ている。契約法の基本原則である私的自治の原則は、法律関係の形成にあたり、当事者が望んだことをこそ尊重するものだからである。ここでは、意思と表示との間には、目的と手段の関係があるとの理解が前提とされている。

　本来的解釈の典型的な適用場面が、【事例1】である。この例では、表示行為は、客観的にみれば両当事者の真意とは異なるものを示している。しかし、真意において一致をみている以上、表示行為の客観的意味がそれと異なるものであることを問題とする必要はない。このような解決は、「表示の誤りは害しない（*falsa demonstratio non nocet*）」と表現される。

9）　詳解基本方針Ⅱ150頁の設例を、若干の修正を加えて用いた。

(b) 展開——判断の性質とプロセス

以上にみた解釈を実際に行う場面を想定したときには、契約書の記載を無視することができない（第5章 [87頁以下]）。真意がどのようなものであったかを確定するといっても、実際には、まずは契約書に表示された内容を確認して、そこから真意を推し量るという順序によるほかないからである。

このこととの関係では、次のような疑義が生じるであろう。

第一に、ここにいう「契約の解釈」は、結局、事実認定の問題に帰着するのではないか。たしかに、両者は一連の判断として行われるけれども、理論的には区別することができる。というのは、こうである。事実認定の問題に属するのは、証拠によって確認することができる事項であるが、それは、表示行為とみるべき行為がされたということに尽きる。そのような事実をもとに、それが表示行為としての価値を有するか否かを判断し[10]、さらには契約の内容を確定することは、当事者間の法律関係の内容を定めることであり、もはや事実認定そのものではない[11]。たとえば、契約書らしき記載のある紙を前にして、事実として確定することができるのは、そのような記載があることまでであって、それが契約書なのか、それとも習字の跡にすぎないのかは、ある種の評価の問題であろう。

第二に、契約書を出発点とすることは、真意を探究することと矛盾しないか。これに対しては、表示は、あくまで意思探究の手がかりとして考慮されているのであって、表示が真意に優先すると認めることを直ちに意味しないと応じることができる。契約書を出発点とするといっても、【事例1】にみたように、意思の内容が表示の意味とは異なることが明らかになれば、真意

---

10) その判断をどのように行うかについては、山城一真「表示を論ず」民法理論の対話と創造研究会編『民法理論の対話と創造』（日本評論社、2018年）15頁以下に簡単な試論を示した。

11) さらに、次のような疑問も生じるかもしれない。契約という法律要件に基づいて生じる法律効果は、債権の発生である。そうすると、契約の成立や、その内容の確定は、それ自体としては法律効果以前の問題であり、したがって事実の領域にとどまるのではないか。しかし、契約に基づいて生じる法律効果は、債権の発生に尽きない。契約は、そこから諸種の具体的な法律効果が引き出される当事者間の規範であり、それ自体が法律関係としての性格をもつと考えられる（序章 [10頁以下] を参照）。以上のことは、契約の締結という行為がされたか否かは事実問題であるが、それが成立したか否かは法律問題に属すると表現することができよう。

が表示に優先すると考えざるを得ないであろう。

(3) 規範的解釈

【事例 2】 X は、Y に、トイレット・ペーパーを 10 グロス配達するよう注文した。10 グロスとは、120 ダース = 12 個 × 120 = 1440 個を意味するが、X は、グロスとは 12 個入りの 1 パックのことだと勘違いしていた。これに対して、Y は、グロスの意味を正しく理解し、1440 個のトイレット・ペーパーを届けた。

(a) 基 本

もっとも、表示行為の意味をめぐって、両当事者の真意に一致がみられないことがある。【事例 2】が、その具体例である。

この場合にも本来的解釈の準則を適用するならば、契約の内容についての真意が一致していない以上、意思表示の合致は認められず、したがって契約は成立しないこととなりそうである[12]。しかし、このような解決は、現行法の立場と整合しない。その場合におよそ契約が成立する余地がないとすると、「意思表示に対応する意思を欠く」ことを理由とする錯誤（95 条 1 項 1 号）が問題となる場面がなくなってしまうからである。

そこで、上の場合には、本来的解釈とは異なる準則によって意思表示の意味を確定する必要がある。これが、規範的解釈の問題である。

その際に何に注目すべきかについては、大別して二つの立場がある。第一は、表示行為の客観的な意味を基準とするものであり、客観的解釈説とよばれる。これに対して、第二は、各当事者の真意に着目し、それらを比較して正当性が認められる意味を基準とするものであり、付与意味基準説とよばれ

---

[12] 大判昭和 19 年 6 月 28 日民集 23 巻 387 頁は、このような立場を採ったものとみられるが、これに対しては本文に述べるような疑問が示されてきた。本判決の解説として、大中有信「判批」潮見佳男＝道垣内弘人編『民法判例百選 I 総則・物権』（有斐閣、第九版、2023 年）36 頁を参照。

る（意味付与比較説等ともよばれる）。

　両説の違いは、【事例2】では表面化しない。Ｙの理解が「10 グロス」の客観的意味にも合致しているため、いずれの見解によっても 1440 個のトイレット・ペーパーを目的とする売買契約が成立するからである[13]。これに対して、次のような場面では、結論の相違が生じ得る。

【事例2′】　Ｘは、Ｙに、トイレット・ペーパーを 10 グロス配達するよう注文した。10 グロスとは、120 ダース＝ 12 個× 120 ＝ 1440 個を意味するが、Ｘは、グロスとは 12 個入りの 1 パックのことだと勘違いしていた。これに対して、Ｙは、1 グロスとは 10 ダースのことだと勘違いして、1200 個のトイレット・ペーパーを届けた。

　【事例2′】では、売買の目的物であるトイレット・ペーパーの個数は、表示行為の客観的意味からすれば「1440 個」であることとなるが、Ｘは 120 個、Ｙは 1200 個だと考えている。そのため、客観的解釈説においては、1440 個のトイレット・ペーパーを目的とする売買契約が成立するのに対して、付与意味基準説からすれば、「120 個」「1200 個」のいずれかを基準として判断される。かりにいずれの意味にも正当性がないと判断されるならば、意思表示の意味は確定不能と判断され、契約の成立は認められない。

　以上を整理すると、こうである。客観的解釈説によると、両当事者のいずれの理解とも合致しない「第三の意味」に従って契約が成立する余地がある。これに対して、付与意味基準説によると、意思表示の意味は、あくまでもいずれかの当事者の真意に従って定まる。付与意味基準説は、こうして意思表示の意味を決定する基準を当事者の真意に求めることで、本来的解釈との一貫性を保とうとする見解だとみることができる。意思表示の解釈が、当事者

---

13)　もっとも、この点は個別事情によるところがある。たとえば、Ｘが「グロス＝ 12 個入りの 1 パック」と理解していたことをＹが知っていたという事情があるときには、Ｘが理解していたとおりの意味に従って契約が成立する余地がある（この点につき、詳解基本方針Ⅱ 153 頁以下を参照）。本文に述べたところは、あくまでも解決の基本線である。

がした行為の意味の解釈であることからすれば、付与意味基準説が説くように、当事者自身の意思を基準とすることが適切ではないかと思われる。

さて、これらのいずれの見解によっても、自らの真意と一致しない意味で意思表示の意味が確定された者は、錯誤（95条1項1号）が成立しない限り、契約に拘束される。その意味では、規範的解釈の実質的な争点は、望まない契約から離脱するために錯誤を主張しなければならないというリスクをどちらが負担するかにある。そうしたリスクを負担すべき理由は、次のように説明することができるであろう。各当事者は、自分の真意を伝えるのに適した表示を用いるべきであるから、それをしなかったときは、表示の意味に対する相手方の正当な信頼を優先し、自身が想定していたのとは異なる契約に拘束されることを甘受すべきである。

(b) 展開——不明確解釈準則

なお、上にみた解釈の諸類型のほかに、契約の解釈においては、不明確解釈準則とよばれるものが論じられることがある。これは、契約条項につき、「解釈に際して疑いがあるとき、あるいは多義的なときは、ある一定の当事者に有利に（あるいは不利に）解釈せよ」とする解決方法をいう[14]。具体的には、たとえば、約款の内容が多義的であるために当事者間に争いが生じたときには、約款を準備した者にとって不利な意味を採用すべきであるなどと説かれる。

不明確解釈準則の根拠は、ある表現を使用する者が、より明確な表現を用いることができたにもかかわらず、そうしなかったことにあると説明される[15]。このような考え方は、規範的解釈における考慮事項と本質的には同じものであろう。そうであれば、不明確解釈準則の理論的な位置づけは、いずれの解釈が最も適切であるかを決定することができない場合において、最終的な拠り所となるべき規範的解釈の手続を具体的に示したものだと理解する

---

14) この問題に関する重要な研究として、上田誠一郎『契約解釈の限界と不明確条項解釈準則』（日本評論社、2003年）を参照。

15) 上田・前掲書（注14））183頁。

ことができるのではないかと思われる。

(4) 解釈の問題領域

> **【事例3】** Xは、Yから、「マホガニー製」の椅子（一点もの）を10万円で購入した。しかし、実際には、この椅子は「マホガニー」という通称のある代替材を使用して作られたものであった。Yは、「マホガニーとよばれている以上、これも一種のマホガニーだ」と主張している。

(a) 契約の要素以外の事項

契約が成立するためには、契約の要素について意思表示が合致していなければならない（第5章［82頁以下］）。したがって、要素について合意が成立したかを探究する際には、意思表示の解釈の問題が必ず生じる。先にみた**【事例1】【事例2】**は、いずれもその例である。

もっとも、契約は、契約の要素に属しない様々な内容を含むのであり、それらの点についても意思表示の解釈が問題となることがある。たとえば、**【事例3】**では、購入した椅子が「マホガニー製」のものであることについて意思表示が合致したか否かが問題となる。ここでは、「椅子」を「10万円」で売り買いすることについては合意が成立しているのだから、契約そのものは成立するとみてよい（522条1項、555条を参照）。そのうえで、目的物である椅子の性質についても意思表示が合致したか否かを決定するために、意思表示の解釈が行われることとなる。

この解釈の結果として、かりに「マホガニー製」という表示行為が、代替材ではない「真正のマホガニー製」を意味するものだと解釈されるとすると、Yは、真正のマホガニー製の椅子を給付すべき義務を負うこととなる。したがって、目下のところ代替材製の椅子しか提供していないYは、契約不適合（562条1項本文）による責任（第24章）を負わなければならない。

第6章 契約の解釈

(b) 説明義務との関係

ところで、【事例3】は、買主が想定していた目的物の性質が実物とは異なっていたという事例であるが、このような場合には、目的物の性質について適切な説明がされなかったことを理由として、説明義務違反に基づく損害賠償責任が問題とされる余地もある。

これら二つの法理の適用場面は、理論的には次のように区別される。説明義務違反が認められるのは、「真正のマホガニー製」の椅子ではないという情報を適切に与えなかったという過失が売主にあった場合である。これに対して、意思表示の解釈によって「真正のマホガニー製」の椅子を引き渡す義務があると認められるのは、売主がそのような意思表示をしたと認められる場合である。そして、そのように認められる限り、もはや説明義務違反を問題とする意味はない。売主が「真正のマホガニー製」の椅子を引き渡す義務を負う以上、誤った情報を与えたことを問題とせずとも、買主は、端的に契約不適合責任を追及することによって保護されるからである。

もっとも、実際上は、これらの適用場面が重なり合うことも少なくないと考えられる。購入した椅子が「真正のマホガニー製」の椅子だと考えたのは、売主の説明不足によって生じた事実認識の誤りだともいえるし、意思表示の意味についての理解だともいえる。つまり、どちらの仕組みにおいても、契約締結過程において、買主の認識に対して売主がどのようにはたらきかけたかが評価の焦点とされるのである。この点については、いまは問題を指摘するにとどめたい[16]。

3 契約の解釈

(1) はじめに

さて、以上にみてきた「意思表示の解釈」に対して、ここで「契約の解釈」というのは、契約が成立したことを前提として、その内容を当事者の合意に

---

16) より詳細な検討として、北居功「誤解のリスク」「望まれた契約」「望まれない契約」法セ 688号84頁、689号82頁、690号93頁（2012年）を参照。

即して確定することである。ここでも、はじめにその特徴を挙示しておきたい。

第一に、ここで解釈の対象となるのは、両当事者の法律関係を規律する規範としての契約である。そのため、ここでの解釈の問題は、契約の成立が認められることを前提として、その後に検討される。このことに対応して、ここで問題とされるのは、各当事者ではなく、両当事者の意思である。したがって、当事者間で意思の内容が食い違うという事態は、もはや想定されない。

第二に、これを解釈する者としては、もっぱら裁判所が想定される。両当事者の意思を問題とする以上、当事者は意思の主体であって、それについて互いの解釈を問題とする意味はないからである。

以上のように、契約の解釈が問題となる場合には、各別の意思表示ではなく、両当事者の合致した意思がどのような意味・射程をもつかが探究される。いいかえれば、ここでは、表示行為の認定という事実問題を解することなく、契約に基づいてどのような法律効果が発生するかが直截に問題とされることとなる。

(2) 狭義の解釈

まず、狭義の解釈によって契約の内容が定まるとき、つまり、意思表示を解釈した結果、両当事者の意思表示が合致したと認められたときには、契約の解釈とは、意思表示の解釈の結果を意味するにすぎない。契約の当事者が「契約の内容を自由に決定することができる」(521条2項)というのは、つまるところ、各々の当事者がする意思表示によって契約の内容が決定されるということである。そうして契約の内容が確定される限りでは、「とくに意思表示の解釈としては考えずに、法律行為の解釈として考えれば充分である」(1(3))といってよい。

(3) 補充的解釈

これに対して、ある点について疑義が生じたために契約の内容を確定しようとしたものの、その点については当事者が何も取り決めていなかったことが判明することがある。【事例4】は、そのような場合である。

第6章　契約の解釈

> **【事例4】** Yは、Xに対して、甲町で経営していたレストランの営業を譲渡した。ところが、Xがレストランの営業を開始した2か月後、Yは、もとの店舗のすぐ近くで別のレストランの営業を始めた。XとYとの契約では、Yが甲町では営業をしないと取り決めたわけではなかったが、そうでなければ営業を譲り受けた意味がないとXは主張している。

　ここでの問題は、Yが甲町において競業避止義務を負うか否かにある。とはいえ、その点について何も取り決めていない以上、契約の内容を確定するための手がかりを意思表示に求めることはできない。このように、契約による取決めに欠缺があるときには、これを補充する必要が生じることがある。その方法としては、大別して二つのものが考えられる。

　第一は、任意規定を適用することである。しかし、冒頭に述べたとおり、この問題は、以下での検討の対象からは除外する。

　これに対して、第二は、当事者であればどのような合意をしたであろうかを探究することによって、取決めがない点を補充する方法である。これが、補充的解釈である[17]。

　補充的解釈においては、成立した契約の内容に照らして、仮定的意思、つまり、取決めをしなかった点についてどのような合意をしたであろうかが探究される。その際に重要なのは、どのような内容を補充することが契約の目的に適合するかを、契約全体の趣旨に照らして探究することである。その際には、それぞれの当事者がどのような意思表示をしたであろうかを各別に仮定して探究する必要はなく、端的に、両当事者の合意によって成立した契約の目的が何かが探究されるべきである。

---

17)　この問題に関する代表的な研究として、山本敬三「補充的契約解釈——契約解釈と法の適用との関係に関する一考察」同『契約解釈の構造と方法Ⅰ』（商事法務、2024年）3頁を参照。

(4) 解釈の問題領域

(a) 意思表示の解釈との関係

先にも述べたとおり、契約が成立するためには、契約の要素について意思表示が合致していなければならない。したがって、補充的解釈は、契約の成否を判断するにあたり、契約の要素について合意が成立したか否かを論じる際には問題とはならない。

ところで、要素以外の事項についても、意思表示の解釈によって契約内容を確定する余地があることは、先に確認したとおりである（2(4)(a)）。このことは、補充的解釈とどのような関係に立つのか。

解釈の論理的な順序としては、意思表示の解釈をまず行い、それでは契約の内容が明らかにならないときに、はじめて補充的解釈が試みられることとなる。補充的解釈は、補充されるべき欠缺の存在を前提とするからである。【事例4】においても、契約締結時の事情から、競業避止義務についての取決めが黙示にされた——あるいは、競業避止義務を負わないことを予定して何も定めなかった——と認められるならば、意思表示の解釈によって契約の内容が確定される。補充的解釈は、こうした検討を経てもなお、契約の内容が確定されない場合に生じる問題である。

とはいえ、意思表示、契約のいずれを問題とするときにも、意思の探究にあたって実際に考慮される事情が異なるわけではない。というのは、こうである。【事例4】では、当事者は、契約の本体的部分である要素たる事項については合意しているが、この意思表示の解釈にあたっては、要素たる事項によってもたらされる利益を実現するために必要な事項についても、何らかの取決めが黙示的にされたと評価される余地がある。他方で、そのような取決めがされなかったと判断されたときであっても、補充的解釈のために契約の目的を探究する際には、要素たる事項についての合意の内容が出発点とされる。

このように、考慮されるべき事項に大差がないのだとすれば、解釈の手順について細かな区別を試みる必要があるのかという疑義が生じそうである。契約の内容に関する判断の結果を示す際には、最終的には「当事者の合理的な意思である」といった概括的な説示がされることが少なくないことも、そ

うした疑問を強める一因となろう。

それにもかかわらず、解釈の準則を明確化しようとするのはなぜか。その理由は、つまるところ、次の点にあると考えられる。契約は、その当事者間において尊重されなければならないことはもちろん、これを解釈する裁判所によっても尊重されなければならない。そうでなければ、「契約の当事者」が「契約の内容を自由に決定することができる」とした意味が失われかねないからである。つまり、契約の内容を確定するためのプロセスを明確にするのは、そうすることで、契約内容の決定に関する当事者の自由を担保するためだといえるであろう。

(b) 契約内容の修正との関係

このこととの関係では、解釈の名のもとに契約内容が修正されることがあると指摘されてきたことにも、注意が必要である。

こうした「解釈」は、修正的解釈等とよばれてきた。修正的解釈の実質的な狙いは、解釈という形式を用いて、内容的にみて公正性を欠く契約条項の拘束力を否定するところにある。たとえば、「特約ハ執レモ所謂例文ニシテ如何ナル場合ニ於テモ当事者ハ之ニ依拠シ之ニ覊束セラルル意思ヲ有セサルモノナリ」等と判断して契約書に記載された事項の拘束力を否定することは[18]、例文解釈と通称されるが[19]、これは修正的解釈の一例である。

ところで、契約内容の修正とは、文字どおりに契約の内容――さらに踏み込んでいえば、契約に基づいて発生する法律効果の内容――を修正することを意味する。したがって、かりにそれを「解釈」の形式を藉りて行うことが許されるとしても、各当事者の意思表示を問題とすることなく、契約を対象として検討を行うことが端的である。

とはいえ、実際には、修正的解釈を行う場合にも、そのような意思表示が

---

[18]　大判大正 10 年 5 月 3 日民録 27 輯 844 頁の説示である。ただし、本判決そのものは、そのような解釈を採用することはできないとする。

[19]　例文解釈については、沖野眞已「いわゆる例文解釈について」星野英一先生古稀記念『民法学の形成と課題　上』（有斐閣、1996 年）603 頁が、きわめて重要な考察である。

黙示にされたという判断が示されることが少なくないことに注意を要する[20]。これもまた、(a)に確認したのと同じく、契約の解釈の結果が「当事者の合理的意思」等として一括して示されることに関わるものであろう。しかし、そのような判断が実際に行われているとしても、それを望ましいこととみるべきか否かは、慎重に検討する必要がある[21]。その理由も、既に(a)で述べたとおりである。

4　おわりに

「今日裁判所に現われる争訟のほとんどすべては、何れかの点において意思表示の解釈に関係を有せざるものなし[22]」といわれたように、契約をめぐる紛争において、契約の解釈が現実に果たす役割は、きわめて大きい。しかも、契約の解釈に関する準則は、法律要件と法律効果という枠組みではうまく捉えられないため、多様な事情を考慮して「合わせて一本」式に「合理的意思」が認定されることも少なくない[23]。こうしたこともあって、契約の解釈に関する準則を過不足のない定式で捉えることは、たしかに至難である。

しかし、そのことを認めたとしても、契約の解釈のプロセスを明らかにする必要が失われるわけではない。その検討にあたっては、契約の解釈が「意思」の探究を目的とする以上、どのような次元の「意思」が問題とされているかが問題となると考えられる。以上の検討では、一つの整理として、意思表示と契約という、異なる二つの次元での解釈の問題が存在するのではないかという見方を示した。

さらに進んでいえば、「意思表示の解釈」と「契約の解釈」の区別は、契

---

20)　たとえば、吉川愼一「要件事実論序説」司研論集110号（2003年）171頁の指摘を参照。

21)　この点につき、山本（敬）・前掲論文（注3))113頁以下を参照。

22)　我妻榮「ダンツの裁判官の解釈的作用」同『民法研究Ⅰ　私法一般』（有斐閣、1966年）53頁。なお、ここにいう「意思表示の解釈」は、「法律行為の解釈」の同義語であって、本論に述べたような意味はない。

23)　岡正晶「立法（民法改正）と学説——『契約の解釈に関する基本原則』についての学説と実務の対話に向けて」伊藤眞ほか編『これからの民事実務と理論——実務に活きる理論と理論を創る実務』（民事法研究会、2019年）153頁。

第6章　契約の解釈

約が、「行為」と「規範」という、異なる二つの側面をもつことに対応するものではないかと、筆者は考えている（**序章**）。こうした区別は、それぞれの場面で問題とされる「意思」がどのようにして尊重されるかを明らかにするためにも意義をもつ。このことは、それぞれの解釈が、他のどのような法理との関連で論じられるかを検討することによっても明らかになろう。つまり、こうである。

　一方で、意思表示の解釈は、各当事者の行為としての意思表示の解釈であり、同じく当事者の行為の評価に関わる諸法理と関連するものとして検討される。そのため、意思表示の解釈をめぐっては、意思表示の瑕疵や説明義務違反との関係が問題となる（2(3)、(4)）。そこでは、相手方との関係において、それぞれの当事者が自由に意思決定をしたとみることができるかが問われる。

　他方で、契約の解釈は、法律効果を発生させる源泉となる規範としての契約を対象として行われるものであり、契約内容の修正や、任意規定の適用との関連を意識しつつ論じられる（3(3)、(4)）。そこでは、契約を解釈する者との関係において、両当事者が自主的に取り決めた規範の内容がどこまで尊重されなければならないかが問われる。

107

第7章
契約の内容規制をめぐって

1　はじめに

　契約の有効性は、能力、内容、意思表示の三点に着目して規律される（第1章［20頁以下］）。これらのうち、能力に関する規律と意思表示に関する規律とが截然と区別され難いものであったことは、意思能力についてみたとおりである（第2章［36頁］）。

　契約の内容に関する規律についても、同様の問題がある。契約の内容に着目して有効性を判断するにあたって、契約締結過程の事情等、契約の内容以外の要素が考慮されることが少なくないからである。「少なくない」ばかりか、「内容だけを理由として規制する場面は、内容規制法理の主要場面ではない」との指摘さえみられる[1]。

　そこで、以下では、契約の内容規制がどのような要素を考慮して行われるかを、内容規制と他の法理が交錯する場面に焦点を当てて検討したい。具体的には、契約そのものの有効性を規律する法理として、暴利行為論（90条）を（2）、契約条項の有効性を規律する法理として、消費者契約法10条と民法548条の2第2項を（3）、それぞれ採り上げる。

1）　山本豊「改正民法の定型約款に関する規律について」深谷格ほか編著『大改正時代の民法学』（成文堂、2017年）405頁注87。

108

2 暴利行為論

暴利行為は、民法90条を根拠とする法理である。そこで、同条を手がかりとして暴利行為法理が成立した経緯（(1)）と、今日に至るまでの展開（(2)）を確認する。

(1) 生 成

(a) 公序良俗

民法90条においては、旧来、「公の秩序又は善良の風俗に反する事項を目的とする法律行為」（傍点引用者）との定式が用いられていた。これに対して、2017年の民法改正後は、これに代えて「公の秩序又は善良の風俗に反する法律行為」との定式が採用されている[2]。

起草者の構想によると、旧90条にいう「目的」とは、「当事者カ私法上ノ効果トシテ発生セシメント欲シタル事項[3]」、つまり法律行為の内容を意味する。このように、90条は、その文言をみる限りでは、まさに「内容だけを理由として規制する場面」を想定するものであった。

そのうえで注意を要するのは、法律行為の内容の当否は、その性質上、それぞれの事案ごとの状況を捨象して抽象的に判断され得ることである。極端な例ではあるが、殺人を依頼することは、当事者の関係や契約締結時の状況といった具体的事情のいかんにかかわらず、常に不法性を帯びる。そうした法律行為の効力が、「取消し」ではなく、「無効」として直截に否定されるのも、法律行為の効力を否定するか否かについておよそ当事者の選択に委ねる余地がないことによって説明することができる。

ところが、実際の判例・裁判例においては、90条によって法律行為が無効とされる場面においても、法律行為の内容だけが考慮されてきたわけでは

---

2) 改正の経緯につき、後藤巻則「公序良俗規定の意義と機能」債権法改正と民法学Ⅰ 313頁を参照。
3) 富井・総論401頁。

ない。先の改正は、そのような解決に整合するように90条の定式を改めた
ものである[4]。そして、法律行為の内容以外の要素が考慮される場面の最た
るものが、暴利行為である。

(b) 暴利行為

暴利行為の定義について、民法は何らの手がかりも与えていない。それは、
判例によって「他人の窮迫、軽率、または無経験を利用し、著しく過当な利
益の獲得を目的とする法律行為」と定義され、90条によって無効となるこ
とが承認された法理である[5]。

以上の点をめぐっては、二点に注意する必要がある。

第一に、暴利行為は、なぜ無効なのか。「著しく過当な利益の獲得」は、
給付と反対給付との間に等価性が欠ける状況において実現される。とはいえ、
等価性が欠けるだけでは、契約は無効にはならない[6]。当事者は、自らが締
結する契約の内容を自由に決定することができるからである（521条2項）。
そこで、暴利行為は、一方の当事者が等価性を合理的に評価することができ
ない状況にある場合において、その相手方がそうした状況につけ込んで契約
を締結させたとき、いいかえれば、「窮迫・軽率・無経験を利用」したとき
に限って無効原因とされる。こうして、一方で「窮迫・軽率・無経験」、他
方でその「利用」といった契約締結過程における主観的事情が考慮されると
ころに、純然たる内容規制を超えた暴利行為の特徴が現れている。

第二に、暴利行為は、どのようにして無効となるのか。この点につき、先
にみた判例は、「善良の風俗に反する事項を目的とする」から無効だとした。
公序ではなく良俗が根拠とされるのは、直接にはドイツ法の影響だと説かれ
る[7]。ただ、上述のとおり、暴利行為が不当と評価される理由が、契約締結
過程における相手方の行為態様の悪性等、その契約に固有の事情（以下、「個
別事情」という）に（も）あることを考えると、その根拠を「国家社会の一

---

4) その説明として、部会資料【73A】を参照。
5) 大判昭和9年5月1日民集13巻875頁。仮名遣いを改めるとともに、字句の一部を修正した。
6) 鳩山・民法総論330頁。

110

般的利益」としての公序ではなく、「社会の一般的道徳観念」としての良俗に求めることは[8]、90条の枠内での基礎づけとして自然であろう。

ところで、相手方の行為態様の悪性は、契約の有効要件としては、詐欺・強迫（96条1項）においても考慮される。暴利行為論は、これらに当たらない場合を扱うものだから、民法が明示的に禁じてはいない行為態様を考慮事情として、法律行為の有効性を否定する法理だとみることができる。こうした特徴にかんがみれば、暴利行為論は、意思表示に関わる問題を、意思表示論の外側で扱うという性格をもつともいえるであろう[9]。こうした性格は、その後の議論の展開においていっそう明確になっていく。

(2) 展　開

(a) いわゆる現代的暴利行為論

既述のとおり、どのような内容の契約をするかは、基本的には当事者の自由に委ねられる。したがって、契約が公序良俗に反して無効とされるのは、当事者に許された内容形成の自由を逸脱した場合に限られなければならない。そうすると、暴利行為が成立する場面も、自ずから限定されるはずである。

もっとも、「公序良俗の原則は、初期には法律行為自由の原則に対する限界原理とされ、後にその修正原理から、その位置を逆にして民法の最高原則と考えられるようになった[10]」という素描に象徴的に示されるとおり、裁判例においては、90条を例外規範とみる理解が常に支配的であったわけではない。実際にも、公序良俗違反については、これを次第に広く認めるようになってきたとの評価が示されてきた[11]。さらに、学説においては、契約の有

7）　野田良之「判批（大判昭和9年5月1日）」民事法判例研究会『判例民事法　昭和九年度』（有斐閣、1941年）218頁は、「判旨の理由は略々ドイツ民法第138条2項の字句と同一」であるとする。この規定は、「他人の強制状態、無経験、判断力の不足または著しい意思薄弱に乗じて、その者の受ける利益に比べて著しく不相当な財産上の利益を自己または第三者のために約させ、または給付させる行為」は、良俗違反の（sittenwidrig）法律行為として無効であると定める。

8）　公序と良俗に関する以上の定義につき、我妻・総則271頁を参照。

9）　この点につき、森田修『契約規範の法学的構造』（商事法務、2016年）78頁の考察を参照。

10）　於保・総則175頁。

11）　公序良俗論の展開を示すものとして、詳解基本方針Ⅰ 52頁以下を参照。

効性を判断するための一般条項として90条を活用する試みも提案された。それによると、契約の内容だけでなく、個別事情をも累積的に考慮して契約の効力を否定するという解釈論が展開される。このような主張は、契約締結過程の事情と契約の内容を総合的に考慮して契約の有効性を判断するというその特徴のゆえに、「合わせて一本」という比喩によって広く知られるところとなった[12]。

　こうした展開を承けて、債権法改正論議においては、暴利行為を明文化することが提案され、そのために「相手方の困窮、経験の不足、知識の不足その他の相手方が法律行為をするかどうかを合理的に判断することができない事情があることを利用して、著しく過大な利益を得、又は相手方に著しく過大な不利益を与える法律行為」という定式が示された（中間試案第1・2・(2)）。これは、「法律行為をするかどうかを合理的に判断することができない事情」の解釈いかんによっては、大審院判例の定式よりも広い事情を含み得る文言だといえる。しかし、そのような定式には異論も少なくなく、「明文化すべき適切な要件についてはなお意見対立があり、合意形成が困難な状況にある」という理由で、規定の新設は見送られた[13]。

　このような経緯で、暴利行為については、依然として明文の規定が存在しない。ただ、暴利行為が90条によって無効となること自体には異論はなく、その適用場面と要件を明らかにすることが解釈論上の課題とされている。けれども、上記の立法論議がいみじくも示すとおり、良俗違反性の判断枠組を具体化することは容易ではない。これを相当に厳格に解する余地もあれば、「合わせて一本」的な有効性判断の受け皿とすることも排斥されていないというのが、議論の現状だとみられる。

---

12)　代表的な議論として、直接には暴利行為ではなく詐欺・強迫の拡張という関心からの議論であるが、河上正二「契約の成否と同意の範囲についての序論的考察(4)」NBL 472号（1991年）36頁、特に41頁以下による問題提起を参照。「合わせて一本」という考慮を支える法理として、そこでは信義則が指摘される。なお、このような考え方の実情と課題につき、中田英幸「いわゆる『合わせて一本』論の検討」河上正二先生古稀記念『これからの民法・消費者法（I）』（信山社、2023年）183頁の分析を参照。

13)　部会資料【82-2】のほか、後藤・前掲論文（注2））を参照。

（b）体系上の位置づけ

ところで、90条の適用にあたって、契約締結過程の事情が広汎に考慮されるようになると、意思表示の瑕疵との区別はますます曖昧になる。とりわけ暴利行為については、これを公序良俗に基づく規律とみることが必然の選択ではないことに注意を要する。比較法的には、暴利行為に類する状況を定めるにあたって、これを強迫に引き寄せて規律する立法例があるほか[14]、日本法においても、消費者契約法は、暴利行為にも類する状況を、意思表示の瑕疵として位置づけている（同法4条3項3号～6号）。

さらに、暴利行為のこうした特徴にかんがみると、その効果についても、これを無効とすることに必然性はないのではないかという疑義が生じる。実際にも、90条に基づく無効の主張については、取消しに近い取扱いを認めるべき場合があるとする分析も示されてきた[15]（消費者契約法4条4項をも参照）。

3　契約条項の規制

次に、契約そのものではなく、契約条項単位で有効性の判断が行われる場面を検討する。そのような規定として注目されるのは、消費者契約法10条と、民法548条の2第2項である。

これら両条は、互いによく似た文言をもつ規定であり、しかも、いずれも後段において信義則（民法1条2項）に照らした判断が行われるべきことを定める（以下、反信義性の要件を「後段要件」とよぶ）。そのため、両者の内容を比較し、その判断の異同を明らかにすることが、解釈論上の重要な課題として意識されている[16]。以下では、それぞれの規定の法的性質を踏まえて、

14）　フランス民法典は、いわゆるナポレオン法典（1804年）に遡るが、その起草過程において、ナポレオン（Napoléon Bonaparte）は、客観的価値の12分の7未満の価格で不動産を売却した売主にその契約を取り消すことを認めた規定（フランス民法典1674条：レジオン（lésion）。規定の詳細につき、大村敦志『公序良俗と契約正義』（有斐閣、1995年）を参照）を支持するにあたり、「売主は、窮状（besoin）によって脅された（violenté）のである」と述べている（J. G. LOCRÉ, *La législation civile, commerciale et criminelle de la France*, tome 14, Paris, 1828, p. 107）。ここには、暴利行為と強迫との連続性が端的に示されている。

15）　暴利行為に直接に言及するものではないが、大村・読解総則263頁の指摘を参照。

後段要件における信義則がどのような役割を果たすかを検討したい[17]。

(1) 消費者契約法 10 条

(a) 前提事項

消費者契約法 10 条は、消費者契約の条項の内容規制に関する規定であり、二段の要件によって構成される。

第一に、「法令中の公の秩序に関しない規定」、つまり任意規定を適用する場合に比して「消費者の権利を制限し又は消費者の義務を加重する」ものであることを要する。ここで任意規定が基準とされるのは、任意規定は、当事者の利害関係を立法者が熟慮のうえで調整した結果として制定されたものであり、標準的な正義がそこに示されているからだ等と説かれてきた[18]。

これを踏まえて、第二に、信義則に反して消費者の利益を一方的に害することが要件とされる。この点の判断枠組は、判例によって、「当該条項の性質、契約が成立するに至った経緯、消費者と事業者との間に存する情報の質及び量並びに交渉力の格差その他諸般の事情を総合考量」すべきであると定式化されている[19]。以下では、判例が示したこの理解を前提として、後段要件の検討を進める。

消費者契約法 10 条が、契約条項を対象とする内容規制の問題であることからすれば、後段要件の判断にあたっては、二点が問題となり得る。第一に、契約条項外の事情を考慮してよいのか。第二に、条項の有効性を判断するに

---

16) 両者を比較しつつ考察するものとして、桑岡和久「定型約款規定と消費者法」ジュリ 1558 号（2018 年）22 頁、潮見佳男「消費者契約・定型約款における不当条項規制」法教 459 号（2018 年）75 頁、森田監修・債権法改正 233 頁以下（丸山絵美子）等を参照。

17) 検討の前提として、内容規制の根拠が、公序良俗ではなく信義則に求められるのがなぜなのかという問題があることにも注意を払う必要がある。消費者契約法制定以前には、両様の構成があり得ることを前提とした検討が積み重ねられていた。この点につき、山本豊「不当条項と公序良俗」椿寿夫編『公序良俗違反の研究』（日本評論社、1995 年）323 頁を参照。

18) こうした理解は、ドイツ法における約款規制論から示唆を得て展開されてきた。任意規定がもつこうした役割は、「秩序づけ機能（Ordnungsfunktion）」等とよばれる。消費者契約法制定以前における代表的な議論として、河上正二『約款規制の法理』（有斐閣、1988 年）383 頁以下、山本豊『不当条項規制と自己責任・契約正義』（有斐閣、1997 年）59 頁以下を参照。

19) 最判平成 23 年 7 月 15 日民集 65 巻 5 号 2269 頁。

あたり、契約締結の態様等、契約の内容そのものに関わらない事情をも考慮してよいのか。順次、検討する。

(b) 契約条項外の事情

(i) 契約条項外の事情を考慮することが許されるか否かが論じられるきっかけとなったのは、次の判例であった[20]。

まず、事案のあらましを示すと、こうである。Xは、保険会社Yとの間で締結していた医療保険契約について保険料の払込みを怠ったが、この契約に関する約款には、①払込期日の翌月の初日から末日までを猶予期間とし、その期間内に払込みがないときは猶予期間満了時の翌日から保険契約が失効すること（失効条項）、②失効後も、一定期間内にYの承諾を得て保険契約を復活させることができること（復活条項）が定められていた。その後、猶予期間を徒過したXが、未払保険料相当額を添えてYに対して保険契約の復活を求めたところ、Yは、Xの健康状態の悪化を理由としてこれを拒絶した。そこで、Xは、失効条項は消費者契約法10条によって無効であると主張して、保険契約の存在を確認する訴えを提起した。

失効条項が消費者契約法10条に違反するというのは、次の理由による。まず、上記失効条項によると、保険料の履行について遅滞が生じたときに、催告を経ることなく契約が解消されることとなるから、民法541条を適用する場合に比して消費者の権利が制限されている。問題は、後段要件である。判例は、結論として後段要件が充足されないとしたのであるが、その理由の一つとして、失効条項が適用される前提として、保険料の不払による契約失効前に払込みの督促を行う実務上の運用が——約款に記載されていたわけではないけれども——されていたのであり、そのような運用を確実にしたうえで約款を適用しているのであれば、失効条項が信義則に反して消費者の利益を一方的に害するとはいえないとした。

(ii) このように、本件では、約款に含まれる条項の効力を判断するにあたり、約款に記載されていない実務の存在を考慮することが許されるかが問題

---

20) 最判平成24年3月16日民集66巻5号2216頁。

115

とされ、最高裁はこれを認めた。この結論に至るまでには、二つの問題が検討されなければならない[21]。

第一に、契約条項外にある事情を考慮することが許されるのか。条項の外で何が行われようと、条項の記載内容は変わらない。けれども、その条項のもつ意味は、条項外の具体的事情に応じて異なる。本件契約と、督促の運用なしに失効条項が置かれた契約とでは、「保険料の払込みを一か月怠れば、契約が失効する」点に違いはなくても、それによってもたらされる当事者の不利益の内容・程度は異なるであろう。

そのうえで、第二に、条項外の事情として、個別事情（2(1)(b)）をも考慮することが許されるかが問題となる。契約条項がもつ意味を具体的事情に即して考慮するならば、不当性の評価も個々の事案ごとに行われるべきだというのが一つの見方であろう。

これに対しては、個別事情を考慮しない立場も唱えられている。そうした議論は、たとえば、約款を用いて締結される契約については、個別事情を考慮すべきではないと強調する。「約款」の定義は厳密には様々であるが[22]、多数の契約において反復的に使用するために、あらかじめ画一化・定型化された契約条項であることに着目する点には争いがない。このように多数の契約において定型的に使用される条項の有効性は、あくまで画一的に判断されるべきだというのが、個別事情を考慮しない理由である[23]。この見解によると、上記の判例が督促を考慮したことは、それがすべての保険契約者に対して画一的・定型的に行われていた限りで正当なのだと説かれる[24]。

また、内容規制という性格を重視することによって、その条項に記載され

---

21) 以下に述べるところを含め、本判決が提起した理論的課題を詳細に分析するものとして、山本豊「契約条項の内容規制における具体的審査・抽象的審査と事後的審査・事前的審査」松本恒雄先生還暦記念『民事法の現代的課題』（商事法務、2012年）23頁を参照。

22) この点につき、山本豊「約款」争点 219 頁を参照。

23) 山下友信「判批（最判平成 24 年 3 月 16 日）」金法 1950 号（2012 年）41 頁、安井宏「生命保険契約における無催告失効条項の効力」法と政治 66 巻 2 号（2015 年）40 頁を参照。先に掲げた判例の定式（(1)(a)）との関係では、「当該条項の性質」という説示が、その条項が約款に含まれるものであることを含意するとみるべきこととなろう。

24) 山下・前掲判批（注 23)）40 頁注 7 を参照。

116

ている内容だけを評価対象とする見方もある[25]。既に述べたとおり、法律行為の内容の当否は、それぞれの事案ごとの状況を捨象して抽象的に判断され得るが（2(1)(a)）、この見解のもとでは、条項の不当性の判断も――当該事案の具体的事情から切り離して行われるという意味で――抽象的な性質を帯びることとなる。消費者契約法10条の適用にあたって個別事情を考慮することを認める見解においても、適格消費者団体による差止請求（消契法12条3項）が問題となる場面では、そのような抽象的評価が妥当すると説くものが有力である[26]。

(c) 契約内容外の事情

（i）条項の不当性を判断するにあたり、契約締結の態様等、契約内容以外の事情をも考慮することが許されるか。

まず、内容規制という位置づけに照らして、考慮される事情は、契約の内容に関するものに限られるとすることが考えられる。この考え方のもとでは、条項の不当性は、たとえば次のような枠組みに従って判断されよう。契約条項は、何らかの目的を達するために定められるものであり、また、条項の目的は、契約全体によって達成しようとする目的とも整合するものでなければならない。そして、契約の目的は、それぞれの契約ごとに確定される点で、まさに個別事情である。そうすると、ある条項が不当であるとは、ある条項の目的が、契約全体の目的からみて「消費者の利益を一方的に害する」か、あるいは、条項の目的そのものは正当であっても、それを達するための方法が「消費者の利益を一方的に害する」ときだと考えられる。そして、そのような意味での不当性は、契約の締結過程で説明を尽くす等の行為をしたとしても、払拭されることはない。

これに対しては、内容規制という位置づけにかかわらず、条項の効力を維

---

25) 上記判例の原審である東京高判平成21年9月30日金判1327号10頁は、以上の立場を採用し、失効条項を無効とした。

26) 山本・前掲論文（注21)）53頁以下。山本豊「適格消費者団体による差止請求」法時83巻8号（2011年）33頁をも参照。

117

持すべきか否かに関する衡量を左右し得る全事情が考慮されるとすることも考えられる。これによると、消費者契約法10条の適用にあたっては、成立した契約の内容だけでなく、契約のプロセスにおける当事者の行為もまた意味をもち得ることとなる。具体的な考慮要素としては、当事者の交渉力のように、契約内容に対して影響を与える可能性のある当事者の属性や、契約の交渉過程や締結時に存在した種々の事情が想定されるであろう。そのような事情を広く取り込むこととなれば、消費者契約法10条後段の判断も「合わせて一本」的な性格を帯びるようになる。

　(ii)　以上に加えて、消費者契約法10条との関係では、契約締結後に生じた事情を考慮する余地があるか否かも論じられた。信義則違反というからには、契約締結後に生じた事情を考慮することも許されるかにみえる。たとえば、契約締結時には督促が行われていたけれども、保険料の払込みを怠った時点では督促が行われていなかったという場合——あるいは、その逆の場合——を考えると、条項を適用した結果の不当性は、契約締結後の事情によっても左右されることがわかるであろう。

　一般的な見解によれば、条項の有効性は、契約締結時の事情に即して評価すべきであるとされてきた[27]。ただし、この立場によっても、契約締結後に生じた事情は、条項を援用することの可否の問題として検討する余地があることには注意を要する[28]。つまり、具体的な結果の不当性を、条項の有効性ではなく、(有効な条項に基づく) 権利行使のレベルで規律するのである。その根拠は、消費者契約法10条ではなく、信義則 (民法1条2項) や権利濫用 (同条3項) に求められることとなる。

(2)　548条の2第2項

(a)　前提事項

　548条の2第2項は、定型約款中の条項に適用される規律である。定型約

---

27)　この点に関して、最判平成15年4月18日民集57巻4号366頁を参照。

28)　山下・前掲評釈 (注23) 41頁 (ただし、同注12をも参照)、山本・前掲論文 (注21) 52頁のほか、原田昌和「判批」現代消費者法16号 (2012年) 125頁以下をも参照。

款については、同条 1 項に定義が設けられているが、ここでは、それが「約款」((1)(b)(ii)) の一種であること（この点につき、**第 10 章**）、したがって、約款をめぐって交わされてきた以下の議論が、基本的にはここにも妥当すると考えられることを確認するにとどめて、検討を進めたい。

　約款は、契約書本体とは別の書面等によって交付されたり、あるいは、提示はされるにしても交付されないこともある（例：鉄道を利用する際の運送約款）。そのような条項が契約と同じ拘束力をもつことの根拠は、大審院以来、その内容が合意によって契約に組み入れられるからだと説明されてきた[29]。

　このように、約款の法的性質が一種の契約であるという理解によると、約款の内容を契約に組み入れることについて合意が成立しなかったとみるべき事情があるときは、約款の効力は否定される。このように、約款の効力を判断するにあたり、約款を契約内容に組み入れるという合意が成立したか否かという段階で行われる規制は、組入規制（あるいは採用規制）とよばれる。

　そのうえで、約款が契約内容に組み入れられたと認められるとしても、その内容からみて、約款中の条項に効力を認めるべきではないと判断されることがあり得る。それが、ここでの直接の主題である内容規制の問題であるが、そこでは、合意によって契約に組み入れられた条項につき、有効性を認めるか否かが重ねて吟味される。

　これら二つの規制の関係を整理しておくならば、組入規制は、合意が成立したか否かの問題であるから、理論的にいえば、条項の内容そのものは正当なものであったとしても、組入れが否定されることはあり得る。その例としては、いわゆる不意打ち条項、つまり、相手方にとって合理的に予測し難い条項を挙げることができる。

(b)　現行規定の成立過程

　さて、以上のような約款規制の枠組みを踏まえて、債権法改正論議においても、当初は、組入規制と内容規制という二つの段階に対応する規律を設けることが提案されていた[30]。ところが、最終的には、定型約款の規制につい

---

29)　大判大正 4 年 12 月 24 日民録 21 輯 2182 頁。ここに示された理解は、意思推定説と通称される。

ては、これら二つの規制を統合する単一の規定が設けられた。その理由は、次のように説かれる。第一に、相手方にとって予測し難い条項が置かれている場合には、その内容を容易に知り得る措置を講じなければ、信義則に反することとなる蓋然性が高い。第二に、そうした事情が信義則違反を基礎づけるか否かは、条項自体の当否の問題との総合考慮によって判断されるべきである[31]。

こうして成立したのが、548条の2第2項である。そこでは、消費者契約法10条に似た定式を用いて、条項の内容規制にあたって考慮されるべき事情が挙示される一方で、「合意をしなかったものとみなす」として、条項の有効性ではなく、組入合意の成否という次元の効果が規定されている。この規定がもつ二面性は、以上にみた経緯に由来するものである。

(c) 現行規定の解釈

このような仕組みに対しては、組入規制と内容規制という性格の異なる二つの規制を一つの規定によって表現したものとして、学説からは少なからず批判が加えられた[32]。とはいえ、現行法のもとでは、548条の2第2項がこれら二つの側面をもつことを認めたうえで、それをどのように解釈・運用すべきかを問題とせざるを得ない。この点については、大きく分けて二つの考え方があり得るであろう。

第一に、548条の2第2項は、組入規制と内容規制を統合して、一つの規範としたものだという理解がある。立法論議においては、条項の内容の予測可能性の問題と、その当否の問題とを「総合考慮」すべきことが指摘されたが[33]、それによると、当否は別として、548条の2第2項は、「合わせて一本」

---

30) 改正論議の経緯を追跡した文献は、多数ある。『消費者法研究』3号（2017年）の特集「改正民法における『定型約款』と消費者法」は、改正論議の過程に関する分析を含め、この分野を代表する研究者による考察を収めている。本章に引用した論文としては、森田・文脈101頁以下、山本・前掲論文（注1））、山下・後掲論文（注35））を特に参照。

31) 部会資料【83-1】を参照。

32) 平野・論点と解釈375頁は、「ひとまとめにした不思議な規定が完成した」と評する。

33) この点につき、一問一答（債権関係）254頁注1をも参照。

120

的な判断に基づいて適用されることとなろう[34]。

これに対して、第二に、548条の2第2項は、一つの規定のなかに、組入規制と内容規制という二つの規律を各別に含んでいるとする見解もある[35]。両者のそれぞれに即して要件を構成することで、「合わせて一本」的な判断を回避し、条項の効力に関する判断の過程を明確化するところに、この見解の実践的な狙いがある。

第二の見解によると、内容規制が問題とされる限りでは、消費者契約法10条において論じられたのと同様の議論がここにも妥当する余地がある。そうすると、ここでも、後段要件において個別事情を考慮すべきか否かという問題が生じることとなろう。ただし、これについては、肯否の両面で消費者契約法10条との相違に留意する必要がある。すなわち、一方で、定型約款においては、通常の約款以上に条項の定型性が重視されそうである。このことは、個別事情の考慮を否定することへと傾く。しかし、他方では、548条の2第2項においては、「その定型取引の態様」が後段要件における考慮事項として明示されている。加えて、適格消費者団体による差止請求（消契法12条）と連動するわけでもないことも、個別事情の考慮を肯定する論拠となるであろう。

4 おわりに

以上の検討でもくり返し述べたとおり、契約の内容を規制する際にも、その契約がされた際の諸事情が多かれ少なかれ考慮されることが通例である。そのため、契約の内容に関する有効要件と、意思表示に関する有効要件との間にも、極限においては区別が困難な領域が生じる。しばしば説かれる「合わせて一本」という判断枠組は、このことを端的に示すものといえるであろう。

とはいえ、内容規制が様々な考慮要素を含むといっても、どのような要素

---

34) 森田・文脈132頁以下、149頁以下を参照。

35) 山下友信「定型約款」債権法改正と民法学III 137頁、特に153頁、162頁以下。

を、どの程度まで含めて契約の効力を判断すべきかについては、個々の規律の適用場面に即した検討が求められる。これまでの議論から例を挙げるならば、消費者契約法10条の適用にあたり、その条項が約款に含まれるものであるかに応じて個別事情を考慮することの可否を区別する議論は、そのような検討の重要性を示していた。

　以上の視点からは、さらに、契約条項の有効性判断に関する消費者契約法10条、民法548条の2第2項の要件を比較・検討するにあたっても、次の点に注意する必要があるといえよう。両条の要件には、いくつかの点で文言上の共通点と相違点がある。しかし、それぞれの適用場面の相違を踏まえるならば、文言上は共通する後段要件における信義則判断の内容についても、それぞれの規律の性格に応じた考察が求められるであろう[36]。

　この問題は、信義則という観念が契約法においてどのような役割を果たすかという、より大きな議論とも関わる。この点については、**第12章**で検討することとしたい［197頁］。

---

36)　定型約款 Q&A 109-111 頁。さらに、桑岡・前掲論文（注16)）27 頁をも参照。

第8章
意思表示の瑕疵
——錯誤論を中心に

1　はじめに

　第8章から第10章まででは、意思表示に関する有効要件の問題を、とりわけ議論が多い錯誤を中心に採り上げたい。

　本章での検討は、次の順序で進める。まず、法律行為の有効要件のうち、意思表示の瑕疵に関する規律を総論的に検討する (2)。これを踏まえて、旧規定のもとでの錯誤論の展開を、議論の中心であった「動機の錯誤」の取扱いに注目しつつ確認したうえで (3)、現行法に目を向けて、広い意味での錯誤の要件に関わる 95 条 1 項・2 項、96 条 1 項の規律を概観する (4)。

2　意思表示の瑕疵と法律行為の有効性

(1)　意思表示の瑕疵
はじめに、用語法について一言しておきたい。

　標題にある「意思表示の瑕疵」という語は、いわゆる「意思欠缺」と「瑕疵ある意思表示」を総称する趣旨で用いている[1]。意思欠缺は、表示行為から推断される効果意思に対応する内心的効果意思が欠けることをいい、心裡留保 (93 条 1 項)、虚偽表示 (94 条 1 項)、そして錯誤の一部 (95 条 1 項 1 号) がこれに当たる。現行規定では、「意思の不存在」とよばれる (101 条 1 項を参照)。これに対して、瑕疵ある意思表示とは、「表示に該当する内心の効果

123

意思は存在し、ただその意思決定が自由に行なわれない」場合をいい[2]、詐欺・強迫による意思表示（96条1項）がこれに含まれるとされてきた。

この区別は、債権法改正以前には、法律行為の効力に関する取扱いと連動していた。すなわち、意思欠缺の場合には、法律行為は無効である（旧93条ないし95条）のに対して、瑕疵ある意思表示は、取り消すことができるものとされた（旧96条1項）。しかし、現行規定には、こうした対応関係はみられない。錯誤による意思表示は、意思欠缺を伴う場合であっても、取り消すことができるものとされるからである（95条1項柱書き）。

(2) 有効性を判断する対象

契約は、その要素について意思表示が合致することによって成立し、それによって原則として法律効果が発生するが（第5章）、法律効果の発生を妨げる事情があるときは、その発生が例外的に否定される（第1章［25頁以下］）。意思表示の瑕疵は、法律効果の発生を妨げる例外的事情の一つである。

以上の点につき、ここで改めて確認したいのは、法律効果を発生させる原因（つまり、法律要件）となるのは、契約（つまり、法律行為）であって、意思表示ではないことである。そうすると、有効性の問題は、契約について生じるはずである。

ところが、民法は、「意思表示は、無効とする」（93条1項、94条1項）とか、「意思表示は、取り消すことができる」（95条1項、96条1項。さらに、消契法4条1項ないし4項をも参照）というように、意思表示が無効・取消しの対象であるかのような文言を用いている[3]。しかし、上記のとおり、法律要件となるのが法律行為であることを考えれば、これらの規定も、意思表示の有

---

1) これらの場面を「意思表示の瑕疵」と総称したのは、便宜上の理由からである。95条1項1号による取消しも「瑕疵ある意思表示」による取消しと扱われることからすれば（120条2項を参照）、このような用語法も不当ではないだろう。とはいえ、93条1項、94条1項は「意思の不存在」とされ、錯誤・詐欺・強迫から区別される場合がある（101条1項）ことを考えると、明快な用語法ともいい難い。

2) 以上の定義は、我妻・総則307頁による。

3) この点につき、遠藤浩＝加藤一郎＝幾代通「民法の盲点」法教2号（1980年）8頁以下を参照。

124

効性を定めたものと考える必要はないであろう[4]。119条以下が無効・取消しの対象を「行為」と定めるのも、「法律行為」を示していると考えられる。

そうすると、文言上、「意思表示」について無効・取消しを問題とする規定があるのはなぜかという疑問が生じるが、それは、瑕疵の原因が意思表示にあることを明らかにする趣旨だと説明すれば足りるであろう。実際にも、意思表示の瑕疵とは異なる理由で無効・取消しが基礎づけられる場面では、「法律行為は、無効とする」（3条の2、90条）とか[5]、「契約を取り消すことができる」（465条の10第2項）といった文言が用いられている。

3 錯誤論の流れ──改正前

以上の整理を踏まえて、錯誤論の検討に入りたい。

まず、旧規定のもとで、錯誤をめぐる議論がどのように展開してきたかをみていく。これについては優れた考察があるから[6]、以下では、それを参照しつつ、錯誤論の理解にとって重要と思われる点を示したい。

(1) 錯誤＝意思欠缺？

(a) 効果意思

旧95条は、「意思表示は、法律行為の要素に錯誤があったときは、無効とする。ただし、表意者に重大な過失があったときは、表意者は、自らその無

4）　論理的には、瑕疵のある意思表示が取り消された結果、意思表示の合致が存在しないこととなるという説明もできなくはない。しかし、そうすると、契約が不成立だと説明せざるを得ないであろうが、そのように説明されることはない（この点の指摘として、平野・総則185頁を参照）。

5）　なお、90条の起草過程を確認すると、これに相当する規定は、当初は詐欺・強迫による取消しの後に、「公ノ秩序又ハ善良ノ風俗ニ反スル行為ヲ目的トスル意思表示ハ無効トス」というかたちで提案されていた（法典調査会・主査会657頁）。しかし、整理会で92条の創設が議論され、これを定めるために法律行為の総則が設けられたことに伴い、90条もまたそこに移された（法典調査会・整理会212頁）。その際に、規定の文言にも修正が加えられ、「法律行為ハ無効トス」との文言が採用されたという経緯がある。

6）　中松纓子「錯誤」民法講座1 387頁、森田宏樹「民法95条（動機の錯誤を中心として）」民法典の百年II 141頁のほか、大中有信「法律行為の基礎錯誤と錯誤要件論」債権法改正と民法学I 427頁をも参照。

125

効を主張することができない」とだけ定めていた。錯誤に関する改正は、「『法律行為の要素に錯誤がある』との要件をより分かりやすいものとする」ためのものであったと説かれるが[7]、そうすると、「法律行為の要素に錯誤があった」というこの要件が、現行法では、95条1項1号、2号（＋2項）という二つの規定に分化したとみるべきこととなろう。

　それでは、「法律行為の要素に錯誤」があるとは、どういうことなのか。民法制定後の学説は、曲折を経て[8]、これを意思欠缺の観念によって説明するに至った。それによると、錯誤によって締結された法律行為の効力が否定されるのは、表示行為から推断される意思（＝表示上の効果意思）に対応する内心の意思（＝内心的効果意思）が欠けるからだと説明される。たとえば、「トイレット・ペーパーを10グロス（＝1440個）買う」という表示行為をしたものの、「グロス＝12個入りの1パック（10グロス＝120個）」と勘違いしていたという事案（第6章［97頁］）では、表意者は、「トイレット・ペーパーを10グロス買う」という表示に対応する効果意思を有しない。したがって、ここでは錯誤の問題が生じることとなる。

(b)　動　機

　もっとも、表意者が望まない契約が締結されるのは、意思欠缺の場合だけではない。たとえば、「作者の署名があるオリジナル版画を200万円で買う」という意思表示をしたものの、その版画が贋作であったことが判明したという場合を考えると[9]、買主は、贋作を200万円で買うことを意図して上の意思表示をしたわけではないから、望まない契約を締結していることは確かである。しかし、意思表示の時に、その版画を200万円で買おうという効果意思を有していなかったわけではない。

　ここにみられる「真作を買おう」という買主の意思のように、効果意思に

---

7)　一問一答（債権関係）19頁。

8)　そこに至る経緯については、注6）所掲の各論文のほか、海老原明夫「本質的錯誤と要素の錯誤　その三」ジュリ943号（1989年）12頁をも参照。

9)　詳解基本方針Ⅰ109頁の例による。

第8章　意思表示の瑕疵

含まれないとされる意思は、「縁由」「動機」とよばれてきた（以下では、「動機」という語を用いる）。このように、望まない契約を締結してしまった理由が、動機と真実との齟齬にあったときは、意思欠缺があるとはいえない。これが、動機の錯誤である。

ところが、実際には、表意者が望まない契約のほとんどは、動機と真実の齟齬に起因して締結される。そこで、判例は、大審院の時代から、動機の錯誤を理由として契約の効力が否定される場合を認めてきた。二つの判決を参照しておきたい。

第一のものは、「法律行為の要素」の錯誤の意義につき、次のように判示する[10]。錯誤とは「内心的効果意思ト意思表示ノ内容タル表示的効果意思トノ間二於ケル不慮ノ不一致」であるから、法律行為の要素の錯誤も「意思表示ノ内容」について問題とされなければならないが、「意思表示ノ内容」は、「各個ノ具体的表示ニ依リ夫々定マルモノ」だから、「通常意思表示ノ縁由ニ属スヘキ事実ト雖、表意者カ之ヲ意思表示ノ内容ニ加フル意思ヲ明示又ハ黙示シタルトキハ、意思表示ノ内容ヲ組成スル」。

第二のものは、これを承けて、動機が「意思表示ノ内容」とされる方法につき、次のように判示する[11]。「物ノ性状」のように「通常法律行為ノ縁由タルニ過キ」ない事情も、「表意者カ之ヲ以テ意思表示ノ内容ヲ構成セシメ其性状ヲ具有セサルニ於テハ法律行為ノ効力ヲ発生セシムルコトヲ欲セス而カモ取引ノ観念事物ノ常況ニ鑑ミ意思表示ノ主要部分ト為ス程度ノモノト認メ得フルルトキハ是レ法律行為ノ要素ヲ成ス」から、その錯誤によって契約の効力は否定される。

このように、大審院判例は、動機に属する事項も、それを意思表示の内容とすることを明示・黙示に表示することで、旧95条にいう「法律行為の要素」に含まれるという理解を示した。こうした理解が、その後の判例・学説により、「動機が表示され、法律行為の内容となった」と定式化されることとなる。

---

10)　大判大正3年12月15日民録20輯1101頁。

11)　大判大正6年2月24日民録23輯284頁。

127

(2)　動機の錯誤を考慮する枠組み

さて、このような判例の登場を承けて、動機の錯誤を理由として契約の効力が否定される場合があることを説明することができる理論が求められるようになった。そのための学説の対応は、大きく二つに分かれた。

(a)　「意思」を拡げる——一元説

第一の対応は、95条が問題とする「意思」を拡げるものである。この趣旨を説く見解も様々であるが[12]、以下では、代表的な見解に即してその論旨をたどることととする[13]。

この見解は、まず、錯誤を「表示に対応する真意を欠く状態」と定義したうえで、ここにいう「真意」とは、「内心的効果意思」と同義ではなく、内心的効果意思に先行する心理的過程をも含むとする[14]。そうすると、動機の錯誤も、表示に対応する真意を欠く点において、錯誤の一種として扱われることとなる[15]。

これに対して、錯誤を意思欠缺とみる見解からは、動機の内容は同種の法律行為においても千差万別だから、それによって法律行為の効力が左右されるとすれば、取引の安全を害すると指摘される。しかし、これは当たらない。動機の錯誤に限らず、意思欠缺をもたらす錯誤も、同様の意味で取引の安全を害するおそれを含んでいるからである[16]。

このように、意思欠缺をもたらす錯誤と動機の錯誤とを区別する理由がなく、しかも、いずれの場合にも取引の安全を害するおそれがあるのだとすれば、意思表示の内容とすることの表示も、動機の錯誤についてだけ求める理由はない。むしろ、すべての錯誤につき、①その錯誤がなければ表意者はそ

---

12)　以下に述べるほか、杉之原舜一「『法律行為ノ要素』の錯誤に関する一考察(1)・(2)」法協43巻10号101頁、11号121頁（1925年）、川島武宜「意思欠缺と動機錯誤」同『民法解釈学の諸問題』（弘文堂、1949年）188頁等を参照。

13)　舟橋諄一「意思表示の錯誤——民法第95条の理論と判例」九州帝国大学法文学部『法学論文集 十周年記念』（岩波書店、1937年）1頁。

14)　舟橋・前掲論文（注13)）17頁。

15)　舟橋・前掲論文（注13)）35頁。なお、同20頁をも参照。

16)　舟橋・前掲論文（注13)）36頁。

の表示をしなかったであろうと認められ、かつ、通常一般人においても同様であると考えられること、②錯誤の存在、つまり真意の欠缺について、相手方が悪意・有過失であったことが求められるべきである[17]。そうすると、錯誤の成立可能性は拡がるが（①）、表意者の錯誤を知るべきでありながら是正しなかった以上、法律行為の効力が否定されるとしても衡平を失しない（②）。判例が「表示」を問題とするのも、真意の欠缺を相手方に認識させるためだと説明することができる。

さて、以上がこの見解の概略であるが、重要な点は二つある。第一に、錯誤の定義につき、表示に対応する「真意」を欠くからには、意思表示に瑕疵があるとみるべきであるとの理解を出発点とする。そのうえで、第二に、表示に対する信頼がない限り、表示を真意に優先させる理由はないから、錯誤によって法律行為の効力が否定されるためには、錯誤の存在について相手方が悪意・有過失であることを要するとする。そして、表示には、そのための前提としての役割が与えられる。

上記の第一点にあるとおり、この見解は、動機の錯誤に対応するために、意思表示に瑕疵があるとみるべき場合を拡大した。そのような意味で、この見解は、動機の錯誤をまさに「意思表示の錯誤」だと考える。こうして、動機の錯誤をも含め、あらゆる錯誤を意思表示の瑕疵の問題として一元的に理解する点を捉えて、この見解は、一元説とよばれてきた。

なお、以上に述べたことと論理必然的な結びつきを有するわけではないけれども、この見解の主張者は、「法律行為の要素」という概念を一般条項的なものとみる[18]。このことは、錯誤を一元的に把握すると、錯誤という単一の法理の枠内で考慮される事情が広汎に及ぶことを示唆する。

---

17) 舟橋・前掲論文（注13）50頁以下。
18) 杉之原・前掲論文「(2)」（注12））・151頁、舟橋・前掲論文（注13）57頁以下、川島・前掲論文（注12）220頁。なお、この点についての示唆的な分析として、船越資晶「意思表示理論の脱物神化(1)・(2)——批判法学による錯誤法解釈論」論叢149巻4号（2001年）28頁、150巻4号（2002年）43頁をも参照。

(b)　「意思」を拡げない——二元説

　しかし、意思表示の瑕疵の射程を拡大する議論に対しては、疑問を呈する見解が現れた。これについても、代表的な見解に即して検討する。

　この見解は、意思欠缺をもたらす錯誤と動機の錯誤とをあくまでも区別する[19]。すなわち、意思欠缺の場面では、「表意者の意図していた意思表示内容とは異なる内容で当該意思表示が効力を有することになるから、自己のまったく欲していない法律効果を引き受けなければならない」。これに対して、動機の錯誤においては、「表意者は自己の意思表示の意味内容を正しく理解しており、まさに自己の欲した法律効果が生ずるのであるから、その意思表示に至る過程において一定の事実関係の誤認が存する場合にも、他人により欺罔された場合を除いて、それは自らの費用・労力・責任において回避すべき危険であり、そのような危険を自らが負担することを避けようとするならば、その危険を合意内容に高める努力が必要である」。

　ここには、二つのことが含意されている。第一に、錯誤が意思欠缺によるものであるか否かは、単なる概念上の区別ではなく、望まない契約に拘束されるというリスクの内容に関わる実質的な問題である。第二に、動機の錯誤に伴うリスクを回避する方法としては、動機を「合意内容に高める」こと、具体的には、それを「条件・保証・前提・特約などの形で合意」することが考えられる[20]。いいかえれば、この見解においては、動機が表示されること自体ではなく、それが「法律行為の内容」とされたことが意味をもつ。

　以上のとおり、この見解は、錯誤における意思の観念をあくまで効果意思に限ることから、動機の錯誤によって契約の効力が否定されることを正当化するために、条件をはじめとして、意思表示の瑕疵とは異なる基礎づけ（第1章［27頁］）を援用する。意思の内容を拡げる見解との違いは、法律行為の有効性を決定する基準が、表意者の意思表示ではなく、両当事者の合意に

---

19)　石田（喜）編・総則 153-154 頁（磯村保）。以下、本段落中の引用はこの文献からのものである。さらに、髙森八四郎『法律行為論の研究』（関西大学出版部、1991 年）239 頁以下、詳解基本方針 I 108 頁以下をも参照。

20)　石田（喜）編・総則 153 頁（磯村）。

見出される点にある。つまり、そこで問題とされるのは、いわば「意思表示の錯誤」ではなく「契約の錯誤」である。こうして、錯誤を異なる二つの法理によって基礎づけることから、この見解は、二元説とよばれてきた。

(3) 小 括

以上のとおり、錯誤論は、意思欠缺の概念を出発点としつつ、動機の錯誤によって法律行為の効力が否定され得ることをどのように根拠づけるかをめぐって展開した。この点に関する主要な議論としては、錯誤における意思の観念を拡げる見解と、その基礎づけを意思表示の瑕疵の外に求める見解とがみられた。

これらの見解は、現行法のもとでは、そのままのかたちでは主張されない。しかし、こうした見方の相違が、現行法の解釈論にも根本では影響を与えているとみられる。

4 錯誤論の仕組み──現行法

このような経緯を踏まえて、以下、現行法が定める各種の錯誤を概観したうえで（(1)）、上にみてきた錯誤の性質に応じて、意思表示の瑕疵とみることができる場合（(2)）と、そのようにみることに疑義がある場合（(3)）とを検討する。

(1) 錯誤の類型

錯誤を理由として契約が取り消される場面は、①錯誤（95条1項）と、②詐欺（96条1項）とに分かれる。これらを「広義の錯誤」とよぶこととする。

そのうえで、①（詐欺によらない）錯誤──これは、「狭義の錯誤」といえよう──は、ⓐ「意思表示に対応する意思を欠く錯誤」（95条1項1号）と、ⓑ「表意者が法律行為の基礎とした事情についてのその認識が真実に反する錯誤」（同項2号）とに区別される（以下、それぞれを「意思欠缺をもたらす錯誤」「基礎事情錯誤」とよぶ）。この枠組みのもとでは、従来、動機の錯誤として論じられた問題は、基礎事情錯誤の枠内で規律される[21]。

131

【表】

意思表示の瑕疵であるか否か

付加的要件		瑕疵である	疑義がある
	否	①ⓐ 95条1項1号	——
	要	② 96条1項	①ⓑ 95条1項2号・2項

　以上のとおり、法律行為の取消しを基礎づける錯誤は、大別して二つ（①、②）、細分すれば三つ（①ⓐ、①ⓑ、②）ある。それぞれの特徴を類型化する方法としては、規定の体裁（①、②）以外にも、二つのものが考えられるであろう（**【表】**を参照）。

　第一に、法的性質からみると、既述のとおり、意思欠缺をもたらす錯誤（①ⓐ）と詐欺（②）が意思表示の瑕疵を生じさせるのに対して、基礎事情錯誤（①ⓑ）は、意思表示の瑕疵という枠組みで捉えられるか否かに議論がある点で、これらと区別される。

　第二に、要件に着目すると、次のような区別も可能であろう。意思欠缺をもたらす錯誤（①ⓐ）は、それだけで取消しを基礎づける。これに対して、基礎事情錯誤（①ⓑ）が取消しを基礎づけるのは、「表意者が法律行為の基礎とした事情」につき、「法律行為の基礎とされていることが表示されていた」（以下、「基礎とされていることの表示」、または単に「表示」という）場合に限られる（95条2項）。つまり、基礎事情錯誤（①ⓑ）は、取消しの基礎づけとして、錯誤に加えて表示という付加的要件を求める仕組みである。同様に、詐欺（②）の場合には、錯誤が欺罔行為によって惹起されたことが付加的要件とされる。

　一般的にいって、ある規律の実質を考察する際には、その法的性質に即して要件を整理することが有用であろう。そこで、以下では、上記第一の観点を基礎としつつ、第二の観点を加味して、錯誤の仕組みを概観する。

---

21)　一問一答（債権関係）22頁を参照。

第8章　意思表示の瑕疵

(2)　意思表示の錯誤

まず、意思表示の瑕疵であることが明らかな錯誤からみていきたい。

(a)　意思欠缺をもたらす錯誤（95条1項1号）

意思欠缺をもたらす錯誤は、法律効果を生じさせる意思が欠けていることのみを理由として、法律行為の効力が否定される場合である。いいかえれば、ここでは、錯誤のほかに付加的要件は求められない。ここで取消しを正当化するのは、意思欠缺という瑕疵がもつ重大さだと考えられる。

(b)　詐欺（96条1項）

これに対して、詐欺による意思表示は、効果意思の欠缺が生じない場合であっても、事実認識と現実との齟齬を理由として取り消すことができる。

このような取扱いがされる根拠は、相手方からの詐欺によって意思表示がされたことに求められる。そして、以上の帰結を正当化するために、詐欺は、故意によることを要するとされ、かつ、そこにいう故意は、次の二点に及んでいなければならないと考えられてきた。すなわち、一つは、相手方を錯誤に陥れることであり、もう一つは、その錯誤に基づいて意思表示をさせることである（いわゆる二段の故意）。

詐欺の要件については、それ自体として精査が必要である。しかし、ここでは、詐欺においては、相手方（または、一定の場合においては第三者。96条2項）からの不正なはたらきかけがされたことが[22]、取消しを基礎づけるための付加的要件となっていることを確認するにとどめたい。

(c)　不実表示型の錯誤

ところで、不正なはたらきかけによって「意思決定が自由に行われない」のは、故意によるはたらきかけがされた場合に限らない。そこで、改正論議においては、詐欺に限らず、相手方の不実表示等によって錯誤が惹起された

---

22)　沿革的には、詐欺が一種の不法行為とされてきたことが想起されてよいであろう。原田慶吉『日本民法典の史的素描』（創文社、1954年）54頁以下を参照。

ときは、それをもって法律行為の取消しを認めるべきであるとの提案がされた[23]（以下、「不実表示型の錯誤」という）。これは、消費者契約法4条1項・2項に定められる不実告知・不利益事実の不告知を一般法化するという意味合いをもつものであった。

　しかし、この提案は、最終的には実現をみなかった。その理由は、次のように説明される。一方で、不実表示がされただけで取消しが認められるとすれば、「錯誤により意思表示の効力が否定される範囲が広がりすぎる」との意見がみられた。また、他方では、ここで想定される場面では、一定の事情が法律行為の基礎（95条1項2号）とされたことが表示されたとみてよいとの見方も示された[24]。

　以上のうち、後者の見方によれば、現行規定は、基礎事情錯誤を設けることで、不実表示型の錯誤をも射程に収めたものだと理解されることとなる。ただ、不実表示型の錯誤においては、詐欺と同じく、相手方によって錯誤が惹起されたことが付加的要件とされるのだと理解するならば、そのような規律は、基礎事情錯誤とは異質ではないかとの疑問も生じるであろう。こうした疑問は、動機が「法律行為の内容」へと高められることを求める見解において、特に顕著に現れる。

(3)　契約の錯誤？

(a)　議論の焦点

　基礎事情錯誤をめぐる解釈論には、3(2)にみた二つの立場とのおおよその対応関係がある。とはいえ、現行規定は、対立の前提となっていたいくつかの問題を解決している。

　第一に、95条1項は、効果意思の欠缺を伴うか否かに応じて二つの錯誤を区別する。したがって、錯誤における意思の観念を拡大する見解（3(2)(a)）によっても、「効果意思」と「動機」との区別を否定する理由はもはやない。

---

23)　この問題についての考察として、三枝健治「錯誤・不実表示」瀬川信久編著『債権法改正の論点とこれからの検討課題』別冊NBL 147号（2014年）1頁を特に参照。

24)　以上の理由につき、部会資料【83-2】を参照。

134

いいかえれば、現行法のもとでは、一元説を維持することはできない[25]。

第二に、95条2項は、基礎とされていることの表示があれば、動機の錯誤を理由とする契約の取消しが可能であることを明らかにする。したがって、その基礎づけとして「条件・保証・前提・特約」を問題とする（3(2)(b)）必要はもはやない。「意思表示は……取り消すことができる」（95条1項柱書き）という文言が示すとおり、現行法のもとでは、表意者の事実認識と現実との間に齟齬があることを捉えて、動機の錯誤もまた意思表示の瑕疵と位置づけられる[26]。

こうして動機の錯誤に関する取扱いの骨格が整理されたため、現行法のもとでの議論は、基礎事情錯誤において「表示」（95条2項）が求められるのはなぜかという問題をめぐって展開されている。

(b) 錯誤の是正

錯誤における「意思」の観念を拡大する見解は、動機と効果意思とを同等に扱う反面、表意者の「真意の欠缺」を相手方が認識すべき場合に限って、動機の錯誤を理由として契約の効力が否定されるとした。その場合には、表意者の錯誤を是正することを相手方に期待してよいからである。この理解のもとでは、表示は、表意者が錯誤に陥っていることを相手方にとって認識可能にする役割を果たすはずである。

しかし、こうした理解には、注意を要する点がある。

第一に、95条2項における「表示」は、「その事情が法律行為の基礎とされていること」を対象とする。そうすると、表示がされたからといって、相手方は、表意者の錯誤までも認識することができるとは限らない。それにもかかわらず錯誤が成立することは、上記の理解によっては説明し難い。

その具体例となるのが、いわゆる共通錯誤の問題である。たとえば、「作者の署名があるオリジナル版画を200万円で買う」という意思表示がされたものの、売却された版画が贋作だった場合において、売主・買主とも、その

---

25) 磯村・改正債権法10頁以下を参照。

26) 佐久間・総則154頁は、これを「瑕疵ある意思表示」とみる。

版画は真作であると信じていたとする。この場合には、売主は、自らも錯誤に陥っているのだから、買主の錯誤を認識してはいない。しかし、版画が真作であることが「法律行為の基礎」とされていることが表示されてさえいれば、売買契約は、錯誤（95条1項2号）を理由として取り消すことができる（同条3項2号をも参照）。

　第二に、錯誤の認識を問う見解は、体系的理解としても問題があると指摘される。というのは、こうである。表意者が自ら錯誤に陥った場合において、相手方がその錯誤を是正すべき立場にあったにもかかわらずこれを怠ったときは、詐欺が成立すると考えられてきた（いわゆる沈黙による詐欺）。これは、表意者の錯誤を認識しつつこれを是正しなかったとしても、常に錯誤が成立するわけではないとの理解を前提とする[27]。このように、広義の錯誤を全体としてみると、相手方が表意者の錯誤を認識しているだけでは、契約の取消しを正当化するのに不十分であることが窺われる。

(c)　リスクの分配

　これに対して、錯誤において問題とされる意思を効果意思に限定する立場によると、動機の錯誤は、法律行為によって拘束されるというリスクの負担の問題であり、自らの事実認識の誤りを理由として法律行為からの離脱を主張するためには、その動機を「合意内容に高める」ことが必要だとされる。これによると、基礎事情錯誤の枠組みは、次のように説明される。

　表意者の事実認識と現実との間に齟齬があるといっても、意思欠缺が生じるわけではないのだから、法律行為の効力が当然に否定されることはない。この場合において、意思表示を瑕疵あるものとするのは、それが欠ければ法律行為は効力を生じないとする当事者の意思である。「法律行為の基礎」とは、このことを意味する。

　以上は、いわば法律行為の拘束力を限界づける枠組みの問題である。法律行為の枠組みの問題である以上、それを設定するのは、意思表示の表意者で

---

27)　この点につき、石田（喜）編・総則 157 頁（磯村）のほか、磯村保「錯誤の問題」林良平＝安永正昭編『ハンドブック民法Ⅰ〔総則・物権〕』（有信堂高文社、1987 年）42 頁を参照。

第8章　意思表示の瑕疵

はなく、法律行為の当事者でなければならない。これは、契約の場合には、錯誤を基礎づける事情が合意によって定められるべきことを意味する。つまり、基礎事情錯誤において、基礎とされていることの表示が求められるのは、それを通じて合意が成立する必要があるからだとみることができる[28]。

　もっとも、法律行為の内容に取り込まれるためには合意が必要だとする理解も、決して自明ではない。動機の錯誤の成否が、契約に拘束されるか否かをめぐるリスク分配の問題だと捉えるならば、リスク分配のあり方としては、法律行為の基礎とされていることを相手方が認識している以上、合意まではなくても、錯誤の主張を甘受すべき場合もあると考える余地はある。現行法の解釈としても、表示は、「相手方がある事情の存在を当該行為の前提（効力の原因）であると受け入れたとされざるをえない」場合であるか否かを確定するために求められるとする理解が示されている[29]。

5　おわりに

　以上まで、錯誤をめぐる議論の整理を試みてきた。とはいえ、意思表示の瑕疵に関する問題は、錯誤に限られるわけではない。また、錯誤に限っても、検討の及ばなかった点が残されている。**第9章と第10章**では、意思欠缺をもたらす錯誤をめぐる問題と、基礎事情錯誤における付加的要件の問題につき、さらに考えてみたい。

---

28)　潮見・概要9頁。旧95条に関する判例ではあるが、最判平成28年1月12日民集70巻1号1頁が、「動機は、たとえそれが表示されても、当事者の意思解釈上、それが法律行為の内容とされたものと認められない限り、表意者の意思表示に要素の錯誤はない」としたのも、この理解に親和的である。

29)　佐久間・総則156頁以下を参照。

137

第9章
意思欠缺とは何なのか？

1　はじめに

　第8章では、錯誤をめぐる従来の議論が、現行法にいうところの基礎事情錯誤（95条1項2号）を中心に展開してきたことを確認した。これに対して、意思欠缺をもたらす錯誤（同項1号）が法律行為の有効性を妨げる理由となることには、異論をみない。

　それでは、意思欠缺をもたらす錯誤には、解釈論上の問題はないのか。前提事項の確認から検討を始めたい。

(1)　民法における意思欠缺

　第8章でも確認したとおり、意思欠缺とは、表示行為から推断される効果意思に対応する内心的効果意思が欠けることをいい、錯誤（95条1項1号）のほか、心裡留保（93条1項）、虚偽表示（94条1項）がこれに当たる。

　これらは、効果意思の不存在を理由として、法律行為の効力が否定され得る場合である。それぞれの特徴を略述すれば、こうである。

　心裡留保は、効果意思の不存在を表意者が認識している場合である[1]。心

---

1)　表意者があえて虚偽の意思表示をする点では、心裡留保は、次述する虚偽表示と何ら異ならない。そこで、93条1項の場合を単独虚偽表示といい、94条1項の場合を通謀虚偽表示ということがある（我妻・総則287頁、289頁を参照）。

第9章　意思欠缺とは何なのか？

裡留保による法律行為は、原則として有効であるが（93条1項本文）、「相手方がその意思表示が表意者の真意ではないことを知り、又は知ることができたとき」には、当然に無効となる（同項ただし書）。

虚偽表示も、効果意思の不存在を表意者が認識している場合である。しかし、「相手方と通じて」虚偽の意思表示をすることから[2]、虚偽表示による法律行為は、無効とされる（94条1項）。

錯誤は、効果意思の不存在を表意者が認識していない場合である。錯誤による意思表示は、相手方が効果意思の不存在を認識していなくても、取り消すことができる（95条1項柱書き）。

以上は、次のように要約することができる。表意者自身が意思欠缺を認識している場合には、相手方もそれを認識している（あるいは、認識可能である）ことを条件として、法律行為の効力が否定される（心裡留保、虚偽表示）。これに対して、表意者が意思欠缺を認識していない場合には、意思欠缺のみを理由として法律行為の効力が否定される（錯誤）。

(2)　錯誤における意思欠缺

次に、錯誤における意思欠缺とは何かをみる。

一般論として、95条1項1号と2号の適用場面は、意思表示の構成要素である効果意思と表示行為との間に齟齬があるか、それとも、意思表示をする際に想定していた事情と真実との間に齟齬があるかによって区別される（第8章［125頁以下］）。それでは、次の場合は、どのように扱われるのか。

【事例1】　Xは、Yから、有名作家Pの署名がある版画甲（特定物）を200万円で購入した。その版画は、実はPの作品ではなかったが、Xは、これを「有名作家Pの作品」と考えて購入したものであった。

---

2)　これは、虚偽表示が、表意者の「意思表示」であるにとどまらず、法律行為の外観を装う「合意」であることを意味する（大村・総則51頁）。虚偽表示の法的性質に関する詳細については、規定の沿革も含めて、新版注民(3)311頁以下（稲本洋之助）を参照。

この種の事例は、従来、動機の錯誤の典型例とされてきた。X・Y間では、ともかくも「版画甲を 200 万円で売買する」という意思表示は合致しているのであり、それが「有名作家 P の作品である」か否かは動機の問題だというのが、その理由である。

けれども、【事例1】において、各当事者による意思表示の意味が「（だれの作品であるかにかかわらず）版画甲を 200 万円で売買する」という内容で合致したと解釈されたとしても、X としては、あくまで「有名作家 P の作品である版画甲を 200 万円で買う」つもりだったのであれば、「意思表示に対応する意思を欠く」（95 条 1 項 1 号）ことにならないか。「版画甲を 200 万円で買う」と「有名作家 P の作品である版画甲を 200 万円で買う」とでは、契約不適合責任の成否（562 条以下を参照）という点で、法律効果の内容が異なるからである。

この点について、現行法の解釈としては、結論としてこれを 95 条 1 項 1 号の問題として扱う見解があるほか[3]、基礎事情錯誤の問題として扱うべきであるとするものの、この場合にも意思欠缺は生じると説く見解がみられる[4]。錯誤に関する改正は、「『法律行為の要素に錯誤』があるとの要件をより分かりやすいものとする」ためのものであったと説かれるが[5]、上の場合が意思欠缺だとすると、そのような目的を超えて、「従来の扱いを変更する」こととなりそうである[6]。

このような混乱が、なぜ生じるのか。以下では、この疑問から出発して、錯誤における意思欠缺とは何かを考えたい。そのために検討したいのは、「効果意思」とは何か（2）、旧 95 条にいう「法律行為の要素」とは何か（3）の二点である。そのうえで、現行規定の解釈を考察し（4）、さらに、錯誤以外の意思欠缺にも補足的に言及する（5）。

---

3) 四宮＝能見・総則 252 頁以下。ただし、本文に述べたところとは推論の過程が異なる。

4) 佐久間・総則 161 頁以下。

5) 一問一答（債権関係）19 頁。

6) 佐久間・総則 161 頁。

第 9 章　意思欠缺とは何なのか？

2　効果意思

(1)　個別化理論

【事例1】において意思欠缺が生じるとする理解は、X の効果意思が「有名作家 P の作品である版画甲を買う」というものであることを前提とする。上にみた各見解は、このような理解の背後には「特定物ドグマが否定された」という事情があると指摘する[7]。

特定物ドグマは、物が一定の性質を備えていなかったことを理由とする契約責任の成否について論じられる考え方であり、その内容は、「特定物において瑕疵ある物の給付は瑕疵なき履行」であるとの命題によって示される[8]。これは、錯誤論との関係では、「特定物売買における効果意思は、場所的・時間的に特定されたあるものとしての物の観念をふくんでいるが、特定物の性質はかかる効果意思の動機（Motiv）を形成しているにとどまる」との理解に結びつく[9]。その理由は、こう説かれる。法律効果を形成する基礎としての意思（「意図（Absicht）」とよばれる）の要素となるのは、当事者が発生させようとする法律効果を個別化するのに必要なものだけであって、当事者が考えたことのすべてではない。しかるに、物の性質に関する当事者の観念は、法律効果を個別化するものではなく、既に個別化された意図についての陳述にすぎない[10]。したがって、それは、効果意思の内容ではない。錯誤のこうした捉え方は、個別化理論とよばれる。

以上は、単純に述べればこういうことである。効果意思の内容となるのは、法律効果を個別化するために必要な事項、いいかえれば、その点が明らかにならなければおよそ法律関係が成立する余地がない事項だけである。それ以外のことは、当事者が合意したとしても法律効果の内容とはならず、したが

---

7)　四宮＝能見・総則 252 頁、佐久間・総則 161 頁。

8)　北川善太郎『契約責任の研究――構造論』（有斐閣、1963 年）168 頁。

9)　北川・前掲書（注 8)）169 頁。錯誤論との関係については、山本・総則 182 頁を参照。

10)　北川・前掲書（注 8)）170-171 頁。より詳細には、村上淳一『ドイツの近代法学』（東京大学出版会、1964 年）49 頁以下を参照。

141

って効果意思の内容ともならない。

(2) 錯誤における効果意思

以上の考え方に照らして、【事例1】を考察する。まず、「版画甲を200万円で買う」ことが明らかになれば、目的物は特定され、売買契約に基づく債権関係は発生し得るから、法律効果は特定される。これに対して、甲が「Pの作品である」ことは動機にすぎず、効果意思の存否に影響を及ぼさない。以上は、錯誤に関する従来の扱いと符合する解決だといえよう。

そのうえで、「従来の扱いを変更する」ことを避けるためには、この結論が現行規定のもとでも維持されなければならない。そのためには、次のように考えることが一つの可能性となろう。たしかに、契約責任について、特定物ドグマが否定されたことは疑いない[11]（第24章［373頁]）。しかし、錯誤と契約責任とでは、問題とされる「効果意思」は同じものではなく、契約責任について特定物ドグマが否定されても、錯誤において個別化理論とよばれてきた考え方までは否定されない。したがって、目的物の真贋等の事情に錯誤があっても、95条1項1号が適用されることはない。

そのように理解する余地があるかを明らかにするために、次に、旧規定が用いていた「法律行為の要素」という概念を検討する。

3　法律行為の要素

既にみたとおり、現95条は、錯誤の成立要件につき、旧95条を「より分かりやすいものとする」趣旨のものだと説明される。旧95条は、「法律行為の要素に錯誤がある」という要件のみによって構成されるから、現行規定は、かつての「法律行為の要素」という要件を次のように分解したものとみるべきであろう。

第一は、「錯誤が法律行為の目的及び取引上の社会通念に照らして重要なものである」ことである（(1)）。

---

11)　この点につき、潮見・債権総論Ⅰ 199頁、中田・契約329頁以下を参照。

第9章 意思欠缺とは何なのか？

　第二は、「意思表示に対応する意思を欠く錯誤」（95条1項1号）、「表意者が法律行為の基礎とした事情についてのその認識が真実に反する錯誤」（同項2号）のいずれかに当たることである（(2)）。後者の場合には、さらに、「表意者が法律行為の基礎とした事情」につき、「法律行為の基礎とされていることが表示されていた」ことが求められる（同条2項。**第8章**［134頁以下]）。

(1) 重要性

　意思表示が錯誤に基づいてされたこと、そして、「その錯誤が法律行為の目的及び取引上の社会通念に照らして重要なものである」ことは、旧来の議論では、錯誤の「主観的因果性」「客観的重要性」と定式化されてきた[12]。

　これらは、契約の効力が否定されるために、「その錯誤がなければそのような契約を締結しなかったであろう」といえることを求めるものである。錯誤があろうとなかろうとその契約を締結したはずだと評価されるならば、錯誤があったからといって、契約の拘束力を基礎づける意思が欠けることにはならない。いいかえれば、錯誤は、契約を締結しようという意思を決定づけたのでなければならない。そのような趣旨を含めて、上記の要件を「重要性」と一括することとする。

　ところで、以上の点について、判例および伝統的な通説は、旧規定にいう「法律行為の要素に錯誤がある」（以下、これを「要素性」とよぶ）とは、錯誤が重要性を備えたものであることを意味するとみてきたと説かれることがある[13]。いわば、「要素性＝重要性」とする理解である。しかし、これに対しては、次の疑問が生じる。

　「その錯誤がなければそのような契約を締結しなかったであろう」という観点からは、動機の錯誤も、表意者にとって重要でありさえすれば、常に錯誤の成立を基礎づけることとなってしまう。けれども、そう考えるわけにはいかない。そのような帰結を避けるためには、錯誤の要件には、効果意思と

---

12)　旧規定に関する説明として、網羅的ではないが、内田・民法Ⅰ68頁、河上・総則355頁を参照。これが現行規定の文言に反映されていることにつき、一問一答（債権関係）19頁を参照。
13)　詳解基本方針Ⅰ115頁。

143

動機とを区別するための要素が含まれていると考えなければならない。つまり、旧規定における唯一の要件であった「法律行為の要素」は、重要性以外の何かを含んでいたはずである。

(2) 重要性＋α
(a) いわゆる合意原因説

それでは、要素性は、重要性のほかに何を含んでいたのか。ここで注目されるのは、先に引いた解説において、「要素性＝重要性」という前記の理解のほかに、「法律行為の『要素』をフランスのコーズ論に従って理解し、合意の拘束力を正当化する理由、つまり合意の原因に当たると解する見解」があると説かれることである[14]。この見解は、合意原因説とよばれることがある[15]。

もちろん、「フランス法のコーズ（cause：原因）論」とは何かを明らかにすることは、ここでの課題ではない。確認したいのは、合意原因説の内容である[16]。

合意原因説は、直接には動機の錯誤の基礎づけとして提唱された議論であり、次のように主張した。動機の錯誤が契約の取消しを基礎づけるためには、まず、錯誤がなければ契約を締結しなかったであろうといえるような「合意を決定した動機」についての錯誤が存在しなければならない。しかし、それだけでは足りず、さらに、その動機は、「相手方が契約の内容とすることを受容して『契約の領域』にとり込まれたもの」であることを必要とする。

そこで、「契約の領域」への取込みの判断をどのように行うかが問題となるが、この点については、有償契約を念頭に置いて、給付と反対給付とが主観的に等価であることが重要な意味をもつと説かれる。つまり、「表意者が一定の事項を具体的な給付の均衡の要素として考慮したということ（主観的要件）、かつ、かような表意者の考慮、すなわち、契約目的が相手方に認識

---

14) 詳解基本方針 I 115頁。
15) 山本・総則 209頁。
16) 森田宏樹「『合意の瑕疵』の構造とその拡張理論(1)」NBL 482号（1991年）25-26頁。

144

第9章 意思欠缺とは何なのか？

または予見されること（客観的要件）」が、「契約の領域」への取込みを基礎づけるとされる。

以上の主張は、日本法の解釈とどのように関わるのか。この点は、起草者の見解と結びつけて論じられる。「法律行為の要素」の観念につき、「要素性＝重要性」とする見解が定着する以前には、ボワソナードや梅謙次郎によって、コーズ論に沿う理解が示されていた[17]。たとえば、梅は、「法律行為の要素」とは、広義における「法律行為ノ目的」であると説いた。ここにいう「目的」とは、「当事者カ法律行為ヲ為スニ至リタル法律上ノ理由」とされるが、これは、「自己カ義務ヲ約スルニ至リシ原因」、つまりコーズである[18]。上にみた「契約の領域」とは、このような意味での「目的」を意味する。

以上は、次のように要約することができる。錯誤においては、契約の拘束力の根拠として、「何のために」契約を締結したのかという契約の目的が問われる。錯誤による取消しは、それが達せられない場合に認められる。そして、ここにいう「目的」といえるためには、一方の当事者の意思表示にとって重要であるだけでは足りず、それが「契約の領域」に取り込まれていたことを要する。

(b) 契約の拘束力の根拠

以上の議論に対しては、しかし、契約の拘束力の根拠を問題とする際に、上のような意味での目的に着目するだけでよいのかとの指摘がされた。次のように説かれる[19]。

民法の起草者が、錯誤の対象を説明するにあたって「コーズ」に着目したことは確かである。けれども、そこにいう「コーズ」が、上にみた見解がいうような具体的＝主観的な意味での「目的」であったとは限らない。そこで考えられていたのは、「同種ノ法律行為ニ在リテハ必ス同一[20]」の要素、つ

---

17) 森田宏樹「民法95条（動機の錯誤を中心として）」民法典の百年Ⅱ 193-197頁。

18) 森田・前掲論文（注17）152-157頁。

19) 大村敦志『典型契約と性質決定』（有斐閣、1997年）184頁以下。

20) この表現は、富井政章「契約ノ原因」法協22巻1号（1904年）27-28頁のものである。大村・前掲書（注19）184頁は、これを引用しつつ本文に述べた趣旨を説く。

145

まり、売買における財産権移転と代金額のように（555条を参照）、各種の契約が必ず備えていなければならない要素であった可能性も払拭することができない。

　起草者の考えをめぐるこの応酬が明らかにするとおり、「コーズ」には、具体的＝主観的なものと、抽象的＝客観的なものとの二つがある。しかし、いまはこの点を詮索することはしない。確認したいのは、これらのうち、どちらか一方だけが契約の拘束力の根拠となるわけではないと考えられることである。【事例1】に即していえば、「何のために」売買契約を締結したのかという問いに対して、Xは、「版画甲の所有権を取得するため」とも、「有名作家Pの作品を入手するため」とも答えることができるからである（**序章**を参照）。

　以上を踏まえると、次のようにいうことができるであろう。契約の拘束力を基礎づける「要素」には、二つのものがある。一つは、それがなければおよそ契約の効力は生じないとされる客観的要素であり、もう一つは、当事者が特にそれを重視したために、それがなければ拘束力が生じないとされる主観的要素である。このように、錯誤の「要素」性は、重要性の判断に尽きるものではなく、錯誤をその対象によって区別するはたらきもするというのが、合意原因説の基本的な着想である。

4　現行規定の解釈

　以上にみた議論を踏まえて、改めて95条1項の解釈を検討する。

(1)　解釈の展開

(a)　取消しの基礎づけ

　まず、錯誤があるときに契約を取り消すことができるのはなぜか。それは、契約の目的を達成することができなくなるからである。それには、子細にみると二つの場合があり、95条1項各号がこれを定める。すなわち、第一に、その点について意思を欠けばおよそ契約の効力は生じないと考えられる事項について錯誤がある場合（1号）、第二に、当事者が特に重視した事項につい

て錯誤がある場合（2号）、である。

　以上の相違によって、1号については「表示」（95条2項）という付加的要件が不要とされる理由を説明することもできる。というのは、こうである。それがなければ「およそ契約の効力は生じない」ような事項については、それが重要であることを表示していたか否かを問わず、錯誤に陥ったことで生じる意思表示の瑕疵は大きい。しかも、それが「法律行為の基礎」といえるほどの意味をもつことは、相手方にとっても自明である[21]。

　それでは、「およそ法律行為が効力を生じる余地がない」事項とは何か。それは、法律行為に基づく法律効果の発生にとって不可欠な事項だといえよう。いいかえれば、それは、法律効果を個別化するために必要とされる事項、つまり、まさに個別化理論が要求したものにほかならない。

　これらを踏まえて、検討のはじめに掲げた問題（2(2)）に立ち返りたい。以上の見方によれば、契約責任において特定物ドグマが否定されたからといって、錯誤において個別化理論が一定の役割を果たすことまでも否定する必要はないと考えられる。そして、このように、両者で取扱いが異なるのは、錯誤論が、契約の拘束力の枠組みに関する問題であり、法律効果の発生にとって不可欠な事項が備わっているかを問う点で、契約責任論とは次元を異にする議論だからだと説明することができるであろう。契約責任は、「要素」たる債務の不履行のみを扱うわけではないのである（第17章 [275頁]）。

(b)　重要性要件との関係

　以上に述べたことは、重要性が錯誤の要件となることととどのような関係に立つのか。

　上にみたとおり、合意原因説は、「要素性＝重要性」とみる見解——因果関係説とよばれる——とは別の考え方だと指摘されることがあった[22]。しかし、まさに95条1項が示すとおり、錯誤の成立範囲を重要性によって画するこ

---

21)　この点に関わって、中松纓子「錯誤」民法講座1　399頁は、意思欠缺という観念が、錯誤の成立範囲を狭めることで「取引安全保護」という機能を果たしていたと指摘する。

22)　詳解基本方針I 115頁。山本・総則208頁以下をも参照。

147

とと、その対象によって区別することとは、必ずしも矛盾しない。

　もっとも、「意思表示に対応する意思を欠く」場合には、錯誤は常に重要であり、「その錯誤が法律行為の目的及び取引上の社会通念に照らして重要なものである」ことを重ねて求める意味はないのではないかという疑問は生じるかもしれない。しかし、目的物の数量に錯誤があり、その程度が小さいというような場合には、「意思表示に対応する意思を欠く」にもかかわらず、重要性の要件が否定されることはあり得るであろう。

　たとえば、トイレット・ペーパーを10グロス（1440個）注文しようと考えていたところ、1グロスとは10ダースのことだと勘違いして、100ダース（1200個）のトイレット・ペーパーを注文するとの意思表示をしたとする。この場合には、目的物の数量に錯誤（95条1項1号）がある。しかし、1440個と1200個との差異は（議論の余地はあろうが）大きくはなく、また、買主としては、不足分の240個を別に購入すれば当初の目的が達せられることを考えると、この錯誤は、契約の拘束力を否定するほどに重要ではないといえるであろう[23]。

(2) 論拠の補強

(a) 体系的観点から

　ところで、契約の「要素」という観念は、契約の成立要件との関係でも論じられた（第5章［82頁以下］）。さらに、解除との関係で論じられることもある（第17章［265頁］）。これらは、錯誤において問題とされた「法律行為の要素」とも関係するのか。

　契約の成立要件として問題とされる「要素」については、客観的要素と主観的要素とが区別された。客観的要素とは、契約の類型ごとに、その契約に本質的なものとして定型的に定まるものをいい、主観的要素とは、本来であれば要素には属しない事項であるけれども、当事者がそれを要素に格上げし

---

23)　より端的には、売買契約における代金額に錯誤がある場合を考えればよいであろう。この場合において、真に望んだ金額と表示された額との差異が小さいときは、錯誤は重要であるとはいえないと考えられる。

たものをいう。

　これら二つの「要素」は、95条1項1号と2号に対応するものとして理解することができるのではないかと思われる。すなわち、95条1項1号による契約の取消しは、「それがなければおよそ契約が成立する余地がないというほどに重要な点については、内心的効果意思も伴っていなければならない」との考え方によって正当化される。これに対して、同項2号による契約の取消しは、錯誤の対象となっている事項が両当事者にとって重要なものへと格上げされた場合に限って認められる。その格上げの仕組みを定めたのが、「基礎とされていることの表示」（同条2項）である。

(b)　沿革的観点から

　このように、契約の成立と錯誤という場面において「要素」が共通の含意をもつと理解することは、規定の沿革からみても奇異ではない。先にボワソナードの見解に言及したが、旧民法には、次のような規定が存在した。

　　財産編304条1項
　　　凡ソ合意ノ成立スル為メニハ左ノ三箇ノ条件ヲ具備スルヲ必要トス
　　第一　当事者又ハ代人ノ承諾
　　第二　確定ニシテ各人カ処分権ヲ有スル目的
　　第三　真実且合法ノ原因
　　財産編309条1項
　　　当事者ノ錯誤ニテ合意ノ性質、目的又ハ原因ノ著眼ニ相違アリシトキハ其錯誤ハ承諾ヲ阻却ス

　両条にいう「承諾」とは、契約を成立させるための各当事者の意思表示をいう（財産編306条1項をも参照）。ここで注目したいのは、309条1項において、承諾が、「合意ノ性質」のほか、合意の成立要件である「目的」「原因」に及んでいなければならず、その点に関する錯誤が「承諾ヲ阻却」するとされること、つまり、契約の成立が妨げられることである。

　ここに定められた「承諾を阻却する錯誤」の沿革は、錯誤論の歴史を扱う

論稿によって考察されているが[24]、その詳細を明らかにすることは、ここでの課題ではない。さしあたり確認したいのは、次の二点である。第一に、ここでは、錯誤によって合意の効力が妨げられる理由が、契約の成立要件である「承諾」を欠くことによって説明されている。第二に、旧95条にいう「法律行為の要素」とは、沿革的には、財産編309条1項が定める錯誤を取り込んだものだと説かれてきた[25]。

　以上の二点を考え合わせると、錯誤によって法律行為の効力が否定されるのは、まさに、契約の成立要件となるべき事項について効果意思を欠くからだと説明することができるであろう[26]。

5　錯誤以外の場面

　以上に述べてきたことは、錯誤における意思欠缺の説明であるが、それ以外の場面では、同様の問題は生じないのか。心裡留保（93条）に即して考えてみたい。

【事例2】　Xは、Yに対して、版画乙（特定物）を1万円で売却した。Xは、そもそも乙を売る意思がなかったのだが、冗談で、「有名作家Pの作品である乙を売却する」と言ったものであった。これに対して、Yは、乙が「有名作家Pの作品」だという点は冗談だとわかったが、乙を売るという点は真意だと考えていた。

　【事例2】は、心裡留保の一例とみられてきた事例を基礎とする。ここでは、

---

24)　この規律は、フランス法における「障害錯誤（erreur obstacle）」の観念に遡る。森田・前掲論文（注17）143頁以下のほか、山城一真「フランス法における障害錯誤論——錯誤における意思欠缺をめぐって」磯村保先生古稀記念『法律行為法・契約法の課題と展望』（成文堂、2022年）47頁をも参照。

25)　この点につき、広中俊雄編著『民法修正案（前三編）の理由書』（有斐閣、1987年）145頁を参照。

26)　法史学の観点から、このような理解を「充分有意義なもの」と評価する議論として、海老原明夫「本質的錯誤と要素の錯誤　その三」ジュリ943号（1989年）12頁を参照。

Xの表示行為が「有名作家Pの作品である版画乙を売る」という意味に解釈されたとしても、Xは、これに対応する内心的効果意思を有していない。

これに対して、Yは、「乙はPの作品である」という点が真意ではないことについては悪意である。しかし、「乙を売る」という点が真意ではないことを知らない（さらに、そのことについて過失がない）ならば、売買契約を無効とする理由はないであろう。「乙はPの作品である」という点が真意ではないことの認識は、乙がPの作品ではないことについての契約不適合責任の発生を否定する理由となり得るにすぎないと考えられる。

このようにみると、心裡留保についても、効果意思の有無は「その版画を売却する」という点について問題とされる反面、契約責任の追及については、「有名作家Pの作品である」ことが効果意思の内容となる余地があるといえそうである。

6　おわりに

(1)　検討のまとめ

さて、以上の検討から結論めいたことを述べるならば、「意思表示に対応する意思」（95条1項1号）とは、それがなければ法律行為が存在する余地がおよそないという事項に関する効果意思を指すと考えるべきではないかということになる。これは、次のような意味をもつ。

契約責任において特定物ドグマが否定されたからといって、錯誤においても、あらゆる事項が「効果意思」の内容として考慮されるわけではない。錯誤論は、どのような要件が充たされたときに契約の拘束力が生じるかという問題だから、そこでいわれる法律効果は、契約責任論で問題とされるものよりも狭いものであってよい。

錯誤で問題とされる効果意思の内容は、契約の成立に関する規律と照らし合わせて理解することができる。当事者は、契約の内容として様々な事項を合意することができ、法律効果もそれに従って発生するけれども（521条2項）、契約が成立するために合意しなければならない事項は、それよりも狭く、「契約の要素」となる事項に限定される（522条1項の解釈につき、**第5章**［83頁］）。

151

「意思表示に対応する意思」（95条1項1号）とは、この意味での「契約の要素」
となる事項に関わる意思をいう。

(2) 補 論

最後に、【事例1】につき、95条1項1号が適用される可能性を示唆した
二つの見解に付言しておきたい。

一方の見解は、売主も買主も真作を売買したと考えていたのに、それが贋
作であった場合には、「内容の錯誤の一種とみることが考えられる（新95条
1項1号の錯誤とみる）」とする[27]。しかし、両当事者とも「有名作家Pの版
画を200万円で売買する」という意思を有し、そのように合意した場合には、
内心的効果意思と表示上の効果意思との間に齟齬はない。そうである以上、
これを表示内容についての錯誤とみる余地はないであろう[28]（先に【事例1】
について述べた説明は、Xのみが真贋を問題としていたとの想定に基づくもので
あったことに注意されたい）。

もう一方の見解は、【事例1】においても「意思の不存在の錯誤にあたる
とされることがありうる」けれども、それは、基礎事情錯誤の問題として扱
うべきであるとする。そして、その理由の一つとして、【事例1】のような

---

27) 四宮＝能見・総則252頁。
28) 四宮＝能見・総則252頁も、「1つの説明の仕方は、これも意思表示の形成過程で錯誤があっ
　　たというものである（新95条1項2号の『法律行為の基礎とした事情』についての錯誤とみる）」
　　としており、これを基礎事情錯誤とみる余地を排斥してはいない。

場合には「当該の物を目的物とする点では表示と意思は一致している」と指摘される[29]。こうして「当該の物を目的物とする点」に着目すると、1号と2号の適用場面は、結局、法律効果を個別化するために何が必要かという観点から区別されることになるのではないかと思われる。

---

29) 佐久間・総則161頁。以上の理由に加えて、「誤認の対象となった事実を表示することを、誤認の有無にかかわらず表意者に期待することができるか」という観点からの区別も可能であると説かれる。たとえば、①ロゼワインを赤ワインの別称と誤認して「ロゼワインを買う」との意思表示をした場合、②1ダースを10個の組と誤認し、120個を買うつもりで「12ダース買う」との意思表示をした場合には、「ロゼワイン」「1ダース」の意味については、当事者がわざわざ確認することは「まず考えられない」のに対して、「物の性質が確認されることは、日常的にされている」という。しかし、表意者は、「ロゼワイン」や「ダース」の意味に不案内であれば、これを相手方に確認するであろうし、【事例1】において、作者の署名を見て版画がPの作品であると確信したならば、その真贋を確認しないこともあり得るであろうから、上の観点から両者を区別することができるかは疑問である。確認が日常的に行われるか否かは、法的な観点から錯誤を類別するための指標とはならないであろう。

第10章
なぜ「合意主義」なのか？

1　はじめに

　2017年の民法（債権関係）改正をめぐる論議は、「合意の尊重」ともいうべき論調を一つの基軸として展開された[1]。第8章では、いわゆる基礎事情錯誤の基礎づけとして、合意によるリスク分配に着目する見解があることを確認したが［136頁］、それも、こうした潮流に棹さすものといえる。

　もっとも、基礎事情錯誤に関する規定の文言を卒然と読む限り、95条1項2号・2項が何らかの「合意」を要求する規定であると理解することは、必ずしも容易ではない。「法律行為の基礎とした事情」は「表意者」にとってのものであるし（1項1号）、求められる行為は「表示」（2項）にとどまるからである。そこに合意の存在を読み込むためには、ある種の体系的解釈の力を借りる必要がある。

　ところで、これと同じく、規定の文言からは「合意」を求める趣旨とは読みにくいけれども、やはり体系的な観点から合意の必要が説かれる規定がある。定型約款に関する548条の2第1項である（第7章［118頁以下］を参照）。そこでは、定型約款を契約の内容とする旨を相手方に「表示」したという要件（同項2号）が、実はその旨の「合意」を求める趣旨だとする解釈が、学説によって有力に主張されている。

1）　中田裕康「債権法における合意の意義」同『私法の現代化』（有斐閣、2022年）38頁。

第 10 章　なぜ「合意主義」なのか？

　そこで、各規定の解釈として合意の意義を強調する立場を「合意主義」と性格づけたうえで[2]、それぞれの問題状況を比較しつつ、そのような主張がされることの意義を考えてみたい。

2　錯誤論から

　およそ「主義」というときには、それと異なる別の主義の存在が意識されているはずである。合意主義の意義を明らかにする際にも、それに対する主義が何なのかが重要であろう。以下では、さしあたり、規律の根拠をどこに求めるかという問題（(1)）と、判断枠組をどのように構成するかという問題（(2)）とについて対立軸を定め、合意主義を支える論拠を検討したい。

(1)　基礎づけとしての合意主義
(a)　基礎事情錯誤の争点

　旧規定のもとで、動機の錯誤に関する取扱いが特に論じられたのは、効果意思が欠ける場合ではないからである。その取扱いに関する理解を再確認しておきたい[3]（第 8 章 ［126 頁以下］）。

　民法は、契約の締結・内容決定に関する判断を各当事者の自由に委ねる（521条）。このことは、反面において、契約の締結・内容決定に関する判断の前提となるべき事実については、情報の収集・分析評価のリスクを各当事者が自ら負うべきことを要請する。しかるに、動機の錯誤とは、そのような事実についての誤認なのだから、それによって望まない契約が締結されたとしても、契約の効力を否定すべきではない。基礎事情錯誤に関する 95 条 1 項 2 号・2 項は、その例外として契約の効力が否定される場合、つまり、誤認のリスクが相手方に転嫁される場合があることを認めたものである。

2）　後藤巻則「改正民法における合意をめぐる攻防」中田裕康先生古稀記念『民法学の継承と展開』（有斐閣、2021 年）535 頁。

3）　解釈論の検討も含めて、潮見佳男「動機錯誤（行為基礎事情の錯誤）と表示」法教 453 号（2018年）72 頁をも参照。

155

それでは、「法律行為の基礎とされている」ことの「表示」（95条2項。以下、「表示」という）によって、誤認のリスクが相手方に転嫁されるのはなぜか。この点については、条文上、確たる答えは示されていない[4]。ただ、文字どおりに表示の有無だけに着目しても対処が定まらない場合は残りそうである。たとえば、版画甲を200万円で売買するに際して、買主が「有名作家Ｐの作品だから買う」と表示し、売主が「だれの作品かはわからないが売る」と表示したとする。この場合には、版画甲の売買契約は成立するかも知れないが、版画がＰの作品でなかったことが基礎事情錯誤となるかは、「表示」という文言だけからははっきりと判断することができないように思われる。

　以上のとおり、95条2項の解釈においては、「表示」という文言との整合性よりも、むしろ、そのようなリスクを相手方に転嫁することの実質的な正当化が問われる。以下、この点について検討する。

(b)　合意主義によらない基礎づけ

　まず、一つの考え方として、諸事情を衡量して、契約の効力が否定されるべきであるか否かを評価するという立場を考えたい。

　(i)　こうした議論は、かつて主張された「法律行為の要素」の観念を一般条項的に活用すべきであるとする見解にみられた（第8章［129頁］）。現行規定の解釈としても、「意思ドグマから決別し、原則は表意者の自己責任、そして、相手方に損失を転嫁できるためには相手方の取引安全保護との調整が必要[5]」だと主張する見解がある。

　それによると、動機の錯誤による取消しが認められるためには、二つのことが必要だとされる。すなわち、一方では、表意者について「保護に値する錯誤」があること、具体的には、①錯誤に重要性が認められること（95条1項柱書き）、②表意者に重過失がないこと（同条3項）、かつ、③錯誤が、取引の性質からして当然に引き受けるべきリスクに関わるものではないこと（同条

4）　一問一答（債権関係）23頁は、「この要件のより詳細な意味内容については、引き続き、解釈に委ねられた部分が少なくない」とする。

5）　平野・論点と解釈40頁。

１項柱書き）である。また、他方では、相手方について「表意者保護を優先して然るべき事由」があること、具体的には、④相手方の行為によって錯誤が惹起されたこと、⑤信義則上、表意者の錯誤を是正すべき義務を負っていたにもかかわらずそれを怠ったこと、または、⑥共通錯誤があることである[6]。

（ⅱ）以上の見解をどうみるか。上記の二つの要素のうち、表示要件によって規律されるのは、後者、つまり「表意者保護を優先して然るべき」ことを基礎づける諸事情だとみられる。しかし、それらがどのようにして「表示」と関わるのかは、必ずしもはっきりしない。加えて、上に掲げた諸事情があるときに「表意者保護を優先して然るべき」であるのかも、自明ではない。その点を明らかにするためには、錯誤を理由として契約の取消しが認められるその他の場面と比較することが有益である。

ここで注目したいのは、詐欺（96条１項）である。詐欺は、一定の付加的要件のもとで錯誤による取消しを認める点で、基礎事情錯誤と共通するからである（第8章［132頁］）。

96条１項において付加的要件とされるのは、詐欺、つまり、故意による欺罔行為である。これに対して、上記の解釈は、④、⑤に端的に現れるとおり、客観的にみて錯誤を惹起したとみるべき状況があれば、欺罔の故意がない場合であっても契約の取消しを認めるべきこと——つまり、いわゆる不実表示型の錯誤を承認すべきこと——を説く。そのような立場は、学説において有力に展開されており、立法論議においてもくり返し主張された（第8章［133頁以下］）。

けれども、96条１項と比較する限りでは、錯誤についてそのように考えることが必然だとはいえない。相手方からの不正なはたらきかけによって意思表示がされた場合につき、96条１項が、故意によるはたらきかけがされた場合についてのみ規定を設けていることからすると、民法は、不実表示型の錯誤を認めてはいないと考えることもできる。このように、上記の見解による基礎事情錯誤の基礎づけの成否には、なお議論の余地が残されている。

6）平野・総則220頁以下。なお、この見解は、現行法のもとでもいわゆる一元説を説くものであり、以上の要件論は、95条１項１号にも等しく妥当すると説く。

(c)　合意主義による基礎づけ

　以上に対して、合意主義の立場からは、95条2項はどのように解釈されることとなるのか。

　合意主義は、動機の錯誤に関するリスクが転嫁される根拠を合意に求める。それによると、「表示」は、錯誤のリスクを相手方に転嫁する旨の合意が成立するための意思表示として位置づけられる。この見解は、95条2項の文言との関係でいえば、何のために表示が求められるのかを明らかにするが、その反面で、表示以上のものを求めてもいる。合意が成立するためには、一方からの表示だけでなく、これを承諾するという相手方の意思表示が必要だからである。

　こうした理解には、説得力があるか。それを考えるためには、動機の錯誤に関するリスクを合意によって相手方に転嫁することがそもそもできるのかが問われなければならない。「リスクの分配」なるものは、債権関係の内容ではない。しかし、契約によって定めることができるのは、債権関係だけではない。たとえば、民法は、法律行為の付款としての条件（127条）という仕組みを用意している（錯誤との関係では、第8章［130頁］を参照）。そのほか、たとえば、契約の解除が「契約をした目的」（542条1項3〜5号、563条2項3号のほか、607条、611条2項をも参照）の達成不能にかからしめられる場面においても、契約の拘束力が、契約の目的を設定する合意によって限界づけられる例を窺うことができる（第17章［272頁以下］）。

　こうして、契約の拘束力の限界が合意によって画され得ることを認めるならば、合意主義は、民法の規定と矛盾なく基礎事情錯誤を基礎づけることができる。この点が、合意主義が支持される大きな理由だといえるであろう[7]。

　しかし、その一方で、基礎事情錯誤が成立する場合を、そのような合意が

---

7)　さらに、合意主義的理解は、判例との連続性を有する解釈であるとも指摘される。すなわち、最判平成28年1月12日民集70巻1号1頁が、旧95条の解釈として、一定の事情が明示・黙示に表示されたとしても、当事者の意思解釈上、それが契約の内容となっていたとは認められないことがあり得るとしたことからすれば、現行規定の解釈としても、「表示」がそれ自体として重視されるわけではないのだと説かれる。この点を指摘するものとして、潮見・概要9頁、磯村・改正債権法16頁注8を参照。

第10章 なぜ「合意主義」なのか？

された場合に限定してよいのかという問題は残る。それは、「表示」がされたか否かの判断枠組次第であろう。

(2) 判断枠組としての合意主義

一般的にいって、ある法理の基礎づけを論じるのは、その適用に関する判断の方向づけを得るためである。この点からみると、合意主義とは、基礎事情錯誤の成否を決するために、法律行為の解釈という判断枠組に従うべきことを説く議論だといえる。

契約の解釈を扱った際にもみたとおり（第6章）、「合意がされた」という判断は、常に明確にできるわけではない。むしろ、契約の解釈が融通無碍に行われるとの認識が示されることも、決して珍しくはない[8]。このことに関わって、二点に注意しておきたい。

第一に、そうはいっても、契約の解釈の結果が明瞭なことはある。たとえば、中古車を売買するにあたり、品質のいかんは問わないと明示的に取り決めたとする。このように、何らかの品質について「合意がされたとはいえない」ことが明らかであるときは、買主が密かに一定の品質を期待していようとも、錯誤は成立しない。その限りでは、以上の枠組みは、錯誤の成否に関する判断の方向づけに成功しているといえるであろう。

第二に、より判断が微妙な場面においては、合意主義のもとでも、「表示」要件は「規範的な評価概念」としてはたらく[9]。いいかえれば、合意が成立したか否かの判断自体に操作可能性があるため、「合意」という要件を設定することで、「表示」という文言からは読み取り難い様々な事情が95条2項に取り込まれる。たとえば、相手方からのはたらきかけによって錯誤が惹起されたときは——表意者自身は何らの「表示」もしていないとしても——そのはたらきかけに応じてリスク転嫁の「合意」が成立したと認定することで、

---

8)　北川善太郎「日本の契約と契約法——裁判規範と行為規範を統合する法解釈の枠組み」『京都大学法学部創立百周年記念論文集 第三巻 民事法』（有斐閣、1999年）31頁、特に60頁以下が、その一斑を明らかにする。

9)　鹿野菜穂子「改正民法における基礎事情錯誤（動機の錯誤）の『表示』要件について」池田真朗先生古稀記念『民法と金融法の新時代』（慶應義塾大学出版会、2020年）321頁を参照。

159

基礎事情錯誤の成立を肯定する余地が生まれる。また、錯誤を認める（あるいは、認めない）ことに疑義が生じる場面では、「そのような合意をした（あるいは、しなかった）とみることが、当事者の通常の意思である」として、錯誤の成否に関する判断が一定の結論へと方向づけられることもあろう。

　以上の第二点に窺われるように、判断枠組のレベルでみる限り、合意主義は、これに代わる主義との間にはっきりとした対立を示さないことがある。これは、合意主義の便利な面である一方で、判断結果についての予見可能性が乏しいという意味では危うい面でもある。

3　約款論から

　定型約款に関する諸規律においては、合意主義は、次のような理解を前提として展開される。第一に、従来の議論は、約款の拘束力を合意に求める立場（契約説）を基礎とする（第7章［119頁］）。それによると、約款に従って契約の内容が確定されるのは、約款に従うという概括的な合意の効果だと説明される。第二に、定型約款は、約款の一種である[10]。したがって、約款について論じられることは、基本的には定型約款にも妥当する。

　以上を踏まえて、合意主義の観点から、定型約款に関する規律がどのように説明されるかを検討する[11]。

(1)　合意主義に基づく約款論

(a)　契約への組入れ

はじめに、定型約款が契約の内容に組み入れられるための要件を略述する。548条の2第1項は、①「定型取引」を行うことの合意（「定型取引合意」

---

10)　細説すれば、約款とは、「契約の内容とすることを目的としてその特定の者により準備された条項の総体」をいい、定型約款とは、約款のうち、定型取引、つまり「ある特定の者が不特定多数の者を相手方として行う取引であって、その内容の全部又は一部が画一的であることがその双方にとって合理的なもの」において用いられるものをいう（いずれも548条の2第1項）。両者の関係につき、定型約款Q&A 63頁をも参照。

11)　ただし、ここでは、定型約款の変更（548条の4）の問題には立ち入らないこととした。

とよばれる）と、②定型約款の個別の条項についての合意とを区別したうえで、①の合意がされたときは、次のいずれかの要件が充たされる限り、②の「合意をしたものとみなす」とする。その要件とは、ⓐ「定型約款を契約の内容とする旨の合意をした」こと（1号）、または、ⓑ定型約款準備者が「あらかじめその定型約款を契約の内容とする旨を相手方に表示していた」こと（2号）である。以下、ⓐを「組入れ合意」、ⓑを「組入れ表示」とよぶこととする。

さて、以上のうち、1号においては、定型取引合意と組入れ合意に基づいて、個別の条項についての合意が帰結される（①＋ⓐ→②）。これは、その効果が「みなす」とされることを除けば、民法が前提としてきた理解からかけ離れたものではない。たとえば、契約の締結に際して契約書を作成した場合には、かりに細部にまで理解が及んでいなかったとしても、全条項について合意がされたと認定されてよい。その場合には、ともかくも「契約書に従って契約を締結する」という意思が表示されたとみられるからである[12]。

問題は、2号である。これが何らかの「合意」を定めたものと読むことは、95条2項よりもなお難しい。1号が「合意をしたとき」について定める以上、2号は、それとは異なるときについて定めた規定だとみるのが自然だからである（①＋ⓐ≠①＋ⓑ）。実際にも、この規定には、「当事者の合意という事実は、規範化されたものとしてすら、およそ介在していない」との評価もみられる[13]。

ところが、少なからぬ論者が、2号もまた1号とは違ったかたちで組入れ合意を定めたものであるとして、その基礎づけを合意に求める[14]（①＋ⓐ＝

---

[12]　もっとも、そうして概括的に与えられる合意は、個々の条項に対する明瞭な認識を内容としない点において、「希薄な合意」とよぶことができるものである。この点につき、大村・消費者法212頁、森田・文脈91頁を参照。この点は、より一般的には、契約内容を定めるにあたって契約書外の文書等を参照したときに、どのように扱われるのかという問題とも関わる。

[13]　森田・文脈120頁。さらに、一問一答（債権関係）249-250頁は、「黙示の合意の認定は、必ずしも容易ではないこともあり、定型約款を利用した取引の安定を図る観点からは、このようなケースについても、黙示の合意がされた場合と同様に、定型約款の個別の条項について合意があったものとみなすのが適切である」とする。難しい説明であるが、「黙示の合意がされた場合と同様に」という以上、合意は黙示にも存在しないという趣旨なのであろう。

[14]　概説書・体系書として、潮見・債権総論I 43頁、平野・契約47頁、中田・契約41頁を参照。

161

①＋ⓑ）。しかし、1号が組入れ合意を既に定めているのだとすれば、なぜ2号が必要なのか。学説においては、次のような説明が試みられている。

第一に、1号を「積極同意型」、2号を「消極同意型」と位置づける見解がある。この見解は、組入れ表示がされたとしても、定型約款を契約の内容とすることに対して相手方が異議を述べたときは、定型約款の組入れは認められないとの理解をもとに、2号は、組入れ表示に対して相手方が異議を述べなかったことで、消極的ながら同意を与えた場合を定めるものだと説く。この観点からは、両号の関係は、「積極的な合意（相手方の同意）があること（1号）が基本であって、2号は付加的なもの」と整理される[15]。

第二に、両者の相違として、2号の表示は、遅くとも定型取引の時までにされなければならないのに対して（「あらかじめ」）、1号の合意は、定型取引の後にすることもできる[16]。この点に着目して、「両号の（一部）重複が生ぜざるを得ない」としつつ、「1号は、定型取引合意成立後に定型約款を組み入れる場合も対象とする包括的規定、2号は、実務上もっとも典型的に現れる場合の一つである黙示の合意による組入形態に焦点を当てた部分的規律を定めるもの」とする理解も示されている[17]。

要するに、1号と2号は、基礎づけを同じくするが、判断枠組を異にする規律であるというのが、これらの学説が示す理解である。そのようにみることで、合意主義のもとでも、1号に対する2号の独自性が確保されるというのである。

(b) 約款の内容の表示

さらに、合意主義は、定型約款の内容の表示（548条の3）、つまり、約款の開示の規制にも及ぼされる。というのは、こうである。

約款の組入れが契約締結時における合意によって行われるとすれば、約款

---

15) 沖野眞已「『定型約款』のいわゆる採用要件について」消費者法研究3号（2017年）123-124頁。

16) 定型約款Q&A 67頁。

17) 山本豊「改正民法の定型約款に関する規律について」深谷格ほか編著『大改正時代の民法学』（成文堂、2017年）398頁。

の内容が契約に組み入れられるためには、約款の内容は、契約締結時までに、相手方にも認識可能になっていなければならないはずである。組入れ合意がされたからといって、組み入れるべき約款の内容を知り得ないのであれば、その約款に従って契約を締結することはおよそあり得ないからである[18]。

ところが、定型約款については、定型取引合意の時までにその内容を積極的に表示することは求められていない。表示は、相手方から請求があった限りで表示されればよく（548条の3第1項）、それを拒んだときに、組入れ合意の擬制という効果が否定されることがあるにすぎない[19]（同条2項本文）。いいかえれば、定型約款の内容をあらかじめ表示することは、その拘束力が生じるための前提とはされていない。

こうしてみると、合意主義によって定型約款の拘束力を説明することには限界があるのではないかという疑問が生じるであろう。

(2) 合意主義に基づかない約款論

(a) 附合契約の特殊性

定型約款に関する規律のなかに、合意という観点からは捉え難いものが含まれていることを正面から受け止めるならば、定型約款による契約は、通常の契約とは異質なのだというように、契約の規律を複線的に捉えることも考えられる。これにも、いくつかの方針があり得る。

第一に、定型約款による契約だけが特殊なのだとすることが考えられる。そうすることで、定型約款ではない約款を用いて締結される契約については、合意主義に基づく規律がなおも及び得ることとなる。

第二に、定型約款だけでなく、約款全般につき、合意主義とは異なる基礎づけが検討されるべきであるとする構想もあり得る。そのような立場は、約款の拘束力の基礎づけにつき、契約説に対する法規説として主張された。そ

---

18) 河上正二『約款規制の法理』（有斐閣、1988年）252頁を参照。

19) 本文に述べたことは、定型取引合意の前に相手方から内容の表示が求められた場合にのみ当てはまるものであり、定型取引合意の後にされた請求に対しては、これを拒絶しても、組入れ合意の擬制という効果は否定されない（548条の3第2項本文の反対解釈）ことに注意を要する。

の内容は子細にみれば様々であるが、法規説は、約款の拘束力の根拠を合意に求めず、約款を使用する者は、一定の条件のもとで、自らの意思のみによって契約内容を決定する権限を有するのだと認める[20]。

　法規説に与しないまでも、約款による契約においては、当事者の一方が契約内容の決定に関与し得ないという現実があることは確かである。そのような状況を分析するために考案されたのが、附合契約の概念である。附合契約とは、当事者の一方があらかじめ用意した条項に対して、それをすべて承諾するか否かというかたちで相手方が意思表示をすることによって締結される契約をいうが、この種の契約は、両当事者による交渉と合意を経て締結される契約とは異質だとみる余地があろう[21]。

(b)　民法における附合契約の位置づけ

(i)　それでは、附合契約は、一つの現象であるにとどまらず、現行法上、合意主義と並ぶ規律を提供するであろうか。定型約款に関する規定をみる限りでは、民法がそのような構想を示しているとは確言し難いように思われる。その理由は、二つある。

　第一に、既に確認したとおり、定型約款の拘束力は、擬制という形式によりながらも、個別の条項について「合意」がされたことに見出される。このように、一般の契約と同じく合意を拠り所とする規律を設けるからには、細部においてもそれとの整合性が保たれるべきだと考えるのは、自然なことであろう。

　第二に、このこととも関わるが、民法において、附合契約の特殊性に配慮した規制が確立されているのかという問題がある。定型約款の規制としては、548条の2第2項がある（第7章［118頁以下］）。しかし、附合契約に関する

---

20)　なお、これに類する議論は、就業規則や労働協約の拘束力についても展開されてきた（その内容につき、水町・労働法135頁以下、191頁以下）。これらの場面においては、契約当事者間の法律関係が集団的に規律される結果、自らがその決定に関与しなかった内容によって拘束される点で、（定型）約款と同様の状況が生じる。

21)　附合契約論の展開につき、河上正二「約款（附合契約）論──わが国の約款法学の展開」民法講座5　1頁を参照。

164

第 10 章　なぜ「合意主義」なのか？

規律がそれで足りるのかといえば、疑義が投げかけられている。詳しく述べれば、こうである。

　一般的にいって、契約に拘束力が認められるのは、両当事者による交渉を経て、その内容が自由に決定されるからである。しかるに、附合契約においては、一方の当事者は現実には契約の内容決定に関与する機会をもたない。そのような契約については、双方の当事者の意思によって契約の内容に正当性を付与することができないから、それに代えて、第三者がその内容を吟味し、規制する仕組みが必要である。

　こうした理解に基づき、学説は、附合契約については、裁判所による内容規制の機会が確保されるべきことを強調してきた。これは、一面においては、合意主義とは異質な契約法理の展開を促す議論である。しかし、そこには、合意主義の一つの発展とみるべき側面もある。この議論は、契約の内容は両当事者による交渉を経た合意によって決定されるべきであるとの理解をあくまでも出発点とする。そのうえで、合意による正当化が機能しない限りで、それに代わる規律を求めるものだからである。

　(ii)　以上を踏まえて、548 条の 2 第 2 項の規律を改めて確認したい。

　この規定は、組入規制と内容規制を統合し、一定の場合には、定型約款の個別の条項について合意（同条 1 項）の擬制を否定するという仕組みを定める[22]。このことからは、定型約款についても、合意主義と並ぶ規律を充実させるのではなく、合意主義の枠内での規律を堅持するという方針が採られたことが窺われる。

　しかし、そこには、現実には合意が機能しない場面において、合意による規律を妥当させようとする矛盾がある。とりわけ、形式的にもせよ「合意がされた」として、それを尊重するために内容規制が差し控えられることがあってはならない。548 条の 2 第 2 項に対して、内容規制の確立に注力してき

---

22)　なお、やや細かな点であるが、548 条の 2 第 2 項が、個別の条項についての「合意をしなかったものとみなす」とするのは、正確には、「合意をしたものとはみなさない」との意味である。この規定は、元来、同項に該当する条項は、1 項によって合意が擬制される条項には「含まれない」との定式を用いていたが、それが法律の表現としては一般的ではないため、「合意をしなかったものとみなす」と改められたものである（部会資料【88-2】）。

165

た学説から、「50 年を超えるこれまでの約款法学の成果をあえて無視した構成[23]」「時計の針を数十年巻き戻したような意味合いを持つ規定[24]」といった厳しい評価が向けられるのは、そのような矛盾を合意主義の立場から衝くものといえるであろう。

4　おわりに——「契約モデル」としての合意主義

以上まで、規定の文言上、合意を要求するとは考え難い二つの規律を採り上げ、それらについて、あくまでも合意による基礎づけが図られるのはなぜかを検討してきた。最後に、そうした立場——合意主義——のもつ意味を、いま一度考えてみたい。

合意主義は、まず、合意を尊重することが道徳的・価値的にも正当であるとの理解によって支持され得る[25]。そのような契約観を支持するかは一つの問題であるが、その点を棚上げしても、合意の尊重が、実定法によって承認された原理である（総論的には 521 条）ことに疑いはないであろう。合意主義とは、つまり、契約に関する様々な規律について、この原理による正当化をできる限り及ぼそうとする立場である。

本論にみたとおり、合意主義が示す判断枠組は、たしかに時として曖昧模糊たるものである[26]（2(2)）。しかし、それでもなお、合意主義は、「合意の尊重」という立脚点を明瞭に示してはいる。当たり前のことのように思われるかも知れないが、それが重要なのではないか。合意主義は、あらゆる問題を十全に解決することができるわけではない。しかし、それは、いわば一つ

---

23)　山本敬三「改正民法における『定型約款』の規制とその問題点」同『契約法の現代化 II——民法の現代化』（商事法務、2018 年）202 頁。

24)　山本豊・前掲論文（注 17)）403 頁。

25)　このような観点から合意に根差す契約理論を支持する議論は、「意思主義」とよばれることがある。安井宏「最近のいわゆる『意思主義復権論』について」同『法律行為・約款論の現代的展開』（法律文化社、1995 年）45 頁を参照。しかし、意思主義についても、様々な正当化があり得ることに注意を要する（この点につき、内田貴『契約の時代』（岩波書店、2000 年）141 頁を参照）。

26)　森田・文脈 92 頁は、このような合意の認定のあり方を「規範的合意主義」とし、錯誤、約款、契約の解釈を通じて共通の問題状況が存在すると指摘する。

の「モデル」として、契約に関する種々の規律に対して一定の方向づけを与える。合意主義が、多くの場面において解釈論の基礎づけとしての支持を得てきたのは、まさにそのことのゆえではないかと思われる[27]。

　それでは、そのモデルとはどのようなものなのか。それは、「契約は、一方の当事者による力の行使ではなく、相手方がこれに『対抗する力』をもつことによって成立する」という契約像（第1章［24頁］）だといえる[28]。契約の締結・内容決定が自由であること（521条）は、そのようなモデルの再確認であるといってよい。

　このモデルは、一方で、「表示」（95条2項、548条の2第1項）が、文字どおりに「表示」の意味には解釈されない理由を明らかにする。いずれかの当事者がする一方的な表示によって当事者間の法律関係を変容させることは、原則として許されないからである[29]。契約の効力発生をめぐるリスク分配にせよ、契約の内容を決定する約款の組入れにせよ、両当事者による決定に委ねられるべきことが、あくまでも出発点とされる。

　しかし、他方で、およそモデルなるものは、現実との間に齟齬を来すことを免れない。いいかえれば、契約は、事実上、一方の当事者による力の行使となることがある。しかし、そのことによっても、モデルの力は減殺されない。合意主義は、そのような場合への対処として、対抗する力の欠如を補うために、格差に配慮した規制の導入を正当化する。定型約款による契約は、まさにそのような規制が求められる場面の一つであったといえよう。

　この観点からは、附合契約をめぐる議論が、新たなモデルの萌芽を含む点で注目される。新たなモデルを構想するためには、附合契約に固有の規律を解明し、それを充実させることが必要とされよう。

---

27)　藤岡康宏『法の国際化と民法』（信山社、2012年）49頁は、法理論と法実践の相互連関のあり方には、「現実問題対応型」「基礎理論対応型」「制度的基礎対応型」があり得ると論じる。この分析は、解釈論の基礎づけにも妥当すると考えられるが（同書138頁以下を参照）、合意主義は、これら三点のすべてについて一応の方針を指示する点で、モデルとしての有用性をもつと考えられる。

28)　廣瀬久和「『定型約款』規定についての覚書を再び掲載するに当たって」消費者法研究3号（2017年）236頁は、「個人は、自己にかかわる契約（給付）内容の決定権限をどこまで他人に契約あるいは意思表示によって委ねることが認められるか」という問題を指摘する。

167

第11章
代 理

1 はじめに

代理は、ある者（代理人）が、他人（本人）のためにすることを示して意思表示をし、またはこれを受領することによって、その法律効果をその他人について直接に生じさせる制度である（99条）。法律要件としてみれば、それは、能力（第2章、第3章）と並んで、法律行為の当事者に関わる。そこで、以下では、契約当事者の概念を検討したうえで（2）、代理行為と顕名（3）、法律効果の帰属（4）の仕組みを、それぞれ考察する。

2 契約当事者の概念

第1章でみたとおり、法律行為の当事者は、「行為当事者」と「効果当事者」という観点から考察されることがある。改めて確認しておくと、行為当事者とは、法律行為を組成する意思表示をする者をいい、効果当事者とは、それによって法律効果が発生する者をいう［20頁］。

この観点からみると、代理は、行為当事者と効果当事者とが異なる場合（の一つ）だといえる[1]。このうち、行為当事者は、だれが意思表示をしたかによって決まる。これに対して、効果当事者がどのように確定されるかについては、議論の余地がある。

168

第11章 代理

(1) 契約当事者の認定

契約当事者——より正確には、効果当事者——の確定は、様々な文脈において論じられるが[2]、一般論としていえば、それは、意思表示の解釈の問題であると考えられてきた[3]。具体的には、次のように説かれる。

A・Bが契約締結のために意思表示をした場合において、Aは、Bとの間で契約を締結しようと考えていたが、Bは、人違いをしており、Aではなく、Cとの間で契約を締結しようと考えていたとする。意思表示の解釈に関する準則によると、この場合において、Cが相手方となるとBが考えたことが正当であるときは、両者の意思表示は「Bは、Cとの間で契約を締結する」との意味で確定される[4]。しかし、その一方で、Cは、Bとの間で契約を締結するという意思表示をしたわけではない。そのため、BとCの意思表示が合致しておらず、Bは、結局、B・C間での契約の成立を主張することはできない[5]。

それでは、Cは、事後的に同意を与えることによって、B・C間での契約が有効に成立し、その効果が自らに帰属すると主張することができるか。この点については、Bからすれば、Cとの間で契約が成立するとしても不利益を受けることはなく、また、Cについては、Aがした無権代理行為を追認する場合と状況が類似するから、Cは「効果帰属を追認する」ことができ、そ

---

1) 於保・総則215頁。そうすると、代理による法律行為の「当事者」がだれかも、この語の意味次第だといえよう。実際にも、代理の当事者というときには、行為当事者が想定されたり（於保・総則219頁、川島・総則306頁）、効果当事者が想定されたり（佐久間・総則231頁）する。

2) とりわけ議論が多いのは預金者の認定の問題であるが、ここでの検討は控える。判例の展開も含めて、加毛明「判批（最判平成15年2月21日民集57巻2号95頁）」窪田充見＝森田宏樹編『民法判例百選Ⅱ 債権』（有斐閣、第九版、2023年）130頁を参照。

3) 鹿野菜穂子「契約当事者の確定」私法58号（1996年）163頁、磯村保「契約当事者の確定をめぐって」Law and practice（早稲田大学法務研究科）7号（2013年）93頁。

4) 詳しくみると、こうである。AとBの内心的効果意思は、それぞれ、「Aは、Bとの間で契約を締結する」「Bは、Cとの間で契約を締結する」というものであったと考えられる。そのうえで、それが表示されたところに基づいて、Cが相手方となるとBが考えたことが正当であるときは、Aの意思表示もまた「Bは、Cとの間で契約を締結する」との意味に解釈される。以上につき、第6章［97頁以下］を参照。

5) 以上、磯村・前掲論文（注3））94-95頁。

169

うすることで「契約の成立を認めることができる[6]」と説かれる。それが何を意味するかは後に改めて考察することとし（3(2)、4(2)）、ひとまず検討を先に進めたい。

(2) 効果当事者の決定

以上の分析を手がかりとして、効果当事者の決定という問題の性格を考える。

まず、上のように、A・Bを行為当事者とする契約の効果が、行為当事者以外の者に帰属する余地を認める以上、契約の効果は、当然に行為当事者に帰属するとはいえない。そうすると、契約を締結する際には、だれが効果当事者となるかが明らかにされなければならないはずである。この点は、多くの場合には特に意識されないが、それは、AとBが契約の締結に向けた意思表示をするときは、通常であれば、A・Bとも互いを契約の相手方とする意思を有するからであろう。

次に、契約締結の際に効果当事者を明らかにする必要があるとして、それは、どのような性質の行為なのか。意思表示の解釈に関する準則が適用されるという以上、これも一種の意思表示だとみるのが自然であろう。そうすると、効果当事者を指定する意思表示は、契約を成立させる意思表示の構成要素なのか。そう考えるべきであろう[7]。先の例において、AとBの表示行為が、それぞれ「Aは、Bとの間で契約を締結する」「Bは、Cとの間で契約を締結する」という意味に解釈されたとする。その場合には、意思表示の合致がなく、契約の成立が否定されると考えられる。

最後に、行為当事者とは異なる者への効果帰属が合意された場合において、

6） 以上、磯村・前掲論文（注3））96頁。

7） その趣旨を説くものとして、佐久間毅「本人であると称することによる代理と表見代理」債権法改正と民法学Ⅰ472頁を参照。詳しくみると、こうである。法律関係は、主体を不可欠の構成要素とする。しかるに、契約は一種の法律行為であり、法律行為は法律関係の発生原因なのだから、契約は、それに基づく法律関係がだれについて発生するかを示さなければならない。そして、契約を締結するか否かが各当事者の自由に委ねられる（521条1項）以上、法律関係がだれについて発生するかも、意思表示によって決定されなければならない（代理に関する叙述であるが、於保・総則216頁をも参照）。

「追認」がされるまでの法律関係は、どのようなものなのか。Cには、追認によって自らが効果当事者となるか否かを決定する自由がある。しかし、追認すべき法律行為の内容は、既にA・B間の合意によって決定されており、Cがこれに干渉することはできない。この状態を正確に説明することは難しいが、契約は、一定の法律効果を発生させる源泉として締結されてはいるけれども、効果当事者間においてその法律効果を発生させるものとして成立してはいないということになろう（第6章［96頁］）。

3 代理行為と顕名

(1) 効果当事者の指定

(a) 顕名の位置づけ

代理は、行為当事者とは異なる者を効果当事者とするための仕組みであるが、そのために必要とされるのが、顕名である。効果当事者の決定について2に述べたところに照らし合わせると、その性質は、次のように理解することができるであろう。

まず、効果当事者が契約を締結する意思表示によって指示されなければならないのだとすれば、顕名もまた、効果当事者を指示する意思表示だとみることができる。顕名の法的性質については議論があるが[8]、以上は、少なくとも成立可能な見解の一つであろう。「顕名は、代理意思の表示である」といわれることも、以上の趣旨を示すものとして理解することができる。

次に、効果当事者の指定が契約を締結する意思表示の構成要素となるのだとすれば、顕名もまた、代理行為と一体をなす意思表示だとみることができる。代理の要件は、代理行為と顕名とを区別して示されるのが通例である。しかし、実体法の問題としては、顕名は、代理行為から切り離されては存在し得ないというべきであろう[9]。さらにいえば、そのように要件事実を整理

---

[8] その詳細につき、平野裕之「代理における顕名主義について——民法100条と商法504条の横断的考察」法律論叢75巻2・3号（2002年）1頁、特に37頁以下を参照。

[9] 川名・総論227頁は、代理意思と効果意思との関係に即してこの趣旨を明瞭に説く。

することも、決して奇異ではない[10]。

(b) 具体的な規律

以上の観点から、代理に関する二つの規律の位置づけを考察したい。

第一に、民法100条は、どのように説明されるか。この規定の意義は、次のように説かれる。同条本文は、「意思表示解釈の通則を示す」とともに、「代理人が内心の意思と一致しないことを理由として錯誤を主張すること（95条）を禁ずる意味をもつ[11]」。これを踏まえて、同条ただし書をどのように理解するかについては議論があり得るが[12]、やはり「意思表示解釈の通則」（第6章[95頁]）として、代理人がだれを効果当事者とする意思を有していたかを相手方が知り得た以上、代理人の意思に従って効果当事者が確定される旨を明らかにした規定だと理解することができるであろう[13]。

第二に、商法504条は、どのように説明されるか。この規定をめぐっては、大きく二つの理解が対立するといわれる[14]。

一方では、民法との連続性を強調し、商法504条は、民法100条ただし書

---

10) この点につき、賀集唱「裁判実務における代理——代理の要件事実」椿寿夫＝伊藤進編『代理の研究』（日本評論社、2011年）44頁以下を参照。なお、要件事実論においては、①無権代理人の責任（117条1項）を追及する際に、それと並んで、②代理人との間で契約が成立したと主張することもできると説かれる（要件事実30講290頁以下（村上正敏）を参照）。これは、代理行為と顕名とが法律要件たる事実として可分であることを前提として、代理行為だけが主張されるときは、代理人と相手方との間における契約の成立が基礎づけられると考えるものである。この主張に対して、代理人は、自らが契約当事者となる意思を有せず、そのことを顕名によって明らかにしているのだから、顕名の存在を抗弁として主張することで、②の請求を斥けることができる（同書291頁。ただし、異なる見解も有力である。同書292頁のほか、司研・1巻108頁をも参照）。しかし、本文に述べたように、代理行為と顕名とは一つの法律行為を組成する要素として不可分だと考えるならば、上記①と②は択一的にしか主張することができず、②の請求に対して顕名を主張することは、請求原因の主張に対する否認だとみるのが論理的であろう。この点につき、佐久間・総則299頁をも参照。

11) 以上、我妻・総則348頁。

12) この点につき、新版注民(4)53頁（佐久間毅）を参照。

13) 磯村・前掲論文（注3)）101頁本文および注14。

14) 詳細につき、森本滋「商法504条と代理制度」林良平先生還暦記念『現代私法学の課題と展望 中』（有斐閣、1982年）279頁。

と同旨を定めたにすぎないとする理解がある。商法504条は、本人からの請求に対して相手方が代理の成立を争う場面を念頭に置いて、代理人が本人のために意思表示をしたことにつき、自らが善意・無過失であったことを証明しなければならないものとして、証明責任を転換したのだとする[15]。

これによると、商法504条は、本人のためにすることを示さなくても本人のためにする意思表示であることが推知されるという、いわば定型的な意思表示解釈の準則を定めた規定だとみるべきこととなろう[16]。いいかえれば、効果当事者を意思表示によって指示する必要があることは、商行為の代理においても変わりない。

しかし、他方では、民法が定める代理とは異なり、商行為の代理は、そもそも顕名を要件としないとする理解がある。商法504条は、本文においてそのことを定めるとともに、ただし書において、代理人との間に契約が成立すると信頼した相手方を保護するために、代理人に対する履行請求の可能性を認めたのだとする。判例は、一般論としてこの趣旨を述べており[17]、商法学説の多数もそのように説いてきた。

これによると、商行為の代理においては、効果当事者の指示は意思表示の構成要素とはならないと考えることとなろう。そうである以上、効果当事者の確定は、意思表示の解釈によっては基礎づけられないから、これに代えて、いわば政策的な観点からの正当化が図られる。ここでは詳細に立ち入らないが、有力な学説は、そのための手がかりを英米法における非顕名代理（undisclosed principal）の観念に求める[18]。

---

15) 西原・商行為法123頁。磯村・前掲論文（注3））108頁も、結論としてはこの趣旨に帰着するであろう。

16) 於保不二雄「授権（Ermächtigung）について」同『財産管理権論序説』（有信堂、1954年）57頁注4を参照。

17) 最大判昭和43年4月24日民集22巻4号1043頁は、あくまで一般論としてではあるが、この趣旨を述べる。

18) 議論状況につき、森本・前掲論文（注14））を参照。近時の考察として、神作裕之「非顕名代理」樋口範雄＝佐久間毅『現代の代理法』（弘文堂、2014年）95頁、特に101頁以下を参照。

(2) 行為当事者の誤認

(a) なりすまし等

ところで、行為当事者と効果当事者との間に齟齬が生じるのは、代理の場合だけではない。それは、行為当事者が自らの同一性を偽る場合、たとえば、Ａが、Ｂを信じさせる意図をもって、自らはＣであるとあえて述べた（つまり、Ｃになりすました）ような場合にも生じる。

以上が、Ａが単に「Ｃ」という偽名を用いただけなのであれば、特に問題はない。その場合には、Ｂの相手方は、「Ｃ こと Ａ（つまり、Ａ＝Ｃ）」であり、行為当事者と効果当事者との齟齬は生じないからである。

問題は、Ａとは別にＣという人物がいて（つまり、Ａ≠Ｃ）、Ｂが、Ｃを当事者とする契約を締結しようと考えていた場合である[19]。その場合には、Ａ・Ｂ間において、「ＢとＣとの間で契約を締結する」という意思表示の合致が認められるのだから、2(1)にみた例と状況は同じである。つまり、契約の効果はＣに帰属しないが、Ｃはこれを追認することができることとなる。

(b) 代理との異同

以上は、代理とどのような関係に立つのか。

代理においては、効果当事者は顕名によって指示される。顕名は、「Ｃ代理人Ａ」といったかたちで行われるが、そこでは、①行為当事者と効果当事者が異なることとともに、②効果当事者がだれであるかが明らかにされている。問題は、顕名がされたといえるために、①と②がともに明らかでなければならないかである。

Ａが自らをＣと称する場合には、Ｂに対しては、①は明らかにされていないが、②は明らかにされている。先にみたとおり、この場合にもＣによる追認が認められるのだとすれば、それは、追認の可否に関する限り、①についての相違が決定的ではないことを意味する。なぜ決定的ではないのかと

---

19) この問題につき、道垣内弘人「民法☆かゆいところ──代理に関わる類推適用など(2)」法教299号（2005年）53頁、佐久間・前掲論文（注 7））469頁のほか、清水千尋「『他人の名の下にする行為』に関する一考察」上智 21 巻 2・3 号（1978 年）95 頁をも参照。

174

第11章　代理

いえば、相手方の関心は、もっぱら効果当事者がだれかに向けられるからであろう。

それならば、①が明らかでなくても「顕名」があったといってよいのか。この点については、本人に効果を帰属させる意思をもってする限り、これも顕名の手段とみることができるとする見解がある[20]。そのような方式でする代理は、署名代理とよばれてきた。こうして顕名の存在を認める以上、上にみた場面でも、代理に関する規定が直接適用されることとなる。そうすると、これをＣが追認することができるのも、当然のことである。

しかし、①に関する相違がまったく意味をもたないかといえば、そうではない。無権代理に関する規律は、一般に、①が明らかにされていることを前提とするからである。たとえば、署名代理においても表見代理が成立する余地があるかという問題がある。表見代理は、代理権授与に対する第三者の信頼を保護する仕組みであるが、署名代理の場合に問題となるのは、「意思表示の主体が本人である」という信頼である[21]。そのため、判例は、署名代理については110条の類推適用を問題としてきた[22]。以上の理解によると、無権代理人の責任についても、代理権の有無に対する知・不知が問題とされる（117条2項1、2号）以上、類推による解決が図られることとなろう[23]。

なお、ここでの検討の本筋には関わらないが、「だれを本人とするかはおって決定する」と合意した場合のように、①が明らかにされていれば、②が明らかでなくても、顕名は認められるという議論もある[24]。効果当事者を確

---

20)　たとえば、我妻・総則346頁、さらに、佐久間・前掲論文（注7））447頁以下。それによると、「本人のためにすることを示」す（99条1項）とは、自らが代理人であると示すことまで求める趣旨ではないと説明されることとなろう（戒能通孝「判批（大判昭和8年8月7日民集12巻2279頁）」民事法判例研究会『判例民事法　昭和8年度』（有斐閣、1937年）579頁）。これに反対する見解として、平野・総則288頁を参照。

21)　吉井直昭「判解（最判昭和44年12月19日民集23巻12号2539頁）」『最高裁判所判例解説民事篇　昭和44年度（下）』（法曹会、1970年）631頁。

22)　この点につき、道垣内・前掲論文（注19））57頁、佐久間・前掲論文（注7））484頁以下を参照。

23)　もっとも、最判平成20年5月1日金法1842号103頁は、117条の「適用」を認めた原判決（大阪高判平成19年12月18日金法1842号105頁）を支持する。

24)　学説状況も含め、新版注民(4)22頁以下（佐久間）を参照。

175

定しないことについて相手方が同意しているならば、だれを本人とするかは、代理行為の時に定まっている必要はないというのである。ここでは、顕名の意義は、代理人自身が責任を負わないことを明らかにする点に認められているといえよう[25]。

(c) 小 括

以上を要約すると、こうである。行為当事者と効果当事者とが一致しない場合には、そのことを相手方が認識しているとき（代理）と、そうではないとき（行為当事者の同一性を偽る場合）とがある。このうち、民法が直接に規律するのは代理であるが、これに関する規定のうち、「効果当事者がだれか」についての相手方の信頼を保護する趣旨を含むものは、後者の場合にも類推することができると考えられてきた[26]。

4 法律効果の帰属

(1) 法律効果の発生

「法律要件から法律効果が発生する」という枠組みに沿っていえば、代理の特徴は、法律要件たる法律行為が、行為当事者である代理人のもとで実行される一方で、それに基づく法律効果が、効果当事者である本人のもとで発生する点にある。このように、行為当事者とは異なる者のもとで法律効果が

---

25) このこととの関係では、辻・総則 273 頁が、顕名は、本人に法律効果を帰属させるための要件ではなく、「代理人がその意思表示の効果を免れるための要件（免責要件）」にすぎないと説くことが注目される。

26) このような見方に対して、佐久間・前掲論文（注 7）) 484 頁以下は、表見代理に関する規定の類推適用を認めることへの疑問を述べる。すなわち、一方で、代理権授与の外観を作り出すことは、行為当事者と効果当事者とが異なることを示すものだから、行為当事者の同一性を誤認させたことの帰責性とはならない。他方で、行為当事者の同一性を偽る場合には、本人への直接確認によって権限の存否を確認する余地がない点で、代理とは決定的な相違がある。そこで、行為当事者の同一性を偽った場合における第三者の保護は、権利外観法理の一般論に立ち戻って論ずべきであるとする。とはいえ、権利外観法理の一般論を論じる際にも、表見代理に関する規定を手がかりとしつつ、「効果当事者がだれか」に対する信頼をどのように保護するかが問われるであろう。

発生することは、効果の「転帰」等とよばれてきた。

　それでは、効果の転帰は、何を原因として発生するのか。これは、代理の要件の問題であるが、その原因には、次元を異にする二つのものがある。第一に、既にみたとおり、代理人による法律行為（と顕名）がされなければならない。これによって、「法律効果を発生させる源泉」（2(2)）が生み出される。そのうえで、第二に、代理人には、契約の効果を本人に転帰させるための権限、つまり代理権が与えられていなければならない。これによって、本人のもとで「その法律効果を発生させる」（2(2)）ことができる。譬えていえば、「銃に弾を込めるのは代理権だが、引き金を引くのは代理行為である」ということである。

　そのうえで、代理の効果である「効果の転帰」については、代理人によって契約が締結されたときには、契約はだれとだれとの間で成立するのかという疑問が示されることがある[27]。ここには、二つの問題が含まれている。

　第一に、「契約が成立する」ということの意味に留意する必要がある。それが「契約を締結する」という行為がされたことを示す限りでは、代理人と相手方との間で契約が成立することに疑いはない[28]。

　第二に、「契約が成立する」ということが、代理による契約の効果がどのように発生するかに関わって論じられるときには、相手方と代理人との間に成立した契約に基づいて本人にその効果が発生するのか、それとも、相手方と代理人との間でされた意思表示に基づいて本人と相手方との間に契約が成立するのかが問われる。

　契約の成立は、それ自体としては法律効果ではない。契約は法律行為であり、法律行為は法律要件だからである[29]。そうすると、「法律要件から法律

---

27)　たとえば、奥田昌道ほか「座談会 奥田昌道先生に聞く(2)——恩師・民法学・スポーツ」法時82巻11号（2010年）68頁以下（奥田昌道発言）を参照。

28)　「契約が成立した」というのは、厳密にいえば事実ではない。それは、「両当事者が表示行為をした」という事実に「表示行為の内容が一致している」という評価を介在させて、「契約が成立した」と表現するものである。やや異なる文脈での指摘ではあるが、「法的評価を示す法律用語であると同時に社会的な事実を表す日常語としても用いられるものについては、その言葉をそのまま用いても、具体的な事実主張と解してよい」といわれることと（司研・起案の手引44頁）、根本的には同じ問題であろう。

177

効果が発生する」という枠組みのもとでは、契約の成立という「効果」を考えることはできず、したがってその「転帰」を問題とする余地もないから、前者の説明が適切だと考えるべきこととなろう。しかし、そのように考えられてきたのであろうか。

(2) 発生すべき効果

(a) 様々な法律効果

代理による契約の「法律効果」というときには、何が想定されるのか。この点を検討するためには、代理のほかにも、行為当事者ではない者に何らかの法律効果を発生させる仕組みがあることに注目するのがよいであろう。二つの場面を採り上げる。

第一は、第三者のためにする契約（537条）である。これは、当事者の一方（諾約者）が、相手方（要約者）との間で、第三者（受益者）に対してある給付をすることを約することによって、諾約者に対する給付請求権を受益者に直接に取得させる仕組みである。

第三者のためにする契約において、受益者について直接に生じる法律効果は、給付請求権、つまり債権の取得である。このことを承けて、「第三者は、契約の当事者ではない[30]」といわれる。つまり、「代理にあっては効果の全部が本人について生ずるのに反して、第三者のためにする契約にあっては第三者が権利を取得する以外の効果は要約者自身について生ずる[31]」。

第二は、授権である。これは、自己の名において法律行為をすることによって、その法律効果をその他人について直接に生じさせる仕組みである。授権については、民法に規定はない[32]。講学上、これに含めて論じられる問題

---

29)　奥田昌道「代理、授権、法律行為に関する断想」『京都大学法学部創立百周年記念論文集　第三巻』（有斐閣、1999年）7頁。

30)　我妻・債権各論上124頁。

31)　末川・契約上110-111頁。

32)　債権法改正に関する立法論議の過程では、これに関する規定の新設が提案されたことがあった。詳解基本方針I 316頁以下、特に324頁以下のほか、民法（債権関係）の改正に関する中間試案第4・12（および部会資料【66A】）を参照。

178

は多岐にわたるが、ここでは処分授権とよばれるものを例としたい。

処分授権とは、財産の処分に関する授権、具体的には、たとえば、Ａが、Ｂに対して、Ｃが所有する財産をＡの名において売却することによって、ＣからＢへの所有権移転が直接に生じるものとされる場合をいう。状況としては他人物売買であるが、ＣがＡに対して授権をしていたときは、目的物の所有権は、Ａを介することなく、ＣからＢへと直接に移転するということである。

以上は、Ａがした法律行為の効果がＣに及ぶ点で、代理と共通する。両者の違いは、やはりＣに及ぶ法律効果の内容にある。すなわち、代理の場合には、Ｃは、Ａが締結した契約の効果当事者となる。したがって、ＣからＢへの所有権移転は、ＣがＢに対して負う財産権移転義務（555条）の履行としての性質をもつ。これに対して、処分授権の場合には、Ａが締結した契約の効果当事者はあくまでＡ自身であり、Ｃには、財産の処分という効果が生じるにすぎない。いいかえれば、ＣからＢへの所有権移転は、ＡがＢに対して負う財産権移転義務の履行にほかならない[33]。

以上のとおり、第三者のためにする契約も、処分授権も、契約に基づいて生じる効果の一部だけを行為当事者ではない者に生じさせる。これに対して、代理において、法律効果が本人に転帰するとは、本人が契約の効果当事者となること、いいかえれば、本人が契約当事者たる地位を取得することを意味する[34]。このように、契約に基づいて発生する効果が全面的かつ原始的に本人に帰属することを表現するためには、代理の効果として「本人と相手方との間に契約が成立する」のだと説明することが端的であろう。

(b) 具体的な規律

（i）そうすると、次に問題となるのは、契約当事者たる地位とは何であり、

---

33)　以上の違いは、Ｃが無権限であった場合の対応にも大きな影響を及ぼす。この問題の全体につき、磯村保「他人物売買と無権代理」同ほか『民法トライアル教室』（有斐閣、1999年）79頁以下を参照。

34)　この点を明言するものとして、四宮和夫「財産管理制度としての信託について」同『四宮和夫民法論集』（弘文堂、1990年）54頁以下を参照。

その発生がいかなる意味において法律効果となり得るのかである。

契約当事者たる地位とは何かは、契約上の地位の移転（539条の2）との関係で主に考察される。ここでは、その詳細に立ち入ることはせず（詳細につき、第19章［295頁］を参照）、ただ、その法的構成につき、一般に次のように説かれることを確認するにとどめたい。契約上の地位の移転は、契約に基づいて発生する債権の譲渡、債務の引受けに還元されるわけではなく、取消権や解除権、さらには権利義務関係を構成する契約内容をも一体として移転させる。

これに即してみれば、代理において本人に転帰する法律効果も、契約に基づく権利・義務に尽きるわけではなく、意思表示の瑕疵に基づく法律効果である取消権や、債務不履行に基づく法律効果である解除権を含むということができる[35]。先に第三者のためにする契約に言及したとき、「第三者は、契約の当事者ではない」と説かれることをみたが、その帰結としても、第三者が取消権や解除権を取得しないことがまず確認される[36]。そこでは、これらの権利は、契約当事者たる地位を有する者に帰属するとの理解が前提とされている。

（ii）さて、以上によると、代理行為が取り消すことのできるものである場合において、取消権を行使することができるのは、本人でなければならないはずである。ところが、取消権者について、民法は、「瑕疵ある意思表示をした者」と定める（120条2項）。これを字義どおりに読むならば、取消権を行使することができるのは代理人だと考えることとなろう[37]。

しかし、そのように考えることには疑問が残る。というのは、こうである。

取消権は、法律効果を解消するか否かを決定する権限である。そうであれば、取消権を有する「当事者」とは、取消しの可否が問題となる法律効果に

---

35) 最判平成5年1月21日民集47巻1号265頁は、以上の趣旨を、無権代理を追認することができるという法的地位について確認したものとみられる。この点につき、井上繁規「本件判解」『最高裁判所判例解説民事篇 平成5年度（上）』（法曹会、1996年）89頁以下による分析をも参照。

36) 我妻・債権各論上124頁。

37) そのように述べるものとして、奥田昌道ほか「座談会 代理行為における要件と効果（下）——奥田昌道先生の問題提起を受けて」法時87巻3号（2015年）77頁以下（奥田昌道発言）。

第 11 章　代 理

服する者、つまり効果当事者でなければならないはずである。実質的にみて
も、代理人がした意思表示に瑕疵があるからといって、成立した契約を維持
したいと本人が考えるならば、本人の意思を尊重すべきであろう。

　また、取消しは、意思表示ではなく、法律効果の発生原因となる法律行為
に向けられるのだと考えられる（第8章［124頁］）。このことからも、取消
権は、「瑕疵ある意思表示をした者」である代理人ではなく、それに基づく
法律効果に服する本人に帰属するとみることが、一貫するであろう。

(c)　小　括
　以上を踏まえて、代理による契約の「法律効果」とは何かという問題に立
ち返りたい。

　一般的にいって、法律効果というときには、法律要件に基づいて発生する
「権利または法律関係」が想定される（第1章［20頁］）。これに対して、代
理において「効果の転帰」として想定されるのは、本人と相手方との間で契
約が成立すること、つまり、契約当事者たる地位を本人が取得することであ
る。ここには、「契約の成立」が、法律要件たる事実であるにとどまらず、
それ自体がある種の「効果」であることが示されている。そうして成立した
契約は、その当事者間において、種々の法律効果を発生させる「源泉」とし
ての役割を果たすこととなる。

5　おわりに

　以上まで、代理による契約をめぐる問題を、法律要件と法律効果の両面か
ら概観することを試みてきた。

　法律要件論の観点からは、契約をめぐる法律関係は、法律要件と法律効果
との「二本立て」で説明される。けれども、代理による契約をめぐる法律関
係には、そのような見方が適切なのかという疑問を生じさせる契機があった。
というのは、こうである。

　「二本立て」の構造による説明は、契約が法律要件としての役割しか果た
さないことを前提とする。これに対して、代理による契約に即して考察する

181

と、契約には、行為当事者による締結行為（＝契約の締結）と、効果当事者による契約当事者たる地位の取得（＝契約の成立）という二つの側面があることが確認される。これによると、契約をめぐる法律関係は、①法律要件としての締結行為と、③法律効果としての権利・法律関係に加えて、②いわば要件と効果を架橋するインターフェイスとしての「契約」からなる「三本立て」の構造（【図】を参照）をもつとみることができるであろう[38]。

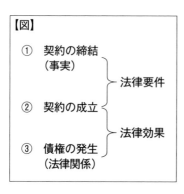

このように、「三本立て」の説明においては、「契約」には、これを締結する行為（上記①）と、その結果として成立する法律効果の源泉（上記②）という二つの位置づけが与えられる。これは、契約に「行為」と「規範」という二つの側面があることを反映したものだと説かれる[39]。このような見方は、代理による契約の問題を超えて、契約の構造を理解するためにも重要な意味をもつのではないかと、筆者は考える[40]。

---

38) 以上、奥田ほか・前掲座談会（注27）) 70頁以下（奥田発言）。
39) 奥田・前掲論文（注29）) 25頁以下を参照。
40) 序章では、契約を「各当事者の行為」と「両当事者の規範」という観点から検討したが、そこに述べたことも、細部の相違はあるものの、以上の分析を念頭に置いたものである。この知見の展開を試みた具体的な議論として、契約の解釈（第6章）、信義則（第12章）に関する検討をも参照。

第12章
信義誠実の原則

1 はじめに

(1) 契約と信義則

　信義誠実の原則（1条2項。以下では「信義則」という）の適用場面は、契約法、ひいては民法の全領域に及ぶ。しかし、そのように広汎な射程を有する法理であるからこそ、判例・学説は、信義則の適用場面の確定については慎重な態度を示してきた。はじめに、二つの判例に触れておきたい。

　第一は、最判昭和46年12月16日民集25巻9号1472頁である。本判決は、鉱石の継続的売買契約について、信義則を援用しつつ、買主の引取義務を認めた[1]。しかし、本判決の理解として、引取義務を認めるという解決は、契約の解釈によって導き出されるとする見方が、学説においては有力に示されている[2]。これは、信義則が、他の契約法理（契約の解釈）に統合され得ることを示唆するものだといえよう。

　第二は、最判平成23年4月22日民集65巻3号1405頁である。本判決は、契約締結過程における説明義務違反について、信義則に基づく債務不履行責任の発生を否定した。本判決においては、信義則は、契約法理（債務不履行）

---

1) 信義則上の引取義務を論じる学説上の議論として、たとえば、奥田・債権総論224頁を参照。
2) たとえば、平井・債権総論53頁、174頁以下は、これを「契約の解釈」によって承認された解決であるとみる。

から区別されており、そうすることで、契約法理の適用とは異なる帰結（時効期間等）が導かれている。

以上の各判決は、それぞれに立ち入った考察を必要とする。しかし、ここでは、さしあたり、信義則の適用場面を画する議論の方向性には、信義則の適用を契約法理へと統合する方向と、これを契約法理から分離する方向とがあり得ること——その結果、いずれの場面でも、信義則がもつ法理としての独自性が希薄になっているようにみえること——を確認するにとどめたい。

(2) 二つの方向性

信義則がこれまでに果たしてきた役割は一様ではなく[3]、それを分析する視点も様々であり得るが[4]、上にみた二つの方向に沿って、契約法におけるその適用場面を二分して考察してみたい[5]。

第一は、当事者が契約を締結した目的を探究・助長するために、明示の合意には現れない事情を契約内容に取り込む作用を果たす場面である。ここでは、信義則は、両当事者が共有する目的に即して契約の内容を方向づける。そして、その効果は、契約の内容そのものに及ぶ。以下では、これをかりに「契約の信義則」とよぶこととする (2)。

第二は、契約当事者に対して誠実な行為を要請する作用を果たす場面である。ここでは、信義則は、契約それ自体ではなく、契約による接触を契機として適用されるのであり、各当事者に対して誠実な行為を義務づける役割を果たす。そして、その効果は、損害賠償・失権に向けられる。以下では、これをかりに「契約当事者の信義則」とよぶこととする (3)。

---

3) その内容につき、石川博康「信義誠実の原則」争点 54 頁を参照。

4) 信義則の適用領域の機能的・類型的考察は、「裁判官の制定法に対する関係」への関心を基礎とする好美清光「信義則の機能について」一橋論叢 47 巻 2 号（1962 年）73 頁に始まるといってよい。新たな類型化の試みとしては、新注民(1) 142 頁（吉政知広）が注目される。

5) 信義則をはじめとする「基本原則」を定めた民法 1 条は、1947 年の民法改正によって導入された。しかし、これに通ずる解決は、大審院判例においても既にみられるから、それらも考察の対象に加えることとする。同条制定の経緯については、池田恒男「日本民法の展開(1)民法典の改正——前三編（戦後改正による『私権』規定挿入の意義の検討を中心として）」民法典の百年 I 41 頁、特に 66 頁以下を参照。

2 契約の信義則

　ひとたび契約が有効に成立した以上、当事者は、その実現に努めなければ
ならない。この観点からは、信義・誠実とは、まずもって、約旨に従って権
利を行使し、義務を履行することを意味する。以下では、そのあらわれとみ
られる信義則の適用を考察する。

(1) 契約の解釈

(a) 意思と信義

　判例は、一般論として、信義誠実の原則は、権利の行使、義務の履行に関
する要請であるにとどまらず、契約の趣旨を解釈するための基準ともなると
してきた[6]。

　契約の解釈について述べたとおり、契約の内容は、当事者の意思表示のみ
によってすべて確定されるわけではなく、時として、当事者の仮定的な意思
を頼りにして取決めが欠ける部分を補う必要が生じる（第6章［102頁以下]）。
その際には、約旨を遵守するために、何が、どのように取り決められている
べきであったかが探究されるが、それは、結局、当事者が、契約の目的を達
成するためにどのように行動することが合理的に期待されるかを明らかにす
ることに帰着するであろう。信義則が契約の解釈の準則とされる理由は、以
上の観点から説明することができる。

　ところで、この文脈では、信義・誠実に適う行為が義務づけられるといっ
ても、あくまでも契約の目的を達成するために必要なことが義務づけられる
のであって、契約と無関係に道義的なふるまいを求められるわけではない。
債権者に目的物の引取義務を課した先の判例（1(1)）もそうであるが、履行
地について照会する義務を認めたいわゆる深川渡事件判決も[7]、一般的な意
味での誠実性ではなく、契約の目的を達するために必要な行為を求めたもの

6）　最判昭和32年7月5日民集11巻7号1193頁。

7）　大判大正14年12月3日民集4巻685頁。

だといえる。

さらに、信義則は、契約の目的を達成するために不要となった限度で、契約の拘束力を否定することもある。たとえば、限度額と期間の定めがない継続的保証において、「信義ノ観念」に訴えて保証人に解約権を認めた判決がある[8]。これは、保証人が負担するリスクが、本来あるべき保証の範囲を超えて及ぶことを避ける趣旨のものとみることができるであろう。「此ノ種ノ取引ニ於ケル当事者ノ意思解釈ヨリスルモ又信義ノ観念ニ訴フルモ」当然であるとの説示が端的に示すとおり、本判決が用いた「信義」も、当事者の「意思」と対立するとは考えられていない。

(b) 債務不履行責任

別の場面に目を向けると、信義則は、債務不履行責任の基礎づけにおいても大きな役割を果たしてきた。信義則を契約の解釈に関連づけて理解する見方は、ここにも影響を及ぼす。二点に触れておきたい。

第一は、いわゆる付随義務の問題である。

付随義務とよばれるものは、大別して二つある。一つは、「給付義務の存在を前提として、この給付義務を債務の本旨にかなって実現すべく配慮すること、および給付結果ないし給付利益の保護へと向けられた注意義務[9]」である。これは、給付を実現するために必要な注意を尽くす義務であり、いわば「給付に付随する義務」を意味する。これに対して、もう一つは、給付の実現そのものには関わらない義務を総称して、付随義務とよぶものである。この意味での付随義務は、具体的な義務内容に応じて、保護義務、監督義務、安全配慮義務等とよばれる。

これらのうち、前者の意味における付随義務は、給付義務と境を接するものである[10]。のみならず、後者の意味における付随義務も、合意を実現する過程において生じる危険に関わることからすれば、合意と無関係ではない[11]。

---

8) 大判大正 14 年 10 月 28 日民集 4 巻 656 頁。さらに、大判昭和 11 年 9 月 19 日法学 6 巻 86 頁。
9) 奥田・債権総論 17 頁。
10) この点につき、潮見・債権総論 I 160 頁以下を参照。

第 12 章　信義誠実の原則

労働契約にみられるように、この種の義務が一定の契約に特有のものとして
法定される例があることにも（安全配慮義務につき、労契法 5 条を参照）、併せ
て注意されてよいであろう。

　第二は、債務不履行における帰責事由の問題である。伝統的な見解によれ
ば、債務不履行責任は、債務者の帰責事由を要件とするとされ、帰責事由と
は「債務者の故意・過失または信義則上これと同視すべき事由」だとされた。
そのうち、「信義則上これと同視すべき事由」として最も重視されたのが、
履行補助者の故意・過失である[12]。

　ここでは詳細に立ち入らないが、近年の学説は、履行補助者についての責
任を問題とすることに疑義を示してきた[13]（**第 15 章**［235 頁］）。それによると、
債務者自身が負う債務の内容を確定したうえで、補助者を用いたことがその
履行行為としてどのように評価されるかが端的に問題とされる。ここでも、「信
義則」によって基礎づけられてきた解決が、むしろ合意によって支持される
べきであるとの見方が示されている。

　このように、債務不履行責任の拡張であるかにみられてきた現象も、合意
による規律の展開としての側面をもつことが意識されている。同じことは、
契約の修正が問題となる場面でもみられる。

(2)　契約の修正

　信義則による契約の修正は、事情変更の法理において主に論じられてきた。
判例は、これを信義則によって基礎づけてきたといってよい[14]。

　事情変更の法理の根拠として信義則が援用される理由は、伝統的な見解に
おいては次のように説明された。当事者は、契約締結後に生じた事情変更に

---

11)　潮見・債権総論 I 165 頁以下のほか、潮見佳男『契約規範の構造と展開』（有斐閣、1991 年）
　　148 頁以下を参照。付随義務を給付義務へと統合することに対してより積極的な見解として、加
　　藤・債権総論 67 頁以下をも参照。

12)　我妻・債権総論 105-106 頁。

13)　議論状況につき、中田・債権総論 164 頁以下を参照。

14)　最判平成 9 年 7 月 1 日民集 51 巻 6 号 2452 頁を参照。ただし、信義則に明示的に言及するわ
　　けではない。

187

ついては何も意識していなかったのであるから、これについて意思表示はされていない。そうである以上、事情変更の法理の根拠は、当事者の意思には求められない。そこで、これに代わるものとして、信義則が援用されることとなる。

しかし、こうした理解に対して、近時の学説においては、事情変更の法理の基礎づけを意思の外に求めるのではなく、これもまた、当事者が自律的に決定した契約規範の内容確定の問題に属するとする見解が有力に展開されている。契約の内容は、すべてが意思表示に還元されるわけではない。事情変更が生じたときも、締結された契約の内容を参照しつつ、その趣旨に適合する対応を探究することは可能なのであって、そうしてこそ、「当事者の自律的な規範形成を可能な限り支援し、尊重する」こととなるとされる[15]。

このような見方からすれば、事情変更の法理を基礎づける信義則もまた、当事者の合意と無関係に考察されるのではなく、むしろ、契約の解釈において参照されるそれと連続性をもつものとして理解されることとなろう。

(3) 小 括

以上のとおり、「契約の信義則」は、契約の解釈基準等として参照されることを通じて、契約の内容を決定するにあたり、当事者の意思表示には現れない規律を契約に導入するための根拠となる。もっとも、それによって導入される種々の規律は、あくまでも両当事者による合意によって支持されると考えられており、信義則は、それを合意から引き出すための指針としての役割を果たすにすぎない。いいかえれば、ここでは、契約と信義則とは、決して相反するものではなく、むしろ相補的な関係に立つ。その限りでは、信義則も、合意主義（第10章）に根差す原理の一つだといえるであろう。

3 契約当事者の信義則

信義則は、規定の文言からすれば、「権利の行使」「義務の履行」（1条2項）

---

15) 吉政知広『事情変更法理と契約規範』（有斐閣、2014年）特に58頁以下を参照。

における信義・誠実を要請する法理である。この観点からは、信義則は、契約当事者による不誠実な行為を制裁するために、損害賠償責任の発生（(1)）や、権利行使の制限・失効（(2)）を基礎づけるものとして論じられてきた。

(1) 損害賠償責任の発生

従来の判例・学説においては、信義則は、損害賠償請求権の発生根拠規範となると考えられてきた。そのような理解は、安全配慮義務を「ある法律関係に基づいて特別な社会的接触の関係に入った当事者間において、当該法律関係の付随義務として当事者の一方又は双方が相手方に対して信義則上負う義務」とみて、その違反による責任を債務不履行責任と構成した判例に端を発する[16]。その後、「特別な社会的接触の関係」という定式が一般化され、たとえば契約交渉関係にある者の間でも、債務不履行に基づく損害賠償責任が課されるとする判断が積み重ねられてきた。

けれども、こうした解決の射程については、慎重な検討を必要とする。

(a) 責任の性質

まず、責任の法的性質についてみると、判例は、「契約を締結するか否かに関する判断に影響を及ぼすべき情報」の提供を内容とする「信義則上の説明義務」については、これを「契約に基づいて生じた義務であるということは、それを契約上の本来的な債務というか付随義務というかにかかわらず、一種の背理であるといわざるを得ない」として、その法的性質を不法行為責任とみる立場を明らかにした[17]。

ここで判決が「背理」だというのは、次のようなことであろう。「契約を締結するか否かに関する判断に影響を及ぼすべき情報」に関する説明がされたとき、当事者としては、契約の締結を思いとどまることも考えられる。そ

---

16) 最判昭和50年2月25日民集29巻2号143頁。

17) 最判平成23年4月22日民集65巻3号1405頁。また、最判平成28年4月21日民集70巻4号1029頁は、被勾留者に対して負うことのある安全配慮義務違反の責任につき、その法的性質を不法行為責任であるとみる。

のような説明を、締結された契約に基づいてするということは、ある契約に基づいてその契約を締結しないように説明するということであるが、これは奇異である[18]。

「契約を締結するか否かに関する判断に影響を及ぼすべき情報」の意義も、同様の観点から明らかにすることができるであろう。ひとことでいえば、それは、契約を締結した後に知らされても意味をなさない情報である。契約を締結してしまった後には、もはや「契約を締結するか否かに関する判断」をすることはできないからである。これに対して、物の使用方法についての説明のように、契約の締結後にされてもなお有用なものもある。その種の説明は、当事者の合意によって基礎づけられる付随義務（2(1)(b)）の内容とみる余地がある[19]。

(b) 責任の内容

次に、信義則を援用することで、損害賠償責任の内容に何らかの影響が及ぶか否かを検討する。

「特別な社会的接触の関係」がある場面では、当事者の具体的な関係に応じて注意義務の内容が設定される。信義則上の責任は、そのような緊密な関係にある当事者間で生じるのだと説かれることがある。けれども、不法行為法の適用においても、注意義務の内容は、加害者と被害者の接触の程度に応じて異なってよい。そうすると、責任の性質が債務不履行、不法行為のいずれであるかは、注意義務の内容を決定づけるわけではないとみることが適切

---

18) この場合に債務不履行責任の成立を認めると、詐欺によって契約を締結させられた場合には、そのことを理由として債務不履行責任を追及することができることとなってしまうとの指摘（市川多美子「本件判解」『最高裁判所判例解説民事篇 平成23年度（上）』（法曹会、2014年）408頁）も、義務とその帰結との間にねじれがあることを批判するものであろう。

19) 最判平成17年9月16日判時1912号8頁は、売主（および宅地建物取引業者）につき、マンションの防火戸の使用方法について説明すべき義務を認めたが、売主について認められた付随義務としての説明義務は、このような性格をもつ。この種の付随義務の位置づけにつき、平成23年最判（前掲注17)）の千葉勝美裁判官補足意見をも参照。この種の説明は、契約締結前にされたとしても、契約締結後にされるべき説明が先行して履行されたにすぎないと評価すべきであろう（潮見・債権総論I 124頁注22を参照）。

であろう[20]。

　同じことは、責任の効果についてもいえる。たとえば、契約交渉の不当破棄によって生じる責任は、履行利益の賠償（第15章［236頁］）には及ばない[21]。これは、「契約が成立していない」という法律状態のもとでの必然の帰結であり、いかなる根拠に基づいて損害賠償請求をするにせよ、これに反する解決を認めることはできないであろう。

　このように、損害賠償請求の基礎づけとして信義則を援用したからといって、責任の成否・内容が変わるわけではないように思われる[22]。そうすると、この場面では、信義則は、不法行為責任の適用以上の役割を果たさないといえるであろう。

(2)　権利行使の制限・失権

　信義則は、権利行使を制限する役割を果たすことがある。それには、権利行使が一時的・部分的に制限される場合と、権利そのものが失われる場合とがある。

(a)　法は些事にこだわらず

　信義則によって権利行使が一時的・部分的に制限される例として代表的なのは、債務の履行についてわずかな不足があるときに、債権者がその不履行を主張することが制限される場面である[23]。そのような取扱いは、「法は些事にこだわらず（*de minimis non curat lex*）」の法格言によって知られてきた。

---

20)　ここでの主題からはやや逸れる例であるが、最判平成17年7月19日民集59巻6号1783頁は、不法行為責任における注意義務を設定するために信義則を援用する。福田剛久「本件判解」『最高裁判所判例解説民事篇　平成17年度（下）』（法曹会、2008年）481頁は、この請求は、契約の付随義務違反として構成することもできるとしたうえで、責任の成否に関する判断は、法的構成いかんに左右されないとの見通しを示す。

21)　最決平成16年8月30日民集58巻6号1763頁が、「最終的な合意の成立により……得られるはずの利益相当の損害」の賠償を否定したことは、このような理解を前提とする。

22)　ただし、損害賠償にかかる遅延損害金の発生時期は異なる。債務不履行の場合には、催告の時から遅滞に陥るのに対して（412条3項）、不法行為の場合には、損害の発生と同時に遅滞に陥るとされる（最判昭和37年9月4日民集16巻9号1834頁を参照）。

191

以上の場面において、権利行使が制限されるのは、債権が行使されること
によって、その履行について負担することが正当とみられる限度を超えた不
利益が債務者に生じるからだといえるであろう。いいかえれば、権利の目的
が既におおむね達せられていることに比して、相手方が甚大な不利益を被る
ことが、権利の行使を制限する根拠となる[24]。

　ところで、そのような制約は、契約に基づいて課されるものではない。そ
れは、債権であれ、物権であれ、権利を行使する場面において、権利者に対
して一般的に期待される態度である。そのような意味において、ここで信義
則が果たす役割は、権利濫用の禁止（1条3項）と異ならない[25]。

　なお、この場面における信義則の適用は、債権の行使を制限するにすぎな
いのであって、債権の消滅をもたらすわけではない。したがって、債権者は、
不足分について履行請求をすることができるのはもちろん、不足の限度では、
履行遅滞（412条）の責任を免れることもない。

(b) 失 権

　さらに進んで、信義則違反の効果として、権利の喪失が認められることが
ある。

　信義則が失権を基礎づける理由としては、債権者の担保保存義務違反によ
る保証人の免責（現504条1項）を正当化するにあたり、「保証人ニ対スル信
義誠実ノ態度」に欠けるところがあるとした大審院判例が注目される[26]。そ

---

23)　大判大正9年12月18日民録26輯1947頁は、買戻しにつき、提供された金額に些少の不足
　　があるにすぎないときは、買戻しの効力を認めるべきであるとした。この解決が支持を得て、大
　　判昭和9年2月26日民集13巻366頁、大判昭和13年6月11日民集17巻1249頁等により、債
　　務の弁済一般にも同様の取扱いが及ぼされた。
24)　野田良之「判批（大判昭和9年2月26日民集13巻366頁）」民事法判例研究会編『判例民事
　　法 昭和9年度』（有斐閣、昭和16年）96頁は、そのような権利行使を認めることは、「法の極は、
　　不法の極（*summum ius, summum iniuria*）」に通じるという。また、新注民(1)157頁（吉政）は、
　　ここでの問題は目的と手段が均衡を失していることにあるとし、本文に述べた解決は「比例原則」
　　によって根拠づけられるとする。
25)　信義則と権利濫用の禁止との適用場面の区別が困難であることにつき、新版注民(1)82頁以下、
　　特に86頁（安永正昭）を参照。

こには、自らの権利を保全するために執り得る処置が複数ある状況において、他人に対して損害を及ぼすような方法をあえて選ぶことは許されないとの判断が示されている。これを一般化すれば、権利行使に伴って相手方に生ずべき損害を回避することができたにもかかわらず、それを怠ったときは、権利行使が禁じられるとの規律が導かれるであろう。

そのような判断の例としては、ダイヤルQ2事業の創設に伴う変更後の約款に基づいて料金全額の支払を請求することが、「信義則ないし衡平の観念に照らして」許されないとした判決を指摘することもできる[27]。ここでは、同事業の利用によって通話料が高額化する危険があったことからすれば、事業開始にあたり、「サービスの内容やその危険性等につき具体的かつ十分な周知を図るとともに、その危険の現実化をできる限り防止するために可能な対策を講じておくべき責務があった」として、そのような対策が十分に講じられていない事情のもとでは、未成年の子が多数回・長時間にわたってサービスを無断利用したために発生した通話料につき、その5割を超える額の支払を請求することは許されないとされた。

以上にみた解決においても、権利行使の不当性の根拠は、権利者が執り得る処置を怠ったことで、相手方に不相当な不利益が生じたことに見出すことができる。ただ、その際に注意すべきは、ここでの信義則も、自己の利益に相手方の利益を優先させるために権利行使を差し控えることを求めるわけではなく、基本的には、あくまでも自己の利益を犠牲にしない限りで、相手方に生ずべき損失を回避することを期待するにすぎないことである[28]。そのような手段を選ぶことは、やはり、権利の行使にあたって一般的に期待される態度だといえよう。

---

26) 大判昭和8年9月29日民集12巻2443頁。大判昭和10年12月28日民集14巻2183頁をも参照。

27) 最判平成13年3月27日民集55巻2号434頁。

28) その意味では、Q2情報サービスに関する上掲の例は一つの限界事例であり、附合契約（第10章［164頁]）の一方的改訂が問題となったという事案の特性を度外視しては評価することができない判断ではないかと思われる。本判決につき、奥田昌道『紛争解決と規範想像——最高裁判所で学んだこと、感じたこと』（有斐閣、2009年）99頁以下をも参照。

(3) 新たな法理の形成

さらに、権利行使の場面における信義則違反の判断が集積することで、一定の解決が独自の法理として認知されるに至ることも少なくない。二つのものを採り上げたい。

(a) 矛盾行為禁止の原則

第一は、矛盾行為禁止の原則である[29]。その適用場面は多岐にわたるが、契約法の問題に例をとると、無権代理人として金銭消費貸借契約を締結するとともに、自らはその連帯保証人となった者が、連帯保証債務の履行を求められたのに対して、自らの無権代理を主張し、主たる債務および連帯保証債務の存在を争うことは、信義則上許されないとした判例がある[30]。

矛盾行為禁止の原則は、このように、時間的な先後において矛盾する行為がされた場合において、行為の一貫性に対する相手方の信頼を保護することを目的とする。上の事例においては、行為の前後矛盾は、具体的な事情に即して評価される。しかし、時効完成後の債務承認に時効援用権の喪失が結びつけられる場合のように[31]、矛盾行為（これに伴う相手方の信頼）の存在が、一般的・抽象的に判断されることもある[32]。

以上のほか、いわゆる権利失効の原則も、これに類する考慮に基づく。もっとも、長期間にわたって行使されなかった権利を行使することは、それだけで直ちに矛盾と評価されるべき態度ではない。時効にかからない限り、権利をいつ行使するかは、権利者の自由に委ねられているはずである。判例には、一般論としてこの原則を認めたかにみえるものがあるものの[33]、これを適用した例はみられない[34]。

---

29) その全体像の概観として、磯村保「矛盾行為禁止の原則について(1)──信義則適用の一場面」法時 61 巻 2 号（1989 年）90 頁を参照。

30) 最判昭和 41 年 11 月 18 日民集 20 巻 9 号 1845 頁。そのほか、いわゆる無権代理と相続の問題が知られる。最判昭和 37 年 4 月 20 日民集 16 巻 4 号 955 頁は、一般論として、本人を相続した無権代理人が本人の地位を主張して代理権の存在を争うことは、信義則に反するとする。

31) 最大判昭和 41 年 4 月 20 日民集 20 巻 4 号 702 頁。

32) このような見方は、法定追認（125 条）にも通底する。この点につき、磯村・前掲論文（注29)）94 頁を参照。

(b) クリーン・ハンズの原則

　第二は、クリーン・ハンズの原則である。その具体化は、不法原因給付の返還請求を制限する 708 条にみられるが[35]、この規律は、自らの主張を基礎づけるために、自らが犯した不誠実な行為を援用することは許されないという考慮によって裏づけられる。

　信義則の適用というかたちでクリーン・ハンズの原則が展開された例としては、労働金庫から無効な員外貸付を受けた者が、その貸付けを得るために自らが設定した抵当権が実行されるに際して、員外貸付の無効を主張し、これを根拠に抵当権設定および競落人による権利取得の効力を争った事案が指摘されてきた。判決は、そのような主張は、「善意の第三者の権利を自己の非を理由に否定する結果を容認するに等しく、信義則に反する」と結論づけている[36]。

　ところで、以上の判断をクリーン・ハンズの原則によるものとする前提には、員外貸付を受けることは不誠実な行為であるとの評価がある。しかし、これを不誠実とみるかは、何をもって不誠実というかに依存する。上記の判決は、貸付けに関する規律に従わなかったという「自己の非」を不誠実さと捉えたことが窺われる。これに対して、不誠実を「法律または契約に基づく義務に違反する行為によって権利・法的地位を取得」することと定式化する立場からは、上記の事例は、義務違反を前提とするものではないから、むしろ矛盾行為禁止の原則の適用例とみるべきであると指摘される[37]。

　このことが示すとおり、信義則の具体化として形成されたルール相互の関係は、必ずしも明確には画されていない。ともあれ、いずれの場面においても、信義則の内実は、「前後で矛盾する挙に出てはならない」「自らの不誠実

---

33)　最判昭和 30 年 11 月 22 日民集 9 巻 12 号 1781 頁。本案につき、最判昭和 30 年 12 月 16 日集民 20 号 801 頁をも参照。

34)　その適用を否定した判例として、最判昭和 40 年 4 月 6 日民集 19 巻 3 号 564 頁を参照。

35)　新注民(15) 199 頁以下（川角由和）を参照。

36)　最判昭和 44 年 7 月 4 日民集 23 巻 8 号 1347 頁。

37)　新注民(1) 148 頁（吉政）。新版注民(1) 95 頁（安永）も、そのような見方があり得ることを示唆していた。

を主張することは許されない」といった社会生活一般に妥当する行為準則に求められるといってよいであろう。

(4) 小 括

以上にみてきた「契約当事者の信義則」は、契約そのものではなく、契約に基づいて発生する権利・義務の行使・履行という各当事者の行為を規律の対象とする。そのため、ここでは、信義則は、一方で、契約に即して具体化される内容をもたず、他方で、契約の内容に対しては影響を及ぼさない。そのような意味で、「契約当事者の信義則」は、契約法理とは次元を異にする規律としての役割を担うものであったといえるであろう。その適用によってもたらされる帰結も、契約法理ではなく、むしろ不法行為や権利濫用の禁止といった法理と重なり合うとみることができる。

4　おわりに

(1) 検討の結果

信義則の適用を論じる際には、ともすると、「合意か信義則か」「不法行為か信義則か」というように、信義則の果たす役割を他の法理と対置して、その独自性が強調されがちである。けれども、以上にみたところが当を得ているとすれば、そのような見方に対しては、疑問を向ける余地があろう。要点をくり返せば、次のとおりである。

一方で、「契約の信義則」としてみたのは、信義則が、契約の内容に対して影響を及ぼす場面であった。そこでは、信義則は、契約の目的を促進する役割を果たすとみられたが、その限りでは、合意と信義則とは択一的な関係に立たない。両者の関係は、むしろ、信義則が合意の内容を豊かにするのだと約言することができる。

他方で、「契約当事者の信義則」としてみたのは、信義則が、契約に基づいて発生する権利・義務の行使・履行について適用される場面であった。それによってもたらされる規律は、契約の目的には必ずしも関わらない。この観点からは、信義則は、契約法理に属するものとは位置づけ難く、また、そ

れによってもたらされる帰結にも、不法行為責任や権利濫用と対置されるべき独自性はみられないように思われる[38]。

(2) 補 論

ところで、契約法において信義則が援用される場面としては、以上にみた諸領域に加えて、契約の内容規制の問題（第7章［122頁］）が想起される。契約条項の有効性に関する消費者契約法10条、民法548条の2第2項は、いずれも、反信義性をその評価の基礎とする。これらの場面における信義則の役割を考察する際にも、「契約の信義則」「契約当事者の信義則」のいずれに基軸を定めるかが、一つの視点を与えてくれるのではないかと考える。

「契約の信義則」という観点からみるときは、契約条項の内容規制は、契約の目的と矛盾し、あるいはこれを阻害する条項の排除を正当化することとなろう。その反面、たとえば、条項の策定・開示の態様に誠実さを欠くところがあったという事情は、意思表示の瑕疵をもたらす原因とはなり得るとしても、内容規制からは切り離して考察されることとなる。

これに対して、内容規制においても「契約当事者の信義則」が一定のはたらきを示すとみるならば、そこにおける反信義性の評価にあたっては、契約の締結から履行に至るまでのプロセスを全体としてみて、社会生活一般における行為の誠実性を基準とした評価が下され得ることとなろう。「合わせて一本」と形容される総合考慮型の判断枠組は、このような信義則観に親和するのではないかと思われる。

---

38) なお、これら二つの場面には、契約を「三本立て」の構造（第11章［182頁］）をもつものとして把握する視点とも一定の対応関係をもつ。すなわち、「契約の信義則」は、法律要件と法律効果を架橋する「規範」としての契約に作用するのに反して、「契約当事者の信義則」は、両当事者が意思表示を交わすに至るまでの「行為」としての契約、あるいは、そうして成立した契約に基づいて発生する法律効果である権利・義務の行使・履行に対して作用するとみることができる（序章に掲げた【図】［16頁］中の「行為」「規範」のそれぞれに対応する領域を参照）。

第13章
債権の目的

1　はじめに

⑴　債権とは何か？

債権を厳密に定義することは、難しい。ここでは、最大公約数的に、「ある者が、他の者に対して、特定の行為を要求することができ、それによって実現された利益を保持することを当事者間において正当化する権能」として、検討を先に進めたい[1]。

まず、この定義に即して用語法を整理する。一方で、「債権の目的」は、「特定の行為」である（たとえば、400条においては「引渡し」）。これは、給付とよばれる。他方で、給付が何らかの物を対象として行われるとき、給付の目的である物は、債権の目的物とよばれる（401条1項。494条等も参照）。たとえば、「Xが、Yから、版画甲を10万円で購入した」という事例において買主Xが有する債権についてみると、「財産権移転」という給付がこの債権の目的（【図】中のA）であり、「版画甲」がこの債権の目的物（つまり、給付の

---

1)　もう少し細かくみると、給付行為をさせること（請求力）と、給付結果を獲得すること（給付保持力）とのいずれを重視するかによって、定義に違いが生じる（議論状況の整理として、中田・債権総論18頁以下を参照）。請求力を重視する定義の例として、平井・債権総論1頁、淡路・債権総論1頁を、給付保持力を重視する定義の例として、奥田・債権総論3頁、林ほか・債権総論3頁を参照。両者の相違は、権利意思説と権利利益説との対立に結びつけて理解されることもある（於保・債権総論3頁注1、潮見・債権総論Ⅰ153頁以下を参照）。

第 13 章　債権の目的

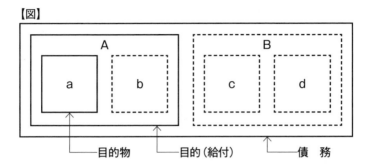

目的。【図】中の a) である。

　以上のとおり、債権とは、特定の行為（例：目的物の財産権を移転し、引き渡すこと）を要求することを通じて、それによって実現される結果（例：引き渡された目的物に対する財産権を取得すること）を利益として保持することを内容とする権利である（第 22 章 [343 頁]）。

(2)　二つの「特定」

　さて、上で例にとった物の引渡しを伴う債務においては、「目的」「目的物」のそれぞれについて「特定」が問題となる。一方で、目的物の特定は、400 条や 401 条 2 項によって規律される（2。【図】中の a、b の特定）。他方で、目的の特定については明文の規定はないが、給付が「特定の行為」と定義されることからしても、その内容が特定されている必要があることに疑いはない（3。【図】中の A、B の特定）。

　これら二つのレベルの「特定」を念頭に置いて、以下では、種類債権、選択債権、任意債権について検討したうえで、最後に、これらに関連すると思われる問題に触れてみたい（4）。

2　債権の目的物と特定

　種類債権とは、目的物を種類のみで指定した債権をいう（401 条 1 項）。種類債権については、履行がされる前に目的物の範囲が限定されることがある。

これが、債権の目的物の特定の問題である。

(1) 特定の意義

(a) 定 義

まず、概念の定義をめぐる注意点に触れておく。

(i) 種類債権に関しては、その目的物に即して、特定物と種類物（不特定物）との区別が論じられる。

種類債権においては、目的物は「種類のみで指定」される（401条1項）。けれども、種類で指定された物なるものは、抽象的・観念的な存在でしかない。いいかえれば、それは、引き渡すという現実の行為を及ぼすことができる「物」ではない。これを引き渡すためには、いわば現実世界の物として目的物を具象する必要がある。それが、特定である。

それでは、特定はどのようにして行われるのか。詳細は後に述べるとして（(2)(a)）、ここでは、特定が生じる場合の一つとして、「給付すべき物を指定」（401条2項後段）するという行為が挙げられることに着目したい。このことを、種類物が「種類のみで指定」された物であることと対比するならば、特定物と種類物との違いが「指定」の仕方の違いにあることがわかる。そうすると、「指定」は当事者の行為なのだから、特定物と種類物との区別が、結局、当事者の意思に帰着することもわかるであろう。

以上のことは、特定物と種類物とが「当事者が物の個性に着眼して取引をしたかどうかによって」区別されること、いいかえれば、この区別が「物自身の区別ではなく、当該取引の方法の区別である」ことを意味する[2]。これに対して、物の属性という観点から区別されるのは、代替物と不代替物とである。代替物とは、一般的にみて個性を重視せずに取引される物をいう。

このように、特定物（種類物）と不代替物（代替物）は、分類の観点を異にする。したがって、厳密にみると、土地のように代替性のない物も、当然に特定物であるとは限らないことに注意が必要である。

(ii) さらに、物の個性に着目するといっても、どの程度まで個性を絞り込

---

2) 我妻・総則209-210頁。

むかには濃淡がある。たとえば、「Xが、Yから、ジャガ芋を10万円で購入した」場合には、①「男爵いも」という品種のジャガ芋とか、②「この倉庫にある」ジャガ芋といったように、目的物にさらに制限を付することが考えられる。③「この」ジャガ芋とまで制限したときが、特定物債権である[3]。

　以上のうち、②は、いわゆる制限種類債権の典型例とされる。制限種類債権は、「取引上同一種類とみられるものを更に特殊の範囲で制限したものを目的物とする債権[4]」「種類物が特定の場所・範囲によって制限されている種類債権[5]」等と定義される。そして、制限種類債権の場合には、その範囲に属する物が滅失したときは、債務は履行不能となり、債務者は調達義務を免れるとされる。このように、債務者が負う調達義務が限定されるところに、制限種類債権の特徴がある。

　このように、制限種類債権とされることの意義が、債務者の義務が限定される点にあるのだとすれば、問題の本質は、端的にいえば、債務の内容を限定する旨の合意がされたか否かにある[6]。たとえば、「この倉庫にあるジャガ芋」を買うという場合でも、物の種類・数量・品質を指定するための便宜として「倉庫にある」と述べたにすぎないならば、そのジャガ芋が滅失したからといって、売主が調達義務を免れることはない。制限種類債権だとされるのは、「この倉庫にある」とすることで、それらが滅失したときには他のジャガ芋を調達することをもはや想定しない場合である[7]。

　こうしてみると、制限種類債権という性格づけは、契約を解釈した結果、債務者が調達すべき物が一定の範囲に制限されたと認められる場合の種類債権の取扱いをいわば後付け的に説明しているにすぎないことがわかる。まし

---

3)　この点につき、薬師寺志光「種類債務の特定」志林50巻3・4号（1953年）22頁による分析を参照。

4)　我妻・債権総論29頁。

5)　潮見・債権総論I 208頁。

6)　潮見・債権総論I 209頁、中田・債権総論56頁。

7)　なお、潮見・プラ24頁は、「制限種類債権においても、当事者の意図は、限定された範囲内の物が滅失したならば他のところから同じ種類に属する物を調達するものとする場合がある」とする。しかし、その場合には、物がその場所に所在することは債務の内容になっておらず、制限種類債権とはいえないのではないかと思われる。

て、「制限種類物」なるものが観念されるわけではないことに注意が必要である。

(b) 債務内容の決定

次に、種類債権における債務の内容について、二つの問題を検討したい。

(i) 第一は、既に触れた調達義務の問題である。これは、特定物の引渡しに関する注意義務（400条）と表裏一体の関係にある。

先にみたとおり、種類物は、抽象的・観念的な存在でしかない。このことは、さらに次のような意味をもつ。債務者が、債権者に引き渡すために、ある種類に属する物を調達したけれども、その物が滅失したとする。しかし、その物が滅失したからといって、「抽象的・観念的な存在」としての種類物が存在しなくなるわけではない。だから、債務者は、別の物を新たに調達して債権者に引き渡す義務を負う。

これに対して、特定が生じたときは、債権の目的物が具象され、債権の目的も「その物の引渡し」に限定される。その結果、その物が滅失したときは、物を引き渡す給付は不能となり、債権者はもはやその請求をすることができなくなる。このように、特定を論じることの意義は、物が滅失したときに、その給付を請求することができなくなるというリスクを債権者が負うことを明らかにする点にある。このことは、「給付危険」の問題として論じられる。つまり、特定は、債務者から債権者への給付危険の移転を画する基準である[8]。

以上のとおり、特定が生じると、債務者の調達義務が消滅するのであるが、その反面、引き渡すべき物が具体化されることによって、債務者は、その物を現実に管理することができるようになる。そこで、特定物の引渡しを目的とする債務を負う者は、給付を実現するために、善良な管理者の注意をもってその目的たる物を保存する義務を負うこととなる（400条）。

(ii) 第二は、引き渡すべき物に関する問題である。

---

8) ただし、このような説明に対しては、現行法のもとでは異論もみられる。議論の状況につき、中田・債権総論51頁のほか、森田監修・債権法改正286頁以下（丸山絵美子）を参照。この点は、「危険」という概念をどのように理解するかにも関わるが、これについては第14章で検討する。

第 13 章　債権の目的

　債権が発生するためには、その目的である給付の内容が定まらなければならない。そこで、たとえば「引き渡す」という行為の内容を明らかにする必要があるが、この点は、目的物と無関係に論じることはできない。給付の目的、つまり引き渡すべき物を度外視しては、引渡しという行為の内容を特定することもできないからである。

　ところで、給付の目的が何かを明らかにするためには、その目的である物について、少なくとも種類と数量が確定される必要がある[9]。種類債権においては、その定義からして種類は定まっているが、数量が定まらなければならないことは、次のことから理解することができるであろう。たとえば、売ったジャガ芋を引き渡すという債務を負うときには、引渡しという給付は、財産権移転義務（555条）に由来するから、その目的は所有権の客体と一致するはずである。しかるに、所有権は、個々の物の上に成立するのだから、物の数量が明らかにならなければ、その客体も特定されない。

　これに対して、物の品質が定まっていなくても、給付の目的の特定に欠けるところはない。ただし、民法は、当事者の合理的意思を推定して、債務者は「中等の品質を有する物」を給付すべきものとする（401条1項）。このように、任意規定によって契約の内容を補充することができるということは、裏を返せば、品質については合意がなくても契約が成立するということである。その一方で、種類や数量については、法律による補充は予定されない。このこともまた、それらの要素が当事者の意思に基づいて確定されていなければならないことを示している。

　なお、以上に対して、特定物債権については、目的物が既に具体化されているのだから、種類・数量・品質を定めなくても債務の内容を特定することはできる。しかし、だからといって、それらの要素を債務の内容に取り込むことができないわけではない。契約不適合責任（562条以下）について特定

9）　於保・債権総論 34 頁は、「種類物は、種類と数量とによって確定される物である」と定義する（奥田・債権総論 39 頁、40 頁注 1、潮見・債権総論 I 208 頁をも参照）。同旨を述べつつ、これを不特定物（種類・数量に加えて品質の定めがある物）と区別する用語法につき、中田・債権総論 38 頁を参照。しかし、種類・数量・品質の関係については、本文に述べたように理解しておけば足り、種類物と不特定物との用語上の相違に拘泥する意義は乏しいように思われる。

203

物ドグマが否定されたことは、まさにこのことを意味する（第24章 [373頁]）。

(2) 特定の規律

(a) 特定の要件

（ⅰ）それでは、種類債権について特定が生じるのは、どのような場合か。これについて定めるのが401条2項であるが、その前段にいう「物の給付をするのに必要な行為」の意義については、解釈論上、問題が少なくない。

「物を給付するのに必要な行為」の内容は、一般に、引渡しの履行方法に応じて区別される。すなわち、持参債務の場合には、債務者が債権者のもとに持参して現実に履行を提供すること（493条本文。現実の提供）を要する。これに対して、取立債務の場合には、債務者は、提供すべき物を分離して、引き渡すことができるように準備し、その旨を債権者に通知しなければならないと説かれる。

取立債務における特定の要件は、口頭の提供（493条ただし書）のそれにおおよそ対応する。実際にも、古くは、両者の要件は同じだと説くものがみられた[10]。しかし、現在では、一般に、特定の効果が生じるためには目的物の「分離」が必要であり、この点で口頭の提供とは異なると説明される[11]。

それでは、特定の要件として分離が求められるのはなぜなのか。その理由は、こう説かれる。特定が生じると、給付危険の移転とともに、所有権の移転が生じる[12]。そうである以上、特定が生じるためには、目的物の所有権が債権者に移転するための要件が充たされなければならないはずである[13]。しかるに、所有権が移転するためには、目的物が他の物と識別可能な程度に分離されていなければならない。そこで、特定が生じるためには、目的物の分

---

10) たとえば、富井・債権総論95頁、鳩山・債権総論30頁（ただし、同31頁は「分離」に言及する）。

11) そのように考えられるに至った経緯については、潮見・債権総論I 220頁以下の説明が詳しい。

12) 我妻・債権総論35頁、奥田・債権総論46頁、潮見・債権総論I 212頁。

13) 特定を所有権移転と結びつけて論じる理解は、三淵乾太郎「判解（最判昭和30年10月18日民集9巻11号1642頁）」『最高裁判所判例解説 民事篇（昭和30年度）』（法曹会、1956年）196頁において明瞭に示されている。

204

離が必要とされることとなる。

(ii) 以上のとおり、特定は、二つの異なる意義をもつ。一つは、どの物が財産権の目的となるかを特定し、所有権の移転を確定することであり、もう一つは、どの物が給付の目的となるかを特定し、給付危険の移転を確定することである。「分離」という要件の位置づけは、これら二つの関係をどのように理解するかに依存する。

一方で、両者を結びつける見解は、所有権移転について分離が不可欠である以上、危険移転についても分離が必要だとみる。もっとも、所有権の客体を確定するのに必要な「分離」は、物理的に物を取り分けることには限られない。上の趣旨からすれば、個体として他から識別することができるときは、分離を認める余地があろう。

他方で、債権の問題に関する限り、特定は、給付危険の移転を画するものとして、所有権移転とは切り離して論じることができると考えるならば、分離が不可欠だとみることに必然性はない[14]。この観点からは、特定が生じたか否かを問題とするにあたっては、「物の給付をするのに必要な行為を完了した」か否かを端的に検討すべきであり、分離の有無は、その評価要素の一つにすぎないとみることができる[15]。

(b) いわゆる変更権

(i) 種類債権の特定は、債権の発生から弁済に至るまでのどこかで生じる。そのうち、当事者が合意して、契約を締結した当初から目的物を特定していたときは、履行の過程における特定（401条）の問題を論じる余地はない。民法が「特定物」というときには、この意味での特定物だけを指すこともある（484条1項を参照）。これに対して、債務を履行する過程で「物の給付をするのに必要な行為を完了した」ために特定が生じる場合には、債権者としては、特定された物によって履行がされることを重視するわけではないのが

---

14) この旨を説くものとして、浅井清信「種類債務の特定」同ほか『総合判例研究叢書 民法(7)』（有斐閣、1957年）27頁。

15) 潮見・債権総論 I 222頁、中田・債権総論49頁。

通常である。

　両者の違いは、債務者が善良な管理者の注意を尽くさなかったために目的物が滅失したときに、債務者が、代替可能な別の物をもって特定された物の給付に代えることができるかという問題において現れる。当初の契約によって目的物が特定されているときは、一方の当事者だけでそれを変更することは許されない。これに対して、履行の過程で特定が生じたときは、目的物が変更されても構わないと考えられることがある。この点は、いわゆる変更権の問題として論じられる[16]。

　(ii)　変更権は、債務者の権利である。というのは、こうである。特定が生じると、債務者は、その物以外の物をもって給付する義務をもはや負わない。債務者は、損害賠償義務（415条）を負うことはあるにせよ、別の物を調達する必要はない。変更権とは、債務者に対して、特定によって生じるそのような利益を放棄して、種類債権の履行のために給付行為をやり直す可能性を認めることである[17]。これに対して、債権者の側から変更を求めることは、特定によって債務者に生じた利益を放棄させることになるから、多くの見解はこれを認めない[18]。

　変更権は、何を変更するのか。この点については、次のように考えることができる。特定が生じると、給付の内容となる物が具象され、その物を引き渡すことが給付の内容となる。変更権とは、特定をいわば解除し、ひとたび給付の内容に取り込まれた目的物を変更することで、給付の同一性を変えることなく、その内容だけを変更する権能である（【図】中の**目的物 a → b** の変更）。

　それでは、給付の内容だけを変更することが、なぜ認められるのか。債権の定義に照らしてみると、その理由は、次のように説明することができるであろう。

---

16)　なお、変更権が認められるのは、目的物が代替物の場合であると説かれることがある（奥田・債権総論 41 頁注 2。ただし、同 45 頁の説明は、これとはややニュアンスが異なる）。しかし、かりに代替物であっても、代物をもって履行することを許さないことが契約の趣旨ならば、変更権を認めることはできないであろう。

17)　薬師寺・前掲論文（注 3））53 頁。

18)　潮見・債権総論 I 213 頁を参照。

債権は、給付によって「実現された利益」を保持することを一つの内容とする。給付は、この「利益」を経済的作用として実現する手段である（【図】に即していえば、債権者の利益は、**給付A**によって実現される）。しかるに、利益を実現するための手段には、許容範囲があり得る。たとえば、「ジャガ芋を買う」ことで実現される利益は、契約の趣旨次第では、「男爵いも」でも「メークイン」でも達せられることがある（【図】に即していえば、**給付A**による利益（＝経済的作用）を実現する手段として、**目的物a、b**が考えられる）。

これを踏まえていうと、給付の内容を変更するとは、給付によって利益を実現する手段についての許容範囲を拡げることを意味する。いいかえれば、変更権が認められると、特定された物に代えて別の物を給付することによっても、同じ「種類」の物が給付され、したがってその給付がされたと評価される。そして、何をもって同じ「種類」とみるかは、既に述べたとおり、当事者の意思に従って定まる（(1)(a)(i)）。

3　債権の目的と特定

次に、債権の目的、つまり給付の特定が問題となる場合を検討する。

およそあらゆる権利は、主体と客体という要素を含む（第1章 [20頁以下] を参照）。債権も、その客体である目的がなければ、存在することができない。たとえば、「版画甲の引渡し」「ジャガ芋の引渡し」という異なる行為のいずれが目的であるかが明らかでない債権なるものは、あり得ない。

もっとも、民法は、債権の目的が「数個の給付」を含み、選択によってそれが確定される場合があることを認める（406条）。それが、選択債権である（(1)）。さらに、講学上の整理として、一個の特定した給付を目的とするが、これを他の給付に代えることができる場合があるとされる。これは、任意債権とよばれる（(2)）。以下では、これらの取扱いを考察する。

(1)　選択債権
(a)　特定
選択債権は、「債権の目的が数個の給付の中から選択によって定まる」場

207

合と定義される（406条）。この定義に即してみると、債権、給付、目的物の関係は、次のように理解することができるであろう。

選択債権においては、一つの債権の履行について、複数の給付の間での選択が問題となる（【図】中の給付 A、B の選択）。つまり、選択債権とは、債権によってもたらされる利益が、複数の給付のいずれによっても実現され得る場合だといえる。先にみた種類債権における変更権が、一つの給付について、複数の目的物の間での許容範囲の問題（【図】中の**目的物 a → b への変更**）を生じさせることとは、その点において異なる。

ところで、選択債権の場合には、いずれか一方の給付がされなければならないのだから、どちらが給付されるべきかを「特定」（410条の標題を参照）する必要が生じる。このことを前提として、民法は、選択の方法についての規定を設けている（407条以下を参照）。

なお、給付の特定は、目的物の特定とは次元を異にする問題である。たとえば、「男爵いも」「メークイン」のいずれかを選択的に引き渡すべきときには、「男爵いも」「メークイン」のそれぞれについて目的物の特定が問題となる（【図】中、**給付 A、B のなかでの目的物 a、b（または c、d）の選択**）。いいかえれば、目的物の特定は、選択されるべきそれぞれの給付との関係で論じられる。その取扱いは、2に述べたとおりである。

(b) 効 果

このように、給付と目的物という二段階の「特定」が問題となることを踏まえて、既にみた目的物の特定の規律（2(2)）との関係で、給付が特定されることがどのような意味をもつかを考えたい。

第一に、危険の移転については、既に確認したとおり、選択の対象となる給付の目的物が特定されているならば、その物が滅失したときは、その履行は不能になる。しかし、それによって給付の特定が生じるとは限らない。たしかに、選択権を有する者の過失によって物が滅失したときは、給付の特定が生じ得る[19]（410条）。しかし、選択権を有しない者の過失によって事後に不能が生じたときは、選択権者は、不能になった給付を選択することができる（410条の反対解釈）。具体的には、債務者が選択権を有するときは、不能

208

第13章　債権の目的

になった給付を選択することで、債務を免れることができる。逆に、債権者が選択権を有するときは、債務不履行責任を追及することができる。つまり、【図】中の**目的物a、b**のいずれかが滅失しても、A、Bのいずれを給付すべきかが当然に定まるわけではない。

　第二に、所有権の移転についてみると、選択債権においては、給付の特定が生じるまでは所有権が移転しないことは明らかである。所有権の移転は、選択されたその給付に基づく効果だからである。つまり、【図】中の**目的物a**について所有権移転の効果が生じるためには、その前提として、**給付A**をすべきことが定まらなければならない。そうすると、所有権移転は、債権の目的・目的物という二段階の特定を経て初めて発生する効果だということができる。

(2)　任意債権

　既にみたとおり、任意債権とは、一個の特定した給付を目的とするが、他の給付をもって代えることができる債権をいう（旧民法財産編436条1項をも参照）。複数の給付のいずれかを履行しなければならない点では選択債権と同じであるが、複数の給付の間に主従の序列がある点で、それと区別される[20]。

　選択債権についてみたとおり、危険の移転については、給付の特定に固有の問題はない。それでは、所有権移転はいつ生じるのか。任意債権の場合には、複数の給付の間に主従の序列があるから、主たる給付の目的物が特定されれば、その物の所有権が当然に移転する（176条）とみる余地もありそう

---

19)　ただし、債権者が選択権を有する場合において、債権者の過失によって目的物が滅失したときに関する民法の規律に対しては、立法論として批判がある。410条によれば、債務者は、残存する物を給付すべきこととなる一方で、債権者は、物の滅失について損害を賠償しなければならない（709条）。したがって、選択債権が売買契約によって生じた場合には、債権者は、代金と損害賠償金をそれぞれ支払うこととなる。しかし、その場合には、債権者が滅失した物の履行を選択し、これについて代金を支払ったとしても、債務者が不利益を被ることはない。そうすると、この場合に特定を認める必要はないのではないかというのが、批判の趣旨である（於保・債権総論65頁、奥田・債権総論71頁。古くは、石坂・債権総論上192頁）。正当な指摘であろう。

20)　我妻・債権総論62頁。

209

ではある。しかし、他の給付への変更の余地が残される以上、給付が終局的
に特定されるまでは所有権は移転しないとみるべきではないかと思われる。

4 代物弁済をめぐって

さて、ここで代物弁済について考えてみたい。代物弁済が活用される典型
的な場面は、担保目的の代物弁済予約である。そこでは、金銭支払に代えて、
不動産所有権の移転が約された場合の取扱いが問題となる。この例に即して、
特に所有権移転給付の取扱いを考察する。

(1) 合意の構造
(a) 意 義
代物弁済とは、「債務者の負担した給付に代えて他の給付をすることによ
り債務を消滅させる旨の契約」(以下、「代物弁済合意」という)に基づき、「そ
の弁済者が当該他の給付をした」ことで、「弁済と同一の効力」を生じさせ
ることをいう (482条)。さらに分析すると、こうである。

代物弁済は、給付が特定されている状態を解除し、「債務者の負担した給付」
(以下、「当初給付」とよぶ)に代えて、「他の給付」(以下、「代物給付」とよぶ)
をすることを合意の内容とする。つまり、代物弁済合意が成立すると、選択
債権や任意債権に類する状況が生じる[21]。このように、代物弁済合意がされ
ただけでは当初給付を目的とする債務には影響が及ばない点で、代物弁済は、
債務を消滅させる合意である更改 (513条)とは区別される。そのうえで、
代物給付が履行されると、債務は消滅する。

(b) 要 件
代物弁済合意は、当事者間の意思表示の合致によって成立する。旧規定の
もとでは、代物給付の目的物が引き渡されなければ代物弁済合意は成立しな

---

21) 梅・債権 30 頁 (岡松・民法理由下 38 頁をも参照)は、旧民法が定める任意債権は、代物弁
済予約にほかならないと説く。さらに、潮見・債権総論Ⅱ 86 頁本文および注 254 をも参照。

いと説かれたが（要物契約説）、現行規定は、そのような理解を斥けた[22]（諾成契約説の採用）。

要物契約説と諾成契約説との対立は、代物給付が、①債権の消滅、②所有権の移転という二つの効果をもたらすことを反映したものである。詳しく述べるならば、こうである。

債権は、債務の本旨に従った弁済がされることで消滅する（473条）。これに対して、所有権移転は、合意の時点において生じるのが物権法上の原則である（176条）。

伝統的な学説は、①の側面に着目して、代物弁済を要物契約であるとし、これらの効力は代物が給付されたときに一体として生じるとみた[23]。二つの効果が同時に生じるとみるならば、代物弁済の効果はより遅い時点、つまり代物給付がされた時に生じると考えざるを得ないであろう。

これに対して、判例は、二つの法律効果の発生時期を区別し[24]、①債権の消滅は、代物給付が履行された時——不動産所有権の移転義務に即していえば登記がされた時（560条を参照）——に生じるのに対して[25]、②所有権の移転は、代物弁済合意の成立時に生じるとしてきた[26]。諾成契約説は、こうした取扱いを説明するものとして支持を得た[27]。

---

22) 一問一答（債権関係）187頁。反対の見解として、平野・債権総論538頁を参照。

23) 於保・債権総論396頁、奥田・債権総論558頁。ただし、我妻・債権総論302頁は、代物弁済は契約時に効力を生じるが、対抗要件具備を停止条件とすると説く。

24) 司研・類型別124頁をも参照。

25) 最判昭和39年11月26日民集18巻9号1984頁、最判昭和40年4月30日民集19巻3号768頁。ただし、最判昭和43年11月19日民集22巻12号2712頁は、特約でその時期を早めることを認める。

26) 最判昭和40年3月11日判タ175号110頁を嚆矢とする。

27) 鈴木・債権403頁の指摘を嚆矢とする。中田・債権総論449頁は、この見解を基礎として、代物弁済には、①代物弁済合意、②代物給付、③債務消滅というプロセスが含まれており、それぞれの段階を分析的に検討する必要があると説く。

211

(2) 効果の構造

(a) 給付相互の関係

以上を踏まえて問題としたいのは、当事者間において、代物弁済をする旨が約された後にも、代物給付ではなく、当初給付をすることによって債務を消滅させることができるか否かである。要物契約説によれば、これは当然に可能であろう。これに対して、諾成契約説の立場からは、その場合の取扱いは、代物弁済合意の解釈によって決定されると説かれる[28]。

しかし、所有権移転の効果が代物弁済合意の成立時点において生じるのだとすれば、代物弁済合意の成立後には、債務者は、もはや当初給付をする余地はないのではないか。選択債権と任意債権についてみたとおり、給付が特定されていない以上、所有権移転の効果が生じることはないはずだからである（3(1)(b)）。

けれども、そのように考えることに対しては、次のような疑問が生じる。代物弁済合意をした結果、当初給付をすることがもはやできなくなり、代物給付を義務づけられるというのであれば、もはや債務の同一性が失われているのではないか。

(b) 代物弁済の法的性質

この疑問をもとに、「代物弁済」とよばれるものの法的性質について考えたい。

当初給付とは異なる給付によって債務消滅の効果を生じさせる旨の合意から生じる債務は、①新たな給付のみを目的とするか、②二つの給付が併存し、任意債権（または選択債権）となるかだと考えられる。

これらのうち、代物弁済合意の時点で直ちに所有権移転の効力が生じるのは、給付が特定されている①の場合のみである[29]。しかし、そのような合意は、給付の内容に「重要な変更」を加えるものであり、一種の更改（513条1号）としての性質をもつとみるのが端的であるように思われる[30]。

これに対して、②の場合においては、当初給付によって債務を消滅させる

---

28) 潮見・債権総論Ⅱ85頁、中田・債権総論452頁。

第13章　債権の目的

余地は残る。この場合にも、単一の給付（当初給付）を目的とする債務から、複数の給付（当初給付、代物給付）の一つを選択的に目的とする債務への変更は生じるが、当初給付による弁済がなお可能である限りで、給付の内容について「重要な変更」を加えるわけではないといえるであろう[31]。482条は、そのような効果を生じさせる合意について定めた規定だと考えられる。

　もう少し詳しく述べるならば、こうである。482条が定める「契約」は、代物給付によってもたらされる利益の実現によっても、当初給付を目的とする債権が履行されたものとすることを取り決めることを意味する。つまり、代物弁済合意とは、債権の発生原因によっては予定されていなかった給付にまで、債権によって実現される利益の範囲を拡大する（【図】に即していえば、債権者にとって、**給付Bが給付A**と等しい経済的作用を有するものとする）ことを取り決める合意である[32]。

　ところで、そのような効果を生じさせるだけならば、代物給付の時にその旨を合意すれば足りる。そうすると、代物弁済が要物契約であったとしても、不都合を来すことはなさそうである。とはいえ、現482条のもとでは、いかなる場合にも、代物弁済合意は、代物給付に論理的に先行すると考えざるを得ないであろう。

---

29)　なお、瀬戸正二「不動産を代物弁済とした場合の債務消滅時期について」宮川種一郎ほか編『民事実務ノート　第1巻』（判例タイムズ社、1968年）105頁は、登記移転時をもって債務消滅時期とみると、登記移転までは債務を弁済して所有権を復帰させる余地を認めることになって妥当でないと主張し、代物弁済合意の成立によって債務消滅の効力までもが生じると説く。これはこれとして一貫した態度であろうが、「他の給付をしたこと」によって債務が消滅するとする現行規定のもとでは採り難いであろう。

30)　別の説明として、平野・債権総論539頁以下を参照（後掲注32）をも参照）。ただし、この見解も、482条の解釈として主張されるわけではない。結論こそ異なるものの、482条によっては所有権の即時移転を基礎づけ難いとする点では、本文に述べるところと同様の認識に立つ議論といえそうである。

31)　そうでなければ、そのいわば逆の場面として、選択債権において給付が特定されたときは、その都度、更改が生じると考えざるを得ないであろう。それは奇異である。

213

5　おわりに

　以上、債権の「目的」「目的物」に着目して、それぞれにおいて問題となる「特定」について検討した。その全体を通じて注意が必要なのは、特定が、給付の問題とともに、物権変動の問題としても論じられることである[33]。これは、支配の客体となる物が特定によって具象されることの帰結だといえる。より大きな視点に立つならば、特定こそが、債権に基づく財貨移転を、物権に基づく財貨帰属へと架橋する契機となるのだといってもよいであろう。

　ともあれ、債権の問題としてみるときは、特定は、債務者が負う責任の限界を画する点でこそ意味をもつ。このことをも念頭に置きながら、**第14章**以下では、債務不履行の救済の問題を考えたい。

---

33) これに対して、代物弁済合意によって、代物給付を内容とする・新・た・な・債・権・が・発生し、これが履行されたときには、その債権とともに当初給付を目的とする債権も消滅するとする説明もある。これによっても、当初給付を目的とする債権は、代物弁済合意によっては消滅せず、代物給付の履行によって消滅することを基礎づけることはできるであろう（中田・債権総論453頁。潮見・債権総論Ⅱ86頁注254もこれに肯定的である。なお、平野・債権総論539頁をも参照）。しかし、「債務を消滅させる旨の契約」（482条）の効果として新たな債務を負担すると考えるのは、迂遠ではないか。なお、潮見・同所は、482条が「債務者以外の『弁済をすることができる者』と債権者との間での代物弁済の合意」をも扱うことからすれば、上のように考えることが「理論的には一貫性を有している」とする。しかし、本文に述べたとおり、「代物給付によってもたらされる利益の実現によっても、当初給付を目的とする債権が履行されたものと取り決めること」が代物弁済合意の内容だとみても、そのような合意は、債権者と弁済者（≠債務者）との間でされ得るであろう。上記引用の点は、いずれの見解を支持する理由ともならないように思われる。

33) この点につき、詳解基本方針Ⅱ170頁の指摘をも参照。

第14章
債務不履行の救済
——全体像の概観

1　はじめに

　法学教育の歴史上、民法の事例問題は、星の数ほど作られてきたと思われる。そのなかでも、次の問題は、債務不履行の救済の全体像を押さえた名作といえる[1]。

> 【事例】　AとBは、当年収穫のジャガ芋（品名男爵いも）1トンの売買契約（12月1日に引き渡し、代金を支払う）を結んだ。ところが、売主Aが期日に買主Bへジャガ芋を運んだにもかかわらず、Bは、品質が悪いと言って受け取らなかった。Aが持って帰り、倉庫に自分の他のジャガ芋と一緒に入れて保管していたところ、異常寒波のために凍結し全部だめになってしまった。この場合のABの法律関係を述べなさい[2]。

---

1)　池田真朗ほか『基礎演習民法（財産法）』（有斐閣、1993年）151頁（瀬川信久）。さらに、小粥太郎『民法の世界』（商事法務、2007年）262頁以下をも参照。解答の方針については、これらの解説を参照されたい。

2)　事例問題の解答にあたっては、「法律関係を述べなさい」というときにも、当事者の請求を仮定して、その可否を検討することが便宜に適うことが少なくない。その方法については、ディーター・メディクス（河内宏ほか訳）『ドイツ民法（上）』（信山社、1997年）1頁が、ドイツ法に即した叙述ながら参考になる。

215

　この問題は、売買契約における債務不履行の救済を問うものである。もう少し分析すると、一方で、売主Aは、買主Bに対して、代金支払という給付を目的とする債権（【図】中の**債権α**）を有し、他方で、買主Bは、売主Aに対して、財産権（ジャガ芋1トンの所有権）移転という給付を目的とする債権（【図】中の**債権β**）を有する（555条）。そのうえで、これらの給付によってもたらされるはずの利益（第13章［199頁］を参照）が実現されない場合にどう対応するかが、ここでの問題である。

　その検討に際して、個別の論点の考察に先立って重要になるのが、「判断プロセスを誤らない」こと、いいかえれば、適切な順序で解答することである[3]。そのためには、問題とされる救済が、債権総論と債権各論のいずれに関わるかを意識する必要がある[4]。

　このような民法の体系構成を踏まえて、以下では、売買契約における履行不能の場面を念頭に置いて、債務不履行の救済の全体像をみる。まず、債権総論に関する問題を検討し（2）、次いで、債権各論に関する問題を、契約総論（3）と契約各論（4）とに分けてみていく。

2　債権総論

　債権総論は、「債権の効力」（民法第3編第1章第2節の標題を参照）に基づく救済を扱う。【事例】に即していえば、Aの救済を考える際には、【図】中の**債権α**だけに注目すればよい。

　救済の方法は、二つある。第一は、給付そのものを実現することであり（(1)）、第二は、それが実現されないことで生じる損害を賠償することである（(2)）。

---

3) 小粥・前掲書（注1））269頁。
4) この観点からの特に行き届いた解説として、佐久間毅ほか『事例から民法を考える』（有斐閣、2014年）118頁以下（曽野裕夫）がある。なお、磯村・改正債権法97頁以下の指摘をも参照。

（1） 履行請求権

　債務は、弁済、つまり、債務の本旨に従った履行によって消滅することが
予定されている（473条。より端的には、旧民法財産編451条1項を参照）。裏
を返せば、債務不履行とは、債務者が「債務の本旨に従った履行をしない」
ことである（415条1項本文）。

　債務が履行されないときには、債権者は、まず、その履行を請求すること
ができる（414条をも参照）。これは、債権が、債務者に対して、特定の行為、
つまり給付を要求することができる権能であることの帰結である（第13章［198
頁］を参照）。債権がその一つの側面として有するこうした権能は、履行請
求権とよばれる。

　履行請求権は、債権によってもたらされる利益を実現するための手段だか
ら、給付が実現すれば消滅する。弁済が債権の消滅原因であることは、この
ことを含意する。しかし、弁済がされないにもかかわらず、履行請求権が排
除されることもある。民法は、そのような場合の一つとして履行不能を定め
る（412条の2第1項）。

（a） 履行不能

　（ⅰ）　それでは、債務の履行が不能になるのは、どのような場合か。一般的
な注意として、二点に触れておきたい。

　第一に、履行が不能になるには、給付すべき物が特定（401条2項）され
ている必要がある。特定がされる以前の種類物は、抽象的・観念的な存在に
すぎず、それについて滅失・損傷を観念する余地はない（第13章［200頁］）。【事
例】に即していうと、「ジャガ芋（品名男爵いも）」というように目的物が種
類のみによって指定されていただけならば、倉庫にあるジャガ芋がだめにな
ったからといって、履行不能の問題は生じない。

　第二に、履行不能とは、履行が物理的・客観的に不能である場合だけを意
味するわけではない。たとえば、時価30万円の指輪の売買契約において、
目的物を買主のもとに配送する途中で、通りかかった湖のなかに指輪を落と
してしまい、その探索・回収に800万円を要するといった事例においては、
売主の債務は、履行不能になると考えられてきた[5]。

217

(ii) 上記第二の問題は、従来、「社会通念上の不能」等として論じられてきた。履行の可否は物の物理的な状態に従って定まると、一応は考えることができる。しかし、法律的な意味での不能は、社会の取引観念に照らして不能とみるべき場合を広く含むというのが、その趣旨である[6]。

この説明が示すように、かつての学説は、履行不能が物理的な不能に限定されないことを認めつつも[7]、何をもって不能とみるかは、当事者の意思を離れて判断され得るとの見方を基本としてきた。しかし、これに対しては、次のような批判が加えられた。債務者が履行請求に応じなければならないのは、契約によってそれを引き受けたからである。そうすると、履行が不能となり、履行請求権が排除されるかも、契約によってどれだけのリスクを引き受けたかという観点から考察されなければならない。

この批判は、適切であろう。履行請求権が排除される場合を示すために、「不能」に代えて「履行請求権の限界事由」という語を用いるときには、以上の批判が意識されている。民法は、「不能」という語をこそ用いるものの、この批判が示す観点に即して解釈されるべきであろう[8]。以上の観点からは、先の例で履行不能が認められることは、指輪を引き渡すために800万円の探索・回収費用をかけることが、債権者が契約によって引き受けたリスクには含まれないという理由によって説明することができる。

ここで重要なのは、債務の履行に過分の費用を要するというだけでは、不能と認めるには足りないことである。債務を履行するために債務者が一定の犠牲を払うことは、むしろ契約において想定されることである。契約によっ

---

5) 詳解基本方針Ⅱ197頁の設例と解説を参照。

6) 不能概念の対立に関する古典的な分析として、石坂音四郎「給付不能論」『改纂民法研究下巻』（有斐閣、1920年）126頁以下を参照。

7) たとえば、我妻・債権総論143頁、於保・債権総論104頁を参照。

8) なお、従前の理解においては、履行不能は、債権の消滅原因であるとされた。債権は一定の目的のための手段だから、その目的の消滅とともに消滅するというのが、その理由である（我妻・債権総論210頁、於保・債権総論347頁を参照）。しかし、履行請求権の限界事由は、字義どおり、履行請求を排除するにとどまり、債務者が自ら履行することを妨げない（先の例でいえば、売主は、指輪を探索・回収して引き渡してもよい）から、債権の消滅原因であると当然にはいえないであろう。

第 14 章　債務不履行の救済

て引き受けた犠牲の限度を超えるか否かは、債権者が得る利益に比べて、債務者に課される費用が過大であるか否かにかかっている。つまり、先にみた指輪の例に即していえば、履行請求権が排除されるのは、単に 800 万円の費用の負担が大きいからではなく、それが 30 万円相当の指輪の引渡しという利益に比して過大だからである。

(b)　給付危険

以上のとおり、履行不能（あるいは、履行請求権の限界事由。以下、「履行不能」として両者を一括する）は、履行請求権を排除する。そのうえで、債務者が損害賠償責任を負う場合があることは、後にみるとおりである（(2)）。ここでは、履行不能が、①履行請求権の排除、②損害賠償請求という、二段階の問題を生じさせることを確認しておきたい。

このこととの関係で論じられるのが、給付危険の問題である。もっとも、給付危険という語は、論者によって異なる意味に用いられてきた。大別して二つの理解がある。

第一は、目的物が滅失・損傷したときに、「滅失の場合には債務者は引渡義務を免れ、損傷の場合には、その損傷した状態のままで引き渡せば足り、いずれの場合にも損害賠償義務を負うことはない」こと、つまり、「滅失・損傷による損失は債権者の危険に帰する」という状態をもって「債権者が危険を負担する」というものである[9]（以下、「定義1」という）。これによると、債権者が給付危険を負担するとは、①履行請求権が排除され、かつ、②損害賠償請求権も発生しないことを意味する。

これに対して、第二は、債務者が、債権の目的物について「履行義務をまぬかれず、他から調達する必要がある」という状態、つまり、「他から調達して給付をおこなう危険」を給付危険とよぶものである[10]（以下、「定義2」

---

9)　奥田・債権総論 37 頁、123 頁（ただし、原著が用いる「毀損」の語を、現行法の用語である「損傷」に置き換えた）。同旨を説くものとして、前田・債権総論 37 頁、潮見・債権総論 I 202 頁をも参照。中田・債権総論 46 頁も、多義性に留意しつつこの理解を示す。なお、後掲注 22) をも参照。

219

という）。これによると、債権者が給付危険を負担するとは、①履行請求権が排除されることのみをいい、②損害賠償請求権が発生するか否かは、それとは別の問題として検討される[11]。

　給付危険を論じることの意義は、対価危険との関係で明瞭になる。この点については、後に改めて検討する（3(3)）。

(2)　損害賠償請求権

(a)　責任の観念

　給付が実現されないときには、債権者は、それによって生じた損害の賠償を請求することができるのが原則である（415条1項本文）。そのうえで、債務者は、債務の不履行がその責めに帰することができない事由によって生じた限りにおいて、その責任を免れることができる（同項ただし書）。

　損害賠償については、それ自体として論ずべき問題が多いから、いまは細部には立ち入らない。ここで注意したいのは、損害賠償請求については、他の救済とは違って免責の余地があることである[12]。その理由は、次のように理解することができる。

　損害賠償は、本来の給付によって債権者が得るはずであった利益を、それとは異なる金銭給付という形態で実現する。【事例】に即していえば、Bは、ジャガ芋1トン（履行請求）に代えて、ジャガ芋1トンを調達するために必要な金銭（損害賠償請求）を得ることとなる。そのような経済的作用に着目する限りでは、履行請求権と損害賠償請求権とは等価である。

---

10)　山本・契約98頁。さらに、山本敬三「契約責任法の改正——民法改正法案の概要とその趣旨」同『契約法の現代化——債権法改正へ』（商事法務、2022年）253頁を参照。同旨として、笠井＝片山・債権各論59頁（片山直也）、中田・契約164頁をも参照。

11)　北居功『契約履行の動態理論Ⅱ　弁済受領論』（慶應義塾大学出版会、2013年）4頁以下は、「給付危険」「対価危険」という概念を対比して論じるドイツ法において、給付危険の概念がそのような意味で用いられていることを明らかにする。さらに、森田・文脈364頁注33をも参照。

12)　その理論的位置づけをめぐる立法過程の議論につき、水野謙「債務不履行と不法行為の帰責構造——債権法改正の経緯に着目して」債権法改正と民法学Ⅱ1頁、中田裕康「損害賠償における『債務者の責めに帰することができない事由』」同『私法の現代化』（有斐閣、2022年）149頁を参照。

しかし、その一方で、債務者の側からみれば、損害賠償は、債務者が自ら合意した給付とは異なる義務を負わせる仕組みでもある。Aからみると、ジャガ芋１トンを引き渡すことと、それを調達するために必要な金銭を支払うことの経済的意味は、同じであるとは限らない。そこで、このような新たな義務負担を正当化するために、責任の観念が援用される。そして、責任としての性格を有することから、債務者への帰責可能性の評価を通じて、賠償義務を免除する余地が生じることとなる。

(b) 注意点

このように、債務者への帰責が問題とされることとの関係で、二点に留意したい。

第一に、ここでの帰責可能性の判断が、「契約その他の債務の発生原因及び取引上の社会通念に照らして」（415条１項ただし書）行われることである。多くの学説が強調するとおり、ここには、免責の可否を判断するための第一次的な基準が、債務の発生原因である契約、つまり両当事者の合意に求められるとの構想が示されている。

第二に、債務不履行の救済のうち、損害賠償だけが帰責可能性を問題とすることである。これは、改正前の規定において、履行不能が債務者の責めに帰することができない事由によるときは、解除の余地はないものとされていた（旧543条ただし書）こととの関係で、注意が必要な点である（第17章［263頁］）。

3 契約総論

契約総論は、「契約の効力」（民法第３編第２章第１節第２款の標題を参照）に基づく救済を扱う。【事例】に即していえば、Aの救済は、【図】中の**債権α**について満足を得られないときに、**債権β**についてAが履行をしないこと──裏からいえば、Bがする履行請求が斥けられること──で実現される。

この説明に現れるとおり、契約総論に基づく救済は、「**債権α**について満

221

足を得られない」状況を前提として検討される。「債権の効力」が実現されるならば、それと引換えに、自らが負う債務も履行しなければならないからである。「判断プロセスを誤らない」という注意（1）との関係では、「債権の効力」と「契約の効力」との間にこうした結びつきがあることに注意が必要である。

さて、以上の問題につき、二つの債務相互の影響関係を認め、【図】中の**債権α**について満足を得られない状況においては、Aはその債務の履行を強いられないとするとき、それは、双務契約における牽連関係のあらわれだと説明される（(1)）。そして、Aが**債権β**について履行をしないことを許される場合としては、一時的に履行を拒絶することができるとき（(2)）と、債権そのものが消滅するとき（(3)）とがある。

(1) 双務契約の構造

かつての議論においては、双務契約における牽連関係は、①成立、②履行、③存続という三つの場面に区分され、それぞれ、①原始的不能の場合における反対給付義務の不発生、②履行遅滞の場合における反対給付義務の履行拒絶（533条）、③後発的不能の場合における反対給付義務の消滅（旧536条1項）が牽連関係のあらわれだと説明された[13]。しかし、この説明には、現行法のもとでは過不足がある。

第一に、現行法は、上記①および③の解決を採らない。すなわち、一方で、原始的不能の場合においても、反対給付義務は発生する（412条の2第2項を参照）。他方で、後発的不能の場合においても、反対給付義務は当然には消滅しない（(3)）。さらに、いずれの場合においても、履行不能が債務者の責めに帰すべき事由によらずに生じたことが証明されない限り、債務者は損害賠償責任を免れない（415条1項）。

第二に、双務契約における牽連関係は、上記三つの場面にとどまらず、④不履行の場合全般において重要な役割を果たす。「不履行」上の牽連関係というべき内実をもつのが、法定解除（540条以下）に関する規律である。

---

13) たとえば、我妻・債権各論上82頁以下、三宅・契約総論48頁以下を参照。

第14章 債務不履行の救済

そうすると、現行法のもとでは、双務契約における牽連関係とは、一方の債務の不履行を理由として他方の債務の履行を拒絶し（上記②）、または契約を解除することができる（上記④）ことを意味するとみるべきであろう。

(2) 履行拒絶

双務契約の当事者は、双方が各々の債務を同時に履行すべき場合において、相手方が履行の提供をしないときは、自らが負う債務の履行を拒絶することができる（第16章）。その根拠は、相手方が履行をしない理由が遅滞、不能のいずれであるかに応じて区別される。前者は、同時履行の抗弁（533条本文）、後者は、危険負担に基づく履行拒絶の抗弁（536条1項）とよばれる。

【事例】に即して、Aからの代金支払請求に対して、Bがその履行を拒絶する場面を想定すると、これらの抗弁を主張するための要件は、一般的には次のように説明される。一方で、同時履行の抗弁を主張するときは、Bは、「Aが目的物の引渡しをするまで代金の支払を拒絶する」との権利主張をする。他方で、危険負担に基づく履行拒絶の抗弁を主張するときは、Bは、「目的物の引渡しが不能であること」を主張・証明したうえで、「代金の支払を拒絶する」との権利主張をすべきこととなる[14]。

このように、抗弁の主張にあたり、履行遅滞の場合には遅滞の証明が求められないのに対して、履行不能の場合には不能の証明が求められるというのが、多くの解説が述べるところである[15]。けれども、履行請求を受ける当事者にとってみれば、相手方がする給付が履行不能であるか否かは自身の与り知らぬ事情なのだから、不能の証明を求めることが適切かは疑わしいようにも思われる。原因のいかんにかかわらず、相手方から履行の提供を受けていない当事者は、自らの履行を拒絶する旨の権利主張をすれば足りるとみるべ

---

14) それぞれ、司研・類型別8頁、17頁。危険負担に基づく履行拒絶の抗弁につき、潮見・債権総論 I 617頁、要件事実30講203頁（村田渉・德増誠一）、山野目・債権各論41頁以下をも参照。以上は、部会資料【79-3】における説明を承けたものと推察される。なお、危険負担につき、これと異なる理解を示唆するものとして、中田・契約167頁をも参照。

15) 改正の経緯も含めた議論の詳細につき、山本敬三「民法改正と要件事実——危険負担と解除を手がかりとして」同・前掲書（注10））291頁以下を参照。

223

きではないだろうか[16]。より具体的に考えると、こうである。

【事例】において、代金支払債務の履行期が到来したため、Aが、Bに対して、その履行を請求したものの、実はジャガ芋の引渡しが履行不能であったとする。この場合において、AとBの債務の履行期が同時であるとすると、Bは、ひとまずは同時履行の抗弁を主張するであろう。その際、同時履行の抗弁と危険負担に基づく履行拒絶の抗弁とは要件が異なるという理屈に徹すると、Aは、自らの履行不能を主張することで、同時履行の抗弁を斥けることができるはずである。しかし、この主張は、危険負担に基づく履行拒絶の要件についての先行自白（民訴179条）となるから、再抗弁としては無意味である。

これに対して、Bが先履行義務を負っているとき（533条ただし書）は、Aからの履行請求に対して、Aの履行不能をもってBが抗弁する実益があるかにみえる。しかし、これも、不安の抗弁の問題に解消されるであろう。そうすると、Aとしては、ジャガ芋の引渡しがされない蓋然性を証明すれば足りることとなるのではないかと思われる。

結局、これらの履行拒絶権は、相手方の債務不履行に対する抗弁として、本質的には単一のものとみることが理に適うように思われる。そもそも、抗弁の根拠である双務契約の牽連関係とは、双方の債務がともに履行されることを要請するものなのであって、そのことは、不履行の原因いかんによって変わらない。そうである以上、履行拒絶の要件も同一であると考えることが適切であろう。いいかえれば、重要なのは、履行が得られないという結果なのであって、その原因ではない。

(3) 契約解消

契約の当事者は、自らの債権について満足を得られないことが確定したと

---

16)　危険負担の履行拒絶権構成の淵源は、森田・深める98頁以下に求められることがある。しかし、そこでの直接の主張が、双務契約の一方の債務が履行不能となったことは「債権者が反対給付債務について有する同時履行の抗弁権の消滅事由には当たらない」（傍点引用者）というものであったことに注意を要しよう。そこには、533条と異なる抗弁を導入すべきであるとの理解は窺われない。

きは、その契約を存続させる利益をもはや有しない。したがって、相手方がすべき給付について履行不能が生じたときは、契約を解消し、自らの給付義務を消滅させることが望まれる。これを実現するのが、解除である（**第17章**）。**【事例】**に即して、履行不能の場合における解除の問題を検討する。

(a) 対価危険

（i）　契約当事者の一方が有する債権が履行不能となったとき、それにもかかわらず、自らの債務を履行しなければならないかは、対価危険の問題として論じられる。肯否両様の解決のうち、履行不能となった債権に即して、その債権者がなお反対給付義務を負うとするものを債権者主義、これを負わない──つまり、債務者が反対給付請求権を失う──とするものを債務者主義という。

改正前の規定においては、解除権は、債務者の責めに帰すべき事由によって履行不能が生じた場合に限って発生するとされていた（改正前543条ただし書）。そのうえで、債務者の責めに帰することができない事由によって履行不能が生じた場合については、解除とは別に解決が定められ（改正前534条から536条まで）、後者のみが対価危険の問題として論じられた。

これに対して、現行法においては、債務者の帰責事由の有無を問わず、債務が履行不能になったときは契約を解除することができ、ただ、履行不能が債権者の責めに帰すべき事由によって生じたときは、契約を解除することができないものとされる（543条。なお、履行拒絶の取扱いにつき、536条2項前段）。つまり、現行法のもとでは、だれが対価危険を負うかは、終局的には、債権者による解除の可否というかたちで定まる。

（ii）　以上を踏まえて、給付危険と対価危険とがどのような関係に立つかを考えたい。この点は、既にみた給付危険の定義（2(1)(b)）による。

定義2は、債権者が給付危険を負う（つまり、債務の履行が不能となる）ことが、対価危険の問題の論理的前提となるとする。すなわち、一方で、「債権者が給付危険を負う」とは、履行不能によって債権者が履行請求権を失うことをいい、他方で、「債権者が対価危険を負う」とは、履行不能が生じた──つまり、債権者が給付危険を負う──ことを前提として、債権者がなお

225

反対給付義務を負うことをいう。

　これに対して、定義1からは、債権者が対価危険を負うか否かは、給付危険とは無関係に論じられる。たとえば、債務者の責めに帰すべき事由によって履行不能が生じ、債権者が契約を解除（542条）したときは、債務者が給付危険を負う（つまり、損害賠償義務（415条）を負う）ことを前提として、債権者は対価危険を免れる。これによると、結局、給付危険とは損害賠償請求の可否をいい、対価危険とは解除の可否をいうこととなろう。

　以上は、つまるところは概念整理の問題に帰着する。ただ、これらを「危険」という統一的な概念を用いて論じる意義は、二つの「危険」の間に一定の論理的関係を措定する定義2において、いっそう明瞭になるであろう。

(b)　対価危険の移転

(i)　双務契約における牽連関係は、債務者が対価危険を負うことを標準的な解決として要請する。しかし、一定の時点からは、物は債権者の支配下に置かれ、その滅失・損傷による損失は債権者に帰せられる。それがいつかを確定することが、対価危険の移転の問題である。

　対価危険は、遅くとも弁済が完了した時には移転する。ジャガ芋の売買契約を考えると、弁済がされた後は、買主は、給付によってもたらされる利益を終局的に保持することとなるが、これは、財産権移転義務（555条）の履行によって買主が取得する（176条）所有権（206条）の作用である。いいかえれば、弁済がされた以降の段階では、物の滅失・損傷による危険の負担は、契約ではなく、所有権によって規律される[17]。

　これに対して、弁済にまでは至らずとも、債務の履行の過程で対価危険が債権者に移転することがある。二点に留意したい。

　第一に、既に触れたとおり、債権者の責めに帰すべき事由によって履行不能が生じたときは、債権者は、契約を解除することができない（543条）。解除ができない以上、債権者は反対給付義務を負うが（536条2項前段をも参照）、

---

17)　野澤・契約69頁以下、167頁以下は、所有権移転との関係を重視する危険負担の理解を踏まえて現行規定に対する評価を示す。

これは、債権者が対価危険を負うことを意味する。いいかえれば、債権者の責めに帰すべき事由によって履行不能が生じたことは、対価危険が債権者に移転する原因となる。

第二に、従前から、受領遅滞の効果として、危険の移転が生じると説かれてきた。現行法では、買主の受領遅滞につき、567条2項がこのことを定める。【事例】でも、Bに受領遅滞が認められるならば、Aは、ジャガ芋の引渡しが不能になったとしても、代金を請求することができる（567条2項・同条1項後段）。

(ii)　ところで、受領遅滞は、特定とは無関係に生じることがある。たとえば、債務の内容が金銭の支払である場合において、債権者がその受領を拒絶したときは、受領遅滞が生じる一方で、目的物の特定は生じないから[18]、持参した金銭がその後に滅失したとしても、債務は履行不能とはならない。

【事例】において、Bが、ジャガ芋の代金を支払うためにAのもとへ赴いたものの、その受領を拒絶された場合において、帰路に強盗に襲われ、弁済のために準備した金銭を奪われたとする。この例において、Aが対価危険を負うとは、直接には、債務者であるBが反対給付請求権を失わないことを意味する（413条の2第2項、536条2項本文を参照）。ただ、それは、Bが、その金銭支払義務を免れることを前提としてはじめて意味をもつ。そうでなければ、受領遅滞の前後で何ら状況が変わらないからである。そうすると、危険の移転が受領遅滞に固有の効果なのだとすれば、この例では、受領遅滞によって、まず、目的物の特定——その結果としての、履行不能——を経ずに給付危険が債権者に移転し、それを前提として対価危険も移転するのだと説明すべきこととなろう[19]。

---

18)　債務の目的物が金銭以外の物であるときは、現実の提供（493条本文）によって特定（401条2項前段）が生じるのが通例である。その場合において、目的物の滅失・損傷による履行不能が生じたときは、履行不能は債権者の責めに帰すべき事由によるものとみなされ（413条の2第2項）、それによって対価危険が債権者に移転する（543条、536条2項前段）から、受領遅滞に固有の効果としての危険の移転を考える意義は乏しい。しかし、引き渡すべき物を他から分離せずに持参したような場合には、現実の提供がされたときであっても、口頭の提供（493条ただし書。**第13章**）のときと同じく、特定と履行の提供とが一致しないことがあり得よう（千葉恵美子ほか編『Law Practice 民法 Ⅱ 債権編』（商事法務、第五版、2022年）41頁（北居功）を参照）。

これに対して、給付危険の移転があくまでも特定を前提とするとすれば[20]、金銭債務についてはこれを観念し得ないこととなりそうである。

4　契約各論

最後に、契約各論は、「売買の効力」（民法第3編第2章第3節第2款の標題を参照）に基づく救済を扱う。これは、契約不適合責任と通称される（562条以下）。ここでの主題との関係では、さしあたり、「危険の移転」（567条、特にその標題を参照）に触れるにとどめる（第24章［384頁］をも参照）。

(1)　危険の移転

567条は、目的物が引き渡されたときは、「履行の追完の請求」「代金の減額の請求」（それぞれ、562条、563条）に加えて、「損害賠償の請求」「契約の解除」につき、買主の主張が制限される旨を定め、これを「危険の移転」（同条の標題）とよぶ。ここにいう「危険」の意義については、この規定が債権各論に置かれることを考えると、対価危険だとみるのが自然ではある。実際にも、「契約の解除」ができなくなり、しかも「代金の支払を拒むことができない」（567条1項後段）とされる点は、対価危険の移転を定めるものである。

しかし、既に述べたとおり、債権の効力に基づく救済である「損害賠償の請求」は、対価危険の問題ではない。さらに、それが給付危険に関わるとみるべきかも、先にみた給付危険の定義（2(1)(b)）いかんによる。改めて整理すると、こうである。

定義1によると、損害賠償の請求ができないとは、債権者が給付危険を負

---

19)　制限種類債権の場合に関する分析として、改正債権法コンメンタール776頁（北居功）を参照。

20)　この点につき、佐久間ほか・前掲書（注4））133頁（曽野）の分析を参照。なお、改正論議においては、567条2項を設ける理由は、受領遅滞後に目的物が滅失したときは、債務者は履行不能による責任を負わない（413条の2第2項）のに反して、追完が可能であるときはそれに応じなければならないのでは不均衡だからだと説かれた（部会資料【75A】）。これは、特定された種類物を念頭に置く（567条1項のかっこ内を参照）説明である。413条の2第2項（「債務の履行が不能となったとき」）、536条2項前段（「債務を履行することができなくなったとき」）も、履行不能の場合を想定する。

228

担することを意味する。そうすると、567 条は、目的物の「引渡し」によって給付危険が移転する旨を定めたものだと理解される[21]。

これに対して、定義 2 によると、「損害賠償の請求」の可否は、給付危険・対価危険のいずれにも関わらないのだから、567 条の標題がいう「危険」とは、給付危険でも対価危険でもなく、「債務不履行による諸救済が排除されて、債務者が債務不履行責任一般を負わなくなる」ことを概括的に意味するとみることができる[22]。

(2) 特定との関係

そのうえで問題になるのは、給付危険の移転は、567 条の要件を充たす場合に限って生じるのかである。

これを肯定すると、目的物が既に特定（401 条 2 項）されていたとしても、その引渡し（567 条 1 項前段）が未了である限り、その物が滅失・損傷したときは、債務者は代替物を調達して引き渡さなければならないこととなる。特定は、給付危険の移転の必要条件ではあるが、十分条件ではないとするのである。定義 1 には、そのような理解に結びつく契機があるが[23]、この定義によりつつ、給付危険の移転は特定によって画されるとする議論もみられる[24]。

これに対して、定義 2 により、567 条はそもそも給付危険とは無関係だとみるならば、特定による給付危険の移転を認めることにも何ら支障はないと考えられるであろう[25]。

---

21) 潮見・債権総論 I 214 頁以下のほか、改正債権法コンメンタール 771 頁（北居功）をも参照。
22) 森田・文脈 364 頁。そのうえで、567 条が定める危険を「広義の給付危険」とよび、定義 2 の意味における給付危険（「狭義の給付危険」）と区別する。
23) 潮見・債権総論 I 202 頁、214 頁。内田・民法 III 20 頁、21 頁もこの趣旨か。留保付きではあるが、大村敦志＝道垣内弘人編『民法（債権法）改正のポイント』（有斐閣、2017 年）416 頁（石川博康）をも参照。
24) 中田・債権総論 51 頁。森田監修・債権法改正 286 頁以下（丸山絵美子）も、これを支持する。
25) 山本・前掲論文（注 10）289 頁。定義 2 を踏まえて、567 条 1 項においては、給付危険と対価危険の異同が十分に精査されていないと評する。森田・文脈 364 頁も、401 条 2 項によって（狭義の）給付危険が移転することについては「今次改正なし」と説く。

5　おわりに

　一般的にいって、契約法の事例問題では、何らかの理由で契約がうまくいかない場合への対処が問われる。債務不履行は、その典型的な場面の一つである。それは、契約が本来果たすべき経済的作用が阻害された状況である。その点に注目すれば、ここでは、契約の裏側の問題が扱われているといえるであろう。

　ところで、裏側の問題への対処は、あくまでも契約が本来果たすべき経済的作用に即して展開されなければならない。裏のまた裏には、給付、双務契約における牽連関係といった、契約の法的構造を支える表側の問題が控えているのである（第22章）。「判断プロセスを誤らない」ためには、契約法の表・裏に注意を向けて、債務不履行の救済が、契約全体の構造のどこに位置づけられるかを意識することが重要である。

第 15 章
損害賠償

1　はじめに

債権の効力に基づく救済（第 14 章［216 頁以下］）として、本章では損害賠償の問題を概観する。415 条につき、「責めに帰することができない事由」(2)、「損害」(3) の問題を検討したうえで、416 条が定める賠償範囲の確定の問題を考察する (4)。

2　帰責の根拠

損害賠償が、債務不履行が債務者による免責の主張を許容する救済であることは、既に述べた（第 14 章［220 頁]）。以下では、これを改めて考察したうえで ((1))、履行補助者の故意・過失をめぐる問題に関説する ((2))。

(1)　免責事由
(a)　二つの構想
債務不履行に基づく損害賠償責任の発生に関しては、債務者への帰責の根拠をめぐって、二つの構想が対立するといわれてきた[1]。

---

1)　議論の全体像につき、森田・文脈 297 頁以下、中田裕康「損害賠償法における『債務者の責めに帰することができない事由』」同『私法の現代化』（有斐閣、2022 年）149 頁以下を参照。

一つは、損害賠償責任を負うためには、「債務者の故意・過失または信義則上これと同視すべき事由[2]」がなければならないとするものである。「過失ナクバ責任ナシト言フハ我民法ノ原則トシテ採用セル主義ナリ」というのがその理由であるが[3]（過失責任主義）、「同視すべき事由を含む点で、厳格な過失主義が緩和されている」と説かれる[4]。ここでは、損害賠償責任の発生を基礎づけるためには、契約に基づく債務を履行しなかったことに加えて、帰責事由が必要であると考えられている。

　もう一つは、帰責の根拠を契約の拘束力に求めるものである。それによると、「債務者が債務不履行を理由として損害賠償責任を負担するのは、契約による債務負担という拘束を受けた債務者が当該契約により義務づけられたことを行わなかった」からだと説かれる[5]。ここでは、強いて帰責事由を問題とするならば、それは、契約に基づく債務を負っていること自体であり、帰責の問題は、帰責事由がないこと、つまり「免責」の場面でのみ現れるとの理解が前提とされている。

　帰責の問題が免責の場面で現れるというのは、帰責事由の不存在を自ら証明しない限り、債務者は損害賠償責任を免れないことを意味する。もっとも、このこと自体は、過失責任主義に立脚する立場からも異論なく認められていた[6]。現行法は、「責めに帰することができない事由」をただし書に定めることで、その趣旨を明らかにしている[7]。

　さて、こうした対立を軸として展開される帰責事由の実体法的な位置づけをめぐる議論は、契約法の理論的課題として、債権法改正論議の過程で最も

2）　我妻・債権総論 105 頁。
3）　鳩山・債権総論 136 頁。
4）　我妻・債権総論 105 頁。
5）　詳解基本方針Ⅱ 247 頁。
6）　司研・1 巻 9 頁は、その理由を次のように説く。金銭債務の不履行については、不可抗力をもって抗弁とすることができない（419 条 3 項）。これを反対解釈すれば、非金銭債務については、不可抗力をもって抗弁とすることができるはずである。しかるに、債務者の責めに帰することができない事由は、不可抗力に該当するから、民法は、債務者がこれを抗弁として主張すべきことを前提とする。同旨として、鳩山・債権総論 136 頁をも参照。
7）　一問一答（債権関係）74 頁注 1 を参照。

争われた点の一つであった。しかし、議論は平行線をたどったと評される[8]。問題状況を理解するために、ここでは二点に注意しておきたい。

(b) 契約の拘束力

第一に、契約の拘束力に着目することで、何が明らかになるのか。それは、「帰責の根拠[9]」だといわれる。ところで、文字どおりに「根拠」とみる限りでは、契約当事者間の規範を設定するのが契約である以上、責任の成否を決めるのも契約だというのは、明快であるように思われる。問題は、その先にある。

法学において、ある規律の根拠を論じるのは、判断の基準を導き出すためであることが通例である。上にみた議論からは、責任の成否を判断する基準は、契約の解釈を中心とする契約内容の確定を通じて確定されるという方針が導き出される。この点については、二つの指摘がされた。一方で、契約の解釈をどのように行うかにつき、コンセンサスがあるとはいい難い（第6章 [92頁]）。他方で、帰責の根拠の問題としてみたとき、契約を解釈するといっても、どのような要素がどのように考慮され得るかが明らかではない[10]。その広狭次第では、免責の可否を決定する際に、合意に還元されない要素をも考慮せざるを得ないこととなりそうである[11]。

以上のとおり、帰責の根拠を契約の拘束力に求める構想に対する疑念は、根拠そのものよりも、そこから導き出される判断基準の不明瞭さに対して向けられることが少なくない[12]。その限りでは、問題の焦点は、契約内容の確定によって何を明らかにすることができるかにあるといえる。

---

8) 水野謙「債務不履行と不法行為の帰責構造——債権法改正の経緯に着目して」債権法改正と民法学Ⅱ1頁を参照。

9) 詳解基本方針Ⅱ246頁。

10) 小粥太郎「債務不履行の帰責事由」ジュリ1318号（2006年）124頁は、ここでの契約解釈を「超絶技巧」的な性格を有するものであるとし、「通常の能力を有するにとどまる法律家にとっては、適切な契約解釈を通じての契約内容確定が相当な難事業である」と指摘する。

11) この点につき、水野・前掲論文（注8）30頁以下の分析を参照。

12) 森田・文脈297頁以下は、「基準問題」（同268頁以下をも参照）としてこの点を詳論する。なお、この問題全般に関して、第10章をも参照。

(c)　契約の内容

（i）　第二に、帰責の根拠が契約の内容に即して定まるというとき、「契約の内容」とは何を意味するのか。

債権の本体的な効力は、給付行為に基づいて給付結果を得ることである。ここには、行為と結果という二つの要素が含まれている。契約は、債権がもつこうした作用を通じて利益を得ることを目的とする。たとえば、「X が、Y から、版画甲を 10 万円で購入した」という場合を考えると、この契約の目的は、X にとっては版画甲の所有権の移転（555 条）という給付結果の実現である。それが実現されないときは、X のために、債務不履行の救済が認められる。

ところが、給付結果は実現しなかったけれども、Y としては、約旨に従って行為はしたということがあり得る。たとえば、上にみた売買契約において、Z の所有物である版画甲を X に売却することが契約の内容であったとする。この場合において、Y が交渉をしたけれども、Z が売却に応じないために版画甲を入手することができなかったときにつき、X・Y は、それでも Y は損害賠償責任を負わない旨を取り決めておくことができる。このように、当事者は、損害賠償責任が生じる場面を合意によって限定することができる。

ここで注意が必要なのは、損害賠償責任に関するこの取決めが、「給付の内容」を定めるわけではないことである。こうした取決めがされたからといって、Y が所有権移転義務を免れることはないからである（贈与との関係で、第 27 章［427 頁］をも参照）。帰責の根拠を「契約の拘束力」に求める議論に対しては、帰責の根拠づけと債務内容の確定との区別があいまいになるとの批判が加えられることがあるが、これに対しては、「契約の内容」によって帰責の根拠が定まるということは、義務づけられた給付の内容、つまり「債権の目的」によってそれが定まるということと同義ではないと応接することが、一応は可能である。

（ii）　もっとも、契約の内容によっては、一定の行為をすること自体が債権の目的とされることもある。たとえば、上の例において、「X が、Y に対して、Z が所有する版画甲を買い付けるよう委託した」という場合には、当事者間で約されたのは、所有権の移転ではなく、版画甲を調達するという役務の提

234

第 15 章　損害賠償

供である。

　以上のこととの関係で論じられるのが、手段債務と結果債務との区別である[13]。両者を区別する基準については種々の説明があるが、上に述べたことを踏まえ、ここでは、契約をした目的が給付行為と給付結果のいずれに結びつけられるかに着目したい。この観点からは、手段債務とは、給付の内容が結果の実現にまでは及ばない場合だということができる。その場合には、債務者が約旨に従った行為をした以上、それをもって債務が履行された——つまり、そもそも債務不履行がない——というほかない。そうすると、帰責を根拠づける合意は、債権の目的を確定する合意にいわば吸収され、独立に論じる意義を失うこととなる[14]。

(2)　履行補助者

　帰責事由をめぐる以上の議論との関係で問題とされてきたのが、いわゆる履行補助者の故意・過失の位置づけである。

　過失責任主義を基調とする帰責事由論が「信義則上同視すべき事由」を問題としたのは、履行補助者の故意・過失によって生じた債務不履行についても債務者の損害賠償責任を認めるためであった[15]。過失責任主義を推し進めるならば、他人がした行為については債務者が責任を負うことはないはずだから、帰責事由を「債務者の故意・過失」と定式化するだけでは不十分だというのが、その理由である[16]。

　これに対して、帰責の根拠を契約の拘束力に求め、給付の不実現についての「免責」を問題とする立場から考察するときは、債務を履行するために、履行補助者という他人を使用したことが意味をもつことはない。損害賠償責

---

13)　以下にみる議論の基礎となった考察として、吉田邦彦「債権の各種——『帰責事由』論の再検討」同『契約法・医事法の関係的展開』（有斐閣、2003 年）2 頁、森田宏樹『契約責任の帰責構造』（有斐閣、2002 年）1 頁を参照。

14)　潮見・債権総論 I 381 頁。

15)　たとえば、我妻・債権総論 106 頁を参照。

16)　この点につき、我妻栄「履行補助者の過失による債務者の責任」同『民法研究 V　債権総論』（有斐閣、1968 年）126 頁を参照。

任の成否については、端的に、給付結果が実現されたか、また、債務者がしかるべく給付行為をしたかが問題となるにすぎないからである[17]。そうすると、「帰責の根拠」という問題に関する限り、履行補助者の行為に着目する意義はもはや失われることとなろう[18]。

3 損 害

次に、賠償されるべき損害について考える。まず、保護されるべき利益についての区別を検討する（(1)）。これは、講学上のものであり、民法に規定はない。次に、損害の種別を検討する（(2)）。これについて、民法には、不履行の態様に応じた定めがある。

(1) 保護されるべき利益

(a) 履行利益

債務不履行による損害賠償は、一般に、「債務の本旨にかなった履行がなされたとしたならば債権者がどのような状態にあるだろうかを基準として」考察される。そのような状態を実現するための賠償は、履行利益の賠償とよばれる[19]。

ここで想定される事態は、次のように説明される[20]。契約の当事者は、債務の履行を通じて経済的利益を獲得するために契約を締結する。その一方で、契約交渉中には一定の費用を支出することが考えられるが、それによって生じる不利益は、債務が履行されることで得られる利益によって埋め合わされることが予定される。そうすると、当事者が合理的に行動する限り、①契約締結のための交渉を開始した時点と、②債務が履行され、目的物を獲得した時点との間では、少なくとも等しい財産状態が実現されるはずである。

---

17) この点についての分析として、森田・前掲書（注13)）184頁以下を参照。

18) 潮見・債権総論I 408頁以下。

19) 以上の定義につき、奥田・債権総論210頁。

20) 以下、高橋眞『損害概念論序説』（有斐閣、2005年）113頁以下を参照。特に、同頁所掲の図は、この問題を理解するためにきわめて有益である。

236

第 15 章　損害賠償

　そこで、損害賠償の考え方としては、①と②のいずれかの状態を実現することが考えられる。履行利益の賠償とは、債務の履行がされない場合において、②の状態を金銭によって等価的に実現することである。このように、契約が成立し、履行されることで実現される状態を目指すことから、履行利益の賠償は、「前向き」というイメージで捉えられることがある。

(b)　信頼利益

　(i)　履行利益の対概念とされるのが、信頼利益である。それは、「契約が有効であると信じたことによる損害、いいかえれば、契約が無効であることを知っていたならば被らなくてすんだ損害を賠償させる場合[21]」等と定義される。

　ここで想定されるのは、次のような事態である。先にも述べたとおり、契約の当事者は、①契約締結のための交渉を開始した時点から、締約準備、さらには契約締結、履行準備等のために様々な支出をする。しかし、契約交渉が中途で破棄されたり、あるいは、締結された契約の有効性が否定されたときは、②債務が履行され、目的物を獲得した状態が実現されることはない。信頼利益の賠償とは、この場合において、①の状態を復元することである。

　この説明にみられるとおり、信頼利益の賠償は、契約が有効に成立しない場面を念頭に置いて論じられるのが通例である。それは、次の理由による。有効な契約が成立しない場面では、「債務の本旨にかなった履行がなされたとしたならば」という仮定をする余地はない。契約関係が存在しない以上、それに基づく債務が履行された状態を仮定することは背理だからである。そうすると、この場合に当事者が被った損害を賠償するためには、既にした支出をなかったこととするほかない。このように、履行利益が「前向き」であることと対比すれば、信頼利益は、「後向き」の賠償を目指すものだといえる[22]。

　(ii)　以上のとおり、有効な契約が存在しない場面では、履行利益の賠償が

---

21)　奥田・債権総論 210 頁。

22)　潮見・債権総論 I 438 頁は、これを「原状回復的損害賠償」と定式化する。

問題となる余地はなく、信頼利益の賠償を問題とせざるを得ない。しかし、逆に、信頼利益の賠償が問題となるのが、有効な契約が存在しない場面に限られるかは、自明ではない。費用を支出する前の状態を回復するという「後向き」の損害の回復方法（前記①の状態の復元）は、契約が有効に成立した場合にも考えられるからである。その場面では、用語法としては、「履行利益」「信頼利益」に代えて「積極的利益」「消極的利益」の区別が用いられることがある[23]。

それでは、債務不履行に基づく損害賠償として、債権者は、消極的利益の賠償を請求することができるのか[24]。

これを根拠づけるための一つの考え方として、履行利益の内容となる収益を算定することが困難だから、支出をもとにして収益を推定するのだと説かれることがある。締約交渉や契約締結のための費用は、債務の履行によって埋め合わされることを想定して支出される。そうすると、「債務の本旨にかなった履行がなされたとしたならば」、少なくとも支出した費用相当額の利益は得られたはずだと推定することができるというのが、その趣旨である。

けれども、この説明は、そもそも収益を予定しない契約には妥当しない。たとえば、収益目的のない集会を開くために、Xが、Yとの間で、Yが経営するホテルの会場を使用する旨の契約を締結したものの、Xと対立する政治団体Aが街宣活動に出ることを恐れて、Yが一方的に会場の使用を拒否したとする。こうした事案につき、裁判例には、「集会の開催準備及び実施のために支出した費用……は、本件使用拒否がされずに本件各集会が開催された場合にも支払う必要のある費用であったとみることができるから、本件使用拒否と因果関係があるとは認められない」と説示したものがある[25]。これは、

---

23)　高橋・前掲書（注20））105頁以下。もっとも、二つの区別が同義に用いられることもある（たとえば、於保・債権総論137頁注4を参照）。

24)　この問題に関する分析として、金丸義衡「債務不履行に基づく費用賠償」法教513号（2023年）23頁を参照。

25)　東京地判平成21年7月28日判時2051号3頁。そのうえで、上記の諸事情を非財産的損害の算定にあたって考慮する。その上訴審である東京高判平成22年11月25日判時2107号116頁も、こうした方向性を支持する。

債務不履行に基づく損害賠償が、積極的利益の賠償を目的とするとの理解と整合的である。

しかし、債務不履行に基づく損害賠償として、消極的利益の賠償を選択することができないとすることは、論理必然ではない。学説には、原状回復的損害賠償としてこれを許容するものがある[26]。ただし、その際には、消極的利益の賠償を認める以上、積極的利益の賠償を併せて認める余地がないことに注意を要する。回復されるべき状態として、契約が存在しない状態（消極的利益）と、履行がされた状態（積極的利益）とを同時に想定することは、背理だからである[27]。

(c) 完全性利益

以上のとおり、履行利益と信頼利益は、債務が履行されたことで実現される状態の実現を目指すか、それとも、契約交渉がされる以前の状態の復元を目指すかという方向性の違いとして捉えられる。ところが、債務の履行の過程において発生する損害には、こうした概念対とは観点を異にするものが含まれる。

たとえば、引越しを依頼した業者が、搬入に際して家具に傷をつけたとする。この場合には、引越しが行われたという状態は実現されているけれども、それとは別に、家具の損傷という損害が生じている。このように、取引に関する資金投入や利益取得とは別に、債権者の他の財産的利益や人格的利益に対して生じる損害についての賠償は、完全性利益の賠償とよばれる[28]。

完全性利益は、履行利益・信頼利益のどちらにも含まれない。完全性利益は、履行が実現されたか否かとは無関係だからである。したがって、完全性利益の賠償は、履行利益または信頼利益の賠償が認められるときであっても、それと併せて認められる余地がある。

---

26) 潮見・債権総論 I 444 頁以下。先駆的な主張として、能見善久「履行障害」山本敬三ほか『債権法改正の課題と方向——民法 100 周年を契機として』別冊 NBL 51 号（1998 年）125 頁の指摘をも参照。

27) 以上につき、新注民(8) 651 頁（荻野奈緒）をも参照。

28) 高橋・前掲書（注 20)) 115 頁。

(2) 賠償されるべき損害

賠償されるべき損害も、様々な観点から類別される。以下では、415条に即して、損害賠償全般（同条1項本文）に加えて、特に「債務の履行に代わる損害」の賠償（同条2項柱書き）が定められることの意義を考える[29]。

(a) 填補賠償

履行に代わる損害賠償は、填補賠償ともよばれる。先にみた積極的利益・消極的利益の賠償（(1)(a)・(b)）は、この点に関わって論じられる問題である。

「履行に代わる」との文言が示すとおり、填補賠償は、債務の履行とともに請求することができない。たとえば、Xが、Yから、版画甲を10万円で購入した場合において、版画が引き渡されたときは、その履行に代わる損害賠償を請求する余地はない。これを認めると、債権者は、版画とその価値を二重に取得することとなるからである。

ところで、この趣旨を徹底するならば、填補賠償請求は、履行請求ができないか、少なくともそれが困難であるときに限って認められるとすることが考えられる[30]。填補賠償が認められる場合として民法が定める事由にも、履行請求ができないか（415条2項1号、3号前段）、それが奏功する見込みが乏しい（同項2号）場合を念頭に置くものがある。

しかし、民法は、履行請求権と填補賠償請求権とが併存し、当事者がこれを選択的に行使することができる場合があることを否定しない。これは、債権者に実効的な救済を与えるためだと説明される[31]。もっとも、その場合にも、填補賠償を請求するためには、解除権の発生要件が充たされたことが要求される（同項3号後段）。具体的には、相当の期間を定めてその履行の催告をし、

---

29) なお、415条1項と2項との関係については、損害賠償請求権の発生根拠を定めるのは1項であるが、填補賠償の場合には、2項に定める要件に従って賠償の可否が判断されるのだと整理することができるであろう。

30) このような理解は、債務の内容が履行請求権から損害賠償請求権へと変わる点を捉えて、「債務転形論」とよばれる。その詳細につき、森田修『契約責任の法学的構造』（有斐閣、2006年）17頁以下を参照。

31) 民法（債権関係）の改正に関する中間試案第10・3。その趣旨につき、中間試案の補足説明114頁を参照。

その期間内に履行がなかったことが要件とされる（541条本文）。その限りで、債務者には、損害賠償に先立ち、本来の給付をする機会が与えられることとなっている。

(b) 遅延賠償

「債務の本旨に従った履行」がされない（415条1項本文）場合における損害賠償は、填補賠償に尽きない。

たとえば、Xが、Yから、版画甲を10万円で購入した場合において、代金の支払が遅れたときは、Xは、Yに対して「遅滞の責任を負う」（412条）。このように、「遅滞の責任」として生じる損害賠償義務は、遅延賠償とよばれる。

遅延賠償は、填補賠償と同じく、給付が実現しなかったことで生じる損害の賠償ではあるけれども、「債務の履行に代わる」ものではない。そのことは、履行期後に代金全額が支払われたとしても、支払が遅れたことで生じた損害は埋め合わされないことを考えると、理解することができるであろう。つまり、遅延賠償は、「債務の履行とともに」請求することができる。上の例に即していえば、Yは、Xに対して、代金の支払とともに、遅滞の責任を負った最初の時点における法定利率（404条）に従って定まる遅延賠償を請求することができる（419条1項）。

(c) いわゆる拡大損害の賠償

以上のほか、債務不履行による損害は、給付の不実現とは異なる経緯をたどって発生することがある。先にみた完全性利益の侵害によって生じる損害（(1)(c)）が、その例である。これは、給付目的物以外の利益について生じた損害という意味で、拡大損害とよばれることがある[32]。

たとえば、Xが、Yから、版画甲を10万円で購入した場合において、Xが、版画を引き取るために、その版画に合わせた額を用意したものの、版画の引渡しが履行不能となったため、そのためにした支出が無駄になったとする。

---

32)　奥田・債権総論202頁を参照。

この支出は、債務の履行に代わるわけではなく、遅滞に起因するものでもないが、事情によっては、「債務の本旨に従った履行をしない」（415条1項本文[33]）ことで生じたものとみる余地があろう[34]。

4　賠償の範囲

損害賠償責任が発生するとき、具体的にどのような損害が賠償の対象に含まれるかは、416条が定める準則に従って決まる。その解釈をめぐっては、2017年改正前の議論が依然として意味をもつと考えられるから、以下でも、これを確認したい。

(1)　二つの構想

(a)　立法の構想

416条をめぐる議論は、この規定に関する沿革研究の成果を基礎として積み上げられてきたといってよい[35]。同条の沿革については、次のような理解が示されている[36]。

まず、同条の趣旨説明において[37]、穂積陳重は、「英吉利抔ノ有名ナ判決例ノ規則抔デモ詰リ之ニ帰スルノデアツテ、通常ノ結果カラ、予見シテ居レバ特別ノ結果デモ之ヲ償フコトフ要スル」との考えを採用したと述べている。

---

33)　415条1項が遅延賠償以外の場面を含むことにつき、中田・債権総論181頁を参照。

34)　この事案の解決には、種々注意が必要な点がある。第一に、ここでの損害は、給付の受領のためにした支出を復元するものだから、消極的利益の賠償であるとの見方も成り立ちそうである（この点につき、高橋・前掲書（注20））115頁を参照）。かりにそのように考えると、その賠償を認めることは、填補賠償（＝履行利益の賠償）を認めることと矛盾するとみなければならないであろう。第二に、この種の損害は、給付の不履行から定型的に生じるものではないため、416条2項に基づく判断が必要とされることが多い。つまり、そのような支出をすることが予見不可能であるときは、損害賠償は認められないこととなる。第三に、この場合には、損害を現実化させたのは、額を購入するという債権者の行為である。そのため、かりに賠償が認められるとしても、この支出が不用意なものであったと評価されるときは、過失相殺（418条）が行われる。

35)　平井宜雄『損害賠償法の理論』（東京大学出版会、1971年）145頁以下。

36)　議論の経緯につき、米村滋人「損害賠償の範囲」債権法改正と民法学Ⅱ53頁を参照。

37)　以下にみる起草者の説明は、法典調査会・三66-67頁からのものである。

242

このことに着目して、この規定は、イギリスの判例法、いわゆるハドレー・ルールにその淵源をもつとされる[38]。

その具体的な内容につき、起草者はこう説く。「予見ト云フコトハ何ウモ之ハ債務関係ノ性質ヨリシテ一ツノ標準ト致サナケレバナルマイ」と考えられるから、「当事者ガ始メカラ予見シテ居ツタ」ことは、賠償の範囲に含まれる。また、「通常ノ人ガ、或ル取引ヲ致シマスル、或ハ、売ル位置ニ在リマシタナラバ、十人ガ八九人即チ注意深イ人多数ノ者ガ然ウ云フ場合ニ於テハ之ヲ履行シナケレバ必ズ斯ウ云フ損害ガ債権者ノ方ヘ生ズルト云フコトヲ予見シテ居リマス」ような事情も、同様に扱わなければならない。

この説明から、416条は、次のような構想を示したものだと理解される。同条は、損害賠償の範囲に含まれるのが、債務不履行によって生じたすべての損害ではなく、「当事者ガ始メカラ予見シテ居ツタ」損害であることを明らかにする。いいかえれば、民法は、損害賠償の範囲にはそもそも制限があることを前提とする（制限賠償主義）。

416条の沿革について以上の分析を示した学説は、契約時における予見を基礎として確定される賠償範囲を保護範囲とよんだ。これを承けて、この見解は、保護範囲説とよばれる。

(b) 相当因果関係説

規定の沿革に関する以上の知見は、416条を「相当因果関係」の観念によって説明する議論に対する批判としての意味をもった[39]。

相当因果関係説は、ドイツ法の影響のもとに形成された理論であり、損害賠償責任を、債務不履行を原因として生じる損害の帰責の問題と捉える。この前提に立つときには、債務者は、債務不履行との間に条件関係のある全損害を賠償すべきであるとの理解が出発点となるが（完全賠償主義）、それでは賠償範囲が不当に拡大することがあるため、これを合理的な範囲にとどめる

---

[38]　ハドレー・ルールにつき、樋口範雄『アメリカ契約法』（弘文堂、第三版、2022年）290頁をも参照。

[39]　我妻・債権総論118-119頁を参照。

243

べく、相当因果関係の観念が用いられる。それによると、416条は、次のような判断枠組を定めたものだと理解される。

まず、賠償範囲を確定するためには、どのような事情が因果関係判断の基礎とされるかが明らかにされなければならない。それには、二つのものがある。一つは、債務不履行から通常生ずべき事情である。これは、当事者による予見の有無を問わず、判断の基礎とされる。もう一つは、当事者が「予見すべきであった」事情である（416条2項）。

次に、それらの事情を基礎に置いて、債務不履行と損害との因果関係が相当なものであるか否かが判断される。この点については、特別の知見を前提とせず、「事物が通常の経緯をたどったならば、そのような事態が生じるであろう」といえるか否かが検討される（416条1項を参照）。

以上により、相当因果関係のもとでは、「通常の事情によって通常生ずべき損害[40]」と「予見すべき特別の事情によって通常生ずべき損害」とが、賠償の範囲に含まれることとなる。

(2) 対立の焦点

(a) 沿革

以上にみた相当因果関係説に対して、保護範囲説は、まず、債務不履行との間に条件関係のある全損害が賠償の対象となるという前提（完全賠償主義）そのものが416条の採るところ（制限賠償主義）ではないとの批判を加えた。

この批判は、沿革的な関心からは、416条の母法の探究に関わって展開される。416条の淵源は、ドイツ法には見出されないというのである。とはいえ、沿革に関する理解の相違が実際の問題解決に影響を及ぼすことは、大きくはなさそうである。「債務不履行によって現実に生じた損害のうち、当該の場合に特有な損害を除き、かような債務不履行があれば一般に生ずるであろう

---

[40]　416条1項は、明言こそしないもののこの趣旨を含むと説かれてきた（星野・概論Ⅲ 71頁、奥田・債権総論181頁注5のほか、中田・債権総論197頁）。別の見方として、「特別の事情によって生じた損害であっても」という2項の文言が、「通常の事情によって生じた損害」が賠償範囲に含まれることを当然の前提としていると説明することもできるか。

第 15 章　損害賠償

と認められる損害だけ[41]」が賠償の対象となるとする限りでは、両説に差異はないからである。起草過程での説明にも、たとえば「損害の直接性・間接性」という基準を採用しないことを説明する際に、「夫故ニ此不履行ヨリ直接ニ生ズベキトカ云フヤウナ風ノ事ヲ此処ニ断ハリマセヌ丈ケデアツテ、独逸抔デモ矢張リ然ウ云フ主義ヲ採ツテ居ルヤウデアリマス」としたくだりがみられ[42]、特定の外国法に淵源を定める――端的にいえば、ドイツ法を排してイギリス法を採る――という意図が窺われるわけではない。

(b)　解釈論

解釈論としてみるとき、むしろ重要なのは、上記の批判が、「当事者がその事情を予見すべきであった」(416 条 2 項) という文言に関わって、予見の判断基準となる主体・時期を論じる際に意味をもつとされてきたことである。というのは、こうである。

相当因果関係説は、債務不履行を惹起した者の責めに帰せられるのは、無限に広がり得る因果系列のうち、相当と認められる限度の損害であると考える。その前提には、損害賠償責任において問われるのは、債務不履行という責任原因行為によって惹起された結果が債務者に帰責され得るか否かだとの理解がある。そのため、この見解においては、予見の判断は、「債務不履行時」を標準として、責任主体である「債務者」の観点から行われる[43]。

これに対して、保護範囲説は、次のように説く。416 条は、賠償されるべき損害を、「当事者ガ始メカラ予見シテ居ツタ」損害のほか、「通常ノ人」が予測するであろう損害に限定する。ここには、予見の判断が、当事者が契約によって引き受けた危険の範囲の確定という意味で、「契約の解釈」に帰着するとの理解が前提とされている[44]。つまり、予見の判断は、「契約締結時」

---

41)　我妻・債権総論 118 頁。
42)　法典調査会・三 65 頁。平井・前掲書 (注 35)) 147 頁では、この部分は引用が省略されている。
43)　我妻・債権総論 120 頁を参照。
44)　平井・債権総論 88 頁以下、平井・前掲書 (注 35)) 171 頁のほか、潮見・債権総論 I 461 頁以下をも参照。川村泰啓『増補 商品交換法の体系 I』(勁草書房、1982 年) 150 頁も、契約によって保障された利益に着目する点において、これと同様の視点に立つ。

245

を標準として、また、債務者ではなく「両当事者」の観点から行われる。

このように、保護範囲説によれば、416条は、当事者の合意に沿って賠償範囲が定まるとの理解を明らかにした規定として位置づけられる。これは、合意主義による規律を416条に即して展開した主張だといえるであろう。

(c) 合意と履行過程

(i) このように、損害賠償の範囲、とりわけその決定基準としての予見の判断をめぐっては、相当因果関係説と保護範囲説とに即して、解釈論上の帰結にも明瞭な対応関係が想定された。両説の具体的な相違は、契約締結時には予見されていなかった事情が履行段階において生じた場面で現れる。

相当因果関係説は、不履行時における債務者の帰責を問題とする。そのため、債務者は、自身にとって予見可能である限り、そのような事情から生ずべき損害を回避しなければならず、これを怠ったときは責任を免れない。

これに対して、保護範囲説を推し及ぼすと、契約締結時には予見されていなかった以上、かりにそれによって生じる損害を回避する方途があったとしても、債務者は、そのような対応をする必要はない——つまり、それによって生じた損害は、すべて債権者の損失に帰する——こととなりそうである。

しかし、この帰結に対しては、次のような疑問が示された。債務者としては、たとえ契約締結時には予見していなかった事情だとしても、履行過程において損害の発生を予見・回避することができたにもかかわらず、それをせずに債権者に損害を生じさせたならば、これを賠償すべきではないか。そうした認識に立って、保護範囲説からも、債務不履行時に債務者が予見すべきであった事情は、416条2項を通じて、損害賠償の範囲の確定にあたって顧慮されるとする主張が有力に展開された。ここでは、損害を回避するための行動を債務者に促すべく、合意そのものには還元し難い評価が導き入れられているかにみえる[45]。

(ii) ところで、予見の判断にあたって、履行過程における債務者の態様を考慮に容れるとすると、履行補助者を用いた場合をどのように扱うかという問題が生じるように思われる。たとえば、契約締結時に当事者が予見することができなかった事情を、履行補助者が債務不履行時に特に予見していたと

する。その場合には、債務者は、自身はその事情を予見することができなかったとしても、そこから生じた損害を賠償しなければならないのか。

　この場合において、履行補助者が有していた予見を基準とすることを認めるときには、その根拠が問題となる。帰責の根拠（415条1項ただし書）をめぐっては、契約の内容に従って帰責性の有無が定まるとの理解に基づき、履行補助者の故意・過失を問題とせずとも、債務者の責任は基礎づけられた（2(2)）。しかし、上の例においては、契約に着目しても、債務者が責任を引き受けたという評価は、少なくとも当然には導かれない。ここで問題とされる予見は、契約の内容ではなく、履行過程における行為の問題だからである。

　このように、履行過程に他人を干渉させたことの評価は、帰責の根拠づけ以外の場面においても問われる余地がある[46]。その場合の取扱いについては、従来論じられてきた履行補助者論とは別に、なお検討を要する問題が残されているようにも思われる。

5　おわりに

　債務不履行に基づく損害賠償に関する問題は、多岐にわたる。そこでは、損害賠償の成否・内容の判断が、契約が存在するという状況から影響を受けることを前提としつつ、どこまでが契約によって説明されるのかが問われる。履行過程における債務者の行為等の諸事情を考慮し、「合意＋α[47]」の規律がどの程度まで容れられるかをめぐっては、なお精査が求められているといえよう。

---

45)　この点の議論につき、中田・債権総論199頁以下の解説を参照。もっとも、契約による危険の引受けという基礎づけを支持する見解においても、債務不履行時に予見すべきであった事情が意味をもち得ないとすることは必然の帰結ではない。債務者が不履行時に予見すべきであった事情を基礎として危険を分配する旨を合意することは、差支えないからである。この点につき、潮見・債権総論 I 462頁、中田・債権総論201頁を参照。

46)　中田・債権総論168頁は、債務の履行過程に他人を介在させることで生じる問題には様々な次元のものがあることに注意を促す。

47)　「合意＋α」という観点につき、文脈の異なる議論ではあるが、三枝健治「民法・消費者法における契約責任の現代的課題」NBL 1199号（2021年）43頁を参照。

第16章
履行拒絶権

1　はじめに

第14章でも簡単に触れたことであるが、契約の当事者には、相手方からの債務の履行を得られないときに、自らの債務の履行を拒絶する権能が認められることがある［223頁］。こうした取扱いは、双務契約における牽連関係のあらわれだとされる。この点に関わる問題として、同時履行の抗弁（権）を採り上げたい。

議論は次のように進める。まず、有償・双務契約の観念を検討し、同時履行の抗弁権がどのような場面で成立するかを考える（2）。次に、これを踏まえて、同時履行の抗弁の要件（3）、効果（4）に関わる問題を順次考察する。

2　契約における対価関係

同時履行の抗弁は、双務契約について認められる取扱いである（533条本文）。双務契約は、「契約の各当事者が互に対価的な意義を有する債務を負担する契約」等と定義されるが[1]、ここには、給付と反対給付との間に「対価関係」が存在することが牽連関係を基礎づけるとの理解が窺われる[2]。

ところで、同じく対価関係に着目する契約の分類概念として、有償契約が

---

1)　我妻・債権各論上49頁。

248

ある。有償契約は、「契約の各当事者が互に対価的な意義を有する出捐（経済的損失）をする契約」等と定義される[3]。以下では、有償性と双務性がそれぞれ何を意味するかを考察したうえで（(1)）、履行拒絶を基礎づける対価関係がどのような場面で認められるかを検討する（(2)）。

(1) 有償性と双務性

(a) 対価関係

ともに「対価」性に着目する有償性と双務性とは、どのような関係に立つのか。上に示した定義からは、有償契約が、契約のもつ「経済的」意義に着目するものであることが窺われる。「双務契約・片務契約の区分が、契約から発生する両当事者の債務が相互に対価的意義をもつと定型的に評価できるか否かという概念的なものであるのに対し、有償契約・無償契約の区分は、契約の成立からその履行までの全体としての過程を見渡して、一方の給付に対して、経済的な対価としての反対給付がなされているか否かを実質的に評価することによる」という説明は[4]、このことを端的に示している。

これらを踏まえると、有償性と双務性の関係は、次のように整理することができそうである。契約は、給付の実現を通じて、一定の経済的利益を獲得することを目的とする。有償性は、それぞれの当事者にとって、相手方からの反対給付によって利益を得ることが契約の目的——つまり、経済的作用（第22章［346頁］）——とされていることを示す概念である。これに対して、双務性は、そのような目的の実現を保障するために契約が有する法的構造を——当事者が負う債務に着目して——示す概念である。

---

2) このような理解に対して、同時履行の関係が認められるのは対価関係にある債務相互に限られないとし、牽連性の概念をより広い観点から捉えるべきことを主張する議論として、岩川隆嗣『双務契約の牽連性と担保の原理』（有斐閣、2020年）16頁以下がある。そこでは、起源の共通性という観点によって牽連性が基礎づけられている（同442頁以下を参照）。なお、道垣内弘人「民法☆かゆいところ——双務契約の各債務の牽連関係について」法教285号（2004年）20頁の分析をも参照。

3) 我妻・債権各論上49頁。なお、有償契約の観念をめぐる考察として、嘩道文藝「有償行為ヲ論ス」同『民法研究』（弘文堂書房、1921年）173頁をも参照。

4) 中田・契約71頁。

以上のとおり、それぞれの当事者が、互いに相手方から給付を得ることを目的として契約をするのだとすれば、契約を通じて両当事者の目的が実現されるためには、給付と反対給付との交換が実現されなければならない。対価関係とは、このような関係を意味する。端的にいえば、有償＝双務契約の目的は、対価関係のなかに具体化される。

　ところで、このように給付と反対給付とが交換されるということは、取引そのものを観察するならば、給付と反対給付とが等価のものとして扱われているということでもある。ただし、ここにいう「等価」とは、客観的な価値の等しさをいうものではない。それは、それぞれの当事者の主観において、相手方がする反対給付が、自らがする給付に見合っている——あるいは、それ以上の価値をもつ——と評価されたことを意味する。このような考え方は、当事者の評価における等価性という意味で、主観的等価性とよばれる（第22章［347頁］）。

　以上を要約すれば、こうである。有償性と双務性は、ともに給付と反対給付との対価関係に着目する概念であるが、有償性は、その経済的作用に着目し、双務性は、その法的構造に着目する。契約の経済的作用は、対価関係、つまり主観的に等価である給付と反対給付とが交換される関係において実現される。

(b)　有償性 ≠ 双務性

　有償性と双務性の関係については、「双務契約は、すべて有償契約である」と説かれる[5]。上に述べた見方によると、その理由を説明することもできるであろう。双務性が、主観的に等価な目的物の交換を実現するための法的構造なのだとすれば、それは、契約の目的における有償性を前提とするはずだからである。これを踏まえて、二点に注意したい。

　第一に、以上とは逆に、有償契約は、すべて双務契約であるとは限らない。その例とされてきたのが、有償・片務契約としての利息付消費貸借である。消費貸借は、借主が貸主に対して返還債務を負う契約であり（587条）、片務

5）　我妻・債権各論上 50 頁。中田・契約 71 頁をも参照。

250

契約である。しかし、これに利息が付されるときは、経済的にみると、金銭の使用に対して利息を支払うという性格を帯びる。そのため、利息付消費貸借は、有償契約である（第25章［397頁］）。

このように、有償性と双務性との間で齟齬が生じる理由は、次のように理解することができる。上の説明は、消費貸借が要物契約（第30章［475頁］）であること、つまり、貸主が借主に金銭を交付しない限り契約が成立しないことを念頭に置くものである。このことは、貸主が借主に対して与える経済的利益が、契約の成立段階において既に実現されること、したがって、借主が貸主に対して利息を支払いさえすれば、経済的な意味での交換が実現されることを意味する。このように、要物性は、双務性とは異なる方法で、交換の実現を保障する役割を果たす仕組みだとみることができる[6]。

第二に、双務契約に関する規定が適用されない場合として、組合がある（667条の2）。この規定の説明としては、組合もまた有償契約ではあるけれども、双務契約に関する規定の適用が排除されるのだと説かれるのが通常である[7]。しかし、組合については、そもそも主観的に等価な目的物の交換を目指す契約であるかに疑問が生じる。組合は、給付と反対給付の交換ではなく、共同の事業（667条1項）の実現による共同の利益の獲得を目的とするからである（第22章［348頁］、第28章［437頁］）。そうすると、双務契約に関する規定が適用されない理由は、組合がそもそも有償契約ではなく、したがって双務契約でもないことによって説明することができるであろう。

(2) 適用場面

(a) 債務の内容

（i）同時履行の抗弁は、債務の履行に関する抗弁であるが、契約に基づいて発生する債務には様々なものがある。同時履行の関係は、そのうち、対価

---

6) 現行法は、諾成的消費貸借を認めるが（587条の2第1項）、その場合には、貸主は、借主に対して「貸す債務」を負うこととなる。もっとも、貸す債務と利息支払債務との間に対価関係が認められるかは、「貸す」という給付の性格をどのように理解するかによる（第25章［389頁以下］）。この点に関する考察として、森田・深める195頁以下を参照。

7) たとえば、新注民(14)451頁（西内康人）を参照。

関係にある債務の間に成立する。しかし、その具体的な適用は、必ずしも容易ではない。

　売買を例にとって考える。売買において対価関係に立つのは、冒頭規定（555条）によれば、財産権の移転と代金の支払である。けれども、財産権の移転そのものは、意思表示のみによって生じるから[8]（176条）、これについて履行拒絶を観念することは難しい。そこで、多数の見解は、対価関係の契機を対抗要件の具備という有形的な行為に求めてきた。対抗要件は、第三者との関係で財産権移転の効果を確定的に生じさせる点で、財産権移転にいわば近接するからである（560条をも参照。第23章［359頁］）。そうすると、代金支払と同時履行の関係に立つのは、動産の場合には目的物の引渡しであり、不動産の場合には登記手続であることとなる[9]。

　(ii)　それでは、対抗要件具備以外の給付行為は、どのように扱われるのか。不動産売買に関しては、目的物の引渡しと代金支払とが同時履行の関係に立つかにつき、議論がある。判例は、売主が買主に対して不動産を引き渡すことは、不動産所有権の移転にとって不可欠の行為ではないから、原則として同時履行の関係には立たないとする[10]。学説にも、そのように解するものが少なくない[11]。

　しかし、これに対しては、目的物を使用することができなければ不動産の価値を全面的に移転したとはいえないとして、目的物の引渡しと代金支払は原則として同時履行の関係に立つとする学説も有力に主張されている[12]。この点は、究極的には、当事者の意思解釈によって決定するほかない。買主自

---

8)　ここで検討する問題は、所有権の移転時期の問題とも関わる。いわゆる有償性説（たとえば、川島武宜『新版所有権法の理論』（岩波書店、1987年）222頁）は、有償契約において代金支払との対価関係を形成するのは所有権移転であるとの理解を根拠として、所有権の移転は代金支払時までは生じないと説く。

9)　これに対して、三宅・契約総論60頁以下は、不動産についても本来の履行義務となるのは引渡しであり、登記は、一定の範囲でこれに準ずるにすぎないという。

10)　その趣旨を判示するものとして、大判大正7年8月14日民録24輯1650頁を参照。

11)　たとえば、我妻・債権各論上93頁。これに関連して、品川・契約上113-114頁は、573条が定める「引渡し」は、対抗要件具備行為を意味するものであると読み替えるべきであるとの見解も「有力である」とする。

らがその不動産を使用することを目的として売買契約を締結したときは、現に使用可能な状態で不動産が引き渡されることもまた、契約をした目的に含まれるとみるべきであろう。その場合には、現に使用可能な状態で目的物を引き渡されることが、代金支払と同時履行の関係に立つとみなければならない。

（iii）　以上に対して、契約目的の達成にとって付随的な債務の不履行を理由としては、履行拒絶を主張することはできない。その場合には、反対給付を義務づけることこそが、契約の目的である交換を実現するのに資するからである。不動産売買に即していえば、裁判例には、境界画定書、境界画定協議書、確定実測図の交付義務は、代金支払義務と同時履行の関係に立たないとされた例がある[13]。

（b）　弁済期
（i）　同時履行の抗弁は、双方の債務の弁済期がともに到来している場合の取扱いである（533条ただし書）。もっとも、相対する二つの債務の弁済期が同時であることは、双務契約の通則といえるほどに一般的な状況ではない。というのは、こうである。

同時履行の抗弁の規律が典型的に妥当するのは、売買である。そこでは、代金支払の期限は、引渡しのそれと同一であると推定される（573条）。これに対して、賃貸借・雇用においては、賃料・報酬は後払いとされる（614条本文、624条各項）。また、請負においては、引渡しを要する場合には同時履行関係が認められるのに反して（633条本文）、引渡しを要しない場合には雇用に準じて扱われる（同条ただし書）。

以上の点に着目する限り、同時履行の関係は、双方の履行が即時に完了する給付、特に（財産権移転を伴う）有体物の引渡しという要素をもつ契約に

---

12)　鈴木・債権296頁、石田穣・契約46頁、平野・契約59頁、潮見・債権総論Ⅰ305頁。この問題に関する詳細な分析として、山野目章夫「不動産売買における代金支払と引渡の同時履行関係」みんけん598号（2007年）3頁をも参照。

13)　具体例として、東京地判平成25年6月18日判時2206号91頁を参照。

253

ついて観念されるにすぎないといえそうである[14]。役務提供型契約においては、金銭給付の後履行が原則とされており、同時履行の関係が成立しないことがむしろ通常である。

(ii)　ただし、同時履行の抗弁権が発生するためには、相手方の債務が弁済期にあればよく、双方の債務の弁済期が同じである必要はないことには注意が必要である（533条ただし書）。先履行義務を負う者が遅滞に陥っている間に、相手方の債務の弁済期が到来したときには、先履行義務を負う当事者は、同時履行の抗弁を主張することができる[15]。このように、履行の先後関係を維持することよりも、双方の債務の履行を確保することが重視されるのは、弁済期（の先後）が、通常の場合には、契約をした目的にまで高められてはいないことによって説明することができる。同時履行の抗弁は、あくまでも契約目的の達成を促すために認められるのである。

3　要　件

同時履行の抗弁が問題となるのは、相手方による債務の履行が可能である場合において、弁済期が到来したにもかかわらず、その履行の提供をしないときである。相手方による債務の履行がそもそも不能である場合に、危険負担に基づく履行拒絶の抗弁（536条1項）が問題となることについては、既に触れる機会があった（第14章［223頁以下］を参照）。また、相手方の弁済期が到来していないときの履行拒絶権としては、いわゆる不安の抗弁が問題とされる。

以上のことは、裏を返せば、それぞれの当事者は、自らが「債務の履行……を提供する」（533条本文）ことで、相手方が有する履行拒絶権を消滅させられることを示している。そして、ここにいう履行の提供とは、「弁済の

---

14)　Legal Quest 契約68頁（松井和彦）。

15)　たとえば、我妻・債権各論上91頁、末川・契約上68頁。ただし、反対の見解として、柚木・契約総論73頁を参照。同時履行の抗弁権は、先履行を強制されることが公平に反する場合に認められるのだから、先履行義務を負う者にこれを認めることは法の趣旨に反するという。

254

提供」（493条）と同義だと説かれてきた[16]。そうすると、相手方が有する同時履行の抗弁権を消滅させるためには、「債務の本旨に従って」弁済の提供がされなければならないこととなる。

(1) 一部についての履行の提供

このこととの関係では、一部について履行の提供がされたにすぎない場合において、反対給付の履行を拒絶することができる範囲が問題となる。

(a) 可分債務の履行拒絶

まず、一部についての履行の提供がされただけでは、債務の本旨に従った弁済の提供がされたとはいえず、同時履行の抗弁権を消滅させる「履行の提供」がされたとみることはできない。債権者としては、債務の本旨に従わない給付を受領するよう強いられるいわれはないから、給付の受領を拒絶したうえで、同時履行の抗弁を主張し、反対給付の全部について履行を拒絶することができる。

それでは、一部の給付を受領したときにも、債権者は、反対給付の全部について履行を拒絶することができるのか。その場合には、給付がされた限度では、同時履行の抗弁権は失われるとみてよいであろう[17]。給付が可分である以上、無益な受領を強制されるわけではないし、自ら給付を受領したからには、反対給付をすることを甘受すべきだとも考えられるからである。

(b) 不可分債務の履行拒絶

これに対して、反対給付が不可分であるときは、その一部のみを履行する

---

16) ただし、両者を区別する可能性を示唆する議論として、河上正二「『弁済の提供』の周辺」磯村保ほか『民法トライアル教室』（有斐閣、1999年）186頁以下を参照。

17) 我妻・債権各論上92頁、潮見・債権総論Ⅰ304頁、中田・契約154頁。最判平成9年2月14日民集51巻2号337頁は、請負の仕事が可分な場合において、仕事に瑕疵があることを理由として報酬の支払を拒絶するときは、信義則上、同時履行関係は、瑕疵の存在する仕事部分に相当する報酬額についてのみ認められるとする。なお、反対とみられる見解として、平野・契約57頁をも参照。

255

ことはできない。そのため、債権者は、反対給付全部の履行を拒絶すること
ができるとみざるを得ない。かりに給付の一部を債権者が受領したとしても、
そのことに変わりはないというべきであろう。

(2) 弁済の提供との関係

ところで、弁済の提供については、提供された給付が、弁済すべき給付に
対してわずかに不足している場合の取扱いが論じられる。その場合には、信
義則上、履行遅滞の効果の一部は生じないとされるが[18]、そのことの一環と
して、全部の弁済を受けなかった者は、些少な不履行を主張して同時履行の
抗弁を主張することもできないとされてきた[19]（第 12 章［191 頁以下］）。

以上のことは、僅少な不足があっても、弁済の提供がされたものと認めて、
弁済の提供の効果（492 条）が発生するのだと説明される。ただ、この説明
には、注意が必要な点がある。

履行遅滞の効果が発生しないということは、弁済による債務消滅の効果（473
条）が発生することと同義ではない。つまり、債権者は、不足分を請求する
権利を失うことはない[20]。それだけでなく、一部の不足を理由として全部の
受領を拒絶することができないからといって、不足分について遅延賠償を請
求することは妨げられない[21]。いいかえれば、不足分に関する限りは、弁済
の提供の効果が生じることはない。

これに反して、同時履行の抗弁を主張することができない理由は、次のよ

---

18) 判例として、大判昭和 9 年 2 月 26 日民集 13 巻 366 頁、大判昭和 13 年 6 月 11 日民集 17 巻
1249 頁、最判昭和 35 年 12 月 15 日民集 14 巻 14 号 3060 頁等を参照。

19) 鳩山秀夫「債権法に於ける信義誠実の原則」同『債権法における信義誠実の原則』（有斐閣、
1955 年）274 頁以下を嚆矢とする。なお、請負に関する最判平成 9 年 2 月 14 日（前掲注 17））は、
「瑕疵の程度や各契約当事者の交渉態度等に鑑み、右瑕疵の修補に代わる損害賠償債権をもって
報酬残債権全額の支払を拒むことが信義則に反すると認められるとき」は、例外的に、代金支払
と損害賠償との同時履行を主張することはできないとする。

20) 大判昭和 13 年 6 月 11 日（前掲注 18））は、「斯ル不足額ハ債権者ニ於テ債務者ニ対シ之カ弁
済ヲ請求シ得ルコト勿論ナリ」とする。

21) 注 18) に引いた各判決は、弁済の提供の効力が生じるとの一般論を示すが、それは、担保権
の実行等の権利行使の効力を否定するための判断であり、不足額についての債務不履行責任を否
定するものではない。

うに説明することができるであろう。不足分が些少であるときは、その部分を欠いたとしても、債権者が契約をした目的が達せられなくなることはないから、そのような不履行に対して、反対給付の履行拒絶を認めるまでの必要はない。そこで、同時履行の抗弁との関係では履行の提供（533条本文）がされたと認めて、不足する一部との関係でも抗弁権を失わせているのだとみることができる。

このようにみると、弁済の提供の効果が生じる範囲と、同時履行の主張ができなくなる範囲とは、常に一致するわけではないこととなる。このことを説明するためには、533条にいう履行の提供がされたか否かは、弁済の提供とは切り離して、それ自体として独立に考察することが適切ではないかと思われる。

4　効　果

同時履行の抗弁の効果は、「自己の債務の履行を拒むことができる」ことである（533条本文）。

(1)　二つの側面

現在の法状況に照らしてみるときには、同時履行の抗弁の効果には二つの側面がある。

(a)　積極的効果

第一に、同時履行の抗弁権を有する当事者は、相手方からの履行の提供がされるまで、自らの債務の履行を拒絶することができる。自ら履行を拒絶する点を捉えて、さしあたり、これを積極的効果とよんでおく。

たとえば、「Xが、Yから、版画甲を10万円で購入した」という事案において、Xが、Yに対して、版画の引渡しを求める訴えを提起したとする。このとき、Yが自らの債務の履行を拒絶することができるならば、Xの請求は棄却されるのが理屈ではある。しかし、Yは、Xによる請求に服すること自体を否定するわけではなく、反対給付の履行がされるまでそれを阻止するこ

257

とを求めるにすぎないのだから、両者が同時に履行するように命じることが
便宜に適う。

　そこで、同時履行の抗弁権によって給付請求が阻止されるときは、請求棄
却の判決ではなく、引換給付判決、つまり、「被告は、別紙目録記載の動産
の引渡しを受けるのと引き換えに、原告に対して10万円を支払え」といっ
た主文の判決が下される。そして、その場合には、反対給付の提供を証明す
ることが強制執行の条件とされ（民執31条1項）、同時履行が確保される。

(b)　消極的効果

　第二に、同時履行の抗弁権を有する当事者は、履行遅滞の責任を負わない。
伝統的な見解は、このことを違法性阻却の効果だと説明してきた[22]。つまり、
客観的には履行遅滞に陥っているけれども、そのことを正当化する事情があ
るため、履行遅滞の効果が発生しないのだとされる。さしあたり、これを消
極的効果とよんでおく。

　このことを、上の例に即して確認する。Yが同時履行の抗弁権を有すると
きは、版画を引き渡さないからといって、Xに対して遅延賠償義務を負うこ
とはなく、また、Xは、Yの履行遅滞を理由として契約を解除することもで
きない。Xは、Yに対して遅延損害金を請求したり、契約を解除しようとし
たりするためには、自ら履行の提供をして、Yのもつ同時履行の抗弁権を失
わせなければならない[23]。

　加えて、同時履行の抗弁権が付着する債権は、これを自働債権として相殺
することができない[24]。相殺が認められると、同時履行の利益が奪われるか
らである。具体的には、こうである。上の例において、Yが、Xに対して、
10万円の貸金債務を負っていたとする。その場合に、Yがこれを代金債権
と相殺することが認められると、Yが代金債権の満足に相当する結果を得る
のに対して、Xは版画の引渡しを求めるために主張することができた同時履

---

22)　我妻・債権総論111頁。

23)　解除につき、最判昭和29年7月27日民集8巻7号1455頁を参照。

24)　我妻・債権総論341頁。

行の利益を失う。そうすると、Yとしては、自身は満足を得たのだから、X
に対して版画を引き渡す必要はないと考えることともなりかねない。そこで、
Yは、Xに対して履行の提供をしない限り、売買契約に基づいて有する債権
と、消費貸借契約に基づいて負う債務とを相殺することはできないのだとさ
れる。

なお、同時履行の抗弁権が付着する債権も、自らが履行の提供をしさえす
れば行使することができるのだから（166条1項各号を参照）、消滅時効の進
行は妨げられない。

(2) 二つの理論

これら同時履行の抗弁の効果がどのように発生するかについては、要件事
実論との関係をも踏まえて、異なる二つの説明があるとされてきた。

(a) 効果発生の仕組み

(i) 訴訟法の観点からは、同時履行の抗弁は、権利抗弁であると説かれる。
権利抗弁とは、権利発生にかかる主要事実が弁論に現れるだけでなく、訴訟
における権利行使の意思表示がなければ判決の基礎とすることができない抗
弁などと定義される[25]。これと同様の理解を実体法にも展開して、533条が「自
己の債務の履行を拒むことができる」とするのは、同時履行の抗弁の効果が、
その行使によって初めて生じることを意味するのだと説く見解がある。これ
は、行使効果説とよばれる[26]。

これに対して、同時履行の抗弁の効果は、特段の権利行使を要せず、その
存在それ自体によって当然に発生するとする議論もみられる。この見解は、
存在効果説とよばれてきた。

(ii) 以上の各見解は、同時履行の抗弁を、債権総論と債権各論のいずれの
次元で捉えるかを反映したものとみられる[27]。というのは、こうである。

---

25) 権利抗弁概念につき、坂田宏『民事訴訟における処分権主義』（有斐閣、2001年）213頁を参
照。
26) たとえば、末川・契約上76頁、潮見・債権総論I 310頁を参照。

259

行使効果説は、債権総論の次元に着目するものであり、存在効果説に対して次のような批判を加える。存在効果説によると、双務契約（ただし、2(2)(b)を参照）に限っては、弁済期を徒過しただけでは遅滞の効果が生じないこととなる。しかし、履行遅滞に関する412条の解釈として、そのような明文の定めがない遅滞の要件を加える理由はない[28]。また、上にみたとおり、抗弁権という一つの権利である以上、それを行使するか否かは、権利者の自由に委ねられるべきであるとも指摘される[29]。

　これに対して、存在効果説は、債権各論の次元に着目するものであり、双務契約の牽連関係を重視する。すなわち、相対立する二つの債務の間に履行上の牽連関係があることは自明だから、それに基づく効果は、特段の主張を要せずに発生するとみる。この見解は、抗弁権の効果が発生するためにはその行使が必要だというのは必然ではなく、賃借権が債権として行使されずとも占有権原となるのとあたかも同じく、同時履行の抗弁権についても、債務不履行の違法性が当然に阻却されるとみてよいとする。

　これに加えて、存在効果説からは、行使効果説によると、抗弁権が援用されるまでは遅滞が生じるはずだから、遅滞の不発生という効果を説明することができないのではないかとの疑義が示される。行使効果説からこの点を説明するならば、抗弁権の援用によって既発生の遅滞の効力が遡及消滅するとみざるを得ないが[30]、時効（144条）や相殺（506条2項）とは違って、同時履行の抗弁についてその旨を認めた規定はないというのである。

(b)　検　討

（ⅰ）　さて、(1)にみたところをふり返ってみると、同時履行の抗弁に関する規律は、そのすべてを行使効果説と存在効果説のいずれかによって整合的に説明することができるものではない。相手方からの履行請求に対して履行を

27)　この点につき、三宅・契約総論49頁（さらに、その「はしがき」）を参照。
28)　田島ほか・註釈（契約総論）243頁。
29)　山本・契約92頁は、この点を強調する。
30)　末川・契約上76頁は、実際にそのように説明する。

第16章 履行拒絶権

拒絶する場面では、当事者による援用を俟って抗弁の効果が生じる（積極的効果）のに対して、同時履行の抗弁権の存在そのものが違法性を阻却するとされる場合もある（消極的効果）からである[31]。実をいえば、先の説明では、統一的な説明が困難であることを見越して、行使効果説が前提とされる場面で生じる効果を積極的といい、存在効果説が前提とされる場面で生じる効果を消極的といっていたにすぎない。

もちろん、行使効果説または存在効果説を基礎として上記の帰結を説明することも、不可能ではない。一方で、行使効果説を前提とすれば、債務者が相手方の主張を争っているときは、それだけで抗弁権の行使が認められるというように、「行使」の意義を広く捉えることが考えられる[32]。他方で、存在効果説を前提とすると、実体法的な効果は当事者の主張を俟たずに生じるけれども、訴訟法上の要請として、引換給付判決を得るためには抗弁権を援用しなければならないとすることが考えられよう。

とはいえ、強いていずれか一方の観点から説明する必要があるのか。同時履行の抗弁権には、二系列の異なる効果があり、その発生に要する当事者の行為も異なるとみれば足りるのではないかと思われる[33]。

(ii) こうして二つの効果を区別することは、相手方がもつ同時履行の抗弁権を消滅させるために必要とされる「履行の提供」（3 を参照）の意義を理解するのにも役立つ。というのは、こうである。

積極的効果に基づき、履行の請求に対して引換給付判決を求める場面では、ひとたび履行の提供がされたからといって、その相手方が有する同時履行の抗弁権が失われることはないと解されてきた[34]。「X が、Y から、版画甲を10 万円で購入した」という事案を再び採り上げる。この事案において、Y が既に履行の提供をしていたとする。そのうえで、Y が代金支払を求めて訴

---

31) たとえば、司研・類型別も、存在効果説（5 頁）、行使効果説（8 頁）を前提とする説明を行う。

32) 新版注民⑬ 623 頁（澤井裕・清水元補訂）。

33) 平野・契約 65 頁は、533 条に基づく効果は積極的効果のみであり、消極的効果としてみたものは、履行遅滞は 415 条、解除は 541 条の問題として論ずべきであるとする。533 条の適用場面を限定し、その効果発生には権利行使を必要とすると説くものとみれば、行使効果説の一種といえようが、実際の結論においては、本文に述べたところと異ならないであろう。

261

訟を提起し、その請求に理由があると認められた場合において、Xが同時履行の抗弁を援用したときは、判決においては、Yに対する10万円の支払とXに対する版画の引渡しとの引換給付が命じられる。このように扱われるのは、なぜか。それは、双務契約の牽連関係を貫徹するならば、対価関係に立つ債務が存在する限り、双方の履行が確保されるべきだからである。

これに対して、履行の提供は、履行遅滞を主張する前提として、相手方が有する同時履行の抗弁権の消極的効果を消滅させるためにも求められる。この場合には、履行遅滞を主張する当事者は、ひとたび履行の提供をしたならば、その後、これを継続する——つまり、相手方から履行請求があればいつでも応じることができるように準備を整えて待つ——必要はない。この点については、履行の提供によって同時履行の抗弁権は消滅し、債務不履行を理由として契約を解除するときは、改めて履行の提供をする必要はなく、単にその旨の意思表示（540条1項）をすれば足りるとされる[35]。

5　おわりに

同時履行の抗弁をめぐる議論には、履行拒絶権たる性格に関わる側面と、債務不履行の救済としての側面とがある。このうち、後者に関してみれば、その趣旨は、相手方の債務が履行されないために、自らが契約をした目的を達することができない当事者を救済するところにあるといってよい。

こうした考慮は、契約解消に関する権能である法定解除権にも通じる（第14章［222頁］を参照）。以上の関心の延長で、**第17章**では解除に関する問題を採り上げたい。

---

34)　最判昭和34年5月14日民集13巻5号609頁は、履行の提供が継続されない限り、同時履行の抗弁権を失うことはないとしてこの解決に与する。ただし、これに反対する見解として、柚木・契約総論80頁がある。相手方が適法に履行の提供をしたのにこれを受領しなかった者が、その不受領の不利益を提供の継続というかたちで相手方に転嫁することを認めるのは公平に反するという。

35)　大判昭和3年10月30日民集7巻871頁。

262

第17章
解　除

1　はじめに

　2017年の民法改正においては、法定解除（以下、単に「解除」という）の要件につき、債務者の責めに帰すべき事由（帰責事由）の有無を問わない立場が採用された。この点は、改正以前から、債務不履行の救済における解除の位置づけに関わる問題として論じられてきた。はじめに、その経緯をふり返っておきたい。

　改正前の規定のもとでは、履行不能を理由とする解除は、債務者に帰責事由があることを前提としていた（旧543条ただし書。旧534条以下をも参照）。その理由は、解除もまた、損害賠償と並んで「有責な債務不履行に対する一種の制裁[1]」であることに求められた。そうである以上、同様の理解は、債務者の帰責事由の要否につき規定はないけれども、履行不能以外の理由による解除にも当てはまるとされた。

　しかし、これに対しては、履行不能以外の理由による解除は、債務者の帰責事由がなくても認められるとする見解が主張された。その先駆となった議論によれば、解除は、「双務有償契約において、帰責事由の如何を問わず債

---

1)　好美清光「契約の解除の効力──とりわけ双務契約を中心として」遠藤浩ほか編『現代契約法大系Ⅱ　現代契約の法理(2)』（有斐閣、1984年）180頁は、損害賠償の位置づけについてこのように説く。

務者の客観的に違法な債務不履行があり、債権者をしてもはや契約に拘束させておくことが期待できなくなったと見られる場合に、双務有償契約における相互の債務の牽連性（Synallagma）を理由に、債務不履行となった債務者の債務と対価牽連関係にある債権者自らの債務に対する拘束から債権者の意思により脱することを認め、当初の契約関係の既履行の債務につき巻き戻し関係に形成転換させる制度」だと説かれる[2]。

　ここでは、双務契約の目的である交換（第16章［248頁以下］、第22章［347頁］）が実現されないときに、反対給付義務からの解放というかたちで債権者を救済するための制度が解除だと捉えられている。債務者の帰責事由を不問に付する見解の台頭は、このように、解除が、不履行に陥った債務者に制裁を課するのではなく、契約をした目的が達成されない債権者に契約からの離脱を許す制度だと位置づけられるようになったことと軌を一にする。

　こうした経緯を踏まえて、以下では、「契約をした目的」（以下、「契約目的」ともいう）という観念による解除の基礎づけをできる限り貫徹する視点に立って、解除に関する規律を検討してみたい。具体的には、債務不履行による解除の原因（2）、範囲（3）を考察したうえで、より広く、契約の拘束力の限界に関わる規律を採り上げる（4）。

2　解除の原因

　解除は、催告解除（541条）と無催告解除（542条）とに区別して規定される。規定の順序とは異なるが、無催告解除から検討する。

(1)　無催告解除
(a)　解除の基礎づけ
　無催告解除の要件においては、契約目的が端的に考慮されている。このことを示すのが、542条1項5号である。同号が「前各号に掲げる場合のほか」

---

2)　辰巳直彦「契約解除と帰責事由」林良平ほか編『谷口知平先生追悼論文集Ⅱ　契約法』（信山社、1993年）332頁。

と定めることは、それが、同項1号から4号までに定める規律の共通項を括り出した規定であることを示している。つまり、同条1項各号は、いずれも「債務者がその債務の履行をせず、債権者が前条の催告をしても契約をした目的を達するのに足りる履行がされる見込みがないことが明らかであるとき」について定めたものである。

契約目的に着目する解除の規律は、改正前の法状況とも無関係ではない。これに言及する規定が各則にあるほか（現行法にも存置されたものとして、607条、611条2項を参照）、より一般的に、判例は、「法律が債務の不履行による契約の解除を認める趣意は、契約の要素をなす債務の履行がないために、該契約をなした目的を達することができない場合を救済するため」であるとして、解除権は、契約目的を達するのに必須の「要素たる債務」の不履行がある場合に発生するとしてきた[3]。

もっとも、従前の判例が、解除の根拠を常に契約目的の不達成に求めていたかについては、議論の余地がある。子細にみると、たとえば、「売買契約締結の目的には必要不可欠なものではないが、……重要な意義をもつ」条項への違反があるときは、契約を解除することができるとした判決がある[4]。これは、契約目的の達成が妨げられるわけではない場合にも解除を認めたものであるかにみえる。

(b) 契約目的の不達成との関係

しかし、後者の判決も、あくまでも契約目的の達成との関係での「重要な意義」を問題とすることからすれば、「要素たる債務」に着目する判決と趣旨を異にするわけではないと考えられる。詳しく述べるならば、こうである。

本件は、代金完済までは目的物（土地）の上に建物その他の工作物を造らない旨が約定されていたにもかかわらず、これに違反したことをもって、契

---

3) 最判昭和36年11月21日民集15巻10号2507頁。この問題に関する考察として、浜田稔「付随的債務の不履行と解除」松坂佐一ほか還暦記念『契約法大系Ⅰ 契約総論』（有斐閣、1962年）316頁があるほか、要を得た整理として、鎌田薫ほか編著『民事法Ⅲ 債権各論』（日本評論社、第二版、2010年）76頁以下（曽野裕夫）を特に参照。

4) 最判昭和43年2月23日民集22巻2号281頁。

約を解除することができるかが問題となった事案であったが、調査官解説は、この約定の意義を次のように分析している[5]。本判決は、「代金の支払義務と目的物件の所有権移転および引渡義務を本質的要素たる債務とみた」と推測される。しかるに、「右特別の約款を合意したのは、売主にとっては代金の完全な支払を確保するために重要な意義があるためであり、買主もこの趣旨を了承して右の合意がされたものであるから、売主としては右特別の約款の義務が履行されなかったならば、本件売買契約を締結しなかったであろう」。そのような意義をもつ約定は、「売買契約の要素たる債務に準じ、あるいは売買契約の要素たる債務と同視して」、その不履行を理由とする解除を認めてよい。

以上の分析によれば、次のようにいえるであろう。まず、「要素たる債務」とは、元来は、典型契約における給付・反対給付を履行すべき債務である。そうすると、建築をしない義務は、それに当たらないというほかない。けれども、売主にとっての契約目的である代金支払債務の履行確保にとって重要な意義を有し、買主も「その趣旨を了承して」「合意がされた」条項は、要素たる債務と同等に扱ってよい。以上は、当事者が合意することで、給付・反対給付の交換以外の事項を「要素」へと格上げすることができる旨を示したものだといえる（第29章［454頁以下］）。このようにみるならば、本判決もまた、要素たる債務の不履行を理由として解除を認めたものと理解することができる。

(2) 催告解除

(a) 解除の基礎づけ

催告は、債務者に再度の履行の機会を与える手続である。裏を返せば、催告に応じて債務が履行されさえすれば、契約目的を達することはなお可能であることが、ここでは前提とされている。

そのような状況において、催告後、相当期間が経過したにもかかわらず履行がされなかったときに、契約を解除することができるのはなぜか。これに

---

5) 鈴木重信「本件判解」『最高裁判所判例解説民事篇 昭和43年度（上）』（法曹会）53頁。

ついては、二とおりの理解があり得る。一つは、契約目的を達せられなくなるために解除が認められるというものであり、もう一つは、契約目的を達することができるか否かにかかわらず、解除が認められるというものである。

　前者の理解は、契約目的の不達成による統一的な基礎づけを目指す[6]。しかし、541 条は、契約目的を直截に問題とする体裁を採ってはおらず、むしろ、不履行の軽微性という観点から催告解除の限界を画している（同条ただし書）。その趣旨については、「売買契約締結の目的には必要不可欠なものではないが、……重要な意義をもつ」条項への違反があるときは解除が認められるとする前述の判例を念頭に置いて、解除が許容される場合を、契約をした目的を達することができない場合よりも広く捉えているのだと説かれることがあった[7]。このような理解に立つときには、後者の理解が支持されよう。

(b)　契約目的の不達成との関係

　けれども、既にみたとおり、判例をそのように理解することに必然性はない。解除の根拠を契約目的の不達成に見出す理解からは、解除の可否が軽微性によって規律される理由は、解除の実体要件とは異なる考慮に基づいて説明されることとなろう。たとえば、以下のように考えられるであろうか。

　解除の可否は、原理的には、契約目的が達せられるか否かの実質的な評価を経て判断されなければならない。しかし、そのような評価は、当事者が解除時に下すことができるものではなく、終局的には、解除の効力が争われたときに裁判所が行う。そうすると、解除の意思表示をした時点では、解除が認められるか否かを債権者が確知することができないこととなるが、それでは、代替取引をしようとする際に大きな不便が生じる。そこで、契約目的の不達成という実体要件に代えて、催告・相当期間経過という手続要件を設定することで[8]、解除の効力を確知することができるようにした[9]。

6）　そのような基礎づけを説くものとして、潮見・債権総論 I 558 頁以下を参照。

7）　このような理解は、部会資料【79-3】において示された。さらに、一問一答（債権関係）236 頁をも参照。そのように理解せざるを得ないとしつつ、これを批判する議論として、磯村保「解除と危険負担」瀬川信久編著『債権法改正の論点とこれからの検討課題』別冊 NBL 147 号（2014 年）82 頁をも参照。

267

とはいえ、契約目的の達成を左右しないことが明白な不履行を理由とする
解除を認めるべきではない。そのため、契約目的の達成可能性を判断するこ
とに代えて、認定がより容易な不履行の軽微性という基準を設定し、それが
認められるときは解除の効力は生じないものとした[10]。このようにみると、
不履行が「軽微である」とは、契約目的の達成に影響を及ぼさないことが明
白であることを含意するといえるであろう。

3　解除の範囲

次に、解除によって契約の拘束力が消滅する範囲を検討する。一部解除と、
いわゆる複合契約の解除とを採り上げる。

(1)　一部解除

無催告解除を定める542条1項は、履行不能（1号）と履行拒絶（2号）を
挙示したうえで、それらが債務の一部のみに関わる場合であっても、「残存
する部分のみでは契約をした目的を達することができないとき」は、契約の
全部を解除することができるとする（3号）。この規定は、債務不履行によっ
て契約を解除することができる範囲も、契約目的の達成可能性に照らして判
断されることを示している。

以上に反して、目的を達することができないとまではいえない場合はどう
なるのか。その場合には、契約が可分であるときは一部解除が認められる（542
条2項）ほか[11]、買主には代金減額請求権が認められることもある（563条2
項）。これら二つの仕組みの関係は、代金減額請求権の法的性質とも関わっ

---

8)　手続要件としては、具体的には様々な事由が考えられるであろうが、催告によって契約目的
　不達成に代替することができるのは、催告後、相当期間が経過したにもかかわらず履行がされな
　いときは、契約目的を達することができない蓋然性が生じるからだと説明することができるであ
　ろう。

9)　以上につき、田中洋「要素たる債務と付随的義務」法教454号（2018年）39頁を参照。

10)　実際上は、無催告解除の意思表示をする際にも、これと併せて、停止期限付の催告解除の意
　思表示を（予備的に）しておくことで、契約解消の効果を確実に得ることができるのではないか
　と思われる。

268

第 17 章 解 除

て検討を要するが、いまは問題を指摘するにとどめたい（第 24 章 [381 頁以下]）。

(2) いわゆる複合契約

これに対して、複数の契約の一部に不履行がある場合において、そのことを理由として他の契約を解除することができるときはあるだろうか。

(a) 議論の現状

この問題については、リゾートマンションの区分所有権（売買契約）とスポーツ施設の会員権（会員権契約）とが購入された事案に関して、よく知られた判決がある[12]。それによると、「同一当事者間の債権債務関係がその形式は甲契約及び乙契約といった二個以上の契約から成る場合であっても、それらの目的とするところが相互に密接に関連付けられていて、社会通念上、甲契約又は乙契約のいずれかが履行されるだけでは契約を締結した目的が全体としては達成されないと認められる場合には、甲契約上の債務の不履行を理由に、その債権者が法定解除権の行使として甲契約と併せて乙契約をも解除することができるものと解するのが相当である」とされる。この定式を出発点として検討を進めたい。

この定式は、複数の契約を統合する「全体としての目的」を観念して、それが達成されるか否かによって、不履行があったわけではない契約の解除の可否が決まるという理解を示している。その意義につき、調査官解説は、「要は契約当事者がどのような目的で何を約定したかなのであって、形式的にはこれが二個以上の契約に分解されるとしても、両者の目的とするところが有機的に密接に結合されていて、社会通念上、一方の契約のみの実現を強制することが相当でないと認められる場合（一方のみでは契約の目的が達成されない場合）には、民法〔旧〕541 条により一方の契約の債務不履行を理由に他

---

11) 一問一答（債権関係）239 頁注 4 を参照。「契約が可分」という表現は同所に用いられているが、これは、正確にいえば、一方で、給付の一部のみについての不履行を問題とすることができ、他方で、反対給付についてそれに対応する部分を観念することができることを意味するものであろう。

12) 最判平成 8 年 11 月 12 日民集 50 巻 10 号 2673 頁。

269

方の契約をも解除することができる」と説いている[13]。

　ここでの問題は、債務の不履行が契約ごとに観念されるのに反して、契約目的は、必ずしも契約ごとに観念されるわけではないとされたことから生じている[14]。判決は、解除の範囲を画するのは「全体としての目的」だとしたのであるが、そうすると、調査官解説も示唆するとおり、契約の個数は、解除の範囲を考えるにあたって本質的な意味をもたないこととなる[15]。さらにいえば、それは、解除の範囲が債務不履行の有無（のみ）によって画されるわけではないことをも含意する。

(b)　解決の意義・射程

　こうした解決の意義と射程を考えたい。

　(i)　第一に、判決は、「いずれかが履行されるだけでは契約を締結した目的が全体としては達成されない」こと（「目的不達成」という）に解除の範囲を画する根拠を見出す。このこととの関係で、複数の契約の目的が「相互に密接に関連付けられている」こと（「密接関連性」という）は、どのような意味をもつのであろうか。

　密接関連性が、二つの契約が互いを前提とする関係にあることを意味するならば、たとえば主従の関係にある二つの契約のように、一方のみが他方の存在を前提とする場合は、本判決の射程外とみるべきこととなろう。しかし、主たる契約が解除されたときに、従たる契約もまたその目的を失い、その効力を失うと考えることは、むしろ当然ではないか。契約目的の不達成による規律は、その場合にも及ぶとみることが正当であろう[16]。上記の定式の適用にあたっては、目的不達成を端的に問題とすれば足り、密接関連性は、それ

---

13)　近藤崇晴「本件判解」『最高裁判所判例解説民事篇　平成8年度（下）』（法曹会、1999年）963頁。

14)　これに対して、解除が及ぶ範囲を契約の個数と一致させることも考えられる。先駆的な主張として、金山直樹「本件判批」法教201号（1997年）114頁、渡辺達徳「本件判批」新報104巻4号（1998年）177頁を参照。潮見・債権総論I 576頁注43も、「この判決が扱った事案の処理としては1個の契約とみるのが適切」であったと評する。

15)　鎌田ほか編著・前掲書（注3)）88頁（曽野）を参照。

が生じる場合を例示的に敷衍したものとみるべきだと考えたい。

(ii) 第二に、不履行のなかった契約が解除されることの根拠規定は何か。その前提として、この場面における解除の理論構成につき、①一方の契約の不履行を理由として他方の契約をも解除することができるのか（二個の解除）、それとも、②不履行のあった契約についてされた解除の効果が他方の契約にも及ぶのか（一個の解除）が明らかにされなければならない。判例の立場は、「法定解除権の行使として甲契約と併せて乙契約をも解除することができる」という定式からは直ちに判然としないが、「本件売買契約を解除することができる」と結論づけたところからは、①の構成が前提とされたことが窺われる。

上記①によれば、ここでの問題は、債務不履行によらない解除の可否という観点から考察されるであろう。これを正面から認めた規定はない。ただ、目的不達成が解除の根拠となるという思想を示す限りで、542 条 1 項 5 号を準用（あるいは類推）することは考えられそうではある。

そのうえで、この構成によるときには、不履行のない契約を解除するか否かは、解除権者である債権者の選択に委ねられることとなろう。けれども、二つの契約の目的が「有機的に密接に結合」されている状況において、解除権者が解除の対象を一方的に決することを認めることは、はたして適切なのか。契約全部の解除が可能な場合に、その一部のみを解除することができることと平仄を合わせるならば、これを認めて差支えないと考えられそうではある。ただ、上記②の構成に即して問題を捉えるときには、他方の契約が解

---

16) 旧民法財産編 302 条は、「主たる合意」「従たる合意」という概念を定めていた。それによると、主たる合意とは、「合意ノ成立カ他ノ合意ノ成立ニ関係ナキトキ」をいい（同条 2 項）、従たる合意とは、その「反対ノ場合」をいう（同条 3 項）。そして、主従の関係がある二つの合意の間には、①「主タル合意ノ無効ハ従タル合意ノ無効ヲ惹起ス」る（同条 4 項本文）のに対して、②「従タル合意ノ無効ハ主タル合意ノ無効ヲ惹起セス」（同条 5 項本文）という取扱いが認められる。ただし、③「当事者カ其二箇ノ合意ヲ分離ス可カラサルモノト看做シタルトキ」は、従たる合意が無効であることによって、主たる合意も無効となる（同項ただし書）。なお、主従の認定は、契約の解釈によって行われる（G. Boissonade, *Projet de Code civil pour l'empire du Japon, accompagné d'un commentaire*, tome II, nouvelle édition, Tokio, 1891, n° 35, p. 47）。これに倣って理解するならば、平成 8 年判決は、主従の関係がない契約における上記③の取扱いを解除に即して論じるとともに、上記①をも含意するとみることができるであろう。

除されるか否かは、解除が及ぶ範囲という観点から、当事者の意思から切り離して考察する余地があるかもしれない。

(iii) 第三に、解除の範囲が債務不履行によって画されないとすれば、さらに進んで、債務不履行だけが解除の原因だと考える必要はないのではないかとの疑問も生じる。もちろん、法定解除は債務不履行の救済の一種なのだから（第14章［224頁以下］）、その適用に関する限りでは、このような疑問を投じることは無意味である。ただ、前記判決の理解としては、債務不履行という観点だけでは限界があるとして、これをいわゆる目的不到達の法理と結びつける議論があることにも注意されてよい[17]。この観点からは、契約目的とは何であり、契約の解消を基礎づける諸法理とどのように関わるかが問われよう。

4 契約の目的とは？

債務不履行の救済を離れて、契約目的の不達成それ自体に目を向けてみると、以上に述べたことに関連して様々な問題がある。

(1) その他の解除における役割

まず、上にも示唆したとおり、債務不履行以外の理由で契約の解除が基礎づけられる場合があるかが問題となる。いわゆる信頼関係破壊の法理を採り上げたい。

(a) 賃貸借

賃貸借における信頼関係破壊の法理の意義については、催告解除の制限と、無催告解除の基礎づけという二つの側面があると説かれる。ここでの関心は、後者にある。検討の手がかりとして、次の判例を採り上げたい[18]。

事案の概要はこうである。ショッピングセンターとするために一棟の建物

---

17) 特に、小野秀誠『民法の体系と変動』（信山社、2012年）71頁以下を参照。
18) 最判昭和50年2月20日民集29巻2号99頁。

第17章 解除

が区分して賃貸されている状況において、賃借人が、他の賃借人に迷惑をかける商売方法をとって他の賃借人と争うなどしたうえ、他の賃借人からの苦情に対応して注意を与えた賃貸人に対して暴言・暴行を加えた。この賃貸借には、ショッピングセンターの正常な運営維持のために特約が付されており、賃借人が、粗暴な言動を用いたり、濫りに他人と抗争したり、あるいは他人を煽動してショッピングセンターの秩序を乱したりすること等が禁止されていた。以上の事実関係のもとで、判決は、賃貸借の基礎である信頼関係は破壊されるに至り、賃貸人は無催告で契約を解除することができるとした。

　この解決については、まず、解除の根拠規定が問題となる。これまでの検討を承けて、賃貸借契約の目的不達成という観点から考えてみると、特約違反は、ショッピングセンターとしての静謐な利用を妨げる点で、当事者間において合意された契約目的の達成を妨げる行為であるとの見方はできそうである。これによると、信頼関係の破壊を理由とする無催告解除の根拠は、542条1項5号に求められるであろう[19]。

　そのうえで、さらに進んで、信頼関係破壊の法理は「不履行なき解除」をも基礎づけるとの議論がある[20]。実際にも、判決は、「賃借人の右特約違反が解除理由となるのは、それが賃料債務のような賃借人固有の債務の債務不履行となるからではなく、特約に違反することによって賃貸借契約の基礎となる賃貸人、賃借人間の信頼関係が破壊されるからである」としており、そのような理解を窺わせる。けれども、不履行なき解除を認めることには異論もあり[21]、本件でも、特約違反をもって債務不履行——付随義務違反——と評価すれば足りるとの見方も成り立つところではある。

(b)　使用貸借

　使用貸借における信頼関係の破壊の問題においては、債務不履行との関係

---

19)　潮見・債権総論 I 574頁を参照。

20)　山本・契約485頁、潮見・契約各論 I 423頁以下（その根拠は、542条1項5号の類推適用であるとする）を参照。

21)　この点につき、田中洋「判批（最判平成8年10月14日民集50巻9号2431頁）」窪田充見＝森田宏樹編『民法判例百選 II 債権』（有斐閣、第九版、2023年）109頁を参照。

273

はさらに微妙である。

　これについても、著名な判例がある[22]。そこでは、「さしたる理由もなく老父母に対する扶養を廃し、被上告人ら兄弟（妹）とも往来を断ち、三、四年に亘りしかるべき第三者も介入してなされた和解の努力もすべて徒労に終って、相互に仇敵のごとく対立する状態となり、使用貸借契約当事者間における信頼関係は地を払うにいたり、本件使用貸借の貸主は借主……に本件土地を無償使用させておく理由がなくなってしまった」として、使用貸借の解除が認められた。その根拠規定は、旧597条2項ただし書（現598条1項に相当）の類推適用に求められる[23]。

　この解決もまた、契約目的という観点から基礎づけることができないものではない。一般的にいって、無償で財産的利益を与えるときは、いわばそれと引換えに精神的な満足を得ることが企図される（第27章［421頁］）。本件では、借主が本件土地上で他の兄弟と協力して会社を経営することで、その収益によって老年に達した父・母を扶養し、なお余力があれば経済的自活能力のない兄弟をもその恩恵に浴させることが企図されていたと認定されている。そのような契約においては、精神的な満足を得られる状況が存続することをもって契約目的と捉える余地があろう。そうすると、本件にいう信頼関係の破壊とは、そのような状況が消滅して契約目的を達せられなくなることをいうとみることができる。

　もっとも、精神的な満足を与えることは、借主の債務の内容ではないから、ここで債務不履行による解除を問題とすることはできない。そのような場合における無催告解除もまた542条1項5号に関わるとみて、これを準用・類推すべきかについては、先に述べたところ（3(2)(b)）と同様の問題がある。

(2)　解除以外の制度における役割

　ところで、契約目的の不達成を理由として契約の拘束力からの解放を認め

---

22)　最判昭和42年11月24日民集21巻9号2460頁。

23)　判例の意義を契約目的という観点から考察するものとして、岡本詔治『不動産無償利用権の理論と裁判』（信山社、2001年）250頁以下を参照。

第17章　解除

る仕組みは、解除のほかにもある。それら諸制度の要件には、何らかの共通
点があるのだろうか。

(a)　錯誤との関係

この観点からは、錯誤との関係が重要である（第8章［126頁］、第29章［454
頁］）。先にみた平成8年判決の事案においても、契約の解消を基礎づけるた
めに錯誤（95条1項2号）を主張することは、十分に考えられる[24]。

基礎事情錯誤は、一定の事情が「法律行為の基礎とした事情」とされ、か
つ、それが「表示」されたことを要件とする（95条2項）。その理解をめぐ
っては見解の対立があるが、錯誤のリスクを相手方に転嫁する旨の合意とし
てこれを根拠づける見解が有力に展開されていることは、既に確認した（第
8章［134頁以下］、第10章［158頁］）。

それでは、解除の基礎づけとなる契約目的は、どのようにして設定される
のか。この点については、旧来の判例によって、給付・反対給付の交換以外
の事項を「要素」へと高めるためには当事者の合意が求められるという理解
が示唆されていたことをみた（2(1)(b)）。こうした理解を裏書きする規定とし
て、定期行為に関する542条1項4号が重要である。

定期行為とは、「特定の日時又は一定の期間内に履行をしなければ契約を
した目的を達することができない」（542条1項4号）場合をいうが、ある契
約が定期行為であるか否かは、「契約の性質又は当事者の意思表示」によっ
て定まる（同）。ここで「意思表示」が掲げられるのは、通常は契約の目的
に関わるとはいえない事項を、当事者の意思表示――より正確にいえば、合
意――によって契約の目的にまで高めることができることを明らかにしたも

---

24)　本件では、錯誤を主張しない旨の釈明がされたようである（近藤・前掲判解（注13））968頁
注27を参照）。錯誤を主張しなかったのは、違約金の支払を請求することと矛盾する（この点に
つき、第15章［239頁］を参照）からであろうか。上告審では、この請求が認容されている。
もっとも、これについては、次のような問題がある。本件は、スポーツ施設の会員権契約の不履
行を理由として、これと一体をなすリゾートマンションの区分所有権の売買契約を解除すること
が認められた事案であるが、違約金に関する条項は売買契約にのみ定められていた。そうすると、
売買契約については債務不履行がないとしつつ、この契約に基づいて違約金の請求が認容された
こととなりそうである。それがどういう理屈なのかは、必ずしも判然としない。

275

のだと考えられてきた[25]。

こうしてみると、錯誤、解除のいずれもが、契約の拘束力の限界を当事者の合意によって明らかにするための仕組みを備えていると理解することができるであろう。錯誤の重要性が「法律行為の目的」に照らして判断される（95条1項柱書き）ことにも、併せて注意しておきたい。

(b) 「契約をした目的」の体系的な位置づけ

ところで、契約目的が達成されるか否かは、旧来の判例においては、「要素」という概念によって説明された。これと同じ概念は、契約の成立（第5章）、錯誤（第9章）においても用いられていた。

これは、偶然の一致ではなく、契約の成立、有効性、履行のいずれの段階においても、契約の拘束力の限界が契約目的によって画されることを反映したものだとみられる。子細にみれば、各法理の適用場面に応じた違いはあるかもしれない。しかし、いずれも契約の拘束力の限界に関わる問題であることを考えれば、その要件の基本的な部分には共通性があるとみることが、検討の出発点としては理に適うであろう。さらに敷衍すれば、こうである。

まず、給付と反対給付は、要素を構成する。すなわち、これについて意思の合致を欠けば契約は成立せず（522条1項。第5章［83頁］）、その意思に瑕疵があれば契約の効力が否定され（95条1項1号。第9章［149頁］）、それが履行されないときは契約を解除することができる。契約は債権の発生原因だから、その目的は、まずもって、給付と反対給付の履行――有償・双務契約に即していえば「交換」（第22章［347頁］）――によって実現されるのである。

さらにいえば、民法は、給付と反対給付との組合せに着目して各種の典型契約を類別している。給付と反対給付は、このように、いわば契約の枠組みを決定する役割を果たすものである。

---

25) 学説においては、契約の性質による定期行為、当事者の意思表示による定期行為は、それぞれ、絶対的定期行為、相対的定期行為とよばれる。相対的定期行為は、債権者の動機からみて、期間内に履行がされなければ契約をした目的が達せられない場合であるとされ、この動機は「相手方に示され相手方がこれを諒解することを必要とする」とされる（我妻・債権各論上169頁）。これは、動機の錯誤が顧慮されるために求められてきたところと同様の規律だといえるであろう。

第 17 章　解除

　次に、各当事者は、自らの意思に従って契約目的を自由に決定することができる（521条2項を参照）。ただ、ある事項が、各当事者にとっての動機にとどまらず、両当事者にとっての——つまり、その契約の——目的となるためには、合意が必要である。そうして合意された事項につき、意思の合致を欠けば契約は成立せず、誤った表象を抱いたときは契約の効力が否定され（95条1項2号）、それが実現されないときは契約を解除することができる（542条1項5号を参照）。

　こうして当事者の合意を通じて目的が設定されると、それが契約の枠組みに組み入れられ（**序章**［15頁]）、種々の場面において契約の規律を方向づける役割を果たすこととなるのである。

5　おわりに

　第14章から**第17章**まででは、債務不履行の救済を検討した。それらは、二系統の法理によって複線的に構成されていたといえる。

　一つは、不履行＋責任の系統である（**第15章**）。債権者は、債権の効力として、その履行を請求することができる（414条を参照）のはもちろん、それが履行されないときは損害賠償を請求することができる（415条）。損害賠償は、債務者に対して本来の債務とは異なる負担を課するものだから、免責の可能性が認められる（同条1項ただし書）。その反面、これは、債務の不履行のみに結びつけられた救済であり、不履行がある以上、それが契約目的の達成に関わるか否かを問わず、常に発生する。

　もう一つは、不履行＋目的不達成の系統である（**第16章**、**第17章**）。相手方による債務不履行が生じたとき、双務契約の当事者は、契約の効力として、自らの履行を拒絶し（533条、536条）、契約を解除する（541条、542条）ことができる。これらは、債務不履行を（一応の）前提として、それによって「契約をした目的」が達せられなくなる状況に結びつけられた救済である。その反面、これらは、債務者に対して本来の債務と異なる負担を課するものではないから、債務者の責めに帰することができない事由によって不履行が生じたときにも認められる（ただし、543条を参照）。

277

第18章
多数当事者の債権関係

1　はじめに

　民法は、「多数当事者の債権及び債務」という標題で、分割債権（債務）（427条）、不可分債権（債務）（428条）、連帯債権（債務）（432条）、保証債務（446条）についての規定を設けている[1]（以下、これらの場面における債権と債務を総称して「債権関係」という）。多数当事者の債権・債務とは、「一個の債権関係について、数人の債権者があるもの、または数人の債務者があるもの[2]」をいうなどと説明されてきた。

　この説明は、多数当事者の債権関係を「債権関係」の単一性によって特徴づける。この点については、さらに、多数当事者の債権関係を「一個の債権または一個の債務が多数の者に帰属する場合」とするのは誤りであり、「一個の債権関係について」、あるいは「一個の『給付』について」債権者または債務者が多数いる場合とするのが正確であるとも説明されている[3]（傍点

---

1 ）　注民⑾ 1-11 頁（西村信雄）、同 11-17 頁（椿寿夫）の各前注、連帯債務（同 45-75 頁）や保
　　証債務（同 177-223 頁）に関する叙述（いずれも椿寿夫）は、この問題に関する優れた理論的考
　　察である。改正については、山田誠一「多数当事者の債権および債務（保証債務を除く）」債権
　　法改正と民法学Ⅱ 145 頁を参照。
2 ）　我妻・債権総論 374 頁。
3 ）　我妻・債権総論 375 頁。もっとも、同 401-402 頁には、連帯債務につき、現時の学説は「単
　　一の債務関係によって構成される連帯債務なるものを認めない」との叙述がある。

はいずれも引用者による）。

けれども、多数当事者の債権関係とよばれる場面について、これらの説明がはたして本当に妥当するのであろうか。あるいは、「一個の債権関係」と「一個の給付」は、同じことに帰するのであろうか。以下では、上に掲げた四つの場面の取扱いを順次概観しつつ、これらの問題を検討したい。

2　分割債権関係

民法は、多数当事者の債権関係につき、各債権者または各債務者が、それぞれ等しい割合で権利を有し、義務を負うとする（427条）。

この規定は、二つの原則を明らかにする。一つは、多数当事者の債権関係が原則として分割債権関係であること、いいかえれば、連帯が推定されないことである。もう一つは、分割債権関係において、各当事者の権利・義務が、原則として頭数に応じて平等の割合で分割されることである。

たとえば、Xが、Y_1・Y_2 との間で一つの消費貸借契約を締結し、両人に対して5000万円を貸し付けたとする。上の規定によると、この場合には、Xは、Y_1、Y_2 それぞれに対して、2500万円の金銭債権を有することとなる。

以上は、「一個の債権関係について、数人の債務者がある」場合なのか。上の例とは異なり、Xが、別個の消費貸借契約に基づいて、Y_1 に対して2500万円、Y_2 に対して2500万円をそれぞれ貸し付けたときは、Xは、Y_1、Y_2 それぞれに対して、2500万円の金銭債権を有することとなるが、この場合には、X・Y_1、X・Y_2 間に二つの債権関係が存在することは疑いはない。しかるに、分割債権に関する上記の例の取扱いも、これと異ならない。そうすると、分割債権関係においても「一個の債権関係」が存在するとはいえないであろう。

それにもかかわらず、この場合が多数当事者の債権関係だといわれるのはなぜか。それは、債権関係ではなく、その発生原因——ここでは契約——の一方の当事者として、多数の者が関与するからではないかと思われる[4]。「連帯が推定されない」とか、「平等の割合で分割される」というのも、債権の発生原因である契約の解釈準則にほかならない（427条が「別段の意思表示」

279

に言及することをも参照)。

3 不可分債権関係

(1) 不可分性の根拠

不可分債権関係とは、「債権の目的がその性質上不可分である場合」における債権関係をいう（428条、430条）。債権の目的が不可分である以上、この場合には、全員が共同して履行し（不可分債務）、または全員に対して共同して履行する（不可分債権）ほかない。そのため、分割債権関係とは異なる取扱いが妥当する。

ところで、「債権の目的」とは給付であるから、それが不可分である場合には、一個の給付について債権者または債務者が多数いることとなる。そうすると、多数当事者の債権関係に関する上の定義は、不可分債権関係には妥当しそうである。しかし、次の点に注意が必要である。

「債権の目的」が不可分であるというのは、本質的には給付の問題であって、当事者の問題ではない。債権者・債務者がいずれも単一であっても、一つの土地や、30巻の全集をセットで売るような場合には、債権の目的物が不可分であることに起因して、債権の目的も不可分である[5]。それが多数当事者の債権関係として扱われるのは、給付が不可分であるという事情に、「数人の債権者（債務者）がある」（428条、430条）という事情が加わるからである。この点で、不可分債権関係は、債権関係の当事者が複数存在することを必須とする連帯債権関係とは本質を異にする。

---

4) 我妻・債権総論375頁は、「一個の債権関係」とは、「当該債権関係を発生させた法律要件」が単一であることを意味するという。中田・債権総論500-501頁の説明も、契約の当事者に着目して多数当事者性を基礎づけているようにみえる。

5) 旧民法財産編439条本文は、「単数ノ義務ハ債権者ト債務者トノ間ニ在リテハ不可分タル如ク之ヲ履行スルコトヲ要ス」として、単一当事者間の債権関係においても給付の可分・不可分性を想定する。この規定は、性質上は可分な債権であっても、単一当事者間の債権関係においては履行期に全部を弁済しなければならないことを明らかにする趣旨のものである（G. Boissonade, *Projet de Code civil pour l'empire du Japon, accompagné d'un commentaire*, tome II, nouvelle édition, Tokio, 1891, n° 426, p. 499）。

(2) 意思表示による不可分

ところで、2017年改正によって、不可分債権関係については、「当事者の意思表示によって不可分である場合」(旧428条)を規律対象から除外するという変更が加えられた。すなわち、不可分債権(債務)に関する現行規定(428条、430条)は、「債務の目的がその性質上不可分である場合」のみを対象とする[6]。取引通念に照らしてみれば可分な給付を、当事者の合意によって不可分のものとして扱うことは、契約自由の原則からすれば自由なはずである。しかし、現行法のもとでは、そのような合意は、可分な給付について連帯の約定をするものと解釈されることとなろう。

とはいえ、上に確認したとおり、給付が不可分であることは、理論的には、当事者間に連帯関係が存在することと同義ではない。両者の違いが現れそうな場面としては、相続が介在する場合を指摘することができる。連帯債務は、相続によって分割され、相続人は、分割された限度で他の債務者と連帯して責任を負うとするのが判例の立場である[7]。これに対して、給付が不可分である場合には、あくまで理論的にみれば、相続によって債務が分割されることはないであろう。現行法は、その場合をも連帯債権関係として扱うことで、相続による分割という帰結を当事者の意思表示によって排除する余地を否定したものとみられる。

4 連帯債権関係

連帯債権関係とは、その性質上は可分である単一の給付につき、複数の当事者間に連帯の関係がある場合をいう。連帯債権(432条)と連帯債務(436条)とがあるが、後述する理由により((1)(b))、実際に重要なのは連帯債務だから、以下では、連帯債務のみを考察する。

---

6) 一問一答(債権関係)126頁。
7) 最判昭和34年6月19日民集13巻6号757頁。

(1) 連帯債務の性格

(a) 連帯債務の構造

連帯債務は、その性質上は可分である単一の給付について、各債務者が独立に全部の給付を債権者に対してすべき債務を負担し、かつ、そのうちの一人の給付があればすべての債務者が債務を免れる場合である。

たとえば、Xが、$Y_1 \cdot Y_2$との間で一つの消費貸借契約を締結し、両人に対して5000万円を貸し付け、Y_1とY_2がこれを連帯して返済する旨を約定したとする。この場合には、Y_1とY_2のそれぞれが、同じ5000万円の支払義務を負う。その結果、すべての債務者が給付の全部について義務を負い、かつ、債権者に対して総額で5000万円が給付されれば、すべての債務者との間で債権関係が消滅する。このような性質は、給付の「一倍額性」などとよばれ[8]、連帯債務の基本的な性質とされる。

以上のことは、理論的には、次のように説明することができるであろう。連帯債務においては、債権関係は、債務者の数に応じて複数存在する。だから、債権者は、それぞれの債務者に対して債権を行使することができる（436条）。各自が独立に債務を負担するとは、このことをいう。ただ、それらの債権関係は、単一の給付を目的とする。だから、だれかがその給付をすれば債務は目的を達し、これによって、すべての債務者との間で債権関係が消滅する。

以上の説明は、債権関係とは、債務者に対する請求権能を基礎づける関係をいい、給付とは、債権関係をいわば手段として債権者にもたらされる利益をいうとの整理を前提とするものである。債権者・債務者ともに単一であるときは、債権関係と給付との間には対応関係が認められる。これに対して、上にみたとおり、連帯債務においては両者の間にずれが生じる。このように整理することで、一倍額性とよばれる特徴も矛盾なく理解することができるであろう[9]。

---

[8] 近江・債権総論172頁。中田・債権総論522頁をも参照。

第18章　多数当事者の債権関係

(b)　連帯債務の機能

その機能に即してみれば、連帯債務は、一倍額性によって履行の確実性を高める。

たとえば、上にみた消費貸借の例において、Y_1 が 1 億円の資産を有するのに対して、Y_2 が無資力であったとする。その場合には、かりに Y_1 と Y_2 が分割債務を負うとすると、X は、Y_1 からは 2500 万円の弁済を得られる一方で、Y_2 からは弁済を得られないこととなる。これに対して、Y_1 と Y_2 が連帯債務を負うときには、X は、Y_1 から 5000 万円全額の弁済を得ることができる。

以上のことは、理論的には、次のように説明することができるであろう。分割債権関係においては、Y_1 と Y_2 が負う債務は、各人の責任財産のみを引当てとする。これに対して、債務者間に連帯の関係が存在するときは、両者が同一の給付を義務づけられるのに伴って、すべての債務者の責任財産を合わせたものがその引当てとなる。このように、いわば総債務者の責任財産が一つにまとめられた状態を作り出すところに、連帯債務の機能がある。

(2)　連帯債務の規律

上にみたとおり、債権関係と給付とを区別することは、連帯債務の規律を説明する際にも一定の有用性をもつと考えられる。

(a)　給付の態様

連帯債務においては、請求権能については、それぞれの連帯債務者との関係で異なる取扱いを約定することができる。たとえば、それぞれの債務につき、異なる条件・期限を付することができる。同様に、一部の債務のみを保証したり、一部の債務だけをさらに連帯債務の目的としたりすることもできる。連帯債務者の一人が負う債務について共同相続や併存的債務引受が生じ

9）　加賀山茂「保証の本質から見た改正民法の問題点——民法学における腐敗の構造の一斑」深谷格ほか編著『大改正時代の民法学』（成文堂、2017 年）274 頁は、一倍額性という説明は矛盾であるとするが、本文のように理解するならば、整合性は保たれるであろう。

たときには、そのような法律関係が発生する[10]。

(b) 絶対効と相対効

(i) 債権関係と給付とを区別することは、特定の連帯債務者のみについて生じた事由が他の債務者にも影響を及ぼすか否かを考える際にも意味をもつ。少し立ち入って検討したい。

民法においては、一部の連帯債務者について生じた事由は、他の連帯債務者には影響を及ぼさない——その意味で、連帯債務者について生じた事由の効力は、それぞれの債務者ごとに相対的に生じる——ことが原則とされる（441条本文。相対効の原則）。

これに対して、絶対効が生じる根拠は、旧来は、連帯債務者間に主観的共同関係があるとか、連帯債務者が相互の債務を保証し合う関係に立つからだと説明されてきた。しかし、現行法の規律は、上のいずれかの見方から統一的に説明することは難しく、個別の事由ごとに政策的に効力を決したにすぎないように思われる。

この点について、整理を試みたい。二点に注意が必要だと考える。

(ii) 第一に、「債務の消滅」といわれるものには、厳密にみると二つの異なるものがあると考えられる[11]。

一つは、給付結果の実現である。債務が弁済された場合のように、給付結果の実現によって債権者が満足を得たときは、連帯債務は絶対的に消滅する。弁済のほか、これと同様の経済的利益をもたらす行為——たとえば、代物弁

---

10) 以上のこととの関係では、債務の「目的」と「態様」とが区別される（448条を参照）ことが重要である。債務の目的、つまり給付は、すべての連帯債務者について単一である。これに対して、債務の態様とは、債務の「ありよう（manière d'être）」であって（Boissonade, *supra* note 5), n° 297, p. 339)、条件・期限や連帯・不可分といった性質を意味する（「態様」の具体的な内容につき、旧民法財産編401条が「体様」について定めるところを参照）。これは、給付の内容そのものを定めるわけではないから、その点が異なっていたとしても、債務の性質に影響を及ぼすことはない。本文に述べたことは、いずれも債務の態様に関わる。

11) 以下にみる二つの側面は、弁済と履行との概念的な区別に対応するともいえよう。弁済は、給付結果の実現を意味するのに対して、履行は、債権関係に基づいて義務づけられた給付行為の実行を意味する。

済（482条）、弁済供託（494条）、相殺（505条・439条1項）——が、これに当たる。これらの事由が生じたときは、絶対効を認めざるを得ない。

もう一つは、債権関係の消滅である。ここでは、債務の目的である給付そのものは実現されないけれども、債権者が債務者に対して有する請求権能が消滅する。この場合には、連帯債務の消滅は、相対的であり得る。その理由は、二つの観点から説明することができる。第一に、請求権能の基礎となる債権関係は、連帯債務者ごとに存在するのだから、その一つの消滅が他に影響を及ぼすことは必然ではない。第二に、債権者が給付を得ていない以上、他に連帯債務者がある限り、他の債務者に対する請求権能を行使してその満足を得ることは妨げられない。

なお、債権者と特定の連帯債務者との間における請求権能の消滅は、連帯債務者間の内部関係には影響を及ぼさない。連帯債務者間の関係は、債権者の関与にかかわらず、債務者間で形成されるものだからである。したがって、たとえば、一部の連帯債務者に対して免除がされた場合において、免除を受けなかった債務者が連帯債務を弁済したときは、その債務者は、免除を受けた債務者に求償することができる[12]。このように考えると、民法の規定に従ってされる相対効のある免除とは、結局のところ、特定の連帯債務者に対しては請求をしないことを約する（不訴求約束）のと同じ結果をもたらすにすぎず、ただ、債権者との関係では債務消滅の効力を与えられるものだと理解すべきこととなろう[13]。

(iii) 第二に、債権関係の消滅が生じる場合には、消滅の原因にも二つのものがある。

一つは、法律行為である。この場合には、当事者は、その法律行為によっ

---

12) 逆にまた、請求を免れた連帯債務者から債権者に対して自発的に弁済がされたときも、連帯債務の弁済として扱うべきであろう。その結果、その者から他の連帯債務者に対する求償は、第三者弁済ではなく、連帯関係に基づくものとして扱われることとなる。

13) 我妻・債権総論417頁は、「そのようなものは債務免除ではない、という反論があるかもしれないが、それは言葉の問題である」という（星野・概論III 164頁をも参照）。これに対して、不訴求約束と相対的免除とを区別する議論として、淡路・債権総論357頁、平野・債権総論274頁を参照。

て、絶対効・相対効のいずれを生じさせるかを選択することができる。その
ため、法律行為による債務消滅事由について民法が定める効力の根拠は、当
事者の意思の推定だと説明される[14]。たとえば、債権者と一部の連帯債務者
との間で更改が合意されたときは絶対効が生じる（438条）のに対して、債
権者が一部の連帯債務者に対して債務を免除したときは相対効が生じるにと
どまる（441条本文）が、これらはいずれも意思の推定を根拠とするから、
別段の意思表示を妨げない（同条ただし書を参照）。

　なお、他の債務者に対して債権関係の消滅の効果を及ぼす際にも、他の債
務者から代理権を授与されている必要はない。自らが満足を得たと認めるこ
とは債権者の自由であり、その場合には、給付結果の実現と同じく絶対効を
認めてよいからである。したがって、たとえば、債権者は、債務者の一人の
みを相手方として、総債務者に対する関係で連帯債務を免除することができ
る[15]。

　債権関係の消滅をもたらすもう一つの原因は、法の規定である。この場合
における効果も、論理的には、相対効・絶対効のいずれにも結びつけること
ができる。しかし、現行法は、債務者が相互の資力を補い合うことで債権の
効力を強化する点に連帯債務の機能を認め、これを維持するために、政策的
な観点から相対効の原則を採用した。もっとも、以上は、あくまでも政策的
な理由に基づく取扱いだから、当事者の合意によって絶対効を認めることは、
やはり差支えない（441条ただし書）。

　(iv)　なお、以上のほか、法が例外的に絶対効を認める場合として、混同が
ある（440条）。これは、求償の循環を避けるという実際上の要請に基づく取
扱いである。加えて、絶対効を否定したからといって債権の効力が強化され
るわけではないことにも注意を要しよう。

(3)　連帯の免除

　以上との関係で、連帯の免除にも触れておきたい。

---

14)　この点につき、部会資料【67B】の説明をも参照。

15)　最判平成10年9月10日民集52巻6号1494頁を参照。

第18章 多数当事者の債権関係

　連帯の免除とは、債権関係そのものを消滅させることなく、ただ、連帯債務者間に存在する連帯関係を解消する——つまり、債権者が債務者に対して請求することができる債務を負担部分の限度にとどめ、その他の部分については請求しないものとする——ことをいう。債務の免除（519条）と同じく、債権者の単独行為によってすることができると考えられてきた[16]。

　連帯の免除は、それが及ぶ債務者の範囲に応じて、絶対的連帯免除と相対的連帯免除とに区別される。絶対的連帯免除は、すべての債務者との間で連帯関係を解消させる。これにより、連帯債権関係は、分割債権関係へと転化する。これに対して、相対的連帯免除とは、一部の連帯債務者のみについて他の債務者との連帯関係を解消し、分割債務とすることをいう。この場合には、連帯の免除を受けた一部の債務者との関係でのみ分割債権関係が発生し、他の債務者との関係では、依然として全額について連帯債務関係が存続する。

　連帯の免除もまた、債権者と連帯債務者との間における請求権能に変更を加えるにとどまり、連帯債務者間の内部関係には影響を及ぼさない。したがって、たとえば、相対的連帯免除がされた場合において、免除を受けなかった債務者が連帯債務を弁済したときは、その債務者は、連帯の免除を受けた債務者に対しても求償することができる。

　これに対して、絶対的連帯免除がされた場合には、連帯債務者の内部関係は消滅すると考えなければならない。しかし、これも、連帯の免除によって内部関係が直接に消滅することを意味しない。連帯債務者間の内部関係は、連帯の関係の存在を前提とするから、連帯の免除によって連帯の関係が消滅したときは、その目的を失っていわば反射的に消滅するにすぎない。

---

16)　連帯の免除は、債務の免除ではなく、債務の態様（前掲・注10)）の変更である。しかし、債務者に利益をもたらす行為である点では免除と同様だから、これもまた債権者による単独行為だと考えてよい。

287

5 保証債務

(1) 保証の性質

　保証債務とは、主たる債務者がその債務を履行しないときに、その履行をすることを目的とする債務をいう（446条1項）。

　法的性質からみると、保証債務には、その他の多数当事者の債権関係とは大きく異なる面がある。主たる債務と保証債務との間には、発生原因・給付のいずれについても共通性がないからである。つまり、保証債務は、保証契約（446条2項を参照）に基づいて発生するのであって、主たる債務と同一の原因に基づいて発生することはない。また、保証債務は、主たる債務の不履行を担保するという給付（いわゆる「担保する給付」）を目的とするものであり、主たる債務と同一の給付を目的とするわけではない。

　この点の差異は、具体的には次のようなかたちで現れる。

　債権者と保証人との関係についていえば、保証においては、債務を負う者が複数存在する場合だけが想定される。つまり、連帯債権などと同じ意味での「保証債権」なるものは存在しない。

　また、主たる債務者と保証人との関係についていえば、負担割合のある保証債務や、保証人の求償権のない保証債務を観念する余地はない。もちろん、主たる債務者と保証人との間で、保証人が求償権を有しないものとする旨を約することはできる。しかし、それは、求償権の放棄──一種の免除（519条）または贈与（549条）──にすぎない。

　保証債務がもつこれらの特徴は、保証の経済的作用に着目していえば、いずれも「担保」たる性質からの帰結だとみることができるであろう[17]。

---

[17]　ここにいう「担保」たる性質は、「保証債務ハ主タル債務ノ為メ二存シ自存ノ目的ヲ有セス」（石坂・債権総論中 980-981 頁）とされる点に現れる。いいかえれば、保証債務の経済的作用は、それ自体として同定することはできず、主たる債務の経済的作用を──その不履行の場合に債権者に満足を得させる給付を義務づけられることを通じて──いわば「写し取る」ことによってはじめて同定される。この点に、担保する給付の一つの特徴（於保・債権総論 26 頁）が現れていると考えられる。

(2) 連帯保証

連帯保証とは、保証人が催告・検索の抗弁権を有しない場合をいう（454条）。

連帯保証における当事者間の関係は、保証人に催告・検索の抗弁がないだけであって、本質的には単純保証と異ならない[18]。いいかえれば、連帯保証人も、主たる債務者による不履行の担保を目的とする債務を負担するが、ただ、単純保証とは履行の態様を異にするだけである。

ところで、民法は、連帯保証につき、「主たる債務者と連帯して債務を負担」（454条）する場合だと定める。けれども、主たる債務者と保証人との間に連帯債権関係が生じるわけではない。上述のとおり、保証人は、主たる債務者と同一の給付を目的とする債務を負担するわけではないからである。

たしかに、連帯債務に一倍額性があるのと同じく、主たる債務者・保証人間にも、それぞれの当事者が全額を弁済する義務を負うという関係が生じる。しかし、その根拠となるのは、給付の単一性ではなく、担保たる性質である。このことの帰結として、連帯債務は、連帯関係が消滅すれば負担部分に応じた分割債務に転化するのに対して、保証債務は、単純保証となっても、主たる債務の全額についてその不履行を担保する。保証債務の態様から連帯性が失われても、その給付が担保たる性質——担保の不可分性——を有することに変わりはないからである。

以上のとおり、主たる債務者・保証人間の関係をみる限り、連帯保証と連帯債務との間には、理論的な面での共通性があるとは考え難い。

6　債権の準共有——補論

(1) 多数当事者の債権との異同

以上にみてきた多数当事者の債権関係に関する規定は、共有に関する物権法の規定の特則だと説明されることがある[19]。しかし、この説明には疑問がある。

---

18) 連帯の約定があるか否かにかかわらず、保証債務履行請求の訴訟物が同一である（司研・類型別44頁）ことも、このことを示すものといえよう。

債権の準共有（264条）が生じる場合には、複数の債権者が有するのは、
一個の債権である。これに対して、上にみてきた場面では、当事者の数だけ
債権が存在する。そうである以上、多数当事者の債権関係は、債権の準共有
とは区別されなければならない[20]。

　もっとも、債権の準共有がどのような場合に生じ、また、その場合にどの
ような法律関係が発生するかは、必ずしも明確ではない[21]。たとえば、共同
相続の場合には、金銭債権は、原則として共同相続人間で当然に分割・移転
されるとするのが判例の理解である[22]。したがって、この場合には、債権の
準共有は生じない。これに対して、判例は、預貯金債権については当然分割
の原則の適用を否定した[23]（909条の2を参照）。その場合には、預貯金債権
が準共有されるのだと説明されることがある[24]。

　もっとも、後者の立場を示した決定（法廷意見）は、子細にみると、預貯
金債権そのものではなく、「預貯金契約上の地位を準共有する」状態を想定
している。これは、債権の準共有とどのような関係に立つのか。この点を明
らかにするためには、契約上の地位の取扱いを考える必要があるが、ここで
概略を述べておきたい（詳しくは、第19章を参照）。

　まず、相続の対象となるのが「権利義務」である（896条）のに対して、
遺産に属するのは「物又は権利」であり（906条）、これら遺産の構成要素を
「財産」とよぶのが（906条の2）、民法の立場である。そうすると、「物又は
権利」ではない契約上の地位は、遺産には属しないとみる余地がありそうで

---

19)　我妻・債権総論375頁以下は、その趣旨とみられる。特則である旨を明示するものとして、
　　林ほか・債権総論376頁、淡路・債権総論322頁を参照。さらに、於保・債権総論207頁をも参
　　照。

20)　於保・債権総論205頁、奥田・債権総論331頁、潮見・債権総論II 564頁。なお、中田・債
　　権総論504頁以下をも参照。

21)　この問題に関する考察として、中田裕康「共同型の債権債務について」同『継続的契約の規範』
　　（有斐閣、2022年）326頁を参照。

22)　最判昭和29年4月8日民集8巻4号819頁。

23)　最大決平成28年12月19日民集70巻8号2121頁。

24)　前掲・平成28年最大決（注23)）における岡部喜代子、鬼丸かおる裁判官の各補足意見、大
　　橋正春裁判官の意見は、いずれもそのような理解を示している。

ある。とはいえ、前記決定も、預貯金契約上の地位が相続されること自体は認めるから[25]、この点は大きな問題ではない。かりに契約上の地位が遺産に属しないとしても、それは、分割の対象にならないというだけであって[26]、承継の対象とならないことを意味しない[27]。

　こうして、契約上の地位が相続人に承継されるとすると、次に、契約上の地位なるものはおよそ不可分ではないかが問題となる。たとえば、無権代理人が本人を他の相続人とともに共同相続した場合には、無権代理行為の追認権は、相続人全員に不可分的に帰属するとされるが、これは、追認をすることができる地位――ひいては、契約上の地位――が不可分であることを示唆する[28]。もちろん、以上は、金銭債権の相続とは事案を異にする。しかし、金銭債権も、その発生原因である契約上の地位とともに承継されるのだから、共同相続人に不可分的に帰属すると考えることも、理論的には不可能ではない[29]。

(2) 債務の取扱い

　以上にみたところは債権の取扱いであるが、債務についても共有を観念することはできるか。たとえば、組合については、組合債務は共有（合有）に属すると説かれる[30]（第28章 ［449頁］）。しかし、物権編の規定をみる限り

---

25) 預金契約につき、契約上の地位が相続されることを明示した判例として、最判平成21年1月22日民集63巻1号228頁をも参照。

26) もっとも、最判平成9年3月25日民集51巻3号1609頁は、契約上の地位の一種であるゴルフクラブ会員権につき、遺産分割の対象となることを認める（ゴルフクラブ会員権の法的性質につき、最判平成8年7月12日民集50巻7号1918頁を参照）。賃貸借契約の当事者たる地位等についても、同じことがいえよう。

27) 契約上の地位が相続によって承継されることにつき、新注民(19)180頁（川淳一）をも参照。

28) 最判平成5年1月21日民集47巻1号265頁。厳密に考えれば、追認権それ自体は、契約上の地位とはいえない。契約上の地位は、追認がされることで本人に帰属するからである。とはいえ、「契約上の地位を帰属させることができる地位」たる追認権の帰属は、追認の結果として帰属する契約上の地位と無関係に論じることはできないであろう。

29) このように理解する可能性を指摘しつつ、疑義を述べる議論として、潮見佳男「判批（最大決平成28年12月19日）」金法2058号（2017年）19頁を参照（併せて、潮見・債権総論II 565頁注8をも参照）。

では、債務は「財産権」（264条）には当たらず、これについて準共有関係が生じることはないとみることが自然であるようにも思われる。実際にも、共有債務の分割（256条）などは考え難い。

ともあれ、債務の共有を認めるとしても、その取扱いに関する規定はないから、組合のように特則が存在する場合を除けば、多数当事者の債務に準じて扱うほかないであろう[31]。

7　おわりに──定義の問題など

以上の検討によると、多数当事者の債権関係として一括される様々な関係を「一個の債権関係について、数人の債権者があるもの、または数人の債務者があるもの」と定義することは、必ずしも適切とは思われない。それらは、いずれも複数の債権関係によって成り立つ一方で[32]、給付については、単一である場合（不可分債権関係、連帯債権関係）もあれば、複数ある場合（分割債権関係、保証債務）もあると考えられるからである。

そうすると、「多数当事者の債権及び債務」の「多数当事者」性は、どこにあるのか。

分割債権関係と不可分債権関係については、多数当事者性は、債権ではなく、その発生原因に関与する者が多数であることによって特徴づけられそうである。しかし、この説明は、連帯債権関係や保証債務には当てはまらない。連帯債権関係は、併存的債務引受（470条1項）のように、後発的な原因によって成立することもある[33]。保証債務に至っては、主たる債務と異なる原因に基づいて発生することは明らかである。

---

30)　たとえば、我妻・債権各論中二 800頁。

31)　於保・債権総論 207頁は、「実際上は、不可分債務を生ぜしめるのと大した違いはない」という。

32)　冒頭に引用した定義に対して、たとえば於保・債権総論 205頁は、多数当事者の債権関係においては、「債権者または債務者の数に応じた多数の債権関係が成立する」と説く。もっとも、これは、「債権関係」の語義いかんに帰着する問題というべきかもしれない（前掲注4）を参照）。

33)　もっとも、そのように考える前提として、併存的債務引受によって引受人が負担する債務の発生原因が何なのかを明らかにする必要はあろう。

292

第18章　多数当事者の債権関係

　結局、この問題については、「一つの統一的概念をもって、これらすべて
を包括し、説明することには困難がつきまとう」というほかなさそうであ
る[34]。強いていえば、「債権によって実現される経済的作用が共通である場
合において、その当事者の一方または双方に、複数の者が債権者または債務
者として関与するとき」といった捉え方はできるであろうか。とはいえ、こ
の説明も依然として茫漠としており、多数当事者の債権関係の定義とするた
めには、「当事者」や「経済的作用[35]」といった概念にさらに検討すべき点
を残している。

---

34)　林ほか・債権総論 374 頁。さらに、川名・債権 288 頁は、その特徴を概括して、「同様ノ内容
　　同様ノ原因ニヨリテ多クノ人ノ間ニ生スル債務関係ハ如何ナル法律上ノ状態ニ於テ存在スルモノ
　　ナルカヲ此表題ノ下ニ定メントスルニスキス」と説く。

35)　林ほか・債権総論 375 頁は、これを「一個の給付」と表現する（注民(11) 3 頁（西村信雄）を
　　も参照）。しかし、分割債務の債務者が負う義務の全体について「一個の給付」を観念する意味
　　があるのか、あるいは、主たる債務者と保証人がはたして「一個の給付」をするのかといった問
　　題が残りそうである。ここでは、「経済的作用」という概念を用いることで担保の作用を捉え、
　　これによって保証の仕組みも統一的に説明することを試みたが、これも、畢竟、「担保」とは何
　　かという問題を未決にしている（前掲注 17）を参照）。

293

第19章
契約上の地位

1 はじめに

　契約は、法律行為の一類型（第4章）として、私法における主要な法律要件の一つである。そして、それに基づいて発生する法律効果としては、債権の発生が想定される。

　けれども、契約がもつ意義は、以上の二点に尽きない。このことについては、代理について検討した際に、①法律要件としての契約の締結と、③法律効果としての債権の発生に加えて、②両者を媒介する「規範としての契約」を観念するという「三本立て」の説明が有益ではないかとの見方を示した（第11章［182頁］）。ここでは、上記②と同じく、いわば法律要件と法律効果との間に位置する問題を考えるために、契約上の地位を採り上げる。

　民法は、契約上の地位が譲渡の客体となることを認める（539条の2）。このことは、契約上の地位が、契約に基づいて発生する債権とは異なるものとして、一定の位置づけを与えられていることを示している[1]。しかし、それが債権と異なることが明らかにされたからといって、契約上の地位がいかにして譲渡されるか、また、その他の場面でどのように扱われるかは、直ちに

1）　野澤・債権総論258頁は、契約上の地位の移転に関する規定が、債権総則ではなく、契約総則に規定された背景には、「契約上の地位の移転が、債権譲渡・債務引受とは異なり、契約の効力を維持する独自の制度である」との認識があったとみる。

294

明らかにはならない。

そこで、以下では、契約上の地位とは何かを考察したうえで（2）、これについて現行法が定める二つの主要場面として、契約上の地位が譲渡される場合（3）と、法律上当然に移転される場合（4）とをみていくこととする。

2　契約上の地位、あるいは契約当事者たる地位

契約上の地位は、「契約当事者たる地位」といいかえることもできる[2]。契約当事者というときには、契約締結行為をする者（行為当事者）と、契約に基づく効果が帰属する者（効果当事者）という二つの意味を想定することができるが、ここで検討するのは、後者である（第1章［22頁］）。

効果当事者たる地位は、さらに二つの側面に区別して考察することができる。一つは、相手方との間で形成される法律関係としての側面（(1)）、もう一つは、財貨としての側面（(2)）である。この点は、債権についてもそうであるように[3]、契約上の地位の譲渡性に関して論じられる。

⑴　関 係

契約上の地位は、契約関係の当事者たる地位である。

契約関係は、一種の法律関係である。およそ法律関係は、主体をその構成要素とする（第1章［20頁］）。そうすると、契約の一つの特徴は、二当事者からなる法律関係である点に見出すことができるであろう（第4章［62頁以下］）。

ところで、法律関係としての側面を強調することは、契約上の地位の譲渡性を否定することにつながる。というのは、こうである。法律関係は、その主体を不可欠の要素とするから、契約関係の主体に変更が生じたときは、その同一性は失われる。しかるに、譲渡とは、法律関係の同一性を保ったままその主体を変更することだから、この側面からみる限り、契約上の地位の譲

2）　契約当事者概念をめぐる総論的検討として、池田真朗「契約当事者論——現代民法における契約当事者像の探求」同『債権譲渡と民法改正』（弘文堂、2022年）355頁を参照。

3）　その歴史の概観として、注民⑾336頁以下（甲斐道太郎）を参照。

渡を認めることは背理である[4]。契約当事者を変更するためには、旧当事者との契約関係を消滅させたうえで、新当事者との間に契約関係を設定しなければならない。

以上の理解のもとでは、契約当事者たる地位の変更は、旧当事者との契約関係の解消と、新当事者への契約関係の設定という二つの法律行為によって実現される。これらは、前者においては旧当事者と相手方が、後者においては新当事者と相手方が、それぞれ合意することで行われる。いいかえれば、契約当事者を変更する旨の合意には、上記の三者がそれぞれ独自の立場で「当事者」として関与することとなる。

(2) 財　貨

契約上の地位に譲渡性を認めるとは、以上の理解を排して、契約上の地位が、その同一性を保って第三者に移転する余地を認めるということである。これは、契約上の地位に一種の財貨としての性格を認めることを意味する。

それでは、契約上の地位は、どのような意味で財貨性を有するのか。賃借人たる地位が譲渡される場合（賃借権の譲渡。612条1項）を考えると、賃借権の譲受人は、賃借人たる地位を承継することにより、賃貸人に対して、賃借物を自らに使用・収益させるよう請求することができるようになる（601条。606条1項本文をも参照）。このように、契約当事者たる地位の財貨性は、契約に基づく債権――さらに正確にいえば、その債権に基づく給付――を源泉とする。

もっとも、以上の限りでは、契約上の地位に結びつけられた一つひとつの効果が一括して移転されるとみれば足り、「契約上の地位」という客体を観念する必要はないといえそうである[5]。この見方のもとでは、契約上の地位の移転とは、債権譲渡と債務引受の集積にすぎないこととなる。

けれども、現行法は、債権譲渡や債務引受とは別に、契約上の地位の移転を特に規定するのだから、契約上の地位には、債権・債務の総和に尽きない

4）　この点につき、池田・前掲論文（注 2）386 頁をも参照。
5）　たとえば、鈴木・債権 533 頁以下がこの趣旨を説く。

とみるのが適切であろう。そのように考えるべき理由の一つとして、契約上の地位が譲渡されるときは、債権譲渡や債務引受の場合とは異なり、解除権・取消権等の形成権もまた譲受人に承継されるのだと説かれてきた（取消権については、120条が「承継人」を定めることをも参照）。これらの権能は、単体では譲渡の客体とはならない。単体では譲渡の客体とならないという以上、それらが譲受人に移転するのは、何かに付随するときだけである。契約上の地位という財貨は、これら諸要素を包括する一つの客体であることを特徴とする。

3　契約上の地位の譲渡

　民法は、契約上の地位に譲渡性があることを前提として、その譲渡を次のように規律する（539条の2）。一方で、それは、契約の当事者の一方が、第三者との間で、契約上の地位を譲渡する旨の「合意」をすることと、その契約の相手方がその譲渡を「承諾」することとを要件とする（(1)）。他方で、契約上の地位が譲渡されると、契約上の地位の第三者への「移転」という効果が生じる[6]（(2)）。

(1)　要　件

　契約上の地位に財貨性が認められるということは、法的な観点からみると、それが「財産（権）」（549条、555条、586条）の移転を目的とする契約（以下、「移転型契約」という。第23章）の目的物となり得ることを意味すると考えられる。

　移転型契約は、譲渡人と譲受人との間の合意によって成立する。売買に即していえば、その当事者は、売主と買主である（555条）。ところが、契約上の地位の移転については、譲渡人・譲受人間の「合意」（以下、「譲渡合意」

---

6)　なお、以下に述べるところは、山城一真「契約上の地位の移転」論ジュリ22号（2017年）196頁での議論を敷衍したものである。検討にあたって参考となった先行研究等については、この別稿をも参照されたい。

297

という）だけでなく（(a)）、相手方の「承諾」が必要とされる（(b)）。それぞれの意義を検討したい。

(a) 譲渡合意

　従来の議論においては、契約上の地位の移転は、譲渡人・譲受人・相手方との三面契約によってすることができるが、譲渡人・譲受人間の契約によってもすることができると説かれてきた[7]。これを文字どおりに理解すると、譲渡合意における当事者は、二者でも三者でもあり得ることとなりそうである。

　けれども、譲渡合意は、常に二当事者間において行われると考えることが適切であるように思われる。その理由は、三つある。

　第一に、文理である。「合意をした」「承諾した」（539条の2）という文言は、他の規定でも用いられる。一方で、「合意」という文言は、賃貸人たる地位の移転にみられるが（605条の2、605条の3）、そこでは、「合意」の主体のみが契約当事者であることは明らかである。相手方たる賃借人の承諾は、そもそも不要だからである。他方で、「承諾」という文言は、免責的債務引受につき、「債務者と引受人となる者が契約をし、債権者が引受人となる者に対して承諾をする」（472条3項）という規定にみられる。そこでは、「債務者と引受人となる者が契約をし」（同）とすることで、「承諾」が契約当事者としての意思表示ではないことが示唆されている。これらと平仄を合わせるならば、539条の2にいう「承諾」は、契約当事者としての意思表示ではないとみるべきであろう。

　第二に、譲渡人と譲受人との間の合意には、固有の効果があって然るべきである。たとえば、相手方が承諾を拒絶したときに、財産権移転義務の不履行が生じることを否定する理由はないだろう。賃借権を譲渡した場合において、賃貸人からの承諾（612条1項）を得られなかったときは、賃借人は譲受人に対して債務不履行責任を負うとされるのも[8]、同様の理解によるもの

7）　潮見・債権総論II 529-530頁。539条の2が創設される以前の学説として、たとえば我妻・債権総論 580頁も同旨を説く。

と推測される。しかるに、三者の合意によって契約が成立するのだとすると、譲渡人・譲受人間の合意だけではいまだ法律効果は発生しないのではないかとの疑義が生じそうである。

第三に、相手方がする意思表示の内容によって、相手方が契約当事者となるか否かが変わるのは奇異である。実際上も、相手方の「承諾」が、当事者としての意思表示であるか否かを区別する指標はない。承諾は、既にされた譲渡合意に対して与えられることが通常であろうが、譲渡合意に先立つ余地もないわけではない。逆にまた、相手方が「当事者」として契約に加わることを認めるとしても、その意思表示が譲渡人・譲受人間の合意に後れることはあってよい。

以上から、次のように理解することが適切だと考える。契約上の地位を譲渡する合意は、契約上の地位という「財貨」の移転を目的とする移転型契約であり、対価の有無・内容に応じて、贈与・売買・交換等の法的性質を有する。そうである以上、譲渡合意の当事者となるのは、常に譲渡人・譲受人だけである[9]。つまり、契約上の地位の譲渡が三面契約だと説明することは、適切ではない。

(b) 承 諾

そうすると、相手方の承諾は、どのような性質を有するのか。相手方の承諾が欠けるときは、譲渡合意がされたとしても、契約上の地位は「移転」しない（539条の2）。その理由については、次のような説明が考えられるであろう。

第一に、契約上の地位は、相手方の承諾があって初めて譲渡性を備えると

8）最判昭和34年9月17日民集13巻11号1412頁。我妻・債権各論中一454-455頁をも参照。

9）以上に対して、契約上の地位に譲渡性がないとすると、契約当事者たる地位の変更は、旧契約の消滅・新契約の設定という二つの法律行為によって実現される（2(1)）。その場合には、譲渡人・譲受人・相手方がそれぞれ当事者として合意に関与する必要が生じるため、「三面契約」を問題とする余地がある。こうしてみると、「契約上の地位の譲渡」の当事者関係は、その法的性質を移転的とみるか、それとも設定的とみるか（ただし、この場合には、厳密な意味での「移転」を観念する余地はない）に対応すると考えることが適切であろう。以上につき、潮見・債権総論Ⅱ531頁注23の指摘をも参照。

の説明である。これによると、相手方の承諾がない限り、譲渡はもちろん、相続等の包括承継によっても契約上の地位は移転しないこととなろう。

　けれども、契約上の地位は、一身専属的なもの（896条ただし書）は別として[10]、当事者について相続が生じたときは、相手方の承諾がなくても移転するとみられる（**第18章**［290頁］をも参照）。そうすると、この説明は、少なくとも承諾全般についての説明としては過剰である。

　第二に、契約上の地位には、本来、譲渡性があるけれども、相手方の承諾があるまでは、契約当事者の譲渡権限が制限されるとする説明である[11]。539条の2にいう「承諾」は、まずもって、この次元の問題として位置づけることが適切だと考えられる。詳しく述べるならば、こうである。

　この説明によれば、「承諾」は、譲渡客体の性質に影響を及ぼさないのだから、それが欠けても契約上の地位の譲渡性そのものが損なわれることはない。したがって、相続等、包括承継による移転が相手方の承諾なしに生じるとしても、この説明のもとでは矛盾はない。また、譲渡権限は、相手方の承諾によらず、たとえば法律や裁判によって与えられてもよい。賃貸人たる地位の譲渡に賃借人の同意を要しないこと（605条の3）、相手方の承諾に代えて裁判所が許可を与えることができる場合があること（借地借家法19条1項前段、20条1項前段）は、以上の理由によって説明することができるであろう。

　なお、以上とは次元を異にする問題であるが、いわば実質面からの論拠として、相手方に対して、自身の相手方たる者を選択する機会が与えられなけ

---

10)　契約上の地位につき、どのような場合に一身専属性が認められるかは、必ずしも明確ではない。それは、畢竟、当事者が交替することで契約をした目的を達せられなくなることを意味すると思われるが、そのような事態が生じるのは、契約の性質または合意に照らして、ある者を当事者とすることが契約の目的にまで高められていた場合だといえよう（債権譲渡につき、岡松参太郎「譲渡スルコトヲ得ル債権ト譲渡スルコトヲ得サル債権（承前）」法学新報12巻12号（1902年）18頁を参照）。その場合には、当事者が変更されると、契約の内容も本質的部分において変更されるから、契約上の地位を——その同一性を保ったまま——移転することはできないこととなろう。

11)　石田剛『債権譲渡禁止特約の研究』（商事法務、2013年）は、債権の譲渡を制限する旨の特約が、債権から譲渡性を奪うのか、それとも、債権者が有する譲渡権限を制限するにすぎないのかという問題を提起する。本文第一の見解と以下に述べるところとの相違も、同様の観点から理解することができるであろう。

ればならないとする説明が考えられる[12]。このような理解からは、承諾は、
特定の譲受人への譲渡に対して与えられることが本則とされよう[13]。539 条
の 2 は、「その譲渡」に対する承諾を問題とするから（467 条 1 項とも対照）、
この趣旨をも含むとみる余地がありそうである。

(2) 効 果

契約上の地位の移転の効果には、譲受人が新たに当事者たる地位に就くと
いう側面（(a)）と、譲渡人が契約関係から離脱するという側面（(b)）とがある。

(a) 移転的効果

（ⅰ）　契約上の地位の移転の効果が、文字どおりに――設定的ではなく――
移転的であることは、既にみたとおりである（2(1)、(2)）。

設定とは、一般的には、「旧権利者はいぜんとしてその権利を保持しながら、
ただその権利に基いて、その権利と性質・内容を同じくするが、しかも内容
的にも存立についても制約された新たな権利を発生せしめて、この新たな権
利のみを新権利者が取得する」ことをいい、承継取得の一種であると説かれ
る[14]。制限物権の設定が、その例である。

契約上の地位の移転に即していえば、その設定は、権利の承継を生じさせ
るものとしてではなく、相手方と新当事者との間で新たな契約関係を発生さ
せるものとして観念される。けれども、民法は、そのような構成によらず、
譲渡人・譲受人間の合意によって契約上の地位が移転することを認めた。こ
れも、既述のとおりである。

（ⅱ）　契約上の地位の移転の対抗要件については、規定がない[15]。

---

12)　野澤・債権総論 263 頁は、契約上の地位が譲渡されるのは継続的契約の場合であるとしたう
　　えで、その場合には「相手方当事者の資質を調査しこれを選択するのが一般的である」と説く。
13)　このような理解のもとでは、相手方が特定される以前に包括的に承諾を与えることは、相手
　　方選択の利益を放棄する意思をもってする限りで有効だと考えることとなろう。
14)　於保・総則 148-149 頁。我妻・総則 231 頁は、「内容の一部を別個の権利として承継する」こ
　　とだという。
15)　その理由につき、中田・債権総論 722 頁本文および注 92 は、譲渡される契約の類型に応じて
　　異なる対抗要件が想定されなければならないと指摘する。

301

契約上の地位の財貨性が、それに基づく債権に由来する（2(2)）ことからすれば、債権譲渡の債務者対抗要件（467条1項）を準用することが考えられそうである。けれども、相手方に対する関係では、「承諾」が移転の効力要件とされるのだから、これを重ねて対抗要件ともする意義は乏しい。相手方が事前に承諾を与えたときは、契約上の地位が実際に譲渡された旨を重ねて通知する実益はあろうが、それは、対抗要件とは別の問題であろう。

これに対して、第三者対抗要件については、ゴルフクラブ会員権の譲渡につき、指名債権譲渡に準じて確定日付のある証書による通知・承諾をもって対抗要件とすべきであるとした判決がある[16]。しかし、債務者対抗要件が準用に適しないならば、これを前提とする第三者対抗要件（467条2項）を準用することも難しいとみるのが素直であろうか。上記判決にも、確定日付のある証書による通知・承諾によらない方法、たとえば、会員名義の書換え手続が行われることをもって第三者対抗要件とみることにも合理性があるとする反対意見が付されている。

(b) 免責的効果

契約上の地位の移転は、債務引受の要素をも含む。しかし、債務引受には、債務者が免責されるか否かに応じて二つの類型——併存的債務引受、免責的債務引受——があるの対して、539条の2は、この点には言及しない。

(i) まず、債務引受について簡単に確認する。

従来の議論においては、免責的債務引受と併存的債務引受とは、法的性質を異にすると説かれてきた。すなわち、免責的債務引受は、債務者から引受人への債務の「移転」であるのに対して、併存的債務引受は、「第三者が債務関係に加入して更に債務者とな」る場合であり、「債務の移転を生ずるのではないから、正確な意味での債務引受ではない」とされる[17]。

これに対して、現行規定は、少なくともその文言をみる限り、二つの類型

---

16) 最判平成8年7月12日民集50巻7号1918頁は、ゴルフ会員権が契約上の地位であることを明らかにしたうえで、本文に述べた趣旨を説く。

17) それぞれ、我妻・債権総論567頁、572-573頁。

の間に相違があることを窺わせない。両者はいずれも「債務者が債権者に対して負担する債務と同一の内容の債務を負担」する仕組みとされ（470条1項、472条1項）、ただ、免責的債務引受には、「債務者は自己の債務を免れる」という効果が付け加えられている（472条1項）。

この文言が示唆するように、引受人の位置づけが二類型を通じて同一だとするならば、債務引受の効果は、債務の移転ではなく、新債務の設定によって基礎づけられると考えるのが素直である。併存的債務引受においては、債務者が従前と同様の債務を——引受人と連帯して——負い続けることは明らかだからである。現行規定における債務引受は、①引受人の債務の設定を中核的効果として、②債務者の免責という効果を伴うことがあるという、「併存的債務引受原型観[18]」ともいうべき見方に立つものといえよう。

（ⅱ）　それでは、契約上の地位の移転においては、免責の問題はどのように規律されるのか。

2017年改正前の学説には、譲渡人を免責させない契約上の地位の移転は、相手方の承諾なしにすることができると主張するものがみられた[19]。契約から発生する債務を譲渡人が引き受けるならば、相手方が不利益を被ることはないのだから、契約上の地位の移転そのものは自由に認めてよいというのが、その理由である。この見解は、契約上の地位の移転を債務引受（472条3項）に準じて扱い、相手方の「承諾」は、譲渡人の免責を基礎づける限りでのみ意味をもつと考える[20]。

これに対して、現行規定は、契約上の地位が「移転する」との定式を採用する。これは、爾後、譲渡人が債務を負わないことを想定したものであろう[21]。いいかえれば、現行規定は、移転と免責を不離のものとみて、相手方

---

18)　中田裕康「債務引受の明文化の意義と課題」同『私法の現代化』（有斐閣、2022年）210頁は、現行規定の特徴をこのように形容する。

19)　於保・債権総論338頁、注民(11) 466頁・478頁（椿寿夫）。さらに、四宮和夫『総合判例研究叢書民法(14) 債務の引受』（有斐閣、1960年）88頁をも参照。

20)　野澤・債権総論263頁以下は、現行規定の説明としても、承諾が移転と免責のいずれに関わるものかを区別する意義はあると説き、承諾が「譲渡人の免責を含むものではない場合には、譲渡人の併存的責任が認められよう」という。

21)　この点につき、詳解基本方針Ⅲ 332頁の分析を参照。

の「承諾」が両者を二つながらに基礎づけるとの見方に立っていると考えられる。

とはいえ、先にみた改正前の見解が理論として正当であるならば、譲渡人の免責を伴わない代わりに、相手方の承諾を要件としない契約上の地位の移転が、——539条の2の外で——承認されなければならないであろう。こうした理解の当否は、移転という効果を生じるためにも相手方の承諾が必須であるか否かにかかっている。承諾の意義について先にみたところ（(1)(b)）からは、各当事者が有する相手方選択の自由にどれほど配慮する必要があるかが一つの焦点となりそうである。

4　法律上当然の移転

次に、契約上の地位が法律上当然に移転する場合として、賃貸不動産の譲渡に伴って生じる法律関係を、賃貸人たる地位の承継（(1)）と、賃貸借の対抗（(2)）という二つの側面から検討する。

(1)　不動産の賃貸人たる地位の移転

不動産の所有者が、その不動産を目的とする賃貸借契約を締結した後に、この不動産を第三者に譲渡したとする。この場合の法律関係は、次のようになる。一方で、賃借人は、対抗要件を備えることで、譲受人に対して賃貸借を対抗することができる（605条のほか、借地借家法10条1項、31条）。他方で、譲受人は、これに伴って賃貸人たる地位を当然に承継し（605条の2第1項）、所有権の取得について対抗要件を備えたときは、賃借人に対して自らの賃貸人たる地位を主張することができる（同条3項）。

以上のうち、後者の規律は、賃貸物の所有権の移転に伴って、その物を目的とする賃貸借契約上の賃貸人たる地位が譲受人へと当然に移転すること[22]、そうして契約上の地位を取得したことを相手方に対抗するための要件とを定めたものである。これを踏まえて、前者の規律について考えたい[23]。

(2) 不動産賃貸借の対抗

(a) 対抗と承継

605条は、「その不動産について物権を取得した者その他の第三者」（以下、単に「第三者」という）に対する「賃貸借」の「対抗」を定めた規定である。その趣旨は、次のように説かれる。賃借権は、その性質上は債権であり、第三者に対抗することはできない。しかし、不動産については、こうした帰結は実際の不便を少なからず生じさせるから、その存在が登記によって公示されたときは、物権と同様に第三者に対抗することができることとした[24]。

このことを表現するために、旧規定は、「対抗することができる」ではなく、「その効力を生ずる」との文言を用いていた。これを改めたのは、605条の2において契約上の地位の移転が規律されることとの関係で、605条を、賃借権に基づく利用権限の対抗に純化した規定とするためである。両者は、機能する場面を異にする。たとえば、土地の所有者が、これを賃貸した後に、第三者のために抵当権や地上権を設定したときは、物権取得者に賃貸借を対抗することができるのに対して、賃貸人たる地位が承継されることはない[25]。

(b) 対抗されるもの

(i) それでは、ここでは何が「対抗」されるのか。一般に、上にみた規律は、「賃借権の物権化」のあらわれだと説かれる。これを文字どおりに理解するならば、ここでは、売主との関係で成立した賃借権という債権が、あた

---

22) 野澤・債権総論242頁のほか、野澤正充『契約譲渡の研究』（弘文堂、2002年）314頁以下。さらに、平野・契約76頁をも参照。

23) 2017年改正前の議論ではあるが、この問題に関する綿密な考察として、七戸克彦「賃貸人たる地位の移転の法的構成――『状態債務関係』論・『賃借権の物権化』論・『法定契約引受』論の再検討」稲本洋之助先生古稀記念『都市と土地利用』（日本評論社、2006年）163頁をも参照。

24) 梅・債権638頁。その趣旨については、「前ノ賃貸人ハ権利義務ガナクナッテ第三取得者即チ後ノ賃貸人ガ総テ権利ヲ行ヒ義務ヲ負フコトニナル」との意であるとして、賃貸人たる地位の承継が生じると説かれていた（法典調査会・四357頁（梅謙次郎発言））。

25) 以上につき、中間試案の補足説明452頁。さらに、詳解基本方針Ⅳ251頁の分析をも参照。もっとも、抵当権は目的物の利用権限を伴わないから、賃借権との関係での対抗の問題が顕在化するのは、抵当権実行後の買受人との関係においてであろう（民執188条・59条2項を参照）。そうすると、そこでの対抗の問題も、賃貸人たる地位の承継の問題に帰着するように思われる。

かも物権のように第三者に対抗されるのだとみるべきこととなろう[26]。そうすると、目的物の所有権が譲渡された場合においては、新所有者は、「債権」を「対抗」されるとともに、「賃貸人たる地位」を「承継」するのだと考えられる[27]。しかし、この説明には注意を要する点がある。

第一に、物権化といっても、賃借権が不動産に対する支配権に転ずるわけではない。賃借人の利用権限は、あくまでも賃貸人による給付を介して実現される。いいかえれば、賃借人が行使するのは、所有者たる賃貸人が不動産に対して有する使用収益権である（第25章［394頁］）。これに対して、第三者は、所有者から物権を承継取得することで、自らの不動産利用権——物権に基づく支配権——を有することとなる。

第二に、物権変動が競合するときは、内容において相矛盾する物権変動の優劣が定まると、一物一権主義の帰結として、一方の物権の成立が——内容において矛盾する限度で——否定される。これに対して、賃貸借と物権変動が競合するときは、両者の優劣いかんにかかわらず、それぞれの権利が発生する[28]。ただ、第三者は、賃貸借を対抗されるときは、自らが有する利用権を援用しても、賃借人による不動産の利用を排除することができなくなるにすぎない。

（ii）以上から、次のように考えられる。賃借人にせよ、第三者にせよ、その利用権限の源泉となるのは、所有者が不動産に対して有する支配権である。「対抗」をめぐって賃借人と第三者との間で争われるのは、正確にいえば、物権と債権の象徴という局面での優劣決定ではなく、両者がともに存在することを前提として、いずれに基づく利用権限を顕在化させるかであろう。

---

26) 借地借家法は、土地賃借権の対抗を「借地権」の対抗という構成によって規律する。借地権は地上権をも含むから（借地借家法2条1号）、物権の対抗の論理を適用したものであろう。本文に述べた見解は、605条にもこの理を及ぼすものといえる。

27) 現行法の採るところではないが、物権化された債権の対抗という論理を徹底するならば、賃貸人たる地位は第三者には承継されないと解する余地もあろう。その旨を説くものとして、三宅・契約各論下721頁を参照。

28) 目的物を利用することができないことを理由として契約を解除（542条1項1号）することができるのは、別論である。もっとも、この点は、地上権との関係でさらに検討を要する（第20章［318頁以下］）。

けれども、こうした理解は、賃貸人が所有権を喪失する場合には成り立たない。その場合には、賃貸人が不動産に対する支配権を失う結果、それを基礎とする賃借人の利用権限もまた消滅するからである。ここでは、賃貸借の対抗は、賃貸人たる地位を第三者に承継させることでしか実現されない。

こうしてみると、605 条が定める「対抗」は、第三者への物権の譲渡によって賃貸人が不動産に対する支配権を喪失するか否かに応じて、二とおりの意味をもつと考えられる。一方で、賃貸人がこれを保持するときは、「対抗」は、両立する利用権限相互の優劣の問題に帰着する。他方で、賃貸人が支配権を喪失するときは、「対抗」は、賃貸人たる地位の承継の問題に帰着し、これを離れて利用権限相互の優劣を論じることは想定されていない。後者においては、賃貸借を第三者に「対抗することができる」とは、まさに賃貸借がその第三者のもとで「効力を生ずる」ことを意味する[29]。

5 おわりに

以上の検討で種々の側面をみたとおり、契約上の地位は、債権からは独立した法的規律の対象とされる。債権からの独立性は、様々なかたちで現れる。

民法が直接に想定するのは、譲渡の客体としての性格である。この観点からは、契約上の地位もまた一種の「財産（権）」として、移転型契約の目的となると考えられる。契約上の地位の「譲渡」は、これに沿うものとして構成されることが適切であろう。

また、賃貸借に関しては、契約上の地位が第三者に承継されることが、第三者への債権の対抗を裏づける論理となっていた。そこでは、契約上の地位に着目することで、物権と債権との区別を相対化する帰結がもたらされていたともいえそうである。このことを念頭に置いて、**第 20 章**では、物権法の領域において、契約がどのような役割を果たすかを考えたい。

---

29)　この点につき、詳解改正民法 459 頁（秋山靖浩）。

第 20 章
物権法も考える

1　はじめに

　契約は、物権法とも無関係ではない。物権法が講義されるときには、物権変動論に多くの時間が費やされるが、物権変動の典型的な原因は、「意思表示」（176条）、つまり契約である[1]。

　ところで、物権変動論は、従来、主に（不動産）所有権の移転を念頭に置いて論じられてきたといえるであろう。この場合には、所有権移転の完了によって、契約はその役割を終えることとなる。

　けれども、契約による物権変動の例は、所有権の移転にとどまらない。たとえば、数人の間に共同所有を生じさせることや、制限物権を設定することも、一種の物権変動である。しかも、これらの場合には、物に対する支配に還元されない法律関係が、当事者間に（たとえば、共有者間や、所有者・地上権者間に）存続する。こうした法律関係は、その発生原因である契約から何らの影響も受けないのであろうか。

　今回は、この点を問題としてみたい。具体的には、物権法が規律する対象を確認したうえで（2）、共有（3）、制限物権（4）をめぐる法律関係の特質を、その発生原因である契約との関係を意識しつつ考察する[2]。

1）　176条にいう「意思表示」が「契約」を意味することにつき、法典調査会・一580頁を参照。そこには、同条の規律を「合意主義」とよぶくだりがみられる。

308

第 20 章　物権法も考える

2　物権法の役割

(1)　物権法は何を規律するのか？

　物権を厳密に定義することは、難しい。伝統的な見解によれば、「一定の物を直接に支配して利益を受ける排他的の権利」などとされる[3]。ここでは、さしあたり、物を支配する権利だとされることを確認したうえで、そのような性格のゆえに物権法が規律しなければならないことを指摘しておく。大きくは二つある。

　第一に、物に対する支配とは何かである。この点について、民法は、全面的な支配権としての所有権（206 条）のほか、いわば部分的な支配権として各種の制限物権に関する規定を設けている。

　第二に、上の定義には直接には現れないが、物に対する支配が、だれに、どのように帰属すべきかを定めることも、物権法の一つの役割だといえよう。物権法が「財貨帰属秩序」の一端を担うといわれるのは[4]、このことを示している。

　民法は、財産権が特定人に単独で帰属する場面、つまり単独所有を原則形態とみる[5]。これに対して、有体物の所有権を主に想定しつつ、あらゆる財産権を対象として権利の共同的な帰属を定めるのが、共有（249 条以下、264 条）である。

2）　筆者による検討として、①山城一真「地上権設定契約の法的構成」加藤雅信先生古稀記念『21 世紀民事法学の挑戦（上巻）』（信山社、2018 年）561 頁、②同「共有法の基礎理論とその課題」NBL 1152 号（2019 年）38 頁、③同「共有法の基礎理論とその課題・補遺」吉田克己編著『物権法の現代的課題と改正提案』（成文堂、2021 年）112 頁等がある。以下の議論は、これらの論旨を敷衍したものである。

3）　我妻・物権 9 頁。

4）　広中・物権 1 頁以下。もっとも、財貨帰属秩序のすべてが物権法によって規律されるわけではない。物権は、基本的には有体物を客体とする（85 条）ため、無体物については別異の規律（たとえば、知的財産法）が必要とされるからである。

5）　この点に関する一つの立場を示した判決として、最大判昭和 62 年 4 月 22 日民集 41 巻 3 号 408 頁（いわゆる森林法違憲判決）を参照。

309

【表】

		権限の内容	
		全面的	部分的
帰属の態様	単独	単独所有	制限物権
	共同	共同所有	制限物権の準共有

以上によると、物に対する支配は、「権限の内容」と「帰属の態様」をそれぞれ表頭と表側に配するかたちで、さしあたり四象限に分類することができるであろう（【表】を参照）。

(2) 物権の発生原因としての契約

さて、共有や制限物権は、契約に基づいて生じることが少なくない。

(a) 共 有

共有についていえば、たとえば、物を共同で購入する場合が考えられる。この契約には、売主の（単独）所有権が共同買主に移転されるという側面と、この所有権が共同買主間で分割されるという側面とが含まれる。後者は、財産権の移転という売買に固有の効果（555条）からは区別されるものであり、共同買主間に持分を発生させ、共有関係を形成するものだといえる。

同様の関係は、ある者が単独所有する物につき、他の者に持分を取得させる場合には、より端的に生じる。この場合には、一方から他方へと持分権が移転されるにすぎないかにみえる。しかし、あくまで理論的にみるならば、ここでも、単独所有権の持分権への分割という段階が介在しているというべきであろう。

(b) 制限物権

これに対して、制限物権、たとえば地上権は、所有者との間での設定契約に基づいて発生する。この契約は、物権契約だといわれる。けれども、民法の起草者は、地上権の設定も財産権移転の一形態であるとして、有償である場合には売買に当たるとみた[6]。このことは、危険負担に関する旧534条1項が、「特定物に関する物権の設定又は移転」（傍点引用者）を目的とする「双

310

務契約」を定めていた点にも現れている[7]。

　以上によると、地上権設定契約とは、地上権設定義務（549条、555条、586条1項）の履行として、地上権の設定という物権変動（176条）を生じさせる財産権移転型の契約だとみるべきこととなろう[8]。

3　共　有

　共有の本質は、客体に対する権利が複数人に共同で帰属する関係（これは、権利の「共属関係」とよぶことができるであろう）であるところにある。民法は、所有権が複数人に共同で帰属する場合（共同所有）を典型として想定し、これを「所有権以外の財産権」が共同で帰属する場合にも準用する（準共有、264条）。以下では、契約に基づいて発生する共同所有を念頭に置いて検討を進める。

　共有者は、自らの権利として持分（権）を有する。物権という観点からみる限りでは、共同所有をめぐる権利関係は、持分権という名の所有権をめぐる関係に収れんされることとなりそうである。しかし、子細にみると、共有関係には、それには尽きない内容が含まれているように思われる。

---

6)　梅・債権475頁は、「地上権、永小作権、地役権等ヲ設定スルハ所有権ノ一部ヲ他人ニ移転スルモノナルカ故ニ之ヲ以テ売買ノ目的ト為スコトヲ得ルハ敢テ論ヲ竢タサル所ナリ」と述べる。なお、我妻・債権各論中一223頁は、無償の地上権設定は贈与であるとし、同246頁は、地上権設定のように財産権を創設的に移転することも売買となり得ると説く。

7)　この点に関する立法過程の議論として、法典調査会・整理会277頁以下を参照。

8)　なお、新注民(5)711頁（松尾弘）は、「地上権設定契約を物権契約とみる見解も、地上権設定契約（物権契約）の原因契約となる債権契約の存在を必ずしも否定するものではないものと解される」と説く。この指摘に関しては、二点に留意する必要がある。第一に、そうであるならば、物権行為の独自性を否定する通説的見解からは、地上権設定契約をことさらに「物権契約」だと説明する理由はない（この点につき、松岡・物権232頁を参照）。第二に、制限物権の設定行為につき、「債権行為を前提としないでなされる物権行為」とされたり（於保・物権上48頁）、「債権の発生を目的とする契約の存在しない場合」にも「物権の設定または移転だけを目的とする行為としてその効力を生ずる」と説かれたりしてきた（我妻・物権58頁）ことをみると、はたして本当に債権契約の存在が想定されていたのかも、よくわからないところである。

311

(1) 共有関係の諸要素

共有関係には、どのような要素が含まれるか。三つの次元を区別して考えてみたい。

(a) 権 利

共同所有における持分権の法的性質は、上にみたとおり、一種の所有権であると説かれるのが通例である。それが所有権であることの意味をどのように理解するかをめぐっては、見解が分かれる[9]。しかし、いまはこの問題には立ち入らず、次のことを確認するにとどめたい。すなわち、持分権の所有権たる側面は、各共有者が「共有物の全部について……使用をすることができる」（249条1項）ことに現れる。そして、このことの一つの帰結として、各共有者は、持分権の行使を侵害する第三者に対しては、各自が単独でその排除を求めることができる[10]。

けれども、排他的支配権としての所有権の性質は、持分権においては貫徹されない。持分権の行使に対しては、他の共有者に対する関係で、二つの次元の制約が課されるからである。

(b) 権 限

第一の制約として、共有者は、他の共有者による持分権の行使を甘受しなければならない。

（ⅰ）共有関係においては、権利主体が複数存在するのに対して、権利客体である物は一つしか存在しない。そのため、共有者の一人による権利行使は、必然的に、他の共有者が共有物に対して有する持分権への干渉という性格を帯びる。そこで、共有者間において、共有物の利用を調整する必要が生じる。

9）　この点は、いわゆる単一説と複数説の対立として論じられる。この点を整理する叙述として、七戸・物権Ⅰ199頁、210頁以下を特に参照。

10）　学説として、我妻・物権327頁のほか、新注民(5)554頁（小粥太郎）を参照。判例として、最判平成15年7月11日民集57巻7号787頁を参照（ただし、単独での請求を認める根拠が249条〔現1項〕であるのか、252条〔現5項〕であるのかは、判決そのものからははっきりしない）。

このことは、共有物の使用が「その持分に応じた」（249条1項）ものとして条件づけられる点に現れている。

それでは、共有物の利用は、どのようにして調整されるのか。民法は、共有物の「保存」「管理」「変更」を区別し、共有者がそれぞれの行為をするための要件を定めるが、それは、裏を返せば、他の共有者が物に対して影響を及ぼすことを甘受すべき場合を明らかにしたものである。すなわち、「保存」は、各共有者が単独ですることができるのだから（252条5項）、他の共有者は、常にこれを甘受しなければならない。同様に、「管理」は、総共有者の持分の価格の過半数による決定があるときは甘受しなければならず（252条1項前段）、「変更」は、自身が同意しない限りは甘受しなくてよい（251条1項）。

ところで、ここで「甘受する」とは、何を意味するのか。それは、他の共有者が共有物に対して及ぼした影響を排除することができないということである。いいかえれば、上記の要件に従う限り、ある共有者による持分権の行使は、他の共有者の持分権に対する違法な侵害とはならない。以上のことは、裏を返せば、各共有者による持分権の行使が、他の共有者に（も）属する財産に対して法的効果を及ぼすことを正当化する「権限」として作用するのだと説明することができるであろう。

(ii) そのような効果が発生するのは、なぜなのか。

他人の所有物に対して影響を及ぼすことが違法と評価されないという効果は、用益物権が設定された場合にも生じる。用益物権に基づく物の使用が所有権に対する違法な侵害とならないのは、用益物権が権原となるからである。しかし、各共有者が有する持分は、他の共有者に対する関係での権原とはならない。詳しく述べるならば、こうである。

用益物権は、所有権に基づいて「設定」（その意味につき、**第19章**［301頁］を参照）される。したがって、用益物権の行使とは、所有権に属する権能の一部が権利者に委譲され、それを行使することである。用益物権が他主占有権原だというのは、このことを意味する。

これに対して、共有者は、それぞれが所有権（＝持分権）に基づいて物を支配する。所有権は、他者を排除する権能を含む一方で、他者の支配領域への干渉を正当化する契機を含まない。その結果、共有関係においては、自己

のものであるとともに他人のものでもある一つの物につき、所有権的な権能を有する者が複数競合することとなる。そこで、これら競合する権能の行使を調整するために、共有物の利用に関する規律が必要とされる。

(iii) それでは、共有物の利用に関する規律は、はたして物権法の問題（2(1)）なのか。この問いに対しては、二つの次元の答えが成り立ち得るであろう。

第一に、あらゆる共有関係は、共有者間での利用を調整するための規律を必要とする。持分権の総則ともいうべき249条1項が「その持分に応じた」と明示するのは、まさにこの趣旨だといえよう。このように、権利の共同帰属に必然的に伴うという意味では、共有物の利用に関する規律は、財貨の帰属に関わる問題として、物権法の内容をなすとみることができる。

しかし、第二に、どのように利用を調整するかは、共有関係からは当然には定まらない。いいかえれば、それは、共有者間の合意によって定めることもできる。

民法の起草過程をみると、管理の方法については、民法の規定と「異ナリタル契約アルトキハ其契約ニ徒フ」（傍点引用者）旨が提案されていた（法典調査会原案253条1項）。これは、共有物の使用・管理・変更に関する規律が任意規定であることを示している。この規定が現行法において採用されなかったのは、自明のことを規定する必要はないとの理由によるものであったと伝えられている[11]。そうすると、上と同じ理解は、現行法についても妥当するといってよいであろう。

(iv) 以上を要約すると、こうである。共有関係とは、自己のものであるとともに他人のものでもある——より正確にいえば、複数の者に権利が共属する——一つの客体をめぐる法律関係である。そこで、共有物の利用を調整するための規律——権限分配に関する規律——を不可欠とする。ただ、その内容は、共有関係自体によって定まるわけではなく、共有者が契約によって定め得ることが予定されている。民法の規定（251条1項、252条1項・5項）は、共有間に特段の合意がない場合に適用されるものである。

---

11) 以上の経緯につき、法典調査会・二84頁以下（特に土方寧発言）を参照。

(c) 義 務

持分権に対する第二の制約として、共有者は、持分権の行使を差し控えなければならないことがある。

(i) たとえば、各共有者は、いつでも共有物の分割を請求することができるのが原則である（256条1項本文）。これは、持分に基づく権利行使だとされる。そのうえで、共有者は、分割の自由を契約によって制限することができる（同項ただし書）。

分割の制限を約することがある種の合意であることは、疑いない。その法的性質については、共有者間において、分割請求をしないという不作為債務を発生させる契約だとすることが、まず考えられるであろう。しかし、それは疑問である。合意に反して共有物分割の請求がされたとしても、債務不履行責任を生じさせる必要はなく、ただ、共有物の分割という法律効果の発生を否定すれば足りるであろう。そうであるとすれば、この合意は、共有者たる法的地位に付帯して、持分権行使の効力を否定するという拘束力を生じさせるのだと端的に考えればよい。こうして共有者に課される制約を、以下では「義務」とよぶこととする。

(ii) それでは、共有者は、なぜ分割を制限するのか。それは、共有関係を継続させることが、共有関係の目的を達成するために必要だからである。たとえば、組合財産の分割が制限される（676条3項）のは、そうしなければ、組合の目的である「共同の事業」（667条1項）を遂行することができないからである。このように、共有者は、共有関係の目的を達成するために、自らの持分権の行使を制限されることがある。

ところで、組合について典型的にみられるように、共有関係に付帯するこうした目的的制約は、従来、「合有」の特徴だと説明されることがあった。この点に関わって、二つのことを確認しておきたい。

第一に、まさに組合の例に現れるとおり、この目的は、物に対する支配という持分権そのものの性格から導かれるわけではない。それを設定するのは、共有関係の発生原因、つまり契約である（第28章［441頁］を参照）。そうすると、権利行使を差し控えるという義務を観念するためにも、契約を度外視することはできないというべきであろう。

第二に、さらに進んで、義務という要素を持分権から切り離して理解することで、従来、（狭義の）共有と合有との区別として説明・正当化されてきた問題を整理する手がかりも得られるのではないか。両者の違いは、共有の目的と、それに応じて生じる義務の相違に帰着する。そして、共有の目的は、契約をはじめとする共有の発生原因に従って定まる。このように考えると、共有と合有とをカテゴリカルに区別する必要はなく、端的に共有の目的を探究すれば足りると考えるべきこととなろう。さらに、それによって、等しく「共有」や「合有」といわれる関係の内部にも違いがあること——たとえば、組合財産と相続財産とでは、「合有」だといわれるときにも意味合いが異なること——の説明もつきやすくなるのではないかと考える[12]。

(2)　共有者たる地位

　さて、以上にみたとおり、共有関係が、持分権という物権的側面だけでなく、権限の分配や義務の設定といった要素を含んでいるとすれば、それらの全体を捉えるためには、「共有者たる法的地位」を観念することが有益ではないかと思われる。これは、契約関係の構成要素が「契約上の地位」として捉えられることに似たものとして理解することができる。

　この点を考えるための題材として、売買契約によって持分権を譲渡する場合を採り上げてみたい。この契約は、直接には共有者が有する物権的権能の移転（555条）とともに、上にみた権限や義務をも一体として譲受人に承継させる[13]。これを明らかにするのが、254条である。

　254条は、共有物についての「債権」を特定承継人に対しても行使することができるとするが、沿革に照らしてみると、この規定が念頭に置くのは「債権」だけではない。同条は、草案段階で提案された複数の規定を統合して一か条とすることで成立したのであるが[14]、統合されたものには、共有物の管理方法について合意することができるとした先述の規定（法典調査会原案253

---

12)　山城・前掲論文②・③（注 2 ））では、そのような見方を示すことを試みた。
13)　最判昭和 34 年 11 月 26 日民集 13 巻 12 号 1550 頁は、持分権の譲渡に伴って、共有物の分割に関する共有者間の契約に基づく債権が譲受人に承継されることを認める。

条1項）に続けて、「此契約ハ各共有者ノ特定承継人ニ対シテモ其効力ヲ有ス」
(傍点引用者）とする規定（同条2項）が含まれていた[15]。これは、契約上の
地位の移転を定めたものとみるべきであろう。

　以上を踏まえて、二点に注意したい。

　第一に、254条に対しては、立法論としては批判がある。登記されない法
律関係までもが承継されると譲受人に不測の損害をもたらすというのが、そ
の理由である[16]。しかし、あくまで理論としていえば、その法的性質が契約
上の地位の承継である以上、登記されていない権利関係が承継されるとして
も不合理ではなく、むしろ、すべての契約内容が譲受人に一体として承継さ
れることこそが自然な帰結だとみる余地もあろう。

　第二に、共有者たる法的地位は、持分権に従たるものとして、持分権の処
分に従うと考えるべきである（87条2項を参照）。持分権の行使に関わる権
限や義務は、持分権を有しない者に取得させても無意味だからである。また、
持分権が譲渡される以上、その行使に関わる権限や義務だけを切り離して譲
渡人に留保することもできない。

(3)　小　括

　以上をまとめると、こうである。持分権は、それ自体としては（一種の）
所有権としての性質を有する。しかし、持分権をめぐる法律関係は、物に対
する支配には尽きない。共有者であるということは、持分権の行使をめぐる

---

14)　以下にみるほか、共有物に関する負担について不履行があった場合の持分取得権を特定承継
　人に対しても主張することができるとする規定（法典調査会決議案252条3項。原案修正の経緯
　につき、法典調査会・二139頁以下、特に145頁を参照）、共有物の分割に関する特約を特定承
　継人にも主張することができるとする規定（法典調査会原案256条3項）、共有に関する債権を
　特定承継人に対しても行使することができるとする規定（同259条3項）が、現254条に統合さ
　れた（法典調査会・整理会194頁）。以上の経緯につき、山田誠一「共有者間の法律関係(2)──
　共有法再構成の試み」法協102巻1号（1985年）128-131頁をも参照。

15)　山田誠一「共有者間の法律関係(1)──共有法再構成の試み」法協101巻12号（1984年）
　17-18頁は、これを債権の行使の問題とは区別して、「共有者によって形成された規律の問題」
　と位置づける。

16)　議論状況とその評価として、新注民(5)580頁以下（小粥）を参照。

「権限」や「義務」を包含する法的地位を有することを意味する。そして、この「共有者たる地位」は、共有関係を発生させる契約に基づいて発生する。その意味では、共有の具体的規律は、その発生原因である契約からの影響を受けるとみることができる。

4　制限物権

次に、制限物権の設定に関する規律を考察する。ここでは、地代の支払義務を伴う地上権を想定して検討を進めたい。

(1)　当事者間の効力

(a)　契約類型

先述のとおり、起草者は、地代の支払を伴う地上権の設定を一種の売買だとみた (2(2)(b))。これは、地上権の設定という給付によって権利の「移転」が生じるとの理解を前提とするものである。

このような理解に対しては、地上権設定の対価が地代という定期金で支払われる場合も、なお売買といえるのかという疑問が生じるかもしれない。土地の利用に対して金銭を支払うという実質を考慮すると、むしろ賃貸借とみるべきだという理解も、たしかに成り立ちそうではある[17]。

しかし、それは適切ではないだろう。地上権設定契約に基づく給付は、物を使用収益させることではなく、物権変動——物権の「設定」、つまり、広義における「財産権の移転」——を生じさせることを目的とするからである。いいかえれば、金銭支払の態様が一時金・定期金のいずれであるかは、契約の法性決定にあたっては二次的な要素にすぎない[18]。以上の理解を前提として、各当事者の義務を考察する。

(b)　地上権設定者の義務

売買契約に基づいて所有権移転義務を負う場合と比較して考えると、地上

---

17)　そのように説く見解として、横田・物権437頁を参照（なお、次注をも参照）。

318

権設定者は、まず、財産権移転義務として、地上権を設定する義務（555条。さらに、560条および561条をも参照）を負うと考えられる。また、契約に適合する目的物を引き渡す義務（562条以下）をも負うこととなろう（**第23章**［364頁以下］、**第24章**［374頁以下］をも参照）。

　それでは、さらに進んで、地上権設定者は、使用可能な状態の物を提供し続ける義務を負うのか[19]。賃貸人は、目的物の使用収益に必要な修繕をする義務（606条1項本文）を負う。これは、賃貸人が、目的物を利用に供するという給付義務（**第25章**［392頁］）を負うことの帰結である。これに対して、地上権者は、自らが設定を受けた財産権に基づいて土地を使用収益する。地上権が物権であるのは、このように、他人の物の使用が、給付を媒介せず、物を直接に支配する権利に基づいて正当化されるからである[20]。

　このような性質にかんがみると、物の使用不能に関するリスクは、地上権者に帰すると考えるべきであろう。物を使用することができないからといって、地上権者が物を直接に支配する権利を有することに変わりはないからである。そうすると、地上権者は、引渡し後に目的物が滅失したときにも地代支払を継続しなければならず（567条1項後段）、ただ、不可抗力による収益不能・減収を根拠としてこれを免れるにすぎない（266条1項・275条）こと

---

18)　吉田・物権Ⅲ1182頁本文および注10は、定期の地代の支払義務を伴う地上権設定契約を「賃貸借に準じた無名契約」だとする（これに対して、一時払いの対価を約するときは、「売買に準じた無名契約」だとする。同1181頁）。この見解は、地上権設定契約の構造を、①売買・賃貸借に準じた「地上権関係設定契約」の履行として、②物権行為としての地上権設定行為がされる（そして、この物権行為に基づいて地上権が設定される）と理解したうえで（1182-1183頁）、「地上権関係設定契約」につき、売買か賃貸借かという法的性質を問題とする。地上権設定契約の法性決定についていえば、本文に述べた理解との相違点は、ⓐ地上権の設定という給付の性質——財産権移転給付（**第23章**）か、利用に供する給付（**第25章**）か——と、ⓑその対価の支払形式——一時金か、定期金か——のいずれに求めるかにあるとみられる（さらに、物権変動のプロセスをどのように捉えるかという問題もあるが、これについては**第21章**［333頁以下］を参照）。

19)　その旨の特約が可能であることは、もちろんである。大判明治37年11月2日民録10輯1389頁を参照。

20)　石田穣・物権438頁は、606条1項の類推により、地代の支払を伴う場合には地上権設定者が修繕義務を負うと説く。しかし、特約があるならばともかく、類推については、その基礎がないというべきであろう。

となりそうである。

(c) 地上権者の義務 1 ——用法遵守義務

以上に対して、地上権者の義務としては、まず、土地の利用に関わるものがある。二つの場面を考えたい。

一つは、土地に「回復することのできない損害」を加えた場合である。永小作権（271 条を参照）とは異なり、地上権についてこの場合の取扱いを定めた規定はない。しかし、用益物権は、物を「処分」する権限（206 条を参照）を含まないのだから、物の本質を害するような利用は許されないはずである[21]。そうすると、回復することのできない損害を土地に加えたときは、地上権の消滅を請求することができると考えることが適切であろう[22]。

もう一つは、「回復することのできない」程度には至らないまでも、設定契約で定めた用法に反する使用がされた場合である。永小作権設定契約については、その種の場合に解除を認めた判決がある[23]。

これらの解決の根拠を、どう考えるか。上述のとおり、回復することのできない損害を加えることができないのは、用益物権の内在的な限界である。そうであるならば、これに反する物の利用は、もはや用益物権の行使とはいえず、物の所有権に対する違法な侵害だと評価することができる。この場合には、所有権の作用——一種の物権的請求権——として、用益物権の消滅を請求することができるとみる余地があろう[24]。

これに対して、用法違反はどうか。その場合にも、用益物権の行使が不適切である以上、所有権が違法に侵害されるとの見方は成り立ち得よう。そうすると、上にみたのと同じく、この場合にも消滅請求を認めることができそ

---

21) 西川一男「地上権者ト土地ニ加フル永久ノ損害」新報 21 巻 7 号（1911 年）87 頁。今日の学説として、我妻・物権 360 頁をも参照。

22) この趣旨を説くものとして、富井・物権 217 頁を参照。

23) 大判大正 9 年 5 月 8 日民録 26 輯 636 頁。さらに、大阪高判昭和 60 年 6 月 25 日判時 1171 号 79 頁をも参照。

24) もっとも、所有権から直接に導かれるのは、個別具体的な侵害行為の排除であるにすぎず、地上権の消滅までもが基礎づけられると考えることには飛躍がある。所有権の作用をまっとうするために、妨害排除の作用が拡張されるのだといった説明が必要とされるであろうか。

第 20 章 物権法も考える

うである。しかし、定められた用法によっては、それに違反したからといっ
て物の本質までは害されないこともある。その場合には、利用行為の適法性
は、物との関係ではなく、用法を定めた合意との関係で定まるといわざるを
得ない。そうであれば、これらの場合における地上権の消滅は、地上権設定
契約に基づく用法遵守義務への違反を理由として、地上権設定契約が解除さ
れる（541 条本文）結果だとみるほうが端的であろう[25]。

(d)　地上権者の義務 2 ── 地代支払義務

地上権者の義務として、第二に、地代支払義務が考えられる。

地代の法的構成をめぐっては、種々の理解があり得る[26]。しかし、ここでは、
地上権設定契約を財産権移転型の契約とみるときは、地代支払義務は、その
対価、つまり「代金」としての性質を帯びることを確認するにとどめる。い
いかえれば、地代の支払は、地上権設定契約に基づいて生じる給付義務だと
考えられる。

それでは、地上権設定者は、地代支払債務の不履行を理由として地上権設
定契約を解消することができるのか。地代支払債務が地上権設定契約におけ
る給付義務の内容となるならば、その支払を怠ったときは、地上権設定者は、
地上権設定契約を解除（541 条）することができるはずである。けれども、
地上権については、その消滅を請求することができる場合が特に定められて
いる（266 条 1 項・276 条）。これは、解除とどのような関係に立つのか。

まず、注意が必要なのは、276 条が、厳密にいえば「契約」だけに関わる
規定ではないことである。たとえば、遺贈によって地上権が設定され、その
負担として地代の支払が義務づけられたような場合にも、地代不払による地
上権消滅請求の問題は生じる[27]。

---

25)　舟橋・物権 423 頁、新版注民(7) 919 頁（高橋寿一）は、永小作権消滅請求の根拠を 541 条に
　求める。なお、稲本・物権 366 頁は、永小作権については賃貸借契約に関する規定が準用される
　（273 条）ことを理由に、永小作権に限っては契約の不履行による解除を認める（273 条とは違っ
　て、地上権に関する 266 条 2 項が、「地代について」のみ賃貸借の規定を準用することに注意を
　要する）。

26)　この点につき、山城・前掲論文①（注 2 ））577 頁以下を参照。

321

しかし、だからといって、この規定を契約の解除と無関係なものとみるべきことにはならない。276条は、小作料の支払が年ごとに行われることを前提として、一度の地代不払によって地上権が消滅するのでは小作人に生じる不利益が著しいとみて、二年以上の小作料不払がなければ永小作権の消滅を請求することができないとしたものである。同様の考慮は、地代不払を理由とする解除にも妥当しよう。学説においても、同条を強行法規とみて、一度の地代不払によって契約を解除することができるとする特約を無効とする見解がみられる[28]。そうすると、276条は、解除との関係でも特則としての位置づけをもつ規定だとみることが適切であろう。

　ところで、不動産賃貸借については、このような解除の制限は、今日では、いわゆる信頼関係破壊の法理によって実現されている。現行規定を度外視して考察するならば、地上権についても、二年以上の不払に代えて、信頼関係を破壊するに至る程度の不払を消滅請求の要件とするほうが適切であるようには思われる。

(2)　第三者に対する効力

　地上権については、さらに、その目的たる土地の所有権や地上権が第三者に譲渡されたときに、譲受人との間の法律関係がどうなるかが問題となる。

　地上権は物権だから、これを登記（177条）することで、土地の譲受人等の第三者に対抗することができる。この点に疑いはない。

　これに対して、地上権に伴う約定、たとえば地代支払義務はどうか。今日の学説は、この義務が「地上権の内容」となるとか[29]、「地上権と結合する」といった理由で[30]、これを第三者に対抗することができるとする。ただ、そのためには、不動産登記法78条2号による登記がされなければならないと説かれる。

---

27)　双務契約に関する規定は負担付遺贈には準用されないから（1027条。553条と対照）、遺贈の場合には、地代の不払を理由とする「解除」（541条）を観念する余地はない。

28)　我妻・物権381頁および同所引の学説を参照。

29)　広中・物権456頁、稲本・物権353頁。

30)　我妻・物権374頁。

第 20 章　物権法も考える

　以上の解決は、地代支払義務の物権化という構成を介して、対抗要件を備えることで第三者への主張が基礎づけられるという論理によって支持される。このような理由づけによる限り、登記がされない事項は、第三者には承継されないこととなりそうである[31]。

　しかし、この結論に対しては、次のような疑問が指摘される。賃借権の目的不動産が譲渡された場合において、借地借家法 10 条所定の対抗要件を具備するときは、譲受人は、賃貸借契約を承継する（第 19 章［304 頁］）結果、登記がない事項をも対抗されることとなる。地上権も、同条によって、地上権設定登記がなくても対抗要件を具備する余地があるのだから（同法 2 条 1 号を参照）、登記の有無にかかわらず、すべての約定を譲受人に対抗することができるとみなければ不均衡ではないか[32]。

　この疑問に対して、どう答えるべきか。地上権については、地上権以外の事項を第三者に対抗するために、「物権化＋登記」という根拠づけが援用されてきた。これに対して、賃借権の対抗は、契約上の地位の承継によって基礎づけられる。理論としてみれば、登記されていない事項についての対抗の可否をめぐって取扱いに差異が生じるのは、この点の違いを反映したものであって、必ずしも不均衡とはいえない。しかし、そうだとすると、地上権についても、地上権設定契約の当事者たる地位の承継を観念することができるならば、登記されていない事項を承継人に対抗する余地が認められるべきこととなろう[33]。そうすると、上にみたような結論の違いが生じることは、まさに不均衡だといわなければならない。

(3)　小　括

　以上の検討から確認すべきことも、共有についてみたところと同じである。すなわち、地上権は、物権である。しかし、地上権をめぐる法律関係は、物

---

31)　この点につき、山野目章夫『不動産登記法』（商事法務、第三版、2023 年）411-412 頁の分析を参照。

32)　新版注民(7) 880 頁（鈴木禄弥）。根拠は異なるが、我妻・物権 375 頁も同旨を説く。

33)　定期借地の特約の対抗可能性に関する指摘として、稲本洋之助＝澤野順彦編『コンメンタール借地借家法』（日本評論社、第三版、2010 年）158 頁（山野目章夫）を参照。

323

に対する支配には尽きない。その点を考察するためには、地上権の発生原因
である設定契約に着目することが、やはり有用であるように思われる。

5　おわりに

　以上の検討では、物権に関する規律について、表裏をなす二つのことがら
を示そうとした。すなわち、一方で、物権編に定められる規律は、物権に関
するものであるとは限らない。他方で、物権に関する規律は、物権編に定め
られるものに尽きない。

　このような認識を踏まえて、共有や制限物権をめぐる法律関係を全体とし
て捉えるためには、その発生原因である契約に着目することが有益であると
の見方を示した。これは、異論なく受け容れられている理解ではない。とは
いえ、物権に関する規律を考察する際にも、契約の役割を無視することがで
きないことまでは、確認することができたのではないかと思う。

　なお、以上の問題には、契約上の地位と関わるところがある。契約上の地
位は、給付請求権たる債権や債務には還元されない独自の意義を有していた。
それとあたかも同じく、物権関係を生じさせる契約は、物権と一体をなすも
のとして、物に対する支配には還元されない作用を含む「地位」を形成する
のではないか[34]。以上が、本章での検討を通じて考えようとした問題である。

---

34)　鈴木禄弥『借地法　下巻』（青林書院、改訂版、1980年）610頁が、地上権設定による場合を
含む借地関係における「当事者の地位の統一的把握」の可能性を説くことは、このことに関わっ
て興味深い。より端的には、田中耕太郎「我が国に於ける社員権理論」同『商法研究　第二巻』（岩
波書店、1935年）208-209頁が、地上権の譲渡に伴う地代債務の移転を「地上権的法律関係」に
よって説明することを参照。

324

第 21 章
いわゆる復帰的物権変動をめぐって

1 はじめに

本章では、いわゆる復帰的物権変動の問題を採り上げて、物権変動の仕組みを考察する。次の設例を素材としたい。

> 【事例1】 Aは、Bに対して甲土地を売却し、所有権移転登記を経由した。その後、Bは、Cに対して甲土地を転売し、所有権移転登記を経由した。しかるに、A・B間の売買はBがAを強迫したために締結されたものであったため、B・C間の売買が締結された後に、Aはこれを取り消した。ところが、その後、Aが自己名義の登記の回復を怠っている間に、Cは、Dに対して甲土地を売却し、所有権移転登記を経由した。以上の事実関係において、Aは、Dに対して甲土地の所有権を主張することができるか。
>
>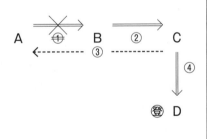

【事例1】では、「取消し前の第三者からの取消し後の第三者」ともいうべき状況が問題となっている。その解決としては、二つの構成が成り立ち得るであろう。

まず、Ａ・Ｂ間の売買が取り消されると、その効力は「遡及的に消滅する」（121条）。そうである以上、Ｃは無権利者である[1]。これによると、Ｃの後主であるＤもまた無権利者だから、Ａは、Ｄに対して自己の所有権を主張することができる。ただし、ＡがＣ名義の登記の存在を容認していたときは、Ｄは、94条2項類推適用によって保護される余地がある（無権利構成）。

　しかし、これには疑義がある。判例は、Ｘ・Ｙ間の売買が取り消された後に、ＹがＺに対して目的物を転売したという事例（取消し後の第三者）では、ＸとＺは対抗関係に立つとする[2]。その理由は、こう説明される。Ｘは、取消しの意思表示をした以上、速やかに自己名義の登記をすることができたのだから、これを怠ったときは、自身よりも先に所有権移転登記を経由したＺに敗れても仕方ない。これと比較すると、【事例1】のＡも、取消し後、直ちに登記名義を回復することができた点で、事情は異ならない。そうであれば、Ａ・Ｄも対抗関係に立つとみるべきであろう。

　以上の疑義を容れるならば、【事例1】は、次のように解決されよう。Ａによる取消しの意思表示の結果、Ａ・Ｂ間の売買の効力は「遡及的に消滅する」。しかし、これは、原状回復義務を生じさせるための擬制にすぎず、実際には、所有権は、Ａ→Ｂ→Ｃと順次移転した後、取消しによってＡへと復帰する（復帰的物権変動）。したがって、Ａ・Ｄは対抗関係に立つから、177条により、Ａは、自らに先んじて登記を具備したＤに対して所有権を主張することができない（対抗問題構成）。

　けれども、この解決にも疑問が残る。上の説明では、取消し前のＣとの関係でも復帰的物権変動が生じるとした。しかし、従前の議論は、取消し前の第三者との関係では、取消しの遡及効によって権利移転は否定され、第三者保護は96条3項によって図られるとして、復帰的物権変動を観念してこなかったのではないか。

　これをどのように考えるべきか。以下では、取消し前の第三者との関係で

1）　Ａ・Ｂ間の売買は強迫を理由に取り消されているから、Ｃが96条3項によって保護される余地はない。

2）　大判昭和17年9月30日民集21巻911頁。

326

第 21 章　いわゆる復帰的物権変動をめぐって

も復帰的物権変動を観念する後者の構成（「復帰的物権変動構成」とよんでおく）
の成否を検討したい。まず、復帰的物権変動とは何かを検討したうえで（2）、
それが物権変動論一般に対してどのような意味をもつかを論じる（3）。

2　復帰的物権変動

　復帰的物権変動は、取消し後の第三者との間で生じる法律関係を規律する
ために導入された概念である。そこで、取消し後の第三者に関する法律関係
を考察したうえで（(1)）、これと比較しつつ、取消し前の第三者を検討する（(2)）。

(1)　取消し後の第三者

(a)　復帰的物権変動

　取消しによって生じる復帰的物権変動とは、どのような物権変動なのか。
　この法理を示した判例は、説示の文言に照らす限り、取消しによって実際
に物権変動が生じるとみている[3]。これを承けた学説は、「取消の遡及効に
ついては、物権変動は初めから生じなかったことになる、と説かれるけれど
も、無効の場合とは異なり、物権の変動があることは事実であって、ただそ
れが初めから生じなかったように（遡及的に）取り扱われるというだけである」
（傍点引用者）などとして[4]、取消しの遡及効は擬制にすぎず、真実には物権
変動の往復が生じるのだと説いた。つまり、取消しもまた、物権変動を生じ
させる「意思表示」（176 条）だというのである。
　以上の議論は、売買の効果を次のように理解するものとみられる。契約が
取り消されたときは、その効力は遡及消滅するから（121 条）、債権的効果は

3）　たとえば、大判昭和 17 年 9 月 30 日（前掲注 2)）は、「本件売買ノ取消ニ依リ土地所有権ハ
　　被上告人先代〔第一譲渡人〕ニ復帰シ、初ヨリ松井〔＝第二譲受人〕ニ移転セサリシモノト為ル
　　モ、此ノ物権変動ハ民法第 177 条ニ依リ登記ヲナスニ非サレハ之ヲ以テ第三者ニ対抗スルコトヲ
　　得サルヲ本則ト為スヲ以テ……」（傍点・読点は引用者による）とする。
4）　我妻・物権 97 頁。梅・総則 312 頁も、取消しの効果につき、「一旦移転シタル所有権モ其旧
　　主ニ復シ恰モ嘗テ他人ニ移転シタルコトナキモノノ如ク看做サル」と述べる。より詳細には、我
　　妻榮「判批（大判昭和 4 年 2 月 20 日民集 8 巻 59 頁）」同『民法判例評釈 I』（一粒社、1965 年）
　　76 頁を参照。

327

無である。これに対して、所有権については、A → B、B → A という往還が観念されるから、物権的効果は残存する。つまり、ここでは、契約の債権的効果と物権的効果が分離する[5]。

(b) 承継取得

次に、復帰的物権変動がどのような経路で発生するかを考察したい。

従前の議論は、復帰的物権変動が一種の承継取得であることを前提としてきたといってよいであろう。それでは、この承継取得は、どのような「原因」（703条を参照）によって根拠づけられるのか。考えられる一つの説明は、法律行為の遡及的失効によって、法律上の原因を失うに至った所有権移転を、原状回復義務（121条の2第1項）の履行として捲き戻すというものであろう。それが、第三者に対する財産権移転義務の履行としての所有権移転と競合したとき、対抗関係（177条）が生じることとなる。

以上の構成は、物権行為の無因性を承認し、不当利得返還請求権の作用として所有権の復帰を根拠づけるドイツ法の議論に類する[6]。けれども、日本法のもとでは物権行為の無因性は認められないから、取消しによって契約が遡及的に失効するときは、原状回復関係が発生し、それとともに復帰的物権変動も直ちに生じる（176条）。いいかえれば、以上の構成のもとでも、取消しがある種の物権的効果をもつことは否定されない。

(2) 取消し前の第三者

さて、ここでの関心は、取消し前の第三者との関係でも復帰的物権変動を観念することができるか否かである。

5）　川島武宜「判批（大判昭和17年9月30日民集21巻911頁）」民事法判例研究会『判例民事法 昭和17年度』（有斐閣、1949年）204頁以下は、取消しに遡及効が認められる以上、復帰的物権変動を観念する余地はないはずであり、取消しの効果として物権変動を観念する議論は、物権関係と債権関係とを遮断するドイツ法の制度のもとであればこそ意味をもつと指摘する。

6）　ヴォルフ／ヴェレンホーファー（大場浩之ほか訳）『ドイツ物権法』（成文堂、2016年）84頁を参照。我妻榮「法律行為の無効取消の効果に関する一考察」同『民法研究II　総則』（有斐閣、1966年）165頁が、法律行為の無効・取消しの場面における原状回復をことごとく不当利得法の問題として解決すべき旨を主張したことも、本文に示したような理解に親和するであろう。

(a) 鈴木説

（i）　鈴木禄弥教授は、いわゆる取消しと登記の問題をめぐって次のように説き、取消し前の第三者との関係でも復帰的物権変動が観念されるとする。すなわち、取消しによる法律行為の遡及的無効は、原状回復という効果をもたらすための手段的制度にすぎない。実際には、契約が取り消されると、当事者間に既履行の給付を不当利得（給付利得）として返還すべき債権関係が発生し、その履行によって復帰的物権変動が生じる[7]。

以上によると、【事例1】はどのように解決されるか。鈴木説は、契約当事者間における所有権の回復を念頭に置くが、【事例1】では、契約の当事者関係にはないA・C間での所有権の復帰が問題となる。給付利得の清算関係は、契約当事者間で生じるから、原状回復の問題とみるならば、取消しの意思表示がされたときは、まずCからBへの復帰的物権変動が生じ、次いでBからAへの復帰的物権変動が生じると考えることとなろう[8]。

（ii）　しかし、これに対しては次の疑問が生じる。

Aが契約を取り消しても、B・C間の契約の効力には影響は及ばない。したがって、B・C間で給付利得の清算関係が生じるためには、BからCへの所有権移転義務が履行不能となったことを理由として、Cが契約を解除しなければならない。ところで、ここでの履行不能は、Aからの追奪に起因するものであろう。しかし、Aへの所有権の復帰がCからBへの原状回復を前提とするならば、Aは、Cによる解除に先立って自らの所有権を主張することはできないはずである。このように、上記の構成によると、Aによる所有権の主張と、Cによる履行不能・解除の主張とが、互いを前提とする関係に立つこととなってしまう。

この矛盾を解く方法は、二つある。一つは、Cによる権利取得を優先することである。これは、物権行為の無因性を認めることに帰着する。けれども、それは、日本法の採る解決ではない。そこで、もう一つの方法として、B・

7）　鈴木・物権127頁。詳細につき、鈴木禄弥『物権法の研究』（創文社、1976年）217頁をも参照。

8）　この点に関わって、最判昭和51年2月13日民集30巻1号1頁をも参照。

Ｃ間の契約の効力いかんにかかわらず、Ａは、Ｃに対して自己の所有権を主張することができるとすることが考えられる。しかし、それを認めるならば、復帰的物権変動は、ＣからＡに対して直接に生じるとみるのが端的であろう[9]。要するに、原状回復義務によって復帰的物権変動の発生を基礎づけられるのは、原状回復関係が生じる当事者間に限られるのであって、復帰的物権変動全般を原状回復義務の履行とみることには難がありそうである。

(b) 佐久間説

(ⅰ) 取消し前の第三者についても復帰的物権変動を観念すべきことをより直截に説く議論としては、佐久間毅教授の見解が注目される。次のように説かれる[10]。

取消しの前後を区別して第三者との関係を規律する判例法理は、「第三者の登場時期のいかんにかかわらず、取消しによって当初の物権変動の遡及的消滅という物権変動が起こると解し、これを第三者に対抗するために登記を要するかを考えることによって、正当化することができる」。その理由は、こうである。

まず、取消し後の第三者との関係では、不動産の所有権は、「ＡからＢへといったん移っていたのであり、Ａは、取消しによってその所有権を取り戻すことになる」。これも一種の物権変動だから、177条が適用される。

それでは、取消し前の第三者との関係はどうなるか。Ａ・Ｂ間の契約が遡及的に消滅すると、Ｃは、「Ｂとの売買によって甲建物の所有権を取得することができない。それに対し、この消滅が認められなければ、その所有権取得の可能性が残る。したがって、Ｃは177条の第三者に該当し、Ａは、登記がなければ甲建物のＢへの所有権移転の遡及的消滅をＣに対抗することが

---

9) 付随的には、登記手続上の便宜も考える必要があろう。かりにＣ→Ｂ→Ａと復帰的物権変動が順次生じるとすると、Ａは、Ｃを相手方として直接に登記請求をすることはできないであろう。それは、物権変動の過程を反映しない登記——中間省略登記——だからである。ＡからＣに対する登記請求を認め、このような不便を解消するためには、ＣからＡへの復帰的物権変動が生じると考えることがやはり端的である。

10) 佐久間・物権89-90頁。

第21章　いわゆる復帰的物権変動をめぐって

できない」。

　しかし、この結論には問題がある。Aには、取消し前の第三者に先んじて登記名義を回復することは不可能だから、上のように考えると、Aに取消しによる所有権の回復を許した意味がなくなってしまう。そこで、「この場合には、取消しに遡及効を認めて取消者に権利の回復を許した法の趣旨から、Aは、登記がなくてもBへの所有権移転の遡及的消滅をCに対抗することができるとしなければならない」。

　以上は、次のように正当化される。「取消しには遡及効が一般的に認められるところ、取消前のCによるAの登記の不存在の主張は、法によって認められたこの遡及効を無力化するものである。Bとの間で売買をしたにすぎないCは、法の定めを無力化する主張が正当化されるほどの利益を有するとはいえない。この意味で、取消前の第三者であるCは、Aの登記の不存在を主張する正当な利益を有するとはいえず、177条の第三者に該当しない」。

　(ii)　このように、佐久間説は、取消し前にも復帰的物権変動が生じることを認めたうえで、所有者と第三者とは対抗関係に立つとする。そのうえで、取消しの遡及効を無に帰せしめないためには、取消し前の第三者は登記の欠缺を主張する正当な利益を有しないとみなければならないとする。

　しかし、そうであろうか。A・B間の法律関係の遡及消滅によってCの権利取得が妨げられるのは、取消しによって、Cによる権利取得原因自体が効力を失うからであろう。いいかえれば、ここでのAとCの優劣は、177条の適用に先立ち、121条によって決定される。177条は、有効な権利取得原因が競合する場面を扱うものであり[11]、取消し前の第三者のように、一方の権利取得原因が効力を失う場面への適用が予定された規律ではない。取消しの遡及効を無力化することはできないとの考慮は、権利の対抗の問題としてではなく、まさに取消しによる権利の不存在という帰結を貫徹することによって実現されるべきであろう。

---

11)　この点につき、新版注民(6)540頁以下（原島重義＝児玉寛）を参照。

331

(c) 検 討

以上を踏まえて、取消し前に現れた第三者との関係を検討する。

まず、判例法理によれば、Aは、自ら登記を備えることなしに、取消しによる所有権の回復をCに主張することができる。この結論は、一般に、二つの論拠によって支持されてきた。第一に、理論的にみて、A・B間の契約が取り消されると、Bは遡及的に無権利者となるから（121条）、その後主であるCも無権利者である。第二に、実質論としても、Aは、取消しの意思表示をするまでは自己名義の登記をすることができないから、これを要求するのは適切ではない。

以上のうち、第一の論拠は、AがCに対して所有権を主張するために登記を要しないとの結論を、復帰的物権変動の発生を否定することによって正当化する。しかし、この結論は、取消し前の法律関係において復帰的物権変動を観念する立場によっても導くことができる。先に述べたとおり、復帰的物権変動がCからAへと生じるのだとすれば、AとCとは物権変動の当事者の関係に立つ。そうすると、Aは、Cに対しては、登記を備えずに所有権の復帰を主張することができるはずである[12]。第三者保護規定である96条3項は、このような復帰的物権変動の発生を制限する趣旨の規定とみるべきこととなる。

(3) 小 括

以上によると、【事例1】は次のように解決されるであろう。

A・B間の売買が取り消されると、取消し前の第三者であるCからAへの復帰的物権変動が生じる。そのうえで、CからDへの売買がこれと競合するから、AとDとは対抗関係に立ち（【図1】を参照）、両者の優劣は登記の先後によって決まる（177条）。したがって、Aは、自らに先んじて登記を備えたDに対して、自己の所有権を主張することはできない。

---

12) 以上は、結局のところ、取得時効と登記につき、大判大正7年3月2日民録24輯423頁（さらに、最判昭和41年11月22日民集20巻9号1901頁）が認めるのと同じ解決だといえるであろう。

取消しの前後において第三者の保護要件を区別する判例法理に対しては、一貫性に欠けるとか、第三者の保護要件を違える点で不合理だといった批判が加えられることがある。しかし、復帰的物権変動構成によると、この疑問にも応接することができる。すなわち、この構成のもとで

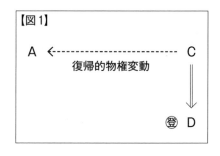

は、取消しの前後を通じて同一の解決が適用される。また、取消しの前後で第三者の保護要件が区別されるのは、第三者が物権変動の当事者であるか（取消し前）、それとも（177条にいう）第三者であるか（取消し後）が異なるからだと説明することができる。

3　物権変動論への展開

以上の問題を、より一般的に考えてみたい。復帰的物権変動構成は、二つの前提に立つ。一つは、物権変動における債権的効果と物権的効果とが分離されることである。このような理解は、この場面に限って妥当するのか、それとも、物権変動一般にも妥当し得るのか（(1)）。もう一つは、CからAへの復帰的物権変動が承継取得であることである。これは、いかなる意味での承継取得なのか（(2)）。

(1)　物権変動の法律効果

物権変動における物権的効果と債権的効果との関係は、従来、物権行為の独自性をめぐって論じられた。

(a)　物権行為の独自性
（i）　物権行為の独自性は、まずもって物権変動の論理構造の問題であるが、日本法のもとでは、所有権の移転時期の確定という実践的な狙いをもって論じられた。けれども、所有権の移転時期は、物権行為の独自性を認めるか否

か（のみ）によって決まるわけではないとするのが、現在の学説の共通認識だといってよい[13]。そうすると、物権行為の独自性を論じることの主な意義は、論理構造の側面に見出されるべきであろう。

　その点からみたとき、物権行為の独自性をめぐる議論には、二つの分岐点がある。第一は、債権行為から区別される法律行為を観念する余地があるか否かであり、第二は、これを認めると、直ちに「物権行為の独自性」を認めたことになるのか否かである。

　第一点について、判例は、両者を区別しないと指摘されることがある。けれども、その例証とされる判決は、所有権移転時期に関する判断を示すにとどまり[14]、物権変動の構造に対する説示を含まない。むしろ、それらの先例として指示される大審院の判決は、物権変動の構造をめぐる問題に立ち入ることを意図的に回避してさえいる[15]。そうすると、物権変動を目的とする法律行為において、債権行為と物権行為とが概念的に分別されるとの理解は[16]、支持も排斥もされていないといえよう。

　(ii)　それでは、債権行為と物権行為との概念的分別を認めることは、「物権行為の独自性」を認めることを意味するのか。これは、物権行為の独自性なるものの定義に関わる。この点については、論者間に差異がみられる。

　一方では、物権行為の独自性とは、「物権の変動を生ずるためには常に物権の変動だけを目的とする法律行為がなければならないという意味である」（傍点原著者）と説かれることがある。この見解は、「物権の変動を生ずる意

---

13)　この問題につき、鎌田薫『民法ノート物権法①』（日本評論社、第四版、2022年）3頁を参照。

14)　たとえば、最判昭和33年6月20日民集12巻10号1585頁（特定物売買における所有権移転時期）、最判昭和40年11月19日民集19巻8号2003頁（他人物売買における所有権移転時期）を参照。

15)　大判大正2年10月25日民録19輯857頁は、こう説示する。「若シ夫レ直接特定物ノ所有権移転ヲ目的トスル売買ハ、或ハ原院判示ノ如ク先ツ債権関係ヲ生シテ即時ニ履行セラルルモノト看做スヘキカ、或ハ債権関係ト物権関係トヲ併セ生スルモノト為スヘキカ、或ハ専ラ債権関係ヲ生スルモ法律ノ特別規定ニ依リ物権的ノ効力ヲ生スルモノ見ルヘキカ等ノ問題ニ至テハ学説分ルル所ナレトモ、斯ノ如キ売買ハ第176条ノ規定ニ依リ直ニ所有権移転ノ効力ヲ生スルコトハ、上来説明ノ如ク民法ノ解釈上疑ヲ容レサル所ナルヲ以テ、今特ニ右問題ヲ解決スルノ必要アルヲ見ス」（読点は引用者による）。

16)　これを詳細に説くものとして、於保・物権上52頁以下を参照。

334

第21章　いわゆる復帰的物権変動をめぐって

思表示と債権の発生を生ずる意思表示とが全く同一形式でこれを識別すべき外形的なもののないわが民法の下では、両者を区別する必要はない」として、意思主義との結びつきにおいて物権行為の独自性を否定する[17]。これによると、売買契約のなかに債権行為と物権行為の双方を見出す見解は、独自性否定論だと整理されよう。そこでは、「物権の変動だけを目的とする法律行為」は観念されないからである。

　しかし、他方では、義務負担行為と処分行為との概念的分別を認めることをもって物権行為の独自性とよぶものもある[18]。これによると、売買契約のなかに債権行為と物権行為の双方を見出す見解は、むしろ物権行為の独自性を肯定するものと理解される。

　以上は、結局のところ、用語法の問題に帰着する。そうであれば、物権変動の論理構造を分析する際には、様々な議論の経緯から多義的に用いられる「物権行為の独自性」に代えて、「概念的分別」を認めるか否かという問いを立てることが端的であろう[19]。

(b)　概念的分別の適否

　物権行為の概念的分別を認める見解の根拠は、形式的には、物権変動を生じさせる「意思表示」に関する規定が、物権編である176条に設けられている点に求められる。さらに、二つの側面を区別しなければならない場合として、種類物、他人物、将来物等、売買契約が有効に成立し、財産権移転義務が発生することに疑いはないものの、これに基づく所有権移転が即時に発生しない場合があることが指摘される。復帰的物権変動という説明が、債権的には無である法律関係において物権変動だけが生じることを前提とすることにも、これに通じるところがある。

　けれども、これらの場面に関する限りでは、物権行為と債権行為とを区別

---

17)　以上につき、我妻・物権56-59頁を参照。

18)　網羅的ではないが、石田（喜）・物権37頁以下、田山・物権47頁、近江・物権51頁等。この点の整理としては、秋山ほか・物権36頁（水津太郎）が行き届いている。

19)　秋山ほか・物権38頁（水津）は、「一体主義」「分離主義」を区別してこの点を分析する。

しなければ説明困難に陥るとはいえない。そこで分別されるのは、債権行為と物権行為という法律要件ではなく、債権発生と物権移転という法律効果である。物権行為の独自性を認める見解は、債権発生の時期と物権移転の時期とが一致しない場合がある——むしろ、そうであることが常態である——と説いてきたが、物権変動の効果がいつ発生するかは、その発生原因である物権行為がいつ行われるかとは別の問題であろう[20]。

　以上を、売買に即して敷衍する。売買契約に基づき、売主は財産権移転義務を負い（債権的効果。555条）、それが履行されることで、所有権の移転が生じる（物権的効果。176条）。このことを説明するために、「売買契約によって目的物の所有権を移転すべき債務を負った売主が、その履行として所有権移転契約をする場合を考えれば、売主は、債権行為と物権行為の二つをすることになる[21]」とみる必要はない。一つの売買契約が、債権発生とともに、物権変動の基礎ともなるのだとみればよい[22]。

(2)　承継取得の法的構造

(a)　承継取得の原因

　既にみたとおり、売買契約における直接の当事者間の関係を想定する限りでは、復帰的物権変動は、原状回復請求権（121条の2）の履行とみることができる。しかし、【事例1】のC・A間において復帰的物権変動が生じるこ

---

20)　物権行為に条件を付することができない等の制約があるならば（ドイツ法における不動産所有権の移転につき、ヴォルフ／ヴェレンホーファー・前掲書（注6））288頁を参照）、行為の成立時と効果の発生時とが一致する必要が生じよう。しかし、日本法のもとでは、物権変動の時期そのものを合意によって定めることに支障はない。この点についても、鎌田・前掲書（注13））18頁を参照。

21)　我妻・総則246頁。

22)　これに対しては、所有権の移転という法律効果が発生するためには、所有権を移転するという給付が必要であり、この給付を実現するのが物権行為（176条にいう「意思表示」）であるとの理解も成り立ち得る。この点は、「給付」が実現されるためには何らかの有形的な行為がされなければならないかという問題とも関わる。これを求めるならば、履行行為としての物権行為を観念する必要が生じよう。これに対して、債務の履行は、有形的な行為を常に前提とするわけではないとの理解も成り立ち得る。財産権移転義務の履行がそのように捉えられることにつき、第23章［358頁］を参照。

とを認めるときには、この物権変動によって履行される債務を観念し難い（2(2)(a)）。この承継取得の原因を強いて説明するならば、取消しの法定効果——法定承継取得——とするほかないであろう。

ところで、これに類する状況は、94条2項が適用された場合における所有者と第三者との関係においても生じる。次の例をもとに考えたい。

【事例2】Aは、Bに対して甲土地を売却し、所有権移転登記を経由したが、この売買契約は、AとBの通謀虚偽表示によって行われたものであった。その後、Bは、以上の事情を知らないCに対して甲土地を転売した。しかし、登記名義はBのままである。その一方で、Aもまた、真実は自らに所有権がある事情を説明して、甲土地をDに売却した。以上の事実関係において、Dは、所有権移転登記手続を請求したうえで、Cに対して甲土地の所有権を主張することができるか。

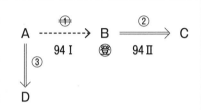

【事例2】では、Cは、94条2項に基づいて甲土地の所有権を取得する。このことを説明する考え方として、二つの構成が示された。第一は、94条2項によってA・B間の売買が効力を生じ、BからCへと所有権が移転するという考え方（順次取得説）である。第二は、A・B間の売買は無効であるが、AがこれをCに対抗することができない結果、AからCへと所有権が移転するという考え方（法定承継取得説）である。

以上の各見解は、【事例2】でだれが対抗関係に立つかをめぐって対立する。順次取得説によれば、Aを起点としてBとDが対抗関係に立つ。そのため、Bが登記を具備している以上、Dが所有権を取得する余地はない。これに対して、法定承継取得説によれば、Cは、Bを介さず、Aから直接に権利を取得するから、Aを起点としてC・Dが対抗関係に立つ[23]。そうすると、Bの

---

23) 最判昭和42年10月31日民集21巻8号2232頁は、結論においてこの趣旨を説く。

登記は無効であり、Dは——いったんA名義の登記を回復する必要がある
か否かは措くとして——自らが所有権移転登記を経由することで、Cに対し
て所有権取得を対抗することができることとなる[24]。

(b)　物権変動の過程
以上と比較しつつ、【事例1】を検討する。
　取消し前の第三者との関係でも復帰的物権変動を観念するとしたとき、そ
の経路としては、C→B→A（「順次復帰説」とよんでおく）、C→A（「法定
承継取得説」とよんでおく）の二とおりが考えられるが、先の検討では法定承
継取得説を是とした（2(3)）。Cを起点とする対抗関係の発生という観点から
みると、順次復帰説によればB・Dが、法定承継取得説によればA・Dが、
それぞれ対抗関係に立つこととなる。
　両説の相違が生じるのは、B名義の登記がされている場合であろう。順次
復帰説によれば、Bのもとに登記がある以上、Bへの権利復帰が確定してお
り、Dが甲土地の所有権を取得する余地はないこととなりそうである。これ
に対して、法定承継取得によれば、AとDが対抗関係に立ち、両者の優劣
は登記の先後に従って決まるはずである。
　しかし、順次復帰説がもたらす帰結は、ここでも適切でないように思われ
る。その理由は、こうである。
　一方で、A・B間の売買が取り消されても、B・C間の売買の有効性は覆
らないのだから、BからDまでは有効な物権変動の原因が連続する。つまり、
BとDは前主・後主の関係に立つから（【図2】②・⑤）、Dは、Bに対して、
自らの所有権取得を登記なしに主張することができるはずである。しかし、
他方で、A・B間の売買が取り消されると、CからBへの復帰的物権変動が
生じる。その結果、BとDは対抗関係にも立つから（【図2】③・⑤）、Dは、
既に登記名義を有するBに対して、自らの所有権取得を主張することがで

---

24)　以上の整理とともに、法定承継取得という構成を提示した議論として、幾代通「虚偽表示に
　　対する善意の第三者と登記——補論」同『不動産物権変動と登記』（一粒社、1986年）10頁（特
　　に23頁以下）を参照。

338

きないこととなろう。

　以上のとおり、順次復帰説によ
ると、Bは、CおよびDに対して、
一方、所有権移転登記手続に応じ
る義務を負い——そして、それは
履行不能ではない——、他方、こ
れを拒絶することができるという
地位に立つこととなる。しかし、
Aによる取消しがこのような関

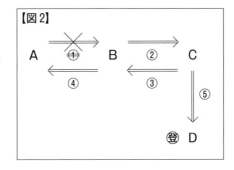

係を生じさせるのは、奇異ではないか。この場合には、Bは、Aから権利を
取得することができず、しかもCから権利を再取得することを望むわけで
もないのだから[25]、Dに優先する地位に立ついわれはないであろう。
　これに対して、法定承継取得説によれば、B・D間の法律関係は、端的に
前主・後主の関係として規律される。このように、いたずらに複雑な法律関
係を生じさせない点でも、法定承継取得説が優れているといえよう。

(c)　法定承継取得の含意
　ところで、先にみたとおり、契約による物権変動は、財産権移転給付の実
現を目的とする（(1)(b)）。これに対して、復帰的物権変動は、給付の実現で
はなく、法的な根拠を失った物権的効果を解消するという、物権状態の矯正
を目的とする。94条2項の適用場面もそうだが、法定承継取得とは、債権
的効果の裏づけによらず、物権的効果だけを発生させる承継取得をいうと考
えられる。
　ところで、「矯正」というからには、その内容は、当事者の合意によらず、
回復すべき状態に即して当然に定まる。取消権の行使という単独行為によっ

---

25)　これに類する関係は、BがCから再譲渡を受けた場合にも生じる。しかし、その場合には、
　ともかくも自らの意思に基づいてCからBへの物権変動が生じるのに対して、順次復帰説にお
　けるCからBへの復帰的物権変動は、Aへの所有権復帰の前提にすぎない。両者を同日に論じ
　ることは、適切ではないだろう。

て物権変動を生じさせることができるのは、このように、合意によって当事者間の利害関係を調整する余地がそもそもないことによるものであろう（第4章を参照）。

(3) 小　括

結論をくり返しておく。復帰的物権変動は、債権的には無となった法律関係において、物権変動だけは残存するという状態を生じさせる。これは、物権変動論において、債権的効果と物権的効果とが概念的に分別されることの一つの例証といえる。そして、債権的には無であるにもかかわらず生じる復帰的物権変動は、法定の承継取得とみるべきである。その特徴は、給付の実現ではなく、あるべき物権の帰属状態への矯正を実現するところにある。

4　おわりに

以上、復帰的物権変動という問題を通じて、物権変動の仕組みを垣間みることを試みた。とはいえ、契約法との関係で重要なのは、「給付の実現」として物権変動等の効果が生じる仕組みを正面から問うことであろう。このような関心を携えて、第22章からは契約各論に取りかかりたい。

第 22 章
典型契約の分類

1 はじめに

　契約は様々な観点から分類されるが[1]（第 30 章）、契約各論は、典型契約という分類方法に沿って編成される。典型契約を考察することが「契約各論の総論」としての意味をもつのは[2]、そのためである。そこで、契約各論の検討は、民法における典型契約の分類を採り上げることから始めたい。

　民法は 13 種の典型契約を定めるが、それらは、契約の内容に従って類型化されている。この点に関わって、二つのことを予備的に考察しておく。

(1) 類型の根拠

　まず、契約の内容は、どのようにして類型化されるのか。この問いについては、大きく分けて二つの見方が示されてきた。

　その生成過程に即してみれば、契約の類型は、社会で頻繁に行われる契約について共通の取扱いを定めるというプロセスを経て成立したものだといえる。民法が定める 13 種の典型契約については、「フランス民法典やドイツ民

---

1) 　その概観として、我妻・債権各論上 47 頁以下、大村・契約 199 頁以下、中田・契約 64 頁以下を特に参照。
2) 　潮見・契約各論 I 1 頁を参照。大村敦志『典型契約と性質決定』（有斐閣、1997 年）138 頁は、「契約各論の一般理論」の存在を指摘する。

341

法典でも選ばれており、大体、近代社会に行われる契約の基本的な種類（類型）をそろえている」といわれる[3]。このように、各種の典型契約は、現実に行われる取引との関わりをもつ。

とはいえ、現実に行われる取引を類型化するにしても、一定の基準が必要である。そのために、契約の構成要素のうち、本質的な部分とそうでない部分とを区別し、後者を捨象するという操作が加えられる。たとえば、土地を買うのとジャガ芋を買うのとでは、生活事実としては同種の行為とは考え難い。しかし、両者は、民法上は、等しく「売買」だとされる。目的物が何かは、「売買」という法性決定にとっては本質的ではないのである。

このように、契約の類型を考える際には、大きく分けて二つの着眼点がある。一つは、社会で現に行われる取引の類型であり、もう一つは、民法が採用する抽象の方法に従った類型である[4]。ここで取り組むのは、後者の問題である。

(2) 契約内容の構造

それでは、民法は、契約を類型化するにあたって何を本質的だとするのか。一般に、「典型契約に関する民法上の規定（典型契約規定）は、各契約類型の冒頭においてその類型の契約に関する成立要件を定めている典型契約冒頭規定と、その典型契約に関して適用される（任意規定を中心とした）法規定によって構成されている」と説かれる[5]。それら「成立要件」が契約の「（本質的）要素」とよばれることは、契約の成立について既に述べた（第5章［82頁以下］）。両者を合わせてみると、契約類型にとっての本質的要素は「冒頭規定」に示されていることがわかる。

売買を例にとって、この点を確認しておく。555条は、「財産権を相手方に移転すること」と「これに対してその代金を支払うこと」という内容を示

---

3) 来栖・契約 736-737 頁。
4) 北川・債権各論 29 頁は、両者を「現実類型」と「法律類型」として区別する。潮見・契約各論 I 18 頁をも参照。
5) 石川博康「典型契約と契約内容の確定」争点 236 頁。

342

している。これらを「約することによって、その効力を生ずる」とは、これらの「内容を示して」申込みと承諾の意思表示がされれば売買が成立する（522条1項）ということである[6]。

ところで、「財産権を相手方に移転すること」「これに対してその代金を支払うこと」とは、要するに、売買契約に基づいて各当事者がすべき給付と反対給付にほかならない。このように、典型契約を分類するための基準には、少なくとも、それぞれの当事者がすべき給付が含まれている（この点につき、**第17章**［276頁］をも参照）。

そこで、以下では、給付（2）とその組合せ（3）に注目しつつ、民法がどのような典型契約を定めているかを概観する。そのうえで、既存の類型に収まらない契約（4）と、典型契約でありながら、給付を要素とするかに疑義がある契約（5）とに付言する。

2　給　付

(1)　給付の経済的作用

給付とは、「債権の目的」としての「特定の行為」をいう（第13章［198頁］）。給付の実現は、当事者の財産状態に変動をもたらす。以下では、給付を通じて債権者にもたらされる財産状態の変動を、さしあたり給付の経済的作用とよんでおく[7]。契約に基づいて債権が発生するのは、そのような経済的作用の実現を法的に保障するためだといえる。

---

6)　なお、「効力を生ずる」との定めが「契約が成立する」ことを意味するのは、契約が成立すれば、原則として直ちにその効力が発生するという前提に立つからである。この点につき、**第1章**［28頁］を参照（「即時発効の原則」）。

7)　すべての契約が経済的利害に関わるかは、問題である。たとえば、贈与の社会的機能は、財産権の移転という法的側面ではなく、その背後にある理由に着目するほうが適切に捉えられるかもしれない（広中・債権各論27頁以下）。また、婚姻も「合意」によって成立するが（憲法24条を参照）、そのことをもってこれも一種の契約だとみるならば、そもそも経済的利益の発生を目的としない契約があるともいえるかもしれない。とはいえ、民法が、契約を債権の発生原因と位置づけることからすれば、少なくとも出発点としては、債権を通じて実現される経済的作用に着目することは適切であろう。

以上の観点からすると、典型契約は、契約を特徴づける経済的作用に従って類型化されるといえる。その内容には様々なものがあるが、「財産（権）の移転」（(2)）、「物の貸借」（(3)）、「役務の提供」（(4)）を基本的な類型とすることについては、共通了解があるといってよい[8]。

(2) 財産権移転

　移転型契約とは、財産（権）を移転するという給付（以下、「財産権移転給付」という）を目的とする契約をいう。贈与（549条以下）、売買（555条以下）、交換（586条）が、この類型に属する。

　財産状態の変動としてみたとき、財産権移転給付の特徴は、二人の当事者の間において、一方の財産が減少するのと引換えに、他方の財産が増加するところにある[9]。たとえば、土地の売買では、土地の所有権が売主の財産を離れ、買主の財産へと移転する。法的な仕組みとしてみれば、それは、財貨の帰属主体たる法的地位の変更によって実現される。

　財産権移転給付の典型例としては、上のように、契約に基づく物権変動を想定することができる。所有権の移転はもちろん、制限物権の設定も、広い意味では移転に含まれ得る[10]（第20章［318頁］を参照）。また、債権や知的財産権の譲渡のように、目的物の性質からして物権変動を伴わない場合にも、財産権の移転を観念することはできる。

---

8)　たとえば、我妻・債権各論中一220頁は「移転型の契約」「貸借型の契約」「労務型の契約」を、広中・債権各論（目次 vi 頁以下）は「財産権の移転」「物の利用」「労務の利用」を、中田・契約69頁は「移転型」「貸借型」「役務型」を、それぞれ区別する（なお、大村・契約18頁をも参照）。

9)　たとえば、贈与に関する説明として、我妻・債権各論中一223頁を参照。

10)　もっとも、地上権が設定される場合を考えてみると、たとえば期間の満了によって地上権が消滅したときは、目的たる土地が所有者に返還されるのだから、財産の増減は生じないのではないかとの疑問が生じるかもしれない。しかし、返還されるのはあくまでも地上権の目的たる土地であり、地上権そのものが覆滅されることはない。加えて、地上権の消滅に伴って所有権の内容が回復するのは、契約の効果ではなく、所有権の性質たる弾力性の作用だと説かれる（たとえば、我妻・物権258頁）ことにも注意を要する（第25章［400頁］）。

344

(3) 貸 借

貸借型契約とは、一定の期間にわたって物を使用・収益させるという給付（以下、「利用に供する給付」という）を目的とする契約をいう。消費貸借（587条以下）、使用貸借（593条以下）、賃貸借（601条以下）が、この類型に属する。

財産状態の変動としてみたとき、利用に供する給付の特徴は、二人の当事者の間において、一方に属する物が、一定の期間、他方による利用に供されることで利益を生み出すところにある。利用に供されるのが一定の期間であるということは、利用に供する給付が、物の返還という段階を必然的に伴うことを意味する。喩えていえば、物の動きが、財産権移転給付では片道的であるのに対して、利用に供する給付では往復的である。

法的な仕組みとしてみれば、この類型に属する契約は、返還債務の履行をその内容とすることによって特徴づけられる。貸借型契約の冒頭規定が、いずれも「返還（を）すること」に言及するのは、このことを示している。

(4) 役務提供

役務提供型契約とは[11]、一定の労務を供給するという給付（以下、「役務給付」という）を目的とする契約をいう。雇用（623条以下）、請負（632条以下）、委任（643条以下）、寄託（657条以下）が、この類型に属する。

財産状態の変動としてみたとき、役務給付の特徴は、二人の当事者の間において、一方がする「労務」（703条をも参照）によって、他方が利益を受けるところにある。財産権移転給付と比較していえば、それは、財産の増加という効果が、相手方の「財産」を減少させることなく生じることを意味する。

法的な仕組みとしてみれば、役務給付は、労務による価値の創造を媒介して実現される。たとえば、請負人に建物の建築を委託した場合において、注文者が完成建物の所有権を取得するという利益を得るのは、請負人による加工の成果が注文者のものとなることを意味する。

役務給付の履行としてどのような（どのように）仕事がされるかについては、

---

11) 「役務提供契約」とよばれるのが通例であるが（詳解基本方針Ⅴ3頁）、「移転型」「貸借型」という表現と平仄を合わせて、「役務提供型契約」の呼称を用いる。

様々なものを想定することができる。その違いに応じて、役務提供型契約は、上記四種の契約に細分される[12]。

3 組合せ

(1) 契約の経済的作用

契約は、これらの給付を手段として、何らかの目的を達成することを目的とする。契約が全体として達成しようとする——その意味で、両当事者に共通する——目的を、試みに契約の経済的作用とよぶこととする。

契約に基づく経済的利益は、一方から他方に対してのみ与えられるとは限らない。むしろ、一つの契約から複数の給付義務が発生することが通常だとさえいえよう。したがって、契約をその全体としての目的に即して捉えるためには、一方の給付だけでなく、それと組み合わせられる給付に着目する必要がある。

組合せの一つのあり方として、複数の給付の間に経済的な観点からみて対価関係が認められるとき、その契約は、有償契約とよばれる（第16章［249頁］）。これに対して、無償契約においては、ある給付と組み合わせられる他の給付はない。しかし、無償性も、対価たる給付の不存在という消極的な意味では、やはり給付の組合せに着目するものである（詳しくは、第27章［421頁］）。

契約の目的を明らかにし、その法的構造を形づくるのは、このような意味での給付の組合せである（この点につき、第17章［276頁］）。以下では、これを「交換」（(2)）、「配分」（(3)）という二つの類型に分けて検討してみたい（ある契約が双方の性質を備える場合につき、第29章［459頁以下］）。

なお、組み合わせられる給付の一方は、金銭の支払（正確にいえば、金銭所有権の移転）であることが少なくない。たとえば、売買は「代金」（555条）、

---

12) なお、以上の説明では、役務給付の結果としての「財産の増加」「価値の創造」を、さしあたり労務の成果が不当利得とはならないという意味で捉えている。けれども、有体物の製作を伴う場合には、文字どおりに「財産の増加」「価値の創造」を観念しやすいのに対して、そうではない契約——たとえば、雇用契約や委任契約——によってもたらされる利益をどのように表現すべきかについては、なお検討の余地が残る。この点については、さらなる考察の必要を留保したい。

賃貸借は「賃料」（601条）、請負は「報酬」（632条）の支払を内容とする。したがって、契約を個別の類型にまで区分する際には、金銭支払給付は決定的な基準とはならない。分類において重要なのは、むしろ、金銭支払の対価として行われる給付である。

(2) 交 換

　まず、複数の給付の間に対価関係がある場合を考えてみたい。契約の経済的作用としてみるとき、それは、二つの財貨が交換されることを意味する。ここでは、それぞれの給付は、「給付」と「反対給付」の関係に立つといわれる。

　以上の仕組みは、「等価交換」という表現によって説明されるのが通例である。この表現については、注意が必要なことが二つある。

　第一に、等価交換を観念するために、給付と反対給付との経済的価値が客観的に等しい必要はない。たとえば、1億円の価値がある土地を——動機はどうあれ——5000万円で売るとしても、両者の間に対価関係を認めることの妨げとはならない。錯誤（95条1項2号）や詐欺（96条1項）がある場合は別であるが、売主が真に望んだならば、そのような売買の有効性を否定する理由はない。

　以上のように、給付と反対給付との等価性（対価的均衡）が当事者の主観に即して評価されることを指して、主観的等価性という概念が用いられる。より一般的にいえば、二つの給付の間に対価関係があるか否か——つまり、両者が互い対価たる意義をもち、しかも等価であるか——を決定するのは、両当事者の意思であり[13]、第三者がこれに容喙することはない（第16章[250頁]）。

　第二に、それにもかかわらず、契約が「等価交換」と形容されるのは、第三者の観点に立って、「交換が成立した以上、それぞれが提供する財貨が等価と評価されたのだ」とみるからである。しかし、あくまで当事者の観点に立ってみれば、交換が成立するのは、自分がする給付よりも相手方から得ら

---

13)　この点につき、無償性の認定に関する我妻・債権各論中一224頁の指摘をも参照。

347

れる反対給付のほうが価値が大きいと各自が考えるからだとも指摘される[14]。

　この指摘は、交換のもつ重要な側面を示している。交換という仕組みのもとでは、一方が契約に基づいて得る経済的利益は、他方がする給付（のみ）を源泉とする。これは、給付と反対給付との間に対価関係があるときは、当事者の利害が対立することを意味する。相手方から同じ給付を得られるならば、自身がする給付が少なければ少ないほど、その者は大きな利益を得るからである。このように、当事者がいわば競争する関係に立つところに、交換という（契約の）経済的作用がもつ一つの特徴がある。

　これに対して、無償契約においては、経済的な観点からは、一方の当事者の損失において他方の当事者が利益を得るという関係だけが生じる。ここでは、各当事者の利害は、相違するにせよ、対立するとはいえない（第4章［63頁］）。

(3) 配　分

　もっとも、当事者がそれぞれに給付をする場合であっても、財貨の交換が行われるとは限らない。このことを明らかにするのが、組合である（第28章）。

　組合は、「各当事者が出資して共同の事業を営むこと」を合意することで成立する（667条）。ここに示されるとおり、組合の当事者（＝組合員）は、それぞれが出資という給付をする。しかし、ある組合員がする出資は、他の組合員がする出資と交換されるわけではない。詳しく述べるならば、こうである。

　組合においても、出資をした当事者は、それに対応して一定の利益を得ることがある。しかし、この利益は、他の当事者がする出資ではなく、「共同の事業」の成果を通じてもたらされる。すなわち、組合は、出資によって財産を形成し、それ用いて事業を行い、それが成功したときに、出資に応じてそこから利益の配分を受けることを内容とする。

　以上の仕組みを配分とよぶとするならば、そこには、交換に比べて次のような特徴がある。

---

14)　森村進『権利と人格』（創文社、1989年）147頁以下を参照。

348

第一に、出資は、財産や労務を提供するという給付行為である。しかし、いずれの場合にも、組合員が自らの財産を減少させることはない。出資によって形成される組合財産は、総組合員の共有に属するため（668条）、各組合員は、自らが履行した出資に応じて組合財産の持分を保有するからである。

第二に、各組合員がする給付の間には、対価関係はない。双務契約に関する規定が適用されない（667条の2）ことが、このことを端的に示している。そしてまた、対価関係がない以上、給付と反対給付との等価性を問題とする余地もない。組合という契約の経済的作用は、出資に比例して利益分配がされることで実現される（出資と分配の比例性）。利益の分配というこの側面は、営利性の問題として論じられる。

第三に、組合においては、各組合員の利害は対立しない。事業が成功し、分配に充てられる利益が増えれば、すべての当事者がその結果に与るからである。配分の一つの特徴は、このように、当事者がそれぞれに異なる利害を有しながらも、利益の実現を共同する関係が生じるところにある（第4章 [72頁以下]、第28章 [438頁]）。

4　非典型契約

何らかの給付を目的とする合意のすべてが、典型契約のいずれかに当てはまるわけではない[15]。現実に行われる契約（1(1)を参照）は多様であり、民法が定める13種に収めることはできない。

典型契約に当てはまらない契約は、非典型契約とよばれる。非典型契約には、複数の契約の特徴を備えるもの——いわゆる混合契約——と、典型契約の構成要素をまったく含まないもの——狭義の非典型契約——とがある[16]。これらの場合にもなお、給付とその組合せに着目することには意味があるのであろうか。

---

15)　もっとも、民法それ自体が、契約各論に定められる13種類の典型契約以外の契約を想定してもいる。たとえば、保証は、一種の契約である（446条2項を参照）。

16)　混合契約を含めて非典型契約と総称する用語法につき、我妻・債権各論中二883頁を参照。

(1) 混合契約

混合契約とは、既存の複数の典型契約が備える要素を有する契約をいう[17]。注文に応じて物を製作し、その所有権を移転するというように(いわゆる製作物供給契約)、一方の当事者が、それぞれに給付とみられる複数の行為をする債務を負う場合が、その典型的な場面の一つである。

古い時期の学説においては、混合契約の取扱いをめぐって、吸収主義、結合主義、類推適用主義が対置して考察された[18]。吸収主義とは、契約の内容のうち最も主要なものを決定して、その要素が属する契約の取扱いを適用するものをいう。結合主義とは、各種の典型契約に関する規定を分解して、それぞれの構成要素に対応する規定を混合契約にも適用するものをいう。類推適用主義とは、各種の典型契約との共通性が認められる限りで、典型契約規定を類推適用するものをいう。

まず、その契約の主要な要素を決定することができるならば、その要素に従った法性決定をすれば足りる。先にみた製作物供給契約についていえば、当事者が財産権移転と役務提供のいずれに重きを置いたかに応じて、売買または請負とみる余地がある。吸収主義は、混合契約の観念を否定し、このような解決のみを認める。

もっとも、そうした検討を経てもなお、複数の典型契約の特徴を併せもつと判断される契約もあろう。結合主義、類推適用主義のいずれも、各個の契約の特徴を明らかにし、できる限りでは典型契約に関する規定に準拠するという方針は共有する。両説の分岐点は、その際に、契約を種々の構成要素に分解してそれぞれに対応する典型契約規定を(直接)適用するか、それとも、契約を全体として捉え、それに最も類する契約の典型契約規定を(類推)適用するかにある。

判例は、混合契約には、その構成要素となる各種典型契約に関する規定が

---

17)　混合契約に関する研究として、瞱道文藝「混合契約観念及分類」同『民法研究』(弘文堂書房、1921年)109頁、河上正二「『混合契約論』についての覚書」法学56巻5号(1992年)409頁を参照。いずれも、典型契約そのものに対する優れた考察を含む。大村・前掲書(注2))29頁以下をも参照。

18)　鳩山・債権各論下743頁以下。我妻・債権各論中二886頁以下をも参照。

原則としてすべて適用されるべきであり、一部の規定に限って特にその適用を認め、または排除するためには、それを認めるに足りる合理的根拠があることを要するとの一般論を示す[19]。これは、構成要素への還元という論理操作を経ない点をとってみれば、類推適用主義の立場に親和するであろう[20]。このように、一群の規定のすべてに準拠すべきことが原則だとされるのは、恣意的な法適用を回避する意図によるものだと考えられる[21]。そのうえで、当事者の意思を個別具体的に探究することで、典型契約規定の適用を制限・排除する「合理的根拠」の有無が検討されることとなる。

(2) 狭義の非典型契約

これに対して、典型契約の構成要素を含まない場合はどうか。

そのような契約も有効に成立することは疑いない。どのような内容の契約を締結するかは、当事者の自由に委ねられる（521条2項）からである。そしてまた、内容決定の自由が非典型契約に限って問題となるわけではないことにも、注意が必要である。典型契約に関する規定は、基本的には任意規定であり、当事者がそれと異なる取決めをすることは差支えない。そうすると、問題解決という次元でみる限りは、典型契約であれ、非典型契約であれ、究極的には、当事者の意思を考慮し、それと矛盾しない限りで民法の規定が適用されるのだというほかない[22]。

もっとも、ある契約が典型契約に当たるとされたときは、その契約に適用される一群の規定が契約内容の標準を提供する。これに対して、非典型契約には、そのような標準はない。そうである以上、非典型契約においては、当

---

19) 最判昭和31年5月15日民集10巻5号496頁。ただし、本件の争点は、賃貸借契約と浴場経営による営業利益の分配契約との混合契約につき、借家法1条の2、7条（現借地借家法28条、32条）が適用されるか否かという点にあり、厳密にいえば、同法の適用場面の確定に関する問題であったといえる。

20) ただし、長谷部茂吉「本件判解」『最高裁判所判例解説民事篇 昭和31年度』（法曹会、1957年）70頁は、本判決には「思想的背景において結合主義に通ずるものがある」と評する。

21) この点につき、長谷部・前掲判解（注20）70頁の指摘をも参照。

22) こうした考えの延長上において、典型契約規定に準拠することの限界を指摘するものとして、来栖・契約742頁、北川・債権各論110頁以下を参照。

351

事者がした合意の内容を端的に探究するほかないというのが、一つの考え方であろう。

しかし、給付とその組合せのあり方を探ることは、非典型契約においても無意味ではない。たとえば、非典型契約にも契約総則は適用されるから、この場合にも、契約の双務性を問題とする余地はある。その際には、対価関係を観念する前提として、給付と反対給付とが明らかにされなければならないであろう。非典型契約も契約である以上、その経済的作用は、債権の目的である給付を通じて実現されるのであり、それに即した取扱いを検討することにはなお一定の意義がある。

以上を要するに、非典型契約の内容を確定する際にも、それが探究する経済的作用は、給付とその組合せに着目しつつ決定される。ただ、非典型契約である以上、その給付に即して与えられるべき取扱いは、直ちに明確には定まらない。予防法学的には、非典型契約を締結するときは、詳細な内容をもつ契約条項を策定する必要が特に大きいといえるであろう。

5 和解の特殊性

さて、これまでの検討では、契約において給付がもつ重要性に着目してきた。しかし、和解については、そもそも当事者が給付を行うかについての疑義が指摘されることがある[23]。

(1) 和解の効果

和解は、「当事者が互いに譲歩をしてその間に存する争いをやめることを約すること」を内容とする（695条）。「争いをやめる」というこの効果は、合意されたとおりに法律関係を確定することで実現される（696条を参照）。このような効力は、和解の確定効とよばれる。そして、確定効には、紛争終止効・不可争効・権利変動効があると分析される[24]。

---

23) このことを鋭く指摘した論稿として、山木戸克己「和解に関する一考察」同『民事訴訟理論の基礎的研究』（有斐閣、1961年）289頁を参照。

しかし、和解契約の法律効果は、確定効に尽きるのか。和解においては、争いをやめる条件として、一方が他方に対して金銭を支払う等、何らかの約定がされることがある。けれども、それは、確定効の内容とされる上記いずれの効果にも対応しない。それが和解契約の内容となるとすれば、その理由は、この給付が確定効の前提となる「互譲」の内容をなすからであろう[25]。和解の当事者は、「双方が譲歩し、相手方が譲歩するから自分も譲歩する、という対価関係に立つ」と説かれるときにも[26]、譲歩することが債務の内容となるという理解が前提とされているとみてよい。

以上を踏まえると、和解とは、「譲歩」を手段として「争いをやめる」という目的を達する契約であり[27]、これら二つの要素が不可分一体としてその内容となるとするのが[28]、和解の効果に関する正確な説明だといえるであろう。

(2) 和解と給付

ところで、以上のように「争いをやめる」ことが終局的な目的だとすると、「互譲」の要素を含まず、ただ確定効のみを生じさせる和解があってもよいのではないか。

この点につき、多くの学説は、当事者が互いに譲歩することが和解の本質であるとしつつも、互譲の内容・方法に限定はないと説く。この観点に徹すると、真実を詮索することをやめて、不明確な関係を確定するために合意するときは、これを和解と認めてよいとの見解が唱えられることとなる[29]。そうすると、少なくとも、譲歩の内容として何らかの給付を約する必要はない

---

24) 詳解基本方針V 346 頁を嚆矢とする。潮見・契約各論II 479 頁、中田・契約 604 頁をも参照。

25) 三宅・契約各論下 1229 頁は、これを「移転的・創設的条項」とよび、和解の本体的効力である法律関係の確認を目的とする「確認的条項」から区別する。

26) 我妻・債権各論中二 873 頁。このように、互譲の存在を理由として、和解は有償・双務契約だと説かれるのが通例である（たとえば、潮見・契約各論II 472 頁、中田・契約 601 頁）。

27) 両者の関係につき、山木戸・前掲論文（注23）292 頁をも参照。

28) そのため、和解の成立を主張する際には、その合意内容の全部を主張・証明する必要がある（土谷文昭「和解」伊藤滋夫編『民事要件事実講座 第三巻』（青林書院、2005 年）431 頁を参照）。

29) この旨を強調する見解として、高梨公之「和解」松坂佐一先生ほか還暦記念『契約法大系V 特殊の契約(1)』（有斐閣、1963 年）214 頁を参照。

といえるであろう[30]。

　それでは、互譲のために給付が約されることなく、ただ確定効を生じさせることだけが合意された和解も、何らかの債務を生じさせるのか。いいかえれば、確定効そのものも、何らかの給付の作用だとみるべきなのであろうか。

　この点について、確定効の根拠を「争いを蒸し返さない」という不作為債務に求める余地はありそうである[31]。けれども、そのように考える意味があるかは、疑問である。争いを蒸し返す者に対しては、和解の遵守を求めれば足りるのであり、債務不履行を主張する意味はない。和解の不遵守に対して解除を主張するのでは、本末転倒であろう。解除が意味をもつのは、「争いをやめ」なかった場合ではなく、「譲歩」として約された給付が履行されない場合である[32]。また、争いが蒸し返されたことで損害が生じたとしても、真実には存在しない権利を主張したことによる不法行為責任（709条）の成否を論ずれば足りる。

　別の観点として、和解には権利の移転・消滅という効力（権利変動効）があるのだから（696条）、これを生じさせる給付を観念すべきであるとの見方も成り立つかもしれない。しかし、この規定は、和解によって確定された法律関係に反する「確証が得られたとき」を念頭において、和解の効力を維持するために、権利の移転・消滅効を認めたものである。このように、一定の場面に限って生じる権利変動効をもってしては[33]、確定効一般の根拠を論じることはできないであろう[34]。

---

30)　高梨・前掲論文（注29)) 206頁を参照。これに対して、遠藤歩『和解論』（九州大学出版会、2019年）179頁以下は、いかなる場合にも、互譲は債務の履行によって実現されると説く。本文に述べたところと異なり、互譲の内容をよりリジッドに捉える立場（同書167頁以下を参照）からの議論である。

31)　加藤・契約501頁。中田・契約601頁が、和解契約の性質について分析するところをも参照。

32)　その旨を説くものとして、三宅・契約各論下1232頁を特に参照。

33)　696条の起草を担当した梅謙次郎は、本条による権利移転・消滅の効力が生じるのは、まさにその文言どおり、和解によって確定された法律関係と異なる確証が得られたときであると説く。これに対して、それに符合する確証が得られたときは、和解は認定的効力（déclaratif. 宣言的効力とよばれるものと同じ語である）を有するにすぎないとされる（梅・債権848頁）。つまり、その場合には、既存の法律関係が確認されるにすぎず、法律関係の変動は生じないというのであるが、そうであるならば、給付を観念する余地もないというべきであろう。

第22章 典型契約の分類

　要するに、こういうことである。一方で、互譲の内容として給付が約されたときは、これを内容とする和解が成立する。しかし、互譲のために給付が約されないこともある。他方で、確定効は、新たな法律関係を発生させることで基礎づけられるのであり、これを給付の作用とみるべきではない。そうすると、和解が債務を発生させるのは、互譲の内容として一定の給付が約された場合だけであり、債務の発生は、和解に不可欠の要素だとはいえない。

　このように、給付を要素としないのだとすれば、和解には他の典型契約に比すべき特徴は見出し難い。さらに進んで、これを典型契約の一つとみる理由はないとさえいうことができるかもしれない[35]。

6　おわりに

　以上まで、給付とその組合せが果たす役割に着目しながら、典型契約の取扱いをめぐる問題を概観した。もちろん、現実に行われる契約を分類するための視点は、給付とその組合せに尽きるわけではない。さらにいえば、典型契約を考察する際にも、給付に着目するだけではみえない問題がある（これらの問題は、第29章、第30章で採り上げる）。

　とはいえ、給付とその組合せに着目することが、各種の契約の構造を理解するために重要な視点であることは、疑いのないところであろう。契約によって実現される経済的作用に着目することは、とりもなおさず、契約法の「表側の問題」（第14章［230頁]）に取り組むことを意味する。

　このような認識をもとに、第23章からは、以上に示した骨組みにいわば肉付けすることを通じて、契約各論の問題を考察していきたい。

---

34)　三宅・契約各論下 1236 頁以下の指摘をも参照。

35)　この点につき、平井・契約総論 45 頁をも参照。

355

第23章
移転型契約

1 はじめに

　移転型契約、つまり財産権移転給付を本質的要素とする契約として、民法は、贈与（549条）、売買（555条）、交換（586条1項）を定める。

　財産権移転給付は、一方の財産が減少するのと引換えに、他方の財産が増加することで財貨の移転を実現する。多くの場合には、これは、契約の効果として物権変動（176条）を伴う。種々の典型契約のなかでも、このような効果を要素とするのは、移転型契約だけである。その意味では、移転型契約は、かなり特殊な契約だといってよい。

　その反面において、以上のような財貨移転の形態は、経済的な意味をもつ行為としてはプリミティブであり、直観的にも理解しやすい[1]。そのため、売買に関する規定には、有償契約全般の総則としての役割が与えられる[2]（559条）。贈与に関する規定も、売買ほど広汎ではないにせよ、他の無償契約に準用されることがある（590条1項、596条を参照）。

　以下では、売買を念頭に置いて、これら移転型契約の内容を、その給付（2）

1）　来栖・契約13頁以下。
2）　起草者は、有償契約の総則を設けることが理に適うとしながらも、「一体此売買ト云フ契約ハ実際ニ於テ最モ多ク行ハレル契約デアッテ、而シテ今ノヤウナ事柄〔＝担保責任〕ハ売買ニ付テ規定スルト云フコトハ、純然タル理論カラハ兎ニ角、是迄間違ッタモノデモナイダラウ」（読点は引用者による）と説いている（法典調査会・三895頁）。

第23章　移転型契約

と目的物（3）とに即して考察する。三種の契約のうちでも特に売買に着目するのは、他に比べて規定が充実しており、「最も基本的な契約」といえるからである[3]。検討の一助として、ごく単純な事例を想定しておく。

【事例】　Xは、Yから、Yが所有する甲土地を代金5000万円で購入した。

2　契約の構造——給付

移転型契約は、財産権移転給付を本質的な要素とする。債務者がすべき行為という観点からみたとき、そこには、いくつかのものが含まれる。

(1)　財産権の移転

売主は、財産権の移転という法律効果を発生させるために必要なことをしなければならない。

(a)　財産権移転それ自体

有体物を目的物とする売買においては、財産権移転給付は、物権変動によって実現される。【事例】でいえば、甲土地の所有権がYからXへと移転することが、これに当たる。

以上が売買の本質的要素であることは、疑いない（555条）。けれども、これがいかなる意味で給付であり得るのかは、あまりはっきりしない。というのは、こうである。物権変動は、契約が成立すれば直ちに生じるのが原則である（176条）。したがって、これを実現するために、売主が給付行為とみるべきことをする必要はない[4]。

しかし、有形的な行為を伴わないからといって、給付がないとみることは

3）　来栖・契約12頁を参照。

4）　三宅・契約各論上193頁は、このことを理由として、売主の財産権移転義務の存在を否定する。

357

必然ではない。二点に注意したい。

第一に、売主から移転された所有権を買主が自らのものとするためには、法律上の原因（703条）が必要である。これを基礎づけるのは、債権の給付保持力であろう。このことは、所有権移転の背後に、財産権移転給付があることを示唆する。

第二に、売主は、所有権を移転することができなかったときは、債務不履行責任を負う。これも、財産権移転給付を目的とする債務を観念することで初めて説明がつくことであろう[5]。

そうすると、財産権移転給付は、売主による有形的・具体的な行為を介することなく[6]、「意思表示のみによって」給付結果を実現させるのだといえそうである[7]。

(b) 給付結果発生の障害を除去する行為

以上の原則に対して、財産権移転という法律効果が発生するために、売主の行為が求められることがある。たとえば、他人物売買において他人から目的物の所有権を取得すること（561条）が、これに当たる。そのほか、種類物売買において目的物を特定すること（401条2項）、契約上の地位の譲渡において相手方の承諾（539条の2、612条1項）を得ること[8]、農地売買の許可（農地法3条1項本文）を得ること等も、同様の性格をもつ。

これらは、財産権移転義務の履行行為そのものではない[9]。しかし、法律効果発生の障害が除去されない限り、財産権移転という給付結果が実現されないという意味では、これらの行為もまた、財産権移転給付の内容をなすと

---

5) この点につき、鎌田薫「財産権移転型契約」同ほか『債権法改正の課題と方向——民法100周年を契機として』別冊NBL51号（1998年）191頁以下のほか、金山直樹『現代における契約と給付』（有斐閣、2013年）261頁をも参照。

6) 新版注民(10)Ⅰ90頁以下（金山正信・直樹）は、これを「無形給付」として把握する。詳細につき、金山・前掲書（注5））212頁以下をも参照。

7) この点に関する起草者の見解として、梅・債権474頁は、176条を摘示しつつ、「先ツ所有権移転ノ義務ヲ生シ其義務直チニ履行セラレテ売主ノ所有権カ買主ニ移転スルモノトセリ」と説く。

8) 賃借権の譲渡につき、最判昭和34年9月17日民集13巻11号1412頁、最判昭和47年3月9日民集26巻2号213頁を参照。

みることができる。

(2) 財産権移転に伴う義務

売主の債務は、所有権移転そのものを目的としないけれども、それに伴って要求される行為にも及ぶ。二つのものを区別したい。

(a) 財産権移転を補完するもの

財産権の取得には、対抗要件があることが通例である（177条、178条、467条等）。その場合には、売主は、買主のために対抗要件を備えさせる義務を負う（560条）。【事例】では、Yは、Xのために所有権移転登記手続に応じなければならない（不動産登記法60条）。

対抗要件の具備は、財産権移転そのものではない。しかし、それがなければ財産権移転が無に帰する（412条の2第1項）おそれがあるという意味では[10]、給付結果を全うするために必要な行為である。したがって、売買の目的物が対抗要件制度に服するものであるときは、売主は、合意の内容を個別に吟味するまでもなく、財産権移転に付随するものとして、買主に対抗要件を具備させる義務を当然に負う[11]。

ところで、前述のとおり、財産権移転そのものが具体的な行為を伴わずに生じるのに対して、対抗要件の具備は、売主の行為を必要とする。そのため、売主による給付行為が問題とされる場面では、対抗要件の具備が、あたかも財産権移転義務それ自体の履行であるかのように扱われることがある。たとえば、不動産売買において、代金支払債務と同時履行（533条）の関係に立

---

9) それらの場合に財産権移転という効果が発生しないのは、債務者が給付を怠るからではなく、法律効果の発生に障害があるからである（三宅・契約各論上192頁を参照）。したがって、障害となる事実が除去がされさえすれば、債務者が特段の行為をしなくても財産権移転という効果は当然に生じる。以上につき、最判昭和40年11月19日民集19巻8号2003頁（他人物売買）、最判昭和43年8月2日民集22巻8号1558頁（他人の有する債権の譲渡）を参照。

10) 第三者が対抗要件を具備した場合における契約の帰趨につき、最判昭和35年4月21日民集14巻6号930頁を参照。

11) ただし、詳解基本方針IV 37頁は、財産権の性質や契約の趣旨に照らして、対抗要件を具備させる義務を負わない場合があってよいとする。

つのは、所有権の移転ではなく、登記手続だとされる（第16章［252頁］）。こうした取扱いは、対抗要件の具備が、財産権移転に必然的に付随する有形的行為であることに由来するものであろう。

(b) 利益の享受に有用なもの

買主にとっての契約の目的は、以上のとおり、まずもって財産権を取得することである。そのうえで、買主は、取得した権利を行使し、その経済的利益を享受することを企図するのが通常である。そこで、売主は、買主に対して、物を有益に使用・収益するために必要とされる条件を整える義務を負うことがある。

ところで、取得した財産をどのように利用するかは、財産権の保有者となる買主の意図次第である。したがって、財産の利用に関わって売主がどのような義務を負うかも、買主の意図が契約に取り込まれたかによって決定される。いいかえれば、この点は、契約の解釈によって個別的・具体的に明らかにしなければならない。

とはいえ、ある種の取引において、一般的・定型的に前提とされる行為を観念することはできる。たとえば、【事例】の甲土地がXによる居住を想定したものであったとすれば、Yは、Xが実際にこれを使用することができるように、Xに対して甲土地を引き渡さなければならない。引渡しとは、一般的にいって、売主が物に対して有していた支配を解いて、買主がこれを現実に支配することができるようにすることをいう。

もっとも、現実の引渡しは、財産権の移転を生じさせるわけではなく、その効果を確保するために不可欠でもない。財産権移転義務には、「本権供与義務と占有移転義務（引渡義務）という異質なレベルの義務が存在している」と指摘されるのは[12]、このことを示している。引渡しのもつこうした性格に関して、三点に留意したい（以下につき、第16章［252頁以下］をも参照）。

第一に、対抗要件具備とは違って、引渡しには、財産権移転に準じる取扱いは（少なくとも当然には）認められない。たとえば、不動産売買において、

---

12) 潮見・契約各論 I 103頁。

360

代金支払と引渡しとの間には同時履行の関係は認められない。このことは、引渡しが、売買にとっての要素であると当然にはいえないものであることを示唆する。

　第二に、そうはいっても、契約をした目的を達するために引渡しが不可欠なことは少なくない。上にみたとおり、居住のために不動産を購入したときは、引渡しがなければ、買主は売買の目的を達することができないであろう。こうした場面では、当事者の合意によって、引渡しを契約の要素に格上げすることも差支えない。その場合には、代金支払と引渡しとの間にも同時履行の関係を認めることが適切であろう。

　第三に、引渡しは、契約不適合責任（562条以下）を追及することができる場面を画する。すなわち、契約不適合責任は、売主が買主に対して目的物を引き渡した後に生じる[13]（562条1項）。契約不適合の有無を判断する基準時となり、また、売主の責任の限界を画するのも、引渡しの時である（567条本文）。

(3)　区別の意義

　以上は、次のように整理することができるであろう（【図】を参照）。

　移転型契約は、その本質的要素として、「財産権を相手方に移転する」（555条）ことを合意しない限りは成立しない。そして、その合意をした以上、それに伴って必然的に義務づけられることがある。権利を調達すること（561条）、対抗要件を具備させること（560条）は、いずれもこれに当たる[14]。以上は、移転型契約のいわば核心部分であり、双務契約の牽連関係にも当然に取り込

---

13)　契約不適合責任の限界を画する引渡し（567条1項前段）は、占有権の譲渡たる引渡し（178条。182条から184条までも併せて参照）と単純に同視されるわけではない。その意義につき、潮見・契約各論Ⅰ191頁のほか、山野目・債権各論113頁をも参照。

14)　なお、以上の点が贈与においてどう扱われるかは、問題である。贈与には560条、561条に対応する規定はないが、贈与もまた移転型契約であるとして売買との共通性を認めるならば、「財産を無償で相手方に与える」（549条）とは、これらの義務を当然に含むといえそうである。しかし、他人物贈与の取扱いについては、議論がある（詳細につき、潮見佳男「他人物贈与における贈与者の義務と責任」磯村保ほか編『法律行為法・契約法の課題と展望』（成文堂、2022年）371頁を参照）。以上の点については、**第27章**［427頁］で検討する。

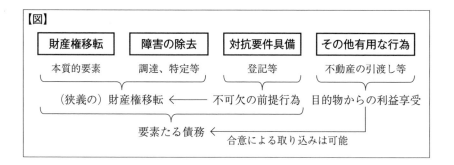

まれる。

　これに対して、利益の享受に有用な行為は、目的物の性質や契約の趣旨に照らして契約の内容に取り込まれる。いいかえれば、売主は、そのような義務を負わないこともある。それは、契約の内容にいわば拡がりを与えるものであり、債務の内容となったときでも、双務契約上の牽連関係に当然には取り込まれない。そのためには、それを契約の要素にまで格上げする合意が必要である。

3　契約の内容——目的物

　さて、以上にみた各種の給付や行為は、いずれも移転される財産権の目的物について論じられる。たとえば、【事例】では、財産権移転、対抗要件具備、引渡しは、いずれも甲土地について問題となる。

　ところで、目的物に着目するときにも、契約の内容は、財産権の移転にとって不可欠なものと、そうではないものとに区別することができる。すなわち、財産権の客体たる目的物が確定されなければ、財産権移転という法律効果が発生する余地はない ((1))。しかし、目的物について合意されることは、それに尽きない。当事者は、目的物から利益を享受するために有用なことを取り決めることもできる ((2))。

(1) 目的物の確定

　契約が成立するためには、その本質的要素たる内容が確定されていなければならない（第5章［82頁］）。財産権の目的物は、代金額と並ぶ売買の要素だから、当事者の合意は、それを特定するに足りる程度に明確でなければならない。

　ところで、この特定の方法は、特定物と種類物とでは異なる[15]。というのは、こうである。

　種類物の場合には、給付の目的、つまり移転すべき財産権の目的物は、種類と数量とによって確定される（第13章［203頁］）。種類とは、「その共通の性質によって他のものから区別されるものの総括概念」などといわれるが[16]、それが合意されれば、他のものとの区別において、何についての財産権を移転すべきかが明らかになる。これに加えて、移転すべき財産権を具体的に確定するために、数量が定められる。

　これに対して、特定物の場合には、財産権の客体たる目的物は個別化されているから、給付の目的を特定するために種類や数量について合意する必要はない。【事例】に即してみると、目的物を「甲土地」と定めれば、売主が何を給付すべきかは明らかである。

　もっとも、特定物についても、種類や数量を取り決める余地がないわけではない。数量の取決めが問題となる場合としては、いわゆる数量指示売買（旧565条）が論じられてきた。数量指示売買とは、「当事者において目的物の実際に有する数量を確保するため、その一定の面積、容積、重量、員数または尺度あることを売主が契約において表示し、かつ、この数量を基礎として代金額が定められた売買」などと定義される[17]。

　数量指示売買においては、目的物たる特定物が一定の数量を備えることが、契約の内容に取り込まれる。ただし、これは、目的物を特定するために不可

---

15) この点に関する精緻な分析として、浅井清信「種類債務の特定」同ほか『総合判例研究叢書　民法(7)』（有斐閣、1957年）3頁を参照。

16) 於保・債権総論33頁。

17) 最判昭和43年8月20日民集22巻8号1692頁。

欠のものではないから、種類物における数量の定めとは理論的な性格を異にすると考えられる（第24章［378頁］）。

(2) 目的物の有用性

目的物に関する契約内容は、多くの場合には、目的物から利益を享受するために有益なことがらを含む。そのようなものとして、民法は、目的物の「品質」（401条1項、562条1項本文）を定める。

目的物の品質は、特定物・種類物のいずれにおいても、給付内容を特定するために不可欠ではない。種類物につき、民法が「品質を定めることができないとき」（401条1項）を想定してその補充方法を規定するのは、そのためである。このように、「契約の内容」（562条）としてみる限り、品質は、（種類物における）種類や数量とは異質である。

(a) 品質の概念

(i) それでは、品質とは何か。この点を論じることの意義は、契約不適合責任（562条以下）によって規律される債務不履行の対象を明らかにするところにある。契約不適合責任そのものについては第24章で考察することとして、ここでは、適合すべき「契約の内容」としての「品質」を考えたい。

契約不適合責任は、「種類、品質又は数量に関して契約の内容に適合しない」ことを理由とする売主の責任である。これに対して、改正前の規定においては、目的物が有すべき「品質」を欠くことは、「隠れた瑕疵」（旧570条）の問題として規律されてきた。

この改正の趣旨を説くにあたっては、旧規定の判例につき、瑕疵という概念の実質的な意味は「契約の内容に適合しないこと」だと解釈されていたとの認識が示される[18]。この説明をそのままに受け取ると、現行法は、「種類、品質又は数量に関して」として不適合の判断対象を限定する点で、旧規定よりも売主が責任を負う場合を狭めたということになりそうである。ところが、一般的には、現行規定は、従来の考え方を明文化したものだと説明される[19]。

---

18) 一問一答（債権関係）275頁。

そうだとすれば、改正前の規定にいう「瑕疵」も、「種類、品質又は数量」に関わることを想定するものであったとみなければならない。

　この点につき、旧規定に関する解釈論においては、「瑕疵」とは、「物質的な欠点」をいい、「欠点」とは「その種類のものとして通常有すべき品質・性能」を欠くことをいう等と説かれていた[20]。ここで注目されるのは、瑕疵の判断にあたり、「品質」とは区別して「性能」が考慮されていることである。それにもかかわらず、現行規定によって「瑕疵」に関する従来の考え方が明文化されたのだとすれば、現行規定の「品質」は、かつていわれた「品質」よりも広いと考えなければならないであろう。はたして、現行規定の解釈としては、「『品質』には、性能も含まれる」等と説かれる[21]。

　以上によると、現行規定にいう品質とは、物の性能等をも含めて、目的物が備えるべき状態を広く含むと考えるべきであろう[22]。そうすると、結局、当事者の合意に照らして目的物が備えるべき状態であって、種類・数量に属しないもの——より正確には、種類物における給付内容の特定に関わらないもの——は、すべて品質に含まれ得ることとなりそうである[23]。

　(ⅱ)　もっとも、「品質」概念をこのように広く捉えるとしても、限界はないのか。たとえば、購入した土地に土壌汚染がないことが「品質」に当たることは、疑いないであろう[24]。これに対して、買い受けた土地に法令の規制が課されており、予定した建物を建てられなかったという事情が目的物の「品

---

19)　大村・契約66頁。平野・契約181頁も同旨とみられる。なお、中田・契約301頁は、「隠れた」という要件がなくなった点で新旧両規定には差異があるとするが、いずれにしても、現行規定において責任の範囲が狭められたとは考えられていない。

20)　以上は、我妻・債権各論中一288頁による説明である。

21)　中田・契約303頁。

22)　この点につき、磯村・改正債権法273頁をも参照。江頭・商取引法32頁が、品質を「性質、効用、規格、価値等に関して約定された基準に満たないものであること」と説くところにも、同様の理解が含意されているとみられる。

23)　もっとも、そのような意味での「品質」が401条1項にいう「品質」と同義であるかは、問題であろう。たとえば、効用や規格（前注を参照）との適合性については、「中等」などと表現されるような良否を問題とし難い。そうすると、一定の効用や規格に適合する目的物が複数ある場合において、給付すべき物を定める際には、401条1項は——少なくとも直接には——役立たないのではないかとも思われる。

質」の問題なのかは、やや微妙である[25]。さらに、購入したマンションからの眺望のような事情は、少なくとも目的物に内在的な意味での「品質」とはいい難い。

この点について、確たる理解は存在しないように思われる。一方では、眺望のような事情は、目的物にとって外在的であり、契約不適合ではなく、説明義務違反を生じさせるにすぎないとすることも考えられる[26]（第6章[101頁]をも参照）。しかし、他方では、契約によって定められたあるべき状態を端的に問題とすれば足り、目的物との内在的・直接的な関連性といった中間概念を介在させるべきではないとの見方もあろう。いいかえれば、契約によって想定された使用目的（用途）への適合性こそが重要だと考えるのである。

(b) 品質の認定——意思表示の解釈

それでは、目的物が備えるべき品質は、どのようにして定まるのか。この点は、「法律行為の性質」（401条1項）に照らして定型的に判断されることもある。とはいえ、究極的には、その基準は「当事者の意思」（同）に求めなければならない。

物の品質について何が合意されたかを明らかにするのは、意思表示の解釈である。旧規定のもとでの瑕疵の認定については、見本・広告との齟齬を問題とするものが主であったと指摘されるが[27]、そこでは、契約の締結過程に現れる諸事情を考慮して、意思表示の解釈が行われていたのだと考えられる。

ところで、意思表示の解釈について一般に受容されている見解によると、表示行為の意味するところをめぐって、表意者と相手方との間に理解の相違があるときは、相手方が信頼した意味が正当であると認められる限り、その

---

24) 結論として売主の責任を否定した事例であるが、最判平成22年6月1日民集64巻4号953頁を参照。

25) 一例として、最判平成13年11月27日民集55巻6号1311頁を参照。ただし、学説による疑問点の指摘として、潮見・契約各論I 124頁を参照。

26) アルマ契約145頁（北居功）を参照。

27) 瀬川信久「『瑕疵』の判断基準について——瑕疵担保論争から債権法改正後へ」星野英一先生追悼『日本民法学の新たな時代』（有斐閣、2015年）645頁、特に649頁以下を参照。

意味に従って表示行為が解釈される（付与意味基準説。**第6章**［97頁］）。そうすると、見本や広告についても、その内容が契約に組み入れられると相手方が信じ、かつ、そのように信じたことが正当であるときは、契約の内容を形成するに至るとみるべきであろう[28]。

(c)　品質の認定——プロセス

　これを踏まえて、品質の認定プロセスをいま一歩進んで考えてみたい。

　(ⅰ)　前提として注意が必要なのは、ここで認定される「品質」が、債務の内容を明らかにするものであることである。そのためには、製品が備えるべき具体的な属性を特定することで、債務者がすべき給付が明確化されなければならない。たとえば、「燃費がよい」「軽い」といった抽象的な属性は、それだけでは債務の内容とはならない。

　そうすると、品質の認定にあたっては、まず、具体的な属性についての合意の成否が探究されることとなる。それが明らかならば、それに沿った債務の発生を認めればよい（①属性＝品質の合意）。

　しかし、実際には、目的物の用途については共通の了解があるけれども、品質までは具体化されていないことも考えられる。その場合には、用途に照らして必要・相当な属性を推認するほかない（②用途の合意→品質の推認）。

　このように、品質の認定方法には、大別して二つのものがある[29]。これらのうち、用途に基づく推認のプロセスには、様々な含意がある。

　(ⅱ)　まず、ここには、契約の目的と債務の内容との関係を考察する契機がある。

　物の用途とは、買主が目的物から享受しようとする利益である。これは、

---

28)　以上の点につき、山城一真「表示を論ず」民法理論の対話と創造研究会編『民法理論の対話と創造』（日本評論社、2018年）23頁をも参照。

29)　この点につき、瀬川・前掲論文（注27）668頁以下の整理を参照。さらに細密に、「(a)その物が通常有すべき品質・性能、(b)当事者による品質等の特定・予定、(c)当事者の契約目的からの品質等の推論、(d)売主による品質等の保証」が、改正前規定における「瑕疵」の判断の基礎とされてきたという。本文では、①品質そのものを直接に認定するか、それとも、②推論という操作を経て品質を認定するかという観点に着目し、(a)、(b)および(d)は①に、(c)は②に、それぞれ属するものと理解している。

買主にとっての目的だといってもよい。既にみたとおり、そのような利益を実現することが売主の債務に含まれるためには、買主の意図が契約に取り込まれたといえなければならない（2(2)(b)）。この点に関わって、二つの問題に触れておきたい。

一つは、錯誤との関係である。買主にとっての動機が契約の内容に取り込まれたか否かは、基礎事情錯誤においても問題とされる。その場合には、一定の事情を「法律行為の基礎とした」（95条1項2号）ことが「表示」（同条2項）されることで契約の取消しが基礎づけられるが、これは、その事情が法律行為の基礎とされたことの合意を求める趣旨だとする見解が有力に主張されてきた（第8章［134頁以下］、第10章［158頁］）。

品質の認定と基礎事情錯誤とは、当事者の合意によって動機が契約の内容に取り込まれたか否かを扱う点では、共通の問題である。実際にも、契約不適合責任と錯誤の要件がともに充足されることは、少なくないであろう。

とはいえ、あくまで理論的にみると、両者の間には違いがある。上述のとおり、品質は、債務の内容を特定し得る程度の——さらにいえば、売主がどのように追完（562条1項本文）すればよいかがわかる程度の——具体性を備える必要がある。これに対して、錯誤の場面では、用途そのものを基礎事情と認めることができれば、具体的な属性までは特定されていなくても、用途に沿わない契約の取消しを基礎づけることができるであろう。要するに、契約の内容に取り込まれるということは、債務の内容に取り込まれることと同義ではない[30]。

触れておきたいもう一つの問題は、品質を直接に定める合意がされたものの、それが用途について当事者が共通の前提としたことと齟齬する場合をどうするかである。たとえば、一定の用途を果たすために一定の品質を備えた機器を購入し、まさにその品質を備えた機器が引き渡されたけれども、それ

---

30) 両者が常に一致するわけではないことは、買主ではなく、売主に——自らがする給付に関する——錯誤がある場面を考えれば、より明確であろう。たとえば、無名画家Aの絵画であるとの認識に基づいて、有名画家Bの絵画を売却したという場合においては、売主による基礎事情錯誤が成立するとしても、売主が契約不適合責任を追及する余地はない。このことは、二つの法理において問題とされる合意の内実が異なることをも示唆する（第29章［455頁以下］）。

では想定された用途に適しないことがわかったというような場合である。

　ここで問われるのは、品質に関する合意と、用途に関する合意との優劣である。これについては、用途が契約の内容にまで高められている限りは、それに従った認定を優先すべきであろう。契約は、一定の目的を達するために締結されるものだからである。上に例示した場合には、売主は、用途に照らして推認可能な品質に適合する物を給付するか、あるいは、少なくとも錯誤取消しの主張を甘受しなければならないと考える。

　(iii)　用途に基づく品質の推認という判断枠組のもう一つの含意は、買主の意思決定のあり方に関わる。

　実際に売買を締結する場面では、目的物の用途をイメージすることはできるけれども、それに必要な品質・性能を理解することが難しいという状況も珍しくないであろう。そうしたことは、消費者による製品選択については特に頻繁に生じる。

　消費者の意思決定は、何らかの目的を設定し、それに適合する製品を選択するというモデルに沿って理解されることがある[31]。すなわち、製品は、消費者が一定の目的を達成するための手段として位置づけられ、その際に想定される目的は、抽象度を異にする三段階に区別される。第一は、製品を使用・消費することで実現される「価値」、第二は、製品を使用・消費することで得られる心理的・機能的な「結果」、そして、第三は、製品のもつ「属性」である。これら諸要素の間には、製品のもつ「属性」が一定の心理的・機能的な「結果」を実現し、この「結果」を通じて「価値」観が満たされるという連鎖が想定される。予定された用途に照らして品質を推認するという判断方法には、抽象度の大きな目的から具体性の大きな品質を推知するというプロセスを含む点で、このような意思決定の実情を反映する面がある。

　契約法においては、伝統的には、目的に沿った製品の選択は買主が自らの責任において行うことが前提とされてきた（錯誤につき、**第10章**［155頁］）。そのためには、買主は、製品の属性に関する情報を自ら収集し、評価・決定

---

31)　以下に述べるところにつき、青木幸弘ほか『消費者行動論』（有斐閣、2012年）168頁を参照。消費者の意思決定に関するこうした見方は、「手段－目標〔目的〕連鎖モデル」として論じられる。

を下さなければならない。

これに対して、用途に照らして債務内容となるべき品質が認定され得るとすると、購買動機となる用途が当事者間において共有されたときは、買主は、具体的な製品選択の誤りに関するリスクを免れ得ることとなる。こうした取扱いには、製品選択に関する買主の情報負荷を軽減する点で、消費者による意思決定を支援する面があるように思われる。

とはいえ、抽象的な属性でさえ、債務の内容とはなり得ないのだとすれば、「結果」や「価値」への志向を契約の内容に組み入れることには、さらに大きな困難がある[32]。これらの要素も、買主が求める具体的な属性を推知させるだけの力はもち得るかもしれない。ただ、一般的にいって、目的の抽象度が高まるほど、そのような力は弱まるのではないかと思われる。ともあれ、「品質」概念の考察にあたっては、消費者行動論等の隣接諸学の成果を参照することが、無視し得ない意義をもつと考えられる[33]。

4　おわりに

以上まで、債務者がすべき給付とその目的という観点から、売買契約の内容を考察した。これらいずれの側面に着目するときにも、売買は、財産権移転給付という核心部分と、移転された財産権に基づく利益の享受という周縁部分とに区別して分析することができる。給付に着目するということは、契約をこうした構造に即して捉えることを含意する。

もっとも、核心や周縁といっても、周縁部分の重要性が否定されるわけではない。給付は、これを受ける当事者にとって有用でなければ、その目的を果たすことができないからである。第24章では、そのような有用性を担保する仕組みとして、契約不適合責任を採り上げる。

---

32)　この点につき、早川眞一郎「広告と錯誤(2)——広告の視点からみた契約法・序説」NBL 492号（1992年）44頁以下をも参照。

33)　この点に関する古典的な考察として、北川善太郎『現代契約法Ⅱ』（商事法務研究会、1976年）14頁以下をも参照。

370

第24章
契約不適合責任

1 はじめに

第23章でみたとおり、契約に基づいて財産権を取得しようとする者は、財産権の取得それ自体にとどまらず、取得した財産権を何らかの用途に供することを意図するのが通常である。その意図が「契約の内容」（562条1項本文）となっているときは、相手方は、それに適合する給付をしなければならない。これを怠ったときに生じるのが、契約不適合責任である。

契約不適合は、引き渡された目的物が種類、品質もしくは数量に関して契約の内容に適合しないこと（562条1項本文）、または、売主が買主に移転した権利が契約の内容に適合しないこと（565条）と定義される。検討にあたり、二つの設例を示しておく。

【事例1】 Xは、Yから、甲土地を代金5000万円で購入した。
【事例2】 Xは、Yから、ジャガ芋（品名男爵いも）1トンを代金15万円で購入した。

---

2 責任の性質

契約不適合責任は、旧規定のもとでは瑕疵担保責任として論じられ、その

371

法的性質をめぐって議論の対立があった。現行規定を理解するのに役立つと思われる限りで、この点を一瞥しておく。

(1) 法定責任

瑕疵担保責任の法的性質を、法が特に認めた責任とみる見解は、法定責任説とよばれた。子細にみれば多様な見解があるが、最も純粋な主張は、いわゆる特定物ドグマを前提として展開された。

特定物ドグマとは、特定物に関する財産権の移転を目的とする契約において、財産権移転義務の内容となるのは、その物を他の物から識別するのに必要な限りのことだとする理解をいう[1]（第9章［141頁］）。【事例1】に即してみれば、Yは、甲の所有権を移転し、引き渡す義務を負う一方で、これを瑕疵――たとえば土壌汚染――のない状態で引き渡す義務までは負わない。汚染があったからといって、甲が別の土地となるわけではないからである。

それでは、瑕疵のない状態で甲を引き渡す旨が約定されたときは、どうなるのか。その場合にも、汚染されていない状態の土地を引き渡す債務を負うわけではない以上、甲が汚染されていたからといって債務不履行とはならない。特定物ドグマとは、このように、特定物の品質について合意がされたとしても、それが債務の内容となる余地はないとする考え方をいう。

以上を前提として、債務不履行がないにもかかわらずなお一定の責任を認めるのが、瑕疵担保責任である。その趣旨は、一説によればこう論じられる[2]。目的物が一定の性状を備えることを前提として売買契約が締結されるときは、代金額は、その性状を備えた物が有するであろう価値に基づいて決定される。たとえば、【事例1】において、汚染のない状態の甲土地を売る場合には、

---

1) これに加えて、法定責任説を主張する議論は、売主が瑕疵のない物を給付する義務を負わないことを、「原始的不能の給付を目的とする債務は発生しない」との理由によって支持することがあった（いわゆる原始的不能ドグマ）。この点につき、鳩山・債権各論上337頁、我妻・債権各論中一273頁（ただし、留保を付する）を参照。

2) 以下に述べる構想を示す代表的見解として、ニュアンスは異なるが、末川・契約下41頁、加藤・契約223頁。別異の理解も含め、学説の網羅的検討として、円谷峻「瑕疵担保責任」民法講座5 185頁を参照。

その代金額は、汚染のない状態であれば甲が有したであろう価値を反映するはずである。そうすると、現実には甲に汚染があったときは、目的物の価値と代金額との均衡が崩れる。瑕疵担保責任とは、こうして失われた給付・反対給付の等価性を回復するために、法が特に認めた責任である。

(2) 契約責任

以上の理解は、現行規定の採るところではない。現行規定において、契約不適合責任が一種の債務不履行責任であることには異論をみない[3]。その背景には、法定責任説に対する次のような疑問があった。

第一に、特定物ドグマは、根拠のない想定に基づくものである[4]。特定物の売買においても、目的物が一定の性状を備えたものであることを合意した場合において、目的物がその性状を備えないという事態は、契約違反にほかならない。民法の規定をみる限り、そのような契約違反について債務不履行責任を問う可能性を否定すべき必然的な理由はない。そうすると、瑕疵ある物を給付したことで生じる責任、つまり瑕疵担保責任は、一種の債務不履行責任だと端的に考えればよい。

第二に、法定責任説は、種類物売買につき、瑕疵担保責任に関する規定の適用を否定する。種類物売買の場合には、売主は一定の品質・数量を備えた物を引き渡すべき債務を負うから（401条1項）、特別の責任を認める必要はないというのが、その理由である。しかし、種類物売買においても、売主がひとたび履行を終えた後の関係は、履行とみるべき行為がまったく行われていない状況とは区別されてよい[5]。たとえば、瑕疵担保責任には期間制限があるが（旧570条・旧566条3項）、これは、種類物売買にも適用されてしか

---

3) 一問一答（債権関係）274頁。
4) 批判の詳細につき、北川善太郎『契約責任の研究——構造論』（有斐閣、1963年）173頁以下を参照。
5) このこととの関係で、最判昭和36年12月15日民集15巻11号2852頁が、「債権者が瑕疵の存在を認識した上でこれを履行として認容し債務者に対しいわゆる瑕疵担保責任を問うなどの事情」があるときは、種類物売買においても瑕疵担保責任に関する規定が適用されると示唆したことの意味が問われてきた。

373

るべきである。瑕疵担保責任を債務不履行責任とみるならば、それらの規定
は、目的物が特定物・種類物のいずれであるかにかかわらず適用されること
となろう。

(3) 小 括

以上の見解の対立は、要件論、効果論に及ぶ様々な帰結の相違を意識しつ
つ論じられた。しかし、ここでは、現行規定が、契約不適合責任に債務不履
行の救済という性質を認め、「契約の内容」との結びつきにおいて買主の救
済を構想することを確認するにとどめたい。そのうえで、両者の結びつきを
理解するためには、契約不適合責任が契約各論に定められる理由を考える必
要がある。

3 救済の性格

契約不適合責任は、「引き渡された目的物が……契約の内容に適合しない」
ときに生じる(562条1項本文)。第23章での検討をも踏まえつつ、契約の
内容((1))、引渡し((2))という契機が、責任の判断にあたってどのような
意味をもつかを考察する。

(1) 契約の内容
(a) 権利の不適合と物の不適合

給付がどのような点で契約の内容に適合しないかにつき、562条と565条は、
不適合の性質を区別する。すなわち、両条は、移転された財産権の目的物に
不適合がある場合と、財産権そのものに不適合がある場合とをそれぞれ対象
とする。これらは、旧規定のもとでは「物の瑕疵」「権利の瑕疵」として区
別され(旧551条を参照)、これに対応して、売主の責任は「瑕疵担保責任」
「追奪担保責任」とよばれた。

物の不適合は、【事例1】において、甲に重大な汚染があって利用ができ
ない状態であったような場合に問題となる。これは、品質に関する不適合で
あるが、財産権は移転されているけれども、契約において予定された用途に

374

従って物を使用することができないから、売主の責任が生じる。

これに対して、権利の不適合は、【事例1】において、甲に抵当権が設定されていたような場合に問題となる。その場合には、Xは、担保権の負担のある土地の所有権を取得することとなるのであり、そもそも財産権が完全に移転されていないから、売主の責任が生じる。

ここでは、売主の責任は、契約内容との対応において類型化されている。もっとも、両者の差異は、責任の内容に関しては多分に相対化される。565条は、562条以下を準用するからである。その一方で、責任の成否に関しては、両者の区別にはなお重要な意味がある。期間制限（566条）、競売における責任の排除（568条4項）は、物の不適合にしか適用されないからである。

(b) 不適合の性質

不適合の性質に由来する相違を、もう少し考えてみたい。

種類物売買において、種類や数量が契約の内容に適合しないときは、財産権移転義務は履行されていないといわざるを得ない。その場合には、債権の目的物として「指定」（401条1項）された物が給付されていないからである[6]（第23章［363頁］）。ところが、562条は、「種類、品質又は数量」を一括する。つまり、異種物の給付や数量不足の給付も、契約不適合責任との関係では「物の不適合」と同視される。

これらが一括される理由は、二つの観点から説明することができるであろう。第一に、異種物・数量不足の給付の場合にも、不適合に対して買主が採るべき対応は、品質の不適合の場合と異ならない[7]。第二に、ひとたび引渡しを終えた以上、売主が履行を完了したという信頼を抱くであろうことは、

---

6) 実際にも、種類物の数量不足は、無履行（後掲注9)）の一場合だと説かれてきた（たとえば、我妻・債権各論中一281頁）。これに対して、特定物売買においては、種類や数量も、移転されるべき財産権を特定する役割を果たすわけではない（第13章［203頁］）。

7) このことと関わって、契約不適合の対象として「種類」「品質」を区別することの意義が問題となる。この点については、履行の完了に対する信頼という観点からすれば両者に有意な違いはなく、契約不適合責任の適用にも差異を生じないことから、両者の区別に拘泥する必要はないと説かれるのが通常である（中田・契約302頁。平野・契約179頁、潮見・契約各論I 122頁も同旨を説く）。

契約不適合がどの点にあるかには関わらない。

　以上は、契約不適合責任の内容が、不履行の性質という概念的な観点ではなく、履行過程において両当事者に期待される行為という機能的な観点から決定されることを示している。「買主がその不適合を知った時から1年以内にその旨を売主に通知」することが求められる（566条本文）のも、責任を追及する買主に対して合理的な対応を要請する行為規範だといえる[8]。

　このように、契約不適合責任は、当事者が合意した「契約の内容」と給付との不適合を出発点として、履行の過程において両当事者に期待される行為態様をも考慮して判断される。同様の考慮は、契約不適合責任の前提としての「引渡し」にも窺われる。

(2) 二度目の履行

　契約不適合責任を債務不履行一般と区別するのは、売主の側から一応の給付行為がされたという状況が存在することである[9]。契約不適合責任が「引き渡された目的物」について問題とされる（562条1項本文）のは、このことを示している。

(a) 引渡し

　それでは、契約不適合の前提としての引渡しとは何か。二点に注意したい。

　第一に、ここにいう引渡しとは、占有権の譲渡（178条）と当然に同視されるものではなく、目的物に対する売主の支配を解いて、これを買主に移転することをいうと考えられる。目的物からの利益を享受するためには、現実的支配が移転されなければならないからである[10]。

---

8) 　森田宏樹「売買における契約責任」瀬川信久ほか編『民事責任法のフロンティア』（有斐閣、2019年）279頁は、期間制限に関する規律は、「信義則に基づく契約当事者の協力義務の一環」であると説く。

9) 　この点につき、詳解基本方針Ⅱ 202頁が「不完全な履行」と「無履行」とを区別するところを参照。

10) 　この点に関わって、森田監修・債権法改正 252頁以下（吉永一行）の分析を参照。ただし、反対の見解として、改正債権法コンメンタール 771頁（北居功）を参照。

第24章　契約不適合責任

　第二に、そのような意味での引渡しには、行為と結果という二つの側面がある。たとえば、【事例2】において、①売主が引き渡したのがジャガ芋（メークイン）1トンだったとか、②ジャガ芋（男爵いも）1トンのコンテナを搬入したが空だったという場合を考えてみる。①では異種物の引渡し、②では数量不足の引渡しという行為はされている。しかし、結果に着目すれば、いずれの場合にも「ジャガ芋（男爵いも）」は引き渡されておらず、引渡しに着手してさえいない場合と何ら変わりがない。

　契約不適合責任の前提としての引渡しは、行為と結果のいずれに着目するものなのか。先述のとおり、契約不適合責任の成否が、給付の性質ではなく、売主の行為に着目して判断されるのであれば、ここでも、異種物や数量不足を「物の不適合」と同視し、一応の引渡しがされたとみることが基本線となろう。そうすると、引渡しの有無の判断にとって重要なのは、引渡しという行為がされたこと——より正確にいうと、目的物が契約の内容に適合していたならば、物に対する現実的支配を移転するに足りる行為がされたこと——だと考えられる[11]。

(b)　売主の期待

　(i)　契約不適合責任を追及するとき、買主は、一つの選択肢として、売主に対して追完を請求することができる。後述のとおり、民法は、追完請求にある種の優先性を認める（4(1)）。

　買主からみれば、追完は、本来の履行によって得られる利益を実現するものにすぎない。けれども、売主にとっては、追完請求に応じることは、いわば二度目の履行を求められる点で、本来の履行とは異なる負担となり得る。そのため、追完請求は、履行請求と同視されるのではなく、あくまでも債務不履行の救済として、他の諸救済と同様に位置づけられる[12]。

　二度目の履行という性格は、契約不適合責任の取扱いの様々な点に反映さ

---

11)　これに対して、森田宏樹「数量に関する契約不適合の意義」法教478号（2020年）1頁は、数量の不足する分については何ら履行がされていないとみて、通常の履行請求権を認める余地があると説く。

377

れるが、その一つが期間制限（566条）の存在である。その趣旨は、こう説かれる。売主は、一度目の履行を完了することで、その契約に基づく債務から解放されたと期待するはずである。この期待を保護するためには、一般の債務不履行よりも短い権利行使期間を設ける必要がある。

　（ii）　ところで、期間制限については、その適用が排除される場合がある（権利の不適合については、(1)(a)を参照）。

　一つは、売主が不適合を認識し、または重過失によってこれを知らないときである（566条ただし書）。この場合には、売主は履行の完了に対する正当な信頼を有しないから、期間制限は適用されない。

　もう一つは、数量不足の場合である（562条と566条とを対照）。その理由は、「数量が不足していたことは外見上明らかであることが多」いから、履行完了に対する「売主の期待を保護する必要性がある類型」には当たらないと説かれる[13]。「類型」という措辞からは、かりに数量不足の発見が容易とはいえない具体的状況があっても、期間制限の適否は左右されないとする意図が窺われよう。

　しかし、この説明に対しては、次のような疑問が指摘されている。たとえば、【事例1】において、甲土地の面積が50坪であることを特に示し、坪数を単位として代金額が定められたにもかかわらず、実測するとその面積が48坪しかなかったとする。こうした数量指示売買の例では、数量不足の発見は、売主にとっても必ずしも容易ではない。そうである以上、ここでの数量の定めは、むしろ目的物の用途や機能に関わるものとみて、期間制限の適用を認めることが適切である[14]。

　以上は、不適合の存在が「外形上明白」であるとの説明に対する反論として提示された論点である。しかし、この指摘には、特定物たる土地の売買における数量が、「契約の内容」としてみたときには「品質」に当たるとの理

---

12)　森田宏樹『契約責任の帰責構造』（有斐閣、2002年）244頁以下が、修補請求権に「現実賠償」たる性格を認めることも、こうした考慮に基づく。この見解の位置づけにつき、森田・文脈349頁以下をも参照。

13)　一問一答（債権関係）284頁。

14)　森田・前掲論文（注11))1頁。

378

解が含意されている。重要なのは、不適合の発見の難易もさることながら、特定物売買においては数量と品質との間に有意な違いがないことではないかと考える（前掲注 6 ）を参照）。

(3) 小 括

前段の小括（2(3)）に掲げた問題との関係で、以上の検討を要約しておきたい。

一方で、契約不適合責任は、債務不履行責任たる性質をもつから、あくまでも契約の内容を出発点として考察される。ただし、契約の内容は、救済の内容と直結しない[15]。救済の内容は、二度目の履行を求められるという状況に照らして、履行過程において両当事者に期待される行為を考慮して調整される。債務不履行の救済が契約各論に定められる理由は、このように、契約類型の特徴を反映した履行過程の規律を救済の内容にも反映させるためだとみることができる。

4　救済の内容

契約不適合の救済としては、債務不履行一般に共通する損害賠償・解除（564条）のほか、追完（562条。(1)）、代金減額（563条。(2)）が規定される。さらに、責任の限界を画する概念として、いわゆる危険の移転が論じられる（(3)）。

(1) 追 完

追完は、一面において、債務の履行によって得られるべき利益を実現するために買主に認められた救済である（買主の追完請求権）。しかし、他面において、売主は、追完をすることで、当初の約定どおりに契約を維持することができる。この点を捉えると、追完の可能性が保障されることは、売主にと

---

15)　森田・前掲論文（注 8 ）) 286 頁が、本来的履行請求権と追完請求権との異同という問題を立てることに疑問を向けるのも、契約内容の性質だけから救済の内容が導かれるわけではないことを示している。

って、二度目の履行をするチャンスだといえる（売主の追完権）。これら二つの側面の関係は、買主と売主のそれぞれに選択の機会を認めることによって整理されている。

(a) 救済の選択

民法が定めるいずれの救済を主張するかは、第一次的には買主の選択に委ねられる。もっとも、代金減額請求または解除を主張するときは、それに先立って追完の催告をすることが求められる（563条1項、564条・541条本文）。その限りで、売主には追完の機会が保障される。

以上に対して、損害賠償との関係でも追完の機会を与える必要があるかは、規定の文言からは明らかでない。この点は、追完に代わる損害賠償を請求する際に、415条2項が適用されるかという問題として論じられる。議論の焦点は、ここでも、責任の性質と履行過程の行為態様との二点にある[16]。

まず、責任の性質に着目すると、追完は履行の実現を目的とするから、これに代わる損害賠償は、性質においては「履行に代わる損害賠償」（415条2項柱書き）だとみることができる。これによると、追完に代わる損害賠償を請求するときにも415条2項が適用されることとなろう。

もっとも、契約不適合責任の内容は、契約の内容と直結するわけではなく、一度目の履行がされたという状況に沿って調整されていた。そこで、救済の選択についても、履行過程の行為態様を考慮して、当初の履行請求とは異なる規律が妥当するとみることが考えられる。この立場から採るべき解決は、次のいずれかであろう。

第一は、売主には既に一度目の履行の機会が与えられたのだから、買主には、売主以外の者に追完を求める機会が与えられてよいとするものである[17]。これによると、買主は、415条1項の要件を満たす限り、売主に対して、催告を経ることなく追完に代わる損害賠償を請求することができると考えるべきこととなる[18]。

---

16) 詳細につき、潮見・契約各論 I 161 頁以下。
17) この点に関わって、山野目・債権各論 114 頁の説くところを参照。

第24章　契約不適合責任

　第二は、売主に追完の機会を保障することは、代金減額請求や解除の場合と均衡の取れた解決であり、それを認めても、買主は本来の履行を得るだけで、何ら不利益を被ることはないと考えるものである。このように考えると、他の救済に先んじて追完をする機会を売主に与えるべく、損害賠償請求に先立つ催告が求められることとなろう[19]。

　もっとも、第二の見解によるときも、責任追及の手続は、契約不適合責任に即したものでなければならない。そこで、この見解からは、追完に代わる損害賠償請求は、手続的には、415条2項ではなく、563条1項・2項に従うと説かれる[20]。

　(b)　追完の方法の選択

　以上は、他の救済との関係での追完の優先性に関わる規律である。これに対して、買主が追完を請求するときにも、売主は、「買主に不相当な負担を課するものでないときは、買主が請求した方法と異なる方法による履行の追完をすることができる」（562条1項ただし書）。これもまた、売主による追完の機会を保障するという判断の延長上にある規律といえるであろう。

　(2)　代金減額

　(a)　反対給付義務の縮減

　追完請求があくまでも完全な履行の実現を目指すのに対して、代金減額請求は、不完全な履行の程度に応じて反対給付義務を免れることを内容とする。

　ところで、反対給付義務からの解放は、解除によっても実現される。とり

---

18)　一問一答（債権関係）341頁注2は、請負との関係でこの趣旨を説く。請負につき同旨として、中田・契約511頁。なお、追完請求に現実賠償たる性格（前掲注12)）を認めるときにも、追完と損害賠償との優劣を問う必要は失われよう。

19)　潮見・契約各論I 164頁（415条2項が類推されるとする）。さらに、請負との関係で、潮見・契約各論II 235頁をも参照。

20)　田中洋「改正民法における『追完に代わる損害賠償』(3)」NBL 1176号（2020年）34頁の指摘に端を発する。415条2項3号によるならば、不履行が軽微であるとき（541条ただし書）には追完に代わる損害賠償請求ができないこととなるが、これは適切ではないとする。これを承けて、潮見・契約各論I 165頁および166頁注234の説くところをも参照。

わけ、民法は一部解除を認めるから（562条2項を参照）、これと代金減額請求とがどのような関係に立つかが問題となる。代金減額請求権の性質を説く際には、その性質は一部解除であると説かれることも少なくない[21]。それならば、買主の救済として、一部解除に加えて代金減額が認められる理由につき、何らかの説明が必要であろう。

　この点は、次のように説かれる。代金減額請求権は、代金の減額分に応じて売主の反対給付義務を縮減する。すなわち、代金減額請求権が行使されると、売主の債務も、「現実に引き渡された目的物の価値に応じて圧縮され、契約の内容に適合したものが引き渡されたものとみなされる」。したがって、代金減額請求権を行使した後には、もはや損害賠償を請求することはできない。この点で、代金減額請求は、解除が損害賠償の可能性を排除しない（545条4項を参照）ことと区別される[22]。

　両者の違いは、買主が才覚を発揮し、目的物の客観的な価額よりも低い代金額での売買契約の締結に成功していたような場合に顕著である[23]。たとえば、【事例1】において、甲土地の評価額が6000万円であったとする。この場合において、甲土地の面積が50坪であることを特に表示し、1坪あたりに換算して代金額を定めたにもかかわらず、実測するとその面積が48坪しかなかったとすると、Xは、代金減額請求をするときには200万円の代金支払義務を免れるのに対して、損害賠償請求をするときには——6000万円の価値を有すべき土地が、その48/50である5760万円の価値しか有しなかったのだから——240万円の賠償を求めることができる[24]。

　とはいえ、以上は、代金減額請求と一部解除とがもたらす反対給付義務の消滅の内容を比較するものではない。ここで比較されているのは、減額後の代金額と、損害賠償債権との相殺後の代金額とである。代金減額が反対給付

---

21)　改正前の議論として、我妻・債権各論中一278頁。改正後の議論として、中田・契約312頁、Legal Quest契約181頁（曽野裕夫）を参照。潮見・契約各論I 143頁は「実質は……等しい」といい、平野・契約187頁は「匹敵する」という。

22)　以上、一問一答（債権関係）279頁注。ただし、磯村・改正債権法286頁は、不履行の存在を否定するかのように説く点で、この説明は誤解を招くと指摘する。

23)　磯村・改正債権法285頁を参照。

からの（一部）解放を目指すのに対して、損害賠償が債権の効力——つまり、給付の実現——を基礎とすることを考えれば、両者が異なる結果をもたらすこと自体は不思議ではないだろう。

(b) 契約内容の改訂

代金減額と一部解除との差異を捉える議論としては、代金減額請求権が、不完全な履行に対応して代金支払債務を割合的に縮減する仕組みではなく、事情変更の法理などとともに、契約の改訂を実現するための仕組みであると説く見解が注目される[25]。次のように論じられる。

代金減額を一部解除とみる議論は、不完全な給付に対応する部分をいわば契約から取り除くことで、当事者が企図したとおりの経済的作用が実現されるとの見方に立つ。しかし、これには疑問が残る。不完全にしか履行がされないならば、その部分を割合的に減額した内容で契約を締結したであろうといえるかは、当事者の意思を仮定してみても自明ではない[26]。そもそも、目的物が不可分である場合を考えると、一部不履行を観念し、その部分を解除して代金を割合的に減額するという操作そのものが、多分に擬制的な性格を帯びる。

以上の分析は、代金減額請求と一部解除とが異質な制度として並立することの理由を、救済の性質に即して示すものといえる。こうした性質論を踏まえることで、救済の内容面でどのような差異が現れるかについては、なお検討を要するであろう[27]。

---

24) これとは逆に、目的物の価額が下落したときは、代金減額を選択することが買主にとって有利な選択となる余地がある。たとえば、本文の例における土地の価額が 4000 万円に下落していたという場合を考えると、減額請求時を基準として算定される賠償額は、160 万円（＝ 4000 万 × 2/50）となる。とはいえ、この場合には、一部解除による反対給付義務の縮減の効果として代金減額と同じ結果を実現することができそうである。

25) 森田修「契約総則上の制度としての代金減額——債権法改正作業の文脈化のために」東京大学法科大学院ローレビュー 3 号（2008 年）247 頁、特に 264 頁以下。

26) この点につき、森田・前掲論文（注 25））264 頁注 35 を参照。

383

(3) 危険の移転

契約不適合責任の時的限界を画するのは、危険の移転である。この点については既に検討する機会があったから（第13章［202頁以下］、第14章［224頁以下]）、以下では、その際に採り上げなかった点に補足的に触れるにとどめる。

(a) 引渡し

まず、現行規定は、「引渡し」を契機として対価危険の移転が生じるとする。

旧規定のもとでは、特定物に関する物権の設定・移転を目的とする契約については、債権者主義が採用されていた（旧534条）。これは、財産権移転義務の履行と結びつく規律であったとみられる。すなわち、意思主義のもとでは、契約を締結した当時から既に所有権は買主に移転する（176条）。債権者主義は、こうして権利を取得した所有者が対価危険を負うべきことを明らかにしたものであったといえる[28]。

このような議論に対しては、既に旧規定のもとでも批判が加えられていたが、現行規定はこの批判を容れたものだといえる。目的物に対する実質的支配の移転に着目するというこの構想にも、救済の限界を画する際には、給付が実現されたか否かという概念論によらず、履行過程における両当事者の行為態様に着目することが重要であるとの理解が垣間見られよう。

(b) 特 定

危険の移転は、「売買の目的として特定したもの」に限って生じる。つまり、特定は、567条が定める危険の移転が生じるための必要条件である（それが給付危険移転の十分条件であるかという問題につき、第14章［229頁］を参照）。

それでは、契約に適合しない物が引き渡された後に、それが当事者双方の

---

27) たとえば、詳解改正民法433頁（石川博康）は、契約締結時と引渡し時のいずれを代金減額の算定基準時とすべきかという問題につき、代金減額請求を契約の改訂とみる立場は、契約締結時を基準とする考え方と整合的であると指摘する。

28) この点につき、三宅・契約総論96頁以下、野澤・契約69頁以下を参照。

第 24 章　契約不適合責任

責めに帰することができない事由によって滅失・損傷したときは、どうなるか。567 条 2 項が特に「契約の内容に適合する目的物」と定めることと比較すれば、同条 1 項が「契約の内容に適合する目的物」が引き渡された場合を想定するかは、判然としないようでもある[29]。しかし、種類物の特定（401 条 2 項）については、契約に適合しない物を引き渡してもそれが生じないことには異論をみない。これと同様に考えるならば、契約に適合しない物が引き渡されたときは、買主がそれを「履行として認容」しない限り特定は生じず、したがって危険の移転が生じる余地もないこととなろう[30]。

　これに対して、契約に適合しない給付を履行として認容した結果、特定が生じていた場合はどうか。その場合にも、買主は、権利を放棄したとみるべき事情がない限り、なお契約不適合責任を追及することはできる。買主は、「滅失又は損傷を理由として」売主の責任を追及するわけではないからである。たとえば、【事例 2】において、ジャガ芋の一部が傷んでいることを認容して受領した後に、異常寒波のためにジャガ芋が凍結し全部だめになってしまったというような場合を考えると、傷んでいた部分について契約不適合責任を追及することは、なお妨げられない。

5　おわりに

　以上のとおり、契約不適合責任は、債務不履行の救済として、当初の契約

---

29)　山野目章夫「民法の債権関係の規定の見直しにおける売買契約の新しい規律の構想」曹時 68 巻 1 号（2016 年）1 頁、特に 15 頁は、567 条 1 項前段においては、契約適合性の評価対象たる物を選び出すという意味での「特定」——契約適合性の〈評価判断を経ていない特定〉——が問題とされるのであり、401 条 2 項とは異なり、契約に適合しない物を引き渡した場合にも特定を観念することができるという。その結果、「代金債務について契約不適合を理由とする代金減額請求をし、または損害賠償請求権との相殺をすることができる」（同）とされることからすると、この見解の狙いは、契約不適合責任の制限ではなく、目的物の滅失・損傷をもって追完請求権の限界を画する点にあるといえよう。

30)　なお、この場合において、追完として代物の給付を請求するときには、当初に引き渡された物を返還する必要が生じる。その際、買主は、滅失・損傷した物に代えて、その客観的価額を売主に返還すべきこととなろう。以上につき、詳解基本方針 IV 116-117 頁を参照。ただし、磯村・改正債権法 296 頁は、異なる解決があり得ることを留保する。

385

によって合意された結果の実現を目指すものである一方で、その具体的な内容においては、履行過程において両当事者に期待される行為——とりわけ、二度目の履行という負担を課される売主の立場——を考慮して、契約の内容との対応関係が相対化されている。このように、救済という局面の規律を考察する際には、契約法の「表側」の問題（第14章［230頁］、第22章［355頁］）としての給付だけでなく、救済に固有の論理を理解することが重要だと考えられる[31]。

---

31) 債権法改正論議の過程で、救済の論理を構想するために体系化の基軸となる様々な分析視角が示されたことは、このことに関わって重要である。本章での検討で触れた文献に限っていえば、森田・前掲論文（注8））276頁（現在化論とプロセス論）、森田・文脈402頁（履行請求権アプローチとレメディ・アプローチ）を、それぞれ参照。

第25章
貸借型契約

1 はじめに

　民法には、自らが有する物を他人に利用させるという給付（以下、「利用に供する給付」という）を目的とする一群の契約がある。消費貸借（587条）、使用貸借（593条）、賃貸借（601条）がこれに当たるとして、三者を貸借型契約と総称するのが通例である。

　はじめに、貸借型契約の特徴を、二つの観点から述べておきたい。

　第一に、利用に供する給付とは何か。財産権移転給付と比較したとき、その特徴は次の点にある。財産権移転給付は、譲渡人から譲受人へと財産権を移転するという、一方向的な価値の移転を内容とする。これに対して、利用に供する給付は、物を一時的に借主のもとにおき、それを利用する権限を与えることを内容とする[1]。ただ、物の利用が一時的であるからには、借主は、利用に供された物をいつかは貸主に返還しなければならない。貸借型契約は、このように、「貸主から借主へ」「借主から貸主へ」という目的物の往復的な動きを必然的に伴う（第22章［345頁］）。

　第二に、三種の貸借型契約は、何を基準として類別されるのか。それは、利用に供される物の性質と、物の利用に対する対価の有無である。これらのうち、後者、つまり無償性に由来する特質については、**第27章で**改めて検

---

1)　我妻・債権各論中一356頁。

387

討する［427頁以下］。

以下では、まず、利用に供される物の性質と契約の法性決定との関わりを考察する（2）。次に、上にみた目的物の動きに着目して、物の利用（3）と返還（4）に即して、契約当事者の法律関係を検討する。以上を通じて、貸借型契約なるものを観念することの意義と限界を探ってみたい。

2　貸借の目的物

目的物の性質に着目するとき、貸借型契約は、「金銭その他の物」（587条）を目的とする消費貸借と、「ある物」（593条、601条）を目的とする使用貸借・賃貸借とに大別される。これに応じて、返還すべき物も、「種類、品質及び数量の同じ物」（587条）、「その受け取った物」（593条）、「引渡しを受けた物」（601条）と区別されている。

使用貸借・賃貸借においては、貸し渡されたのと同一の物を返還することが予定される。いいかえれば、これら二つの契約における目的物は、特定物である。

これに対して、消費貸借においては、貸し渡される物と返還される物との間には、物そのものとしての同一性はない。返還すべき物は、「種類、品質及び数量の同じ物」（以下、「等価物」と略記する）である。

このことを説くにあたり、消費貸借の目的物は消費物だといわれることがある[2]。消費物とは、「その物の取引上の性質に従って使用される場合に、一回使用した後に、再び同一の用途に使用しえない物」をいう[3]。この定義は、消費貸借の目的物を使用するためには、目的物を処分しなければならないことを示している。そのために、貸主は、目的物の所有権を借主に移転するのである（旧民法財産取得篇178条をも参照）。

とはいえ、所有権が移転されるといっても、等価物を返還するという条件を伴うのだから、経済的作用においては、あくまでもその物——あるいは、

2）　我妻・債権各論中一343頁のほか、三宅・契約各論下529頁をも参照。
3）　我妻・総則209頁。

物のもつ価値（3(2)(b)）——が利用に供されるにすぎない。そうすると、契約に基づく給付としてみる限り、所有権の移転という側面に着目する意義は乏しい。さらにいえば、返還に関して重要なのは、物が消費されることではなく、目的物に個性がないため、等価物による返還が認められることである[4]。

こうしてみると、強いて消費物という概念を用いず、消費貸借の目的物は「代替物」だとするほうが、説明としては端的であろう[5]。ただ、「特定物」ではないという特徴をより正確に捉えるためには、ここにいう代替性とは、当事者にとってのそれだと考えるべきである。つまり、消費貸借の目的物は、「種類物」である[6]（種類物と代替物との区別につき、**第13章**［200頁］を参照）。

3　物の利用

物の利用は、物を貸すことを通じて実現される（(1)）。しかし、貸すということが何を意味するかは、自明ではない。それは、法的には、利用権限の設定を最低限の内容として含む（(2)）。この点をどのように捉えるかが、貸借型契約の構造をめぐる理解を左右する（(3)）。

(1)　給付の構造

貸借型契約は、物の利用を経済的作用とする。いわゆる貸借型理論は、このことのもつ意義を考える題材を提供してくれる（(a)）。これを踏まえて、貸すとは何を意味するかを考えたい（(b)）。

(a)　いわゆる貸借型理論

貸借型理論とは、「貸借型の契約にあっては、契約の目的物を受け取るや

4）　鳩山・債権各論下400頁注5、三宅・契約各論下529頁は、消費貸借の目的物は消費物であることを要しないと説く。さらに、山野目・債権各論140頁の分析をも参照。

5）　たとえば、我妻・債権各論中一343頁、中田・契約349頁を参照。

6）　三宅・契約各論下528頁は、「当事者がこれを種類物の一定数量として扱い、貸借するとき」（傍点原著者）には、消費貸借が成立すると説く。梅・債権588頁がいう「代替物」も、内容においては種類物を意味するものであろう（鈴木・債権339頁も「種類物」と明言する）。

否や直ちに返還すべき貸借は、およそ無意味であるから、返還時期の合意は、単なる法律行為の付款ではなく、その契約に不可欠の要素であると解する見解」をいう[7]。

この見解は、要件事実論において、貸借の期間をいずれの当事者が証明すべきかに関わって論じられてきた。たとえば、貸主が、借主に対して、契約終了時に目的物の返還を請求するとする。そのとき、貸借の期間が単なる返還時期の期限（付款）だとすれば、貸主は、契約の成立を主張するために貸借期間を証明する必要はなく、借主が、返還請求に対する抗弁として期限未到来を証明すべきこととなる。これに対して、賃貸期間が契約の要素となるのだとすれば、貸主は、契約の成立を主張するために貸借期間を証明しなければならず、これに伴い、目的物の返還請求において期間満了の事実をも証明すべきこととなる。

ここで注目したいのは、貸借型理論が、期間という要素を伴わない貸借型契約は「およそ無意味」だと説く理由である。それは、貸借型契約を締結することの目的が、物の利用という経済的作用にあるからである。貸借型理論は、実体法的な観点からみても、利用に供する給付の特徴を示している。

(b) 「貸す」とは何か？

(i) もっとも、こうした経済的作用が契約の内容にどのように反映されるかについては、注意を要する点がある。消費貸借においては、貸主が「貸す債務」を負わないことがあると説かれるからである。詳しく述べれば、こうである。

消費貸借は、書面でする場合（587条の2第1項）を除き、要物契約である（587条）。そうすると、物を貸すという行為は、契約の成立段階において既に完了しており、契約の成立後にこれを問題とする余地はない（第16章［251頁]）。そのため、要物契約としての消費貸借においては貸す債務は発生せず[8]、

---

7) 司研・類型別28頁。なお、来栖・契約249頁の叙述（特に、ギールケの所説の引用部分）をも参照。

8) これに対して、諾成的消費貸借が貸す債務を生じさせることにつき、**第16章**［251頁］を参照。

390

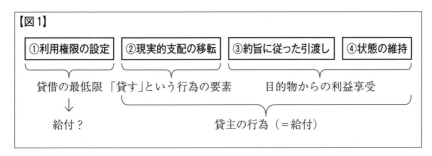

ただ借主の返還債務が生じるにすぎないと説かれる。

　(ⅱ)　そこで、問題は、「貸す」とは何かである。さしあたり、四つの側面に分けてみたい。

　第一は、借主に利用権限を与えることである（【図1】①）。これは、特定物の貸借においては、占有権原の設定によって実現される。これに対して、種類物（消費物）の貸借においては、所有権の移転を通じて実現されると考えられてきた（2）。

　第二は、借主に物の使用・収益をさせること、いいかえれば、物に対する現実的支配を移転することである（【図1】②）。諾成契約としての貸借型契約は、その性質上、このような意味での貸す行為を契約の内容とする。賃貸借契約が効力を生じるために行政上の許可を要するときは、賃貸人は許可申請に協力しなければならないとされるのも[9]、物を利用させるための前提として、この行為の一環をなすとみてよいであろう。

　第三は、物を使用・収益させるにとどまらず、約旨に従った状態で引き渡すことである（【図1】③）。有償の貸借には契約不適合責任が準用されるから（559条）、物の品質等について何らかの取決めがされたときは、貸主は、それに適合する物を借主に引き渡さなければならない。これに対して、無償の貸借には贈与に関する規定が準用され、原則として現状で引き渡せば足りる（590条1項、596条・551条）。

9）　農地の賃貸借に関する賃借権設定許可申請につき、最判昭和35年10月11日民集14巻12号2465頁を参照。

第四は、約定に従った物の状態を維持することである（【図1】④）。たとえば、賃貸人が負う貸す債務は、目的物の修繕義務（606条1項本文）をも含むものとして論じられることがある。

　(iii)　それでは、「貸す債務を負わない」というときには、何が問題なのか。

　②から④は、債務者の行為を通じて実現されるから、それが給付となり得ることは疑いない。貸す債務を負うというときには、通常は、少なくとも②の債務を負うことが想定されている。つまり、消費貸借における貸主が「貸す債務を負わない」とは、②の債務さえも負わないことだと考えられる。

　これに対して、③は、貸すという行為の本質的要素ではない。移転型契約について述べたのと同じく（第23章［360頁］）、それは、貸すという給付から利益を享受するために有用なことであって、そのような義務を伴わずに貸すこともあり得る。また、その標準的な内容も、有償・無償に応じて異なる。

　④についても同様である。④の債務は、基本的な性質としては③と同じであるが、貸借型契約が継続的契約であることから、約旨に適合する状態を持続させることを想定したものといえる（595条と606条1項本文とを対照）。

　以上の三つに反して、①は、貸借の最低限度である。要物契約としての消費貸借が、貸す債務を伴わないにもかかわらず「貸借」を目的とするといわれるのも、それが①の意味での貸すという性格は備えるからであろう。

　しかし、その反面、①が貸主による給付によるものかは問題である。消費貸借においては、借主は、貸主による給付を介さず、所有権に基づいて物を利用するのだとみることができる。また、特定物の貸借についても、次のような事情がある。改正前規定のもとでは、使用貸借も要物契約とされていたから、貸すという給付を観念する余地はないと考えられていた。それにもかかわらず、借主が物の使用収益権を有すると考えられていたことは、現行法におけると異ならない。つまり、そこでは、貸主が貸す債務を負わないにもかかわらず、借主が使用収益権を有することが想定されていたといえる[10]。

---

10)　多分に比喩的な説明ではあるが、我妻・債権各論中一 454 頁は、賃貸借の効力として、「賃借人に目的物を用益する物権的な権能（賃借権）を生ずる」と説明する。占有権原の設定とは、この「物権的な権能」を与えることを意味する。

（2）　利用の根拠

　それでは、借主による利用権限の取得は、給付の効果ではないのか。目的物の性質を区別して考えたい。

（a）　特定物の利用権限

（ｉ）　まず、特定物の利用権限につき、起草者は、使用貸借に即して次のような理解を示していた。「貸主ハ、自己ノ為メニ如何ナル必要アルモ敢テ契約ヲ無視シテ物ノ返還ヲ求ムルコトヲ得サルモノトセルカ故ニ、借主ハ、純然タル権利ヲ有スルコト敢テ疑ナシ」。「貸主カ其所有物ヲ借主ニ貸与スルトキハ、貸主ハ一定ノ時期ノ間自ラ其物ヲ使用スルコト能ハス、借主ヲシテ之ヲ使用セシメサルコトヲ得ス。是レ、豈ニ貸主ノ義務、借主ノ権利ニ非スシテ何ソヤ[11]」。

　先に確認したとおり、旧規定のもとでは、使用貸借は要物契約とされ、したがって、貸主は貸す債務を負わないと考えられてきた。ところが、起草者は、貸借の期間中、貸主が借主に対して物の返還を請求することができないことを捉えて、貸主には目的物を使用させる「義務」があり、借主にはその「権利」があると論じている。

　それでは、起草者のいう「貸主ノ義務」「借主ノ権利」とは何か。この点につき、学説は、これを「使用収益をさせる債務」「使用収益をさせることを請求する債権」だといい、ただ、使用貸借においては、「貸主の使用収益させる債務は、……単に借主の使用収益するのを忍容するという消極的な内容をもつに過ぎない」と説いてきた[12]。この説明は、結局、借主が有する目的物の利用権限を基礎づけるために、物の利用を請求する債権を観念している。その履行は、一種の給付だといって差支えないであろう。そうすると、かつての議論においても、利用権限の設定を給付の作用とみる以上、貸主は貸す債務を負わないという理解は必ずしも支持されていなかったといえそうである。

11）　梅・債権 608 頁。句読点は引用者による。
12）　我妻・債権各論中一 376 頁。

(ⅱ) ところで、利用権限が設定されるということは、借主が、貸主に属する物について他主占有権原を有するということである。こうした効果は、用益物権が設定される場合にも生じるが、貸借型契約に基づく利用権限は、どのような点でそれと異なるのか。

目的物の物理的な使用収益に着目するときには、物権的利用権と債権的利用権との相違は、その使用収益が、物権に基づいて直接的に実現されるか、債務者による給付を介して間接的に実現されるかという観点から説明される。同じことが、占有権原についても妥当しよう。すなわち、用益物権が設定されるときは、使用収益権は、所有権ではなく用益物権に由来する。これに対して、貸借型契約に基づく物の利用は、借主に設定された利用権限に基づいて「貸主ノ有スル使用収益権ヲ行使シ得ル」ことを意味する[13]。このように、特定物の貸借においては、利用権限の設定という給付は、他主占有権原を設定し、貸主に属する使用収益権を借主に享受させることを内容とする。債権的利用権は、このような意味において、物を直接に支配する権利ではないということができる。

(b) 種類物の利用権限

(ⅰ) 以上に対して、種類物の場合はどうか。

既述のとおり、消費貸借の目的物は消費物だと説かれるが (2)、その背後には、借主による物の利用は所有権によって正当化され、消費貸借契約は返還債務を生じさせるにとどまるとの理解がある。そうすると、消費貸借契約は、返還——つまり、等価物の所有権の (再) 譲渡——という単発的な (≠継続的な) 給付を生じさせるにすぎないはずである[14]。

ところが、学説には、消費貸借は継続的契約だと説くものが少なくない。この見解は、物を利用に供することが消費貸借の本質であるとみて、貸主は、返還請求を差し控えることで、貸主に物を利用させる「義務」を負うと説く[15]。この観点を徹底する見解は、こう論じる[16]。消費貸借においては、貸

---

13) 鳩山・債権各論下 432 頁。

14) その趣旨を説くものとして、三宅・契約各論下 531 頁、鈴木・債権 340 頁を参照。

主は、目的物の所有権を移転することにより、契約期間中、借主に対してその物の価値を供与する。これは、目的物の価値が供与された状態を継続するという貸主の給付（「状態給付[17]」）の作用である[18]。

(ii)　以上の理解が「価値の供与」に着目することは、貸借の目的物が種類物であることの一面を捉えている。というのは、こうである。種類物は、それ自体として抽象的・観念的な存在にすぎず、引渡しの目的となるような実体をもたない（第13章［200頁］）。それを利用する——そして、利用が終わった後に等価物を返還する——ということは、契約の目的が、その種の物を利用することで得られる効用の獲得にあることを示している。

ところで、消費貸借における物の利用は、法的には、借主に目的物の処分を許すことで実現される。この点について注意を要するのは、処分を許すことは、所有権を移転することを当然には意味しないことである。実際にも、目的物の所有権を貸主に留めるとしても、借主に目的物の処分権限を与えることで物の消費を認めるとともに、契約終了時に等価物をもって返還することを認めれば、価値の供与という目的は達せられる。消費貸借が所有権の移転を伴うというのは、処分権限の設定を基礎づけるための一つの構成にすぎないというべきであろう[19]。

(3)　小括——契約の構造

以上の検討をまとめつつ、貸借型契約における給付（(a)）と反対給付（(b)）の構造を考えたい。

---

15)　来栖・契約 249 頁、広中・債権各論 103 頁、平野・契約 214 頁。

16)　北川・債権各論 51 頁。

17)　状態給付につき、北川・債権総論 19 頁のほか、於保・債権総論 25 頁以下に論じられる「担保する給付」をも参照。

18)　なお、ややマージナルな問題ではあるが、金銭消費貸借における貸主は、金銭消費貸借契約の付随義務として、取引履歴を開示すべき義務を負うとされることがある（たとえば、最判平成 17 年 7 月 19 日民集 59 巻 6 号 1783 頁）。これも、消費貸借が、貸付けの履行に尽きない継続性を有するとの理解を含意しよう。

395

（a）　利用に供する給付

まず、貸借型契約の経済的作用である物の利用は、その最低限の内容とし
て、利用権限の設定を含む。ただし、これを給付の作用とみるかについては、
理解が分かれ得る。

一方で、利用権限の設定は、契約の効果ではあるけれども、給付ではない
とする理解があり得る。消費貸借においては、物の利用は所有権によって正
当化されるのであり、借主の価値利用権は、返還債務に期限があることの反
射にすぎない[20]。これによると、利用に供する給付は、引渡しという有形的
行為についてのみ観念されることとなろう。

他方で、利用権限の設定を給付とみる理解があり得る。ただし、利用権限
の設定方法は、貸借の目的物の性質に応じて異なる。すなわち、特定物の貸
借は、目的物に対する他主占有権原の設定を内容とし、種類物の貸借は、処
分権限の設定を通じた目的物の価値の供与を内容とする。いいかえれば、「消
費貸借は、目的物の交換価値を借主に利用させる契約、使用貸借と賃貸借は、
目的物の使用価値を借主に利用させる契約」である[21]。これらは、いずれも
一種の状態給付の作用とみることができるであろう。

（b）　反対給付の構造

利用に供する給付をめぐる理解は、その反対給付の捉え方にも影響を及ぼ
す。この点は、利息付消費貸借について論じられる。

---

19)　我妻・債権各論中一 356 頁は、借主に処分権を付与しつつ、なお所有権は貸主に留保する貸
借が可能であるとしたうえで、これを消費貸借とも使用貸借・賃貸借とも異なる「第三の型」だ
という。これに関わる問題を提起したのが、大判昭和 4 年 2 月 21 日民集 8 巻 69 頁である。本判
決は、身元保証金の代用として差し入れられた有価証券の貸借につき、借主による処分が認めら
れるとしても、貸主に所有権が留保される以上、賃貸借であるとした。これに対しては、判決に
反して消費貸借とみるべき旨を説く田中耕太郎「本件判批」民事法判例研究会編『判例民事法
昭和四年度』（有斐閣、1931 年）34 頁がある一方で（我妻・同 358 頁もこれを支持する）、学説は、
むしろ判決を支持する鈴木・債権 341 頁、特殊な貸借とみる来栖・契約 252 頁、三宅・契約各論
下 527 頁等、多岐に分かれる。

20)　三宅・契約各論下 530 頁。

21)　中田・契約 349-350 頁。

第 25 章　貸借型契約

　一般的な理解においては、貸主が「貸す債務」を負わないことを前提とし
て、利息の支払は次のような意味をもつと説かれてきた。すなわち、借主は、
目的物を利用するという便益に対して利息を支払うのであり、両者の間には
経済的な意味での対価関係がある。したがって、利息付消費貸借は、有償契
約である。しかし、貸主は、利息の支払に対する反対給付義務を負わない。
したがって、利息付消費貸借は、片務契約である。

　これに対して、状態給付としての利用に供する給付を観念するならば、利
息の支払は、経済的意味でのその対価であることはもちろん、法的にみても、
利用に供する給付の反対給付と位置づけることができる[22]。したがって、こ
の理解のもとでは、利息付消費貸借は、有償・双務契約だとみるべきことと
なる[23]。

4　物の返還

　冒頭に述べたとおり、貸借型契約は、貸主が借主に物を利用させた後、借
主が貸主に物を返還するという往復的なやりとりを内容とする。貸借型契約
の特徴は、このように、貸主・借主が、それぞれ物を対象とする行為をする
点にある。以下では、借主が物についてする返還という行為の意義（(1)）と、
これが義務づけられる根拠（(2)）を検討する。

(1)　給付の構造

　借主がすべき返還とは、ひとことでいえば、物が借主に貸されている状態
を解くことである。その意義は、貸す債務をいわば裏返すことで理解するこ
とができる。つまり、返還は、借主が有していた利用権限を消滅させ（前記【図
1】①）、物に対する現実的支配を解く（同②）ことを内容とするとともに、

---

22)　利息の合意は、消費貸借契約からは区別される独立の契約だといわれるが（司研・類型別 31
　頁を参照）、本文のように理解するならば、消費貸借契約の一内容とみるべきこととなろう。民
　法が利息の合意を「特約」と定めることも（589 条 1 項）、両者を一体の契約とみることに親和
　的であるように思われる。
23)　北川・債権各論 51-52 頁。

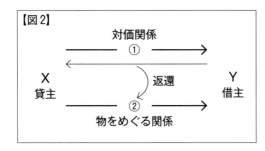

物を原状に復する（同③）ことをも含み得る[24]。

　ところで、既にみたとおり、貸借型契約には貸す債務の有無に疑義のあるものがある。これに対して、返還債務を伴わないものはない（587条、593条、601条は、いずれも「返還〔を〕することを約」することを内容とする）。このように、法的構造の側面からみて貸借型契約を特徴づけるのは、返還債務の発生である。その意味では、貸借型契約は「返還型契約」だといっても過言ではない。

　しかし、当然のことながら、貸借型契約は、物を返還するために締結されるわけではない。既にくり返し述べたとおり、貸借型契約の目的は、借主が物の利用という利益を得るところにある。だからこそ、借主が物の利用のために対価を支払うときに、貸借型契約は有償性を帯びるのである。

　以上のことは、貸借型契約における法律関係が複線的であることを示している。それは、賃借人が負う債務において顕著である。すなわち、賃借人は、一方で、利用に供する給付の反対給付として賃料支払債務を負い（【図2】①）、他方で、返還合意に基づいて終了時に目的物の返還債務を負う（【図2】②）。このように、借主の給付が、対価関係だけでなく、物をめぐる関係へと展開するところに、貸借型契約の一つの特徴がある。

(2)　返還の根拠

　以上のとおり、物の返還は、貸借型契約の本質的要素である（(a)）。しかし、

---

[24] 特定物の貸借において、借主に用法遵守義務（594条1項、616条）が課されることも、このこととの関係で理解することができる。返還債務発生時の「現状」とは、目的物が貸し渡された時の状態であるから、借主は、有償・無償を問わず、目的物が引渡し時に備えていた状態を返還時にも維持しなければならない。これを確保するために課されるのが、用法遵守義務である。返還義務と用法遵守義務とのこうした関係は、特定物の引渡義務と保管義務との関係（400条）に相似するものといえよう。

返還が問題となるのは、貸借型契約だけではない。返還を義務づけられる根拠は、それらの各場合において異なるのか（(b)）。

(a)　貸借型契約における返還義務

まず、貸借型契約における返還債務の位置づけをめぐっては、それが契約の効果なのか、それとも、契約終了の効果なのかが論じられることがある[25]。

消費貸借における返還債務について、民法は、返還の時期を規定する（591条）。これに対して、使用貸借と賃貸借に関しては、返還に関する規律はなく、終了に関する定めが置かれるにすぎない。それぞれの冒頭規定においても、返還は「契約が終了したとき」（593条、601条）に問題となることが示されている（587条と対照）。

こうした差異が生じる理由は、消費貸借における目的物の利用権限が所有権によって基礎づけられることに着目すればわかりやすい。そこでは、目的物の返還は、種類物の（再）譲渡を意味するにすぎず、その前提として契約の終了を観念する必要はない。その一方で、使用貸借・賃貸借においては、契約が終了しない限りは他主占有権原が存続するから、返還の前提として契約の終了を観念する必要がある[26]。以上の説明は、消費貸借の継続的契約性を否定する理解に親しむ。

これに対して、消費貸借においても利用に供する給付を観念し、その継続的契約性を支持する立場（3(2)(b)）からは、いずれの契約においても、返還債務は、利用に供する給付義務の消滅に伴って発生するとみることが一貫する。そこで、この立場からは、消費貸借における目的物の返還に関する規定も、解約告知を前提として返還債務が発生することを定める趣旨のものだと説かれる[27]。

---

25)　この点に関わって、山本・契約 376 頁以下を参照。
26)　この点の差異を指摘する議論として、中田・契約 364 頁のほか、中田裕康「使用貸借の当事者の破産」同『継続的契約の規範』（有斐閣、2022 年）165 頁以下を参照。
27)　来栖・契約 249 頁、広中・債権各論 116 頁、北川・債権各論 50 頁のほか、平野・契約 214 頁をも参照。

(b) その他の契約における返還義務

(i) ところで、利用権限の消滅に伴って物の返還義務が発生する場合は、貸借型契約以外の場面にもある。寄託がその一例であるが、同じことは、地上権や質権等、制限物権が設定された場合にも問題となる。

制限物権が期間の満了や債務の弁済によって消滅したときは、占有権原が消滅する結果、目的物を所有者に対して返還すべきこととなる。これは、設定契約（またはその終了）に基づく効果ではなく、所有権の弾力性——制限物権の消滅に伴う所有権の全一性の回復——の結果だと説かれるのが通例である。

これに対して、貸借型契約の終了時の返還請求権は、——契約の効果というか、終了の効果というかにかかわらず——返還合意の効果として基礎づけられる。その結果、たとえば他人物賃貸借が終了したときは、賃貸人は目的物に対して何らの権利も有しないにもかかわらず、賃借人に対して目的物の返還を請求することができる。

こうした差異は、物権関係と契約関係の相違によって説明される。すなわち、制限物権の設定契約は、物権契約であり、これに基づく債権関係を生じさせない。したがって、その返還をめぐる法律関係も、物権関係に基づいて規律せざるを得ない。

(ii) しかし、そのように考えることは、常に適切であろうか。

たとえば、債務者が他人物に質権を設定し、債権者がこれを即時取得（192条）したとする。その場合において、債務者が債務を弁済したことによって質権が消滅したときは、上記の理解によれば、質物の返還を求めることができるのは所有者だけであろう。しかし、この例では、質権を設定した債務者もまた、他人物たる質物の返還を求めることができてよいのではないか[28]。それを許すならば、質権設定者は、質権設定契約に基づく返還請求権を有すると考えなければならないであろう。

---

28) 我妻・担保物権158頁、柚木＝高木・担保物権124頁は、想定する事案こそ異なるものの、いずれもこれを認めることに帰着しよう。道垣内・担保物権106頁も、「質権者は目的物を設定者に返還する義務を負う」と説く。

以上の事例は、まずもって、物権契約という概念の適否をめぐる疑義を生じさせる（この点につき、**第20章**［310頁］を参照）。しかし、それとともに、返還債務の発生が、貸借型契約に特有の効果ではないことをも示唆する。役務提供型契約である寄託においても、契約終了時には債権的な返還請求権が発生する（662条、663条）。このことが既に示すとおり、目的物の返還債務の発生は、貸借に限らず、物に対する支配の一時的な移転を伴うあらゆる契約において生じる関係である。そうすると、貸借型契約に固有の特徴は、返還という契機にはないというべきであろう。既述のとおり、なぜ「借りる」のかという問いに対して、物を「返還する」ためだと答えるのは無意味である。

(c)　**返還債務の要素性**

それでは、いわゆる貸借型契約において、返還債務が本質的要素とされるのはなぜなのか。それは、利用に供する給付が、その性質上、物に対する支配の一時的な移転——したがって、その物の最終的な返還——を必須の内容とするからである。返還という行為は、「利用に供する」という経済的作用の最終段階だといってもよい。

以上の見方からは、返還債務が貸借型契約の本質的要素とされるのは、物の返還が「貸す」という行為の内容だからだと説明されるべきこととなる。そうすると、消費貸借もまた、借主の返還債務を本質的要素とすることからして、貸主の「貸す債務」を内容とする契約だと考えることができる。なぜ「返還をする」（587条）のかという問いに対しては、物を「借りた」からだと答えるほかないであろう。

5　おわりに

以上まで、物の利用と返還という要素に着目しつつ、貸借型契約の特質を考察した。これら二つの要素の間には、次のような関係が見出される。

一方で、貸借型契約の経済的作用を規定するのは、目的物の利用である。しかし、物の利用を目的とする貸主の給付義務が発生するか否かについては、

特に消費貸借の場合について疑義が指摘されてきた。他方で、貸借型契約に共通する法的効果として疑いのないものは、借主の返還債務の発生である。しかし、目的物の返還は、それ自体が貸借型契約の目的となるわけではない。

　このように、貸借型契約は、経済的作用と法的構造との間に齟齬を抱えている。そこで、両者を整合させるために、学説は、経済的作用に対応する給付を観念することを試みた。その役割を担うのが、利用に供する給付である。

　利用に供する給付を認めることは、まずもって、消費貸借、使用貸借、賃貸借を包括する「貸借型契約」という類概念の設定を可能にする。加えて、経済的作用と法的構造とが統合される結果として、有償性と双務性とのねじれも解消される。以上は、体系的な関心からは重要な点だといえるであろう。

　とはいえ、貸借型契約なるものを構想しても、そこから何らかの統一的な取扱いを導き出すことができる場面は、必ずしも多くはない。とりわけ、消費貸借が、少なからぬ場面において使用貸借・賃貸借とは異なる取扱いに服することは、各個の契約における具体的な取扱いが、目的物の相違——それが特定物であるか否か——によって大きく左右されることを示している[29]。

　要するに、貸借型契約なる類概念を立てることは、体系的には否定し難い意義をもつ反面[30]、そのことがもつ実際上の意義は、結局、個々の契約の特徴に即して検討する必要があるといえそうである。

---

[29]　消費貸借において、所有権の移転を観念することは必然ではないと考えたものの（3(2)(b)）、消費貸借を所有権の移転から切り離して考えることは、現実には困難である。世上に行われる消費貸借のほとんどは金銭消費貸借であり、その場合には、目的物たる金銭の交付とともに、その所有権が借主に移転するとみざるを得ないからである。とはいえ、それは、契約の効果ではなく、客体の特徴——高度の融通性のゆえに占有と所有との分離が認められないという金銭の特質——に由来する取扱いだというべきであろう。

[30]　貸借型契約を観念したうえで、その構造を緻密に分析する論稿として、森田宏樹「貸借型契約の内的構造について」河上正二先生古稀記念『これからの民法・消費者法（I）』（信山社、2023年）373頁を参照。

第26章
役務提供型契約

1 はじめに

　民法は、役務の提供という給付（以下、「役務給付」という）を内容とする四種の契約を規定する。雇用（623条）、請負（632条）、委任（643条）、寄託（657条）がそれであり、これらは、役務提供（型）契約と総称される。

　本章では、これを採り上げる。具体的には、役務給付の特徴を考察した後に（2）、請負と（有償）委任とを主に想定して、給付が役務の結果と手段のいずれに重点を置くかを区別し、それぞれの履行過程の規律を検討する（3、4）。それに先立ち、役務提供型契約の全体像を確認しておく。

(1) 特　徴
　まず、役務提供型契約の特徴を述べておきたい。

　第一に、役務給付には、どのような特徴があるか。財産権移転給付が、一方の財産を減少させ、それによって他方の財産を増加させるのに対して、役務給付は、役務提供者（被用者、請負人、受任者、受寄者）の行為による価値の創造を通じて、役務受領者（使用者、注文者、委任者、寄託者）に利益を与えることを内容とする。このように、一方当事者による利益の獲得が、その相手方の財産の減少を伴わずに生じるところに、経済的作用としてみたときの役務給付の特徴がある（第22章［345頁］）。

　第二に、四種の役務提供型契約は、どのように類別されるか。その基準は、

403

基本的には、役務の内容と、その提供の態様の二点にあるといってよい。

役務の内容については、役務を提供すること自体が目的なのか、それとも、それによって一定の結果を実現することが目的なのかが問われる。以上は、手段債務と結果債務の区別（第15章[235頁]）に対応するともいわれる[1]。「仕事の完成」という結果の実現が目的である場合が、請負である。これに対して、役務の提供それ自体が目的である場合は、それを提供する態様に応じてさらに二つに分かれる。それが従属的であるときが雇用、独立的であるときが委任である。

これら三種の契約に対して、寄託においては、役務の内容が物の保管に限定されている。物の保管は、「役務」という抽象的な次元で捉えれば、（準）委任とみる余地のある給付である。しかし、特別の責任が定められている（特に、商法596条から598条まで）等の理由により[2]、寄託は委任から特に区別される。

(2) 一般的規定の必要性

上にみたとおり、各種の役務提供型契約は、役務の内容とその提供の態様という二つの側面から類別される。ところで、実際に行われる役務提供型契約には、結果の実現を目的としない点で請負とはいえず、役務提供の態様に従属性がない点で雇用とはいえないものがむしろ多い。それらの契約は、解釈論上、広く準委任（656条）に含められてきた[3]。

---

1) もっとも、この表現は厳密なものではない。手段債務・結果債務の区別は、損害賠償責任の免責を基礎づける「債務者の責めに帰することができない事由」（415条1項ただし書）をめぐって、手段を尽くしたことをもって免責を認めるか（手段債務）、それとも、結果が実現されない限り免責は認められないか（結果債務）といったかたちで論じられる。これに対して、役務の提供が結果の実現を目的とするか否かは、給付の結果として何を実現すべきかに関わる（奥田・債権総論16頁を参照）。たとえば、「仕事の完成」を目的としない役務提供契約においては、結果が実現されなかったとしても、――債務不履行の存在を前提として免責が基礎づけられるのではなく――債務不履行自体が存在しない。二つの問題の区別につき、詳解基本方針II 248頁を参照。

2) この点につき、我妻・債権各論中二711頁を参照。

3) 我妻・債権各論中二654頁、667頁を参照。

ところが、後にもみるように、役務給付の内容は多様であり（2(1)(a)）、民法の起草者が委任として想定していたものとは性格の異なるものが少なくない[4]。たとえば、判例によれば、大学への在学契約は、教育役務の提供と教育施設の利用に対して対価を支払うことを「中核的な要素」とする契約だとされる。これは、在学契約に役務提供的要素を認めたものといえよう。しかし、在学契約においては、学生が学校による包括的な指導・規律に服することが予定されること等を考えると、その内容を委任に準じて規律することができるかには疑問が残る[5]。

こうした状況を背景として、役務提供型契約については、債権法改正論議において、既存の類型に収まらない契約を包摂する規定の必要が指摘された。その方針としては、①具体的な役務ごとに新たな典型契約を個別に設ける、②各種の役務提供型契約と並んで、役務給付全般を対象とする新たな典型契約を設ける、③すべての役務提供型契約に共通に適用される一般的規定を設けるといった提案がされた[6]。しかし、規定がわかりにくいとか、一律に適用されるべき規律を確定することが困難であるといった理由で、この試みは断念された[7]。そのため、現行規定のもとでも、準委任が役務提供型契約の「受け皿」として機能することが見込まれている[8]。

---

[4]　準委任としての性格・要素を認定した大審院・最高裁判決の例として、大判昭和14年4月12日民集18巻397頁（学校経営者と校長の関係）、最判昭和39年1月23日民集18巻1号99頁（山林の売却斡旋の依頼）、最判昭和44年6月26日民集23巻7号1264頁（不動産取引仲介委託）、最判昭和56年2月5日判時996号63頁（別荘地管理契約）、最判平成20年7月4日判時2028号32頁（フランチャイズ契約）、最判平成21年1月22日民集63巻1号228頁（預金契約）を参照。

[5]　最判平成18年11月27日民集60巻9号3437頁は、在学契約につき、以上に述べた複合的な性格に加えて、大学の目的・公共性をも考慮して、これを「有償双務契約としての性質を有する私法上の無名契約」とする立場を示した。

[6]　その嚆矢となったのは、詳解基本方針Ⅴ3頁以下である。改正論議の全体につき、手嶋豊「役務提供契約」債権法改正と民法学Ⅲ 299頁をも参照。

[7]　その経緯につき、中間試案の補足説明501頁以下を参照。

[8]　新注民(14) 361頁（山本豊）。

405

2　役務の提供

役務給付は、価値の創造を旨とするが、その内容や方法は様々である。以下では、どのような役務を（(1)）、どのように提供するか（(2)）を考察する。

(1)　役務の確定

(a)　役　務

「役務」という語は、一般的には、「他人のために行う種々の労務又は便益の提供[9]」を意味する。役務を目的とする契約には、次のような特徴があると指摘される。

第一に、給付の目的が、物ではなく、無形的なサービスの提供である。サービス取引が重要性を増したという社会・経済的事情に関わって、こうした特徴が強調されることが少なくない[10]。とはいえ、これは、役務提供型契約の特徴を過不足なく捉えるものではない。たとえば、物の製作を請け負うときは、有体物の引渡しを介して役務が提供される。その一方で、権利の売買は、有体物を介在しないという意味では無形的である。

第二に、給付が、人の作為・不作為を目的とする。もっとも、これも、役務提供型契約を他の契約類型から区別する指標とはいえない。およそ給付は、債務者による行為の要素を含むからである[11]。たとえば、売主が買主に対抗要件を備えさせる（560条）ためには、売主の行為（不登法60条を参照）を必要とする。結局、役務給付を捉えるためには、さしあたり、作為・不作為による給付のうち、財産権移転給付と利用に供する給付とを控除したものと定義するほかなさそうである。

9）　法令用語研究会編『法律用語辞典』（有斐閣、第五版、2020年）61頁。

10）　この点に特に着目する考察として、松本恒雄「サービス契約」山本敬三ほか『債権法改正の課題と方向』別冊NBL 51号（1998年）202頁。消費者法の観点からの横断的な概説として、大澤彩『消費者法』（商事法務、2023年）293頁以下をも参照。

11）　この点を特に詳細に論じるものとして、沖野眞已「契約類型としての『役務提供契約』概念（上）」NBL 583号（1995年）7頁の分析を参照。

以上は、役務給付の目的が、種々雑多な作為・不作為を含み得ることを示している。いいかえれば、役務給付の内容には定型性が乏しい。したがって、役務受領者にとって利益となることは、すべてが役務給付の内容に含まれる余地がある。また、そのこともあって、役務提供型契約においては、給付によって実現される利益の内容に即して核心部分と周縁部分とを区別することが難しい。いいかえれば、役務給付の内容は、すべてが契約の核心部分に含まれる余地がある。以上のことから、役務提供型契約においては、個々の契約ごとに給付の具体的内容を吟味することが特に重要である。

(b)　給付の特定

それでは、個々の契約における役務給付の内容は、どのように確定されるのか。

役務給付は、各種の役務提供型契約を識別する指標であり、その内容は、「労働に従事すること」(623条)、「ある仕事を完成すること」(632条)、「法律行為をすること」ほかの「事務」を処理すること (643条、656条)、「ある物を保管すること」(657条) に及ぶ。これらは、各契約の本質的要素として冒頭規定に定められるものだから、その内容は当事者の合意によって決定されなければならない。ただし、注意を要する点がある。

第一に、役務提供型契約の成立段階において、役務提供者が、いつ、どのような行為をすべきかを子細に定めることは、通常はできない。後にみるとおり、どのように役務を提供するかは、履行の段階で具体化されることが予定される ((2))。要するに、当事者の合意は、役務提供者がすべき具体的行為には及ばず、役務給付によって役務受領者が得るべき利益を定めるにとどまるのが通常である[12]。

第二に、このこととも関わるが、役務給付は、通常であれば、役務受領者に利益を与えることをもっぱらの内容とする (そうではない場合につき、651条2項2号を参照)。こうした性格に由来するとみられる規律は、少なくない。

---

12)　労働契約における合意の構造につき、野田進「労働契約における『合意』」日本労働法学会編『講座21世紀の労働法 第4巻 労働契約』(有斐閣、2000年) 19頁の分析を参照。

後にみる指図に関する規律（(2)(b)）は、その例である。また、役務受領者に解除の自由が認められることも（請負につき641条、委任につき651条1項）、こうした特徴によって説明することができるであろう[13]。

(2) 役務の実現

役務提供者がすべき具体的行為を特定するためには、どのように役務を提供するかを明らかにする必要がある。二段階の問題がある[14]。

(a) 役務提供者の裁量

第一に、役務提供者は、役務提供の実現方法について一定の裁量を有することがある。

結果の実現を目的とする場合には、役務受領者は、役務の提供方法そのものには関心をもたないから、どのように役務を提供するかは、役務提供者が決めればよい。その意味では、この場合には——役務提供者に全面的な裁量が認められているということもできるが、むしろ——裁量を問題とする必要がないというのが正確である。

問題は、役務の提供そのものが目的とされる場合である。役務提供者の専門的知見に着目して事務を委託するときなどには、どのように役務を提供するかは、役務提供者が決めることが望ましい。役務提供の態様に独立性が認められる場合とは、つまるところ、その決定を役務提供者の裁量に委ねる場合である。

とはいえ、役務受領者が役務提供の態様を指揮する場合においても、役務提供者の裁量の余地は失われない。雇用においても、使用者からの個別的指示を俟たず、被用者の判断において行うべき事務はある。労働法も、業務の

---

13) 旧規定のもとで、受任者の利益のためにも締結された委任においては、委任者による任意解除（651条）が制限されると考えられてきたことは（たとえば、最判昭和56年1月19日民集35巻1号1頁を参照）、委任者からの任意解除の根拠を、委任事務の処理による利益が委任者のみに帰することに求めたものであろう（第29章［460頁］）。

14) 以下にみる問題については、大塚智見「委任者の指図と受任者の権限(1)〜(3・完)」法協134巻10号1頁、11号1頁、12号1頁（2017年）による研究がある。

408

遂行について労働者に裁量が認められる場合があることを想定する（特に、専門業務型裁量労働制。労基法 38 条の 3 第 1 項）。このように、役務提供者の裁量については、有無だけでなく、程度を観念することができる。

(b) 役務受領者の指図

第二に、役務受領者は、役務を提供する方法・態様について指図することができる。

役務提供の態様が従属的である場合には、役務受領者による指揮命令が当然に想定される[15]。それにとどまらず、役務提供者がその裁量によって役務給付の内容を決めることができる場合にも、役務受領者による指図が予定されている（請負につき、636 条を参照[16]）。

それでは、指図の役割は何か。それは、次の点にあると考えられる。役務給付は、役務受領者の利益を実現するためのものである（(1)(b)）。したがって、役務提供の方法・態様が役務給付の目的に合致するか否かは、終局的には、役務受領者が判断して決定しなければならない。このように、指図が与えられることで、合意によって設定された契約目的が、履行の段階における行為として具体化されることとなる。

ところで、指図の役割が以上の点にあるとすれば、指図は、履行状況やその見込みに関する正確な事実認識に基づいて与えられなければならない。そこで、役務提供者には、役務受領者の意思を確認するために、役務給付の履行過程において、役務受領者に対して説明・助言を行う義務が課されることがある[17]（4 (1)(a)）。

---

15) その詳細につき、土田・労働契約法 110 頁以下を参照。

16) 委任については、法典調査会において、「受任者ハ委任事項ヲ処理スルニ付キ委任者ノ指図ニ違反スルコトヲ得ス」との規定を設けることが提案されたが（法典調査会原案 651 条本文）、このこと自体は当然であると考えられていた（法典調査会・四 607 頁）。解釈論として、我妻・債権各論中二 671 頁、三宅・契約各論下 951 頁、中田・契約 531 頁、潮見・契約各論 II 302 頁を参照。

17) 最判平成 25 年 4 月 16 日民集 67 巻 4 号 1049 頁は、法律事務を受任した弁護士は、一定の方針を採用するにあたって、その方針を採ることで生じる可能性のある不利益やリスクを説明するとともに、他に採り得る選択肢を説明するよう求められるとする。

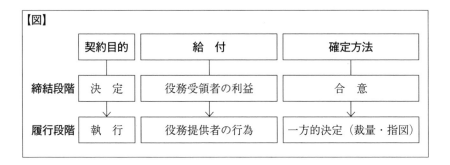

(3) 小 括

以上に述べたことを要約しておく。

（ⅰ）役務給付の目的である「役務」には、二重の不明確さがある。

第一に、役務は、人の活動を利益の源泉とするものであり、財産権移転給付と利用に供する給付以外の作為・不作為を広く含み得る。このように、内容面での定型性が乏しいことから[18]、役務受領者にとって利益となることは、すべて役務給付の核心部分に含まれる余地がある。

第二に、役務給付は、役務提供者がすべき具体的行為と、役務受領者がそれによって得る利益という観点から捉えられる[19]。多くの場合には、契約締結時に合意によって確定することができるのは、役務受領者が得るべき利益の内容に尽きる。そこで、役務提供者がすべき具体的行為の内容は、合意によって確定された利益に適合するように、一方当事者によって——裁量や指図に基づいて——契約履行時に決定される。これら二つの要素は、いわば契約目的の「決定」「執行」という関係に立つ。

以上を踏まえると、役務提供型契約は、【図】のような構造をもつものとして理解することができる。

（ⅱ）役務給付の内容は、核心部分と周縁部分とを区別して段階化すること

---

18) 物に対する支配がカタログ化されているのに対して（物権法定主義。175条）、人の行為は、自由の領域に属するため、カタログ化にはなじまない。
19) 以上の二つの側面は、役務給付に限って問題となるわけではなく、究極的には債権の本質に由来するものであるといってよい（第13章［199頁］）。

第 26 章　役務提供型契約

が難しい。そこで、これに代えて、利益と行為という観点からその内容を把握することが有益であるように思われる。すなわち、一方で、契約締結時には、当事者の合意によって役務受領者が得るべき利益が定まる。これを定義することが、「労働」「仕事」「事務」等につき、契約の成立のために冒頭規定によって要求される合意の役割であり[20]、また、それが給付義務の内容となる。他方で、履行段階においては、具体的行為という側面から役務提供者が負う債務の内容を確定する必要が生じる。以下、この点を検討していきたい。

3　結果を実現する債務──完成

役務提供型契約のうち、請負は、役務の結果である「仕事の完成」を目的とする。

(1)　給付の実現
(a)　意 義
仕事の完成とは、概括的には、契約に適合する役務を提供すること、つまり、契約の目的に従い、役務提供によって得られるべき結果を実現することをいう。もっとも、何をもって完成とするかは、個別に判断するほかない。有体物の製作を目的とする契約においては、その認定は比較的に容易である。これに対して、研究・開発を請け負ったような場合には、指示された行程の終了をもって完成と認めるべき場合もあろう。

(b)　引渡しとの関係
ところで、物の引渡しを要する請負においては、完成物を引き渡して初め

---

20)　合意の対象が役務の定義に関わる限り、核心部分と周縁部分とを当然には区別することができないことを考えると、役務提供型契約の成立を主張する際には、契約の本質的要素として、提供されるべき役務として合意された事項のすべてを不可分的に主張・証明すべきであるとの理解も成り立つであろうか。事実の可分・不可分性につき、司研・1 巻 43 頁以下を参照。

411

て履行が完了する。これは、仕事の完成とどのような関係に立つのか。

　引渡しは、仕事完成義務の一環であると説かれるのが通常である[21]。しかし、あくまで理論的にみれば、引渡しは、役務の提供そのものではないのだから（633条ただし書を参照）、仕事の完成とは区別して考えることが適切ではないかと思われる[22]。

　物の引渡しを仕事の完成に含める見解も、製作物の引渡しを伴う契約においては、物の製作を終えることを指して「仕事の完成」という場合があることを認め、完成には、「仕事完成義務における『仕事の完成』と、履行過程における『製造完了としての完成』とがある」と説く。仕事の完成に引渡しを含めないとすると、以上のような二義性を認める必要がなくなり、「義務の関係を示すという意味ではわかりやすい」。しかし、そうすると、「632条の規律との関係では不明確になるおそれがある」というのである[23]。

　けれども、632条は、請負契約である以上、請負人が仕事完成義務を負わないことはあり得ないことを示すにとどまり、仕事の完成が引渡しまで含むことを当然には意味しない[24]。加えて、仕事の完成と引渡しとを区別することは、たとえば、注文者による解除に関する641条の解釈とも整合するであろう[25]。

---

21)　大判大正3年12月26日民録20輯1208頁は、一般論としてその趣旨を説く。学説として、我妻・債権各論中二615頁、三宅・契約各論下890頁、広中・債権各論265頁、鈴木・債権659頁、中田・契約507頁を参照。

22)　この趣旨を説くものとして、新注民(14)129頁以下（笠井修）、石田穣・契約327頁、平野・契約339頁。さらに、山本・契約647頁をも参照。

23)　以上の引用は、すべて中田・契約507頁本文および注4による。

24)　平野・契約339頁。次述のとおり、引渡しを伴わない請負があり得ることにも、併せて留意されてよいであろう。なお、売買契約における財産権移転義務と引渡義務との関係につき、第23章［360頁］をも参照。

25)　641条にいう「完成」は、役務給付を終えたことを意味し、引渡し未了であっても同条による解除はもはやできないと説かれる（新注民(14)227頁（笠井）、中田・契約522頁を参照）。

412

第 26 章　役務提供型契約

(2)　給付の不実現

(a)　債務不履行の態様

以上によると、役務給付の不履行が生じるのは、大別して、①そもそも仕事が完成しておらず、引渡しもされていない場合、②仕事が完成したけれども引渡しが未了である場合、③引渡しがされたけれども、実は仕事が完成していなかった場合だと考えられる。

このうち、③は、売買と同じ契約不適合責任の問題（第24章）として規律される[26]。請負は、有償契約だからである（559条・562条以下）。以下では、その適用にあたり、役務提供型契約としての特殊性を考慮すべき場合があるかを、危険の移転に即して考えてみたい。567条1項は、目的物の引渡しによって危険の移転時期を画する。しかるに、請負には、引渡しを要する場合と、そうでない場合とがある（633条ただし書を参照）。

(b)　引渡しを要する請負

引渡しを要する請負における危険の移転につき、次の三つの場合を区別して考えたい。

第一に、仕事が完成し、かつ、引渡しも終えた場合に、567条1項が適用されることは疑いない。この場合において、請負の目的物が滅失したときは、注文者は、契約不適合責任を追及することができず、報酬支払債務を免れない。

第二に、引き渡された目的物が契約に適合しないものであった場合（前記③）には、請負人は、仕事を完成したとはいえず、報酬の支払を請求することはできない。引渡し後に目的物が滅失したとしても、請負人の契約不適合責任には影響が及ぶことはない。この責任は、「その滅失又は損傷」ではなく、既に存在する契約不適合を理由とするものだからである（第24章［385頁］をも参照）。

第三に、問題は、仕事が完成したけれども、引渡しを終えていない場合（前記②）である。この場合には、引渡しを終えていない以上、請負人は、報酬

---

26)　この問題につき、森田監修・債権法改正 343 頁（三枝健治）を参照。

413

を請求することができず（633条1項本文）、567条1項も適用されないから、債務不履行責任も免れない[27]。ただし、仕事そのものは既に完成していることをどのように評価するかが、履行請求権の限界に関わって問題となる。

　請負は、役務提供型契約の一類型であり、役務提供者が引き受ける主たる負担は役務給付である。このように、請負人の債務は、あくまでも仕事の完成を主とし、引渡しは従たるものにすぎないとみるならば、請負人としては、既に行われた役務給付を再び実施することまでは想定していないのが通常であろう。そのため、学説においては、引渡しを要する請負においても、仕事が完成した後には、請負人の債務は完成された物を引き渡すことに集中し、それが滅失したときは原則として履行不能となるとみるべきであると説かれてきた[28]。この見方に立つときは、仕事の完成後には、債務の履行は（社会通念上）不能となると考えることとなろう[29]。

(c)　引渡しを要しない請負

　以上に対して、請負が引渡しを要しないときは、引渡しを基準とする規定である567条1項を適用する余地はない。このことは、仕事の完成をもって契約は終了し、以後、仕事の成果が滅失・損傷したことで生じる不利益の負担は、契約によっては規律されないことを意味する。

　たとえば、注文者が所有する家屋の修繕を請け負った場合において、修繕を終えた後に、当事者双方の責めに帰することができない事由によって修繕箇所が損傷したとする。その場合には、損傷による不利益は、目的物の所有者たる注文者が負うこととなる。

4　手段を尽くす債務——注意

　受任者は、「委任の本旨に従い、善良な管理者の注意をもって、委任事務

---

27)　潮見・契約各論II 251頁。
28)　我妻・債権各論中二 625頁。さらに、詳解基本方針II 170頁をも参照。
29)　以上の解決を示すものとして、中田・契約 508頁を参照。

414

を処理する義務」を負う（644条）。以上の定式は、役務給付を実現するために「委任事務を処理する」にあたり、受任者が、委任の本旨に従うこと（(1)）と、善良な管理者の注意を尽くすこと（(2)）とを求められることを明らかにする。

これに対して、雇用には同様の規定がない。しかし、被用者も、契約の範囲内において、使用者の指揮命令に従って誠実に労働する義務を負うのであり[30]、その一環として、職務上必要な注意を尽くして就労することが当然に予定されている。

(1) 委任の本旨
(a) 指図遵守義務
委任事務の処理は、「委任の本旨」に従ってしなければならない。このことは、第一義的には、契約目的に適合するように委任事務を「執行」（(2)(3)）すべきことを、受任者の義務の側面から明らかにしたものとみられる。「委任契約の目的とその事務の性質に応じて最も合理的に処理すること」という説明も[31]、この趣旨に帰するであろう。

以上の理解によれば、委任の本旨に従うという要請の中心は、受任者の指図遵守義務（(2)(2)(b)）だと考えられる。もっとも、指図を遵守することがかえって委任者の利益に反すると疑われるときは、受任者は、委任者に対してその旨を説明・助言し、当初の指図と異なる方針で委任事務を処理することについて許諾を得ることが求められる[32]。それにもかかわらず、当初の指図が変更されなかった場合には、基本的には指図に従うべきこととなろう[33]。

(b) 自己執行義務
そのほか、役務給付の履行については、役務提供者が遵守すべき種々の行

---

30) この点につき、土田・労働契約法100頁以下を参照。

31) 我妻・債権各論中二670頁。

32) 先にみた法典調査会原案651条（前掲注16)）は、ただし書において、「委任者カ之ヲ許諾スヘキ事情アルモ受任者ニ於テ其許諾ヲ求ムルコト能ハサル場合ハ此限ニ在ラス」としていた。以上は、本文に述べた取扱いを前提とするものであろう。

415

為義務が個別に定められている（委任につき、特に 645 条および 646 条）。ここでは、いわゆる自己執行義務を考えたい。

自己執行義務が課されるのは、役務提供型契約が、役務提供者の属性に着目して締結される場合だといってよい。そのような義務は、雇用（第三者の使用の禁止。625 条 2 項）、委任（復委任。644 条の 2 第 1 項。なお、寄託につき、658 条 2 項）について論じられてきた。もっとも、これらの規定は、役務提供者に課される義務を正面から定めるわけではなく、自己執行義務との関係は必ずしも明瞭ではない。

まず、復委任とは何かを確認する。復委任は、復受任者を受任者と同じ地位に立たせ、委任者との間に契約上の法律関係を成立させるとともに（644 条の 2 第 2 項・106 条 2 項）、復受任者による事務処理の結果を委任者に帰せしめる。以上は、委任事務を処理するために補助者を用いる場合とは異なる[34]。受任者が補助者を用いたときは、委任事務の処理は、あくまでも受任者自身によってされたものと評価されるからである。

そのうえで、受任者の自己執行義務は、復委任の原則的禁止に即して論じられることが少なくない。しかし、受任者自らが委任事務を処理しなければならないとの要請は、契約の趣旨によっては、補助者の使用をも禁じることがあろう。雇用においては、労務供給の一身専属性に照らして、履行補助者を使用するためにも使用者の同意を要するとされるが[35]、同じことは、委任についても妥当する余地がある。そうであれば、これもまた、自己執行義務に含めて論じることが適切であろう。以上の観点からは、復受任者にせよ、補助者にせよ、委任の履行過程に第三者を介在させることが許されるか否か

---

33) 潮見・契約各論 II 304 頁は、その場合には、当初の指図に従うか、委任者の利益に反することを理由として事務処理を拒絶すれば、受任者は債務不履行の責任を問われないと説く。ただ、後者の方針を採ると、結果的に損害が生じたときは指図の不遵守に合理性があったか否かが問われざるを得ない。これは、受任者にとってはリスクのある選択であろう。加えて、そもそも何をもって「委任者の利益」とみるべきかは、委任者の具体的意思を離れては判断し難い場合も少なくないのではないか。そうであるとすれば、指図に従うことが委任者の利益に反することの証明は、必ずしも容易ではなさそうである。

34) 我妻・債権各論中二 676 頁、来栖・契約 523 頁、広中・債権各論 280 頁、山本・契約 724 頁。

35) 新注民(14) 77 頁（山川隆一）。

は、その履行についてどれほどまで受任者の個性を重視したかという、一種の契約解釈によって決まるとみる余地がある[36]。

それでは、受任者が自ら委任事務を執行すべき場合において、それにもかかわらず第三者の使用が許される場合はあるか。これは、畢竟、どのように役務を提供するか（2(2)）という問題である。そうである以上、委任の履行のために、はたして、またどの程度まで第三者の使用が許されるかは、一種の指図の問題（(a)）とみることができるであろう。644条の2は、その一局面を定めた（1項）にすぎず、ただ、委任者と復受任者との間に法律関係を形成するために特別の規定を設けた（2項）ものだと考えられる。

(2) 善良な管理者の注意

委任事務の処理にあたって、受任者は、「善良な管理者の注意」を尽くさなければならない。

以上の要請は、一般に「善管注意義務」とよびならわされる。しかし、この用語法に対しては、受任者の義務は「委任事務を処理する」ことであり、善良な管理者の注意は、それ自体としては受任者の義務ではなく、委任事務処理義務の程度・質を定める基準となるにすぎないと指摘される[37]。

委任事務を処理することと、その処理にあたって注意を尽くすこととが異質な問題であることは、確かである。委任事務の処理が委任者の利益実現のために要求される行為――つまり、役務給付の履行行為――であるのに対して、注意を尽くすことは、それ自体が委任者の利益を実現するわけではないからである（第15章［234頁］）。両者は、まさに、どのような役務を提供するかと、どのように役務を提供するかの問題である。

とはいえ、契約に基づいて当事者が負う義務は、給付義務に尽きるわけではない。たとえば、委任事務を処理するために必要な物品を購入するにあた

---

36) このような議論につき、米村滋人「受任者の自己執行義務と復委任の規制」中田裕康先生古稀記念『民法学の継承と展開』（有斐閣、2021年）639頁を参照。

37) 道垣内弘人「民法☆かゆいところ――善管注意義務をめぐって」法教305号（2006年）38頁以下。

り、Aからこれを調達するほうが、Bから調達するよりも委任者に有利な事情があったとする。このように、等しく委任事務を処理することができる方法として複数のものを選び得るときは、受任者は、委任者にとって有利な方法を選ぶべきであろう。これを怠っても、委任事務は処理されるのだから、委任事務処理義務の不履行があったとはいい難い。しかし、事情によっては、委任事務の処理にあたって「善良な管理者の注意」を尽くさなかったと判断されることはあろう。そのような場合を「善管注意義務違反」だと説くことは、用語法として、不合理とまではいえないように思われる。

5　おわりに

以上では、役務給付の特徴に着目して、役務提供型契約については、移転型契約や貸借型契約とは異なる規律が妥当することを確認することに注力した。しかし、ここで採り上げることができたのは、その一端にすぎない。

役務給付が「作為・不作為による給付のうち、財産権移転給付と利用に供する給付とを控除したもの」と定義される（2(1)(a)）限り、役務提供型契約をめぐる問題は、きわめて大きな拡がりをもつ。しかし、すべてを捉える定義は、時に空虚である。そこに含まれる種々の利益を適切に捉えるために、役務給付をより積極的に定義する余地があるかについても、さらなる検討が必要とされよう。

第27章
無償契約

1 はじめに

これまで、移転型契約（第23章）、貸借型契約（第25章）、役務提供型契約（第26章）について検討してきたが、これらの契約は、無償であることもある。これを本章のテーマとしたい。本論に先立ち、無償契約全般に関わる事項を確認する[1]。

(1) 無償性の認定

無償契約とは、契約の各当事者が互いに対価的な意義を有する出捐（経済的損失）をするわけではない契約をいう[2]。この定義が示すとおり、無償性は、対価関係の不存在によって特徴づけられる（第16章［248頁以下］をも参照）。とはいえ、各当事者が契約に基づいてする給付が対価的な意義を有するか否かは、時として自明ではない。

判例においては、有料社宅の使用関係の法的性質——使用貸借か、賃貸借か——が争われる事案が、かつて頻繁にみられた。この問題につき、判例は、

---

1) 無償契約の全体像を提示する議論として、平野裕之「無償契約についての新たな試みとしての改正債権法」近江幸治先生古稀記念『社会の発展と民法学〔下巻〕』（成文堂、2019年）387頁を参照。

2) 我妻・債権各論上49-50頁。

419

「有料社宅の使用関係が賃貸借であるか、その他の契約関係であるかは、画一的に決定し得るものではなく、各場合における契約の趣旨いかんによって定まる」との一般論を示している[3]。

　それでは、ここにいう「契約の趣旨」は、どのように認定されるのか。大別して二つの方法が考えられるであろう。一つは、給付と反対給付の客観的価値を比較することであり、もう一つは、当事者の意思を探究することである。

　ここで想起したいのは、契約がもつ経済的価値の評価が、当事者の意思に基づいて行われることである（主観的等価性。第22章［347頁］を参照）。そうすると、給付と反対給付とを等価と評価するか否かも、終局的には当事者の意思に帰着するとみるべきであろう。もちろん、給付の客観的価値は、当事者の意思を推断するための有力な資料となる。しかし、何らかの理由で反対給付に見合わない高価な給付をしたからといって、それだけで直ちに対価性が失われるわけではない。

(2)　無償性に由来する特徴
　それでは、無償契約はどのように扱われるのか。二点に注意したい。

(a)　無償契約の目的
　第一に、無償契約全体を貫く共通の特徴はあるか。すべての無償契約に一般に妥当する法規範原理なるものは存在しないといわれることがある一方で[4]、無償契約一般についてできる限り共通の取扱いをしようとする傾向が強いとの観察が示されることもある[5]。一つの可能性として、試みに次のような説明を想定したい。

3）　最判昭和29年11月16日民集8巻11号2047頁。
4）　山中康雄「双務契約・片務契約と有償契約・無償契約」松坂佐一先生ほか還暦記念『契約法大系Ⅰ 契約総論』（有斐閣、1962年）70頁。
5）　岡本詔治「無償契約という観念を今日論ずることには、どういう意義があるか」椿寿夫編『講座・現代契約と現代債権の展望 第五巻 契約の一般的課題』（日本評論社、1990年）33頁。同論文は、「好意」という契機に着目する（同所）。

第 27 章　無償契約

　有償契約においては、各当事者が対価的意義を有する出捐をする。いいかえれば、各当事者が給付を約することの目的は、相手方から反対給付を得ることにある。これに対して、無償契約における債務者は、何らかの意味での「精神的な満足」を追求する。いいかえれば、無償契約においては、精神的な満足を得ることが、契約の目的にまで高められている[6]。このように、精神的な満足がいわば反対給付に代わる位置を占める点に、無償契約の特徴がある。

　このことから、次の帰結が導かれる。まず、無償契約の拘束力は、そのような満足が得られる限りで発生し、存続する。また、無償契約の債務内容にも、一定の限定が生じる。債務者は、自らに不利益が生じない限度で債務を履行する意図をもつことが通常だからである。債権者としても、かりに履行が得られなかったとしても、自らは利益を得られないだけであって、不利益を被ることはない。

(b)　無償契約の細分

　第二に、その文言を子細にみると、民法は、無償契約のなかに構造の異なる二つのものを認めている。というのは、こうである。

　贈与については、「ある財産を無償で相手方に与える」(549条) ことが契約の本質的要素とされる。これは、代金を支払わないことを合意したときに贈与が成立することを意味する。つまり、財産権移転給付が約されただけでは、売買・交換・贈与の識別はできない。これに対して、委任においては、報酬の約定は「特約」(648条1項) にすぎない。いいかえれば、報酬を支払わないことを合意する必要はなく、ただ、報酬を支払うことを合意しなかったときは無償委任が成立するというだけである。このように、無償契約には、「無償であることを合意する」類型 (贈与のほか、使用貸借 (593条)。「無償＝要素型」としておく) と、「有償であることを合意しない」類型 (委任のほか、消費貸借 (589条1項)、寄託 (665条・648条1項)。「無償＝偶素型」としておく) とがある。

---

6)　この点につき、大村・契約193頁をも参照。

無償契約の目的について先に示した理解は、無償＝要素型の契約にはよく当てはまる。そこでは、無償であることが契約の目的に当然に含まれるはずだからである。しかし、無償＝偶素型の契約はどうか。単に報酬の合意をしなかっただけであれば、無償であることがその契約にとって重要であるか否かは明らかにならない。それにもかかわらず、すべての無償契約に共通する特徴を論じることは、はたしてできるのか。

この疑問をさしあたりの手がかりとして、以下に、各個の契約における無償性のあらわれを検討したい。具体的には、その拘束力——とりわけ、契約の成立と解消に関する規律——と債務内容とに主に着目して、移転型（2）、貸借型（3）、役務提供型（4）の無償契約の取扱いを考察する。

2　移転型契約

財産権移転給付を無償ですることを約するときは、贈与が成立する（549条）。

(1)　基本的な特徴
(a)　給　付
贈与は、「財産を……与える」という給付義務を発生させる。ここで「財産権を移転する」に代えて「財産を与える」という語が用いられることからは、贈与契約を通じて相手方に対して供与することができる財産的利益は、財産権の移転よりも広いとの理解が成り立ちそうである。たとえば、他人のためにする担保の供与、債務引受、権利の放棄等も、無償でするときは贈与とみることができるのではないか。さらには、利用に供する給付や役務給付も、理論的には贈与の目的となり得ることとなる[7]。

しかし、利用に供する給付が無償でされるときは、消費貸借または使用貸借が成立するのだから、以上のように考える意義は乏しい。また、債務引受や権利の放棄も、無償で行われるからといって、強いて贈与とみる必要はな

7）　その趣旨を説くものとして、我妻・債権各論中一223頁。特に、無償で労働に従事すること（623条を参照）は、贈与となり得るとする（4を参照）。

い[8]。結局、贈与と売買・交換とで給付の内容が異なるとみるべき理由はな
く[9]、財産権移転給付——つまり、一方の財産から財産権が逸出し、それが
他方の財産に帰属するという経済的作用[10]——を無償でする契約をもって
贈与とみることが簡明であろう[11]。

(b) 反対給付？

贈与には、受贈者もまた一定の債務を負う場合がある。二つの例を採り上
げる。

(i) 一つは、負担付贈与（553条）である。

負担とは、法律行為の付款の一種であり、法律行為に基づく法律効果の発
生を、一定の義務を負うことにかからしめる場合をいうと説かれる[12]。付款
である以上、これも法律行為の内容となるから、単なる動機とは異なる。ま
た、債務の負担を伴う点で、同じく付款である条件とも性格を異にする。

ところで、受贈者が債務を負担するならば、負担付贈与は無償契約とはい
えないのではないか。そう説くものもある[13]。しかし、一般には、負担は贈
与者の財産権移転給付の対価たる意義を有しないから、無償・片務契約とし
ての性質は失われないと考えられてきた。たとえば、負担の内容として目的
物の使用目的を指定するような場合には、負担が対価的意義をもつことはな
い[14]。受贈者が義務を履行しても、贈与者が利益を得るわけではないからで
ある。

(ii) もう一つは、いわゆる混合贈与である。

ここで想定されるのは、物を低い価格で売り、代価を超える範囲は贈与す

---

8) 梅・債権 464 頁、中田・契約 270 頁。なお、鈴木・債権 324 頁をも参照。

9) 詳解基本方針IV 149 頁を参照。

10) 我妻・債権各論中一 223 頁による贈与の定義をも参照。

11) これに対して、法典調査会・三 837 頁は、自己の財産の減少という観点から給付の内容を限
定する趣旨で「財産」の語を用いたと説く。この観点からは、贈与は、権利の移転ではなく、権
利の喪失という効果を伴うものと定義されることとなろう。

12) 我妻・総則 406 頁、薬師寺・総論 906 頁を参照。

13) 負担付贈与は有償契約であるとする見解として、梅・債権 471 頁を参照。

14) 来栖・契約 244 頁は、負担付贈与をこのような場合に限定する。

423

る旨を合意するような場合である。学説には、このような契約は、低い価格で物を売却する限度では売買としての性質を有すると説くものがある[15]（なお、相続税法7条をも参照）。

この見解は、混合贈与には、有償契約と無償契約の性質が認められ[16]、給付と反対給付との間に部分的な同時履行（533条）の関係を認めることができると説く。しかし、贈与と売買という二つの契約が結合したとみるのであればともかく、二つの要素が合して一つの契約として扱われる限りでは、双方の給付を全体としてみて対価的意義を認めたか否かに応じて、売買または贈与のいずれかとみるほかないであろう[17]。

(2) 拘束力

(a) 成立——書面によらない贈与

（ⅰ）贈与は諾成契約であるが、書面によらないときは、各当事者に解除権が認められる[18]（550条本文）。

この規律は、軽率な贈与を防ぐためのものだと説かれることがある。しかし、そのような理解は、550条が果たす役割と必ずしも符合しない。贈与が軽率に行われるおそれがあることは、現実贈与であっても同じであるが、その場合には解除はできない（550条ただし書）。また、受贈者からの解除が認められることも説明し難いであろう。そこで、学説は、書面によらない贈与の解除を認める趣旨として、「書面による意思表示についてのみ確定的な動かすべからざる効果を認める」ことで、贈与の存否をめぐる紛議が生じることを予防するという「社会的な理由」を指摘する[19]。

（ⅱ）以上を踏まえて、どのようなものが「書面」に当たるのか。三つの問

---

15)　鳩山・債権各論上277頁、来栖・契約245頁、広中・債権各論39頁。
16)　鳩山・債権各論上279頁は、混合贈与は一種の混合契約であるという。ただし、来栖・契約740頁以下をも参照。
17)　広中・債権各論39頁の指摘を参照。
18)　その詳細につき、池田清治「民法550条（贈与の取消）」民法典の百年Ⅲ255頁、竹中悟人「無償契約と方式について」債権法改正と民法学Ⅲ173頁を参照。
19)　末川博「贈与と書面」同『債権』（岩波書店、1970年）217頁以下。

第27章　無償契約

題がある。

　第一に、書面は、何を示さなければならないか。要式契約ならば、両当事者の意思表示が書面でされなければならないはずである（第30章［476頁］）。しかし、贈与を諾成契約とする現行法のもとでは、そのような解釈を採用する必然的な理由はない。

　そこで、一般には、受諾の意思が書面に表示される必要はないと考えられてきた。このように考えることは、履行が終わった部分について解除権が消滅する（550条ただし書）こととも平仄が合う。贈与を履行するか否かは贈与者にかかっているのだから、書面に表示される意思も、贈与者のものであれば足りるといえよう。

　第二に、贈与者の意思が書面によって示されたといえるのは、どのような場合か。判例は、当初、贈与をするという意思表示が書面によってされる必要があるとした[20]。しかし、紛議の予防という観点からは、意思表示そのものが書面に示されている必要はなく、「財産を与え」た事実が明確にされれば足りる。そうすると、既にされた贈与を確認する旨の書面が作成されたときにも、贈与は書面によってされたとみてよい[21]。

　第三に、書面は、受贈者に向けられることを要するか。一部の学説には、贈与当事者間で作成・交付された書面に準じるものであることを要するとする見解がある[22]。しかし、紛議の予防という観点からは、贈与の意思が受贈者に対して示される必要はない。判例は、第三者に宛てた書面が550条所定の書面となり得ることを認める[23]。

---

20)　大判昭和13年12月8日民集17巻2299頁。

21)　最判昭和37年4月26日民集16巻4号1002頁は、農地所有権移転許可申請書における「権利を移転しようとする事由の詳細」の記載は、贈与意思の表示と認められるとした。最判昭和53年11月30日民集32巻8号1601頁をも参照。

22)　三宅・契約各論上19頁、20頁注1。

23)　注21）に掲げた昭和37年最判のほか、最判昭和60年11月29日民集39巻7号1719頁（前所有者宛の内容証明郵便）をも参照。

425

（b）解消——忘恩行為

　贈与においては、財産権移転給付と引換えに得ようとした精神的な満足が、契約の目的となる。したがって、その満足を得られないときは、契約はその目的を失う。そのような場合における贈与の解除の可否は、忘恩行為の問題として論じられてきた。

　忘恩行為は、字義からすれば、受けた恩を忘れるという不道徳性に焦点を当てた語である。しかし、法的な観点からこれをどのように定義すべきかは、必ずしも明らかではない[24]。

　民法には、忘恩行為を理由とする解除を認める規定はない。それは、起草者の意思によるものである[25]。そのため、学説においても、古くは忘恩行為を理由とする贈与の解除を否定するものがみられた[26]。しかし、現在では、一定の要件のもとにこれを肯定する見解が一般的である。

　学説においては、当初、履行の前後を区別し、履行前については、ある種の事情変更を認めて解除を肯定する（1条2項）見解が示された[27]。しかし、その後、履行後についても解除を認めるべきことを説く見解が次第に有力化する。その根拠づけをめぐっては議論が分かれるが、契約の目的に着目する見地からは、次のような説明が可能であろう。

　忘恩行為が、受贈者の行為によって契約をした目的を達成することができなくなったことを理由として解除を基礎づけるのだとすれば、それは、贈与の履行の前後を問わず、一種の事情変更の問題に帰着する。そのうえで、契約の目的という観点から解除を基礎づける以上、何をもって忘恩行為というかは、当事者の意思に照らして確定されなければならない。事情変更の法理については、その根拠を当事者の合意に求める見解が有力に展開されている

24）　広中俊雄「贈与」同『契約法の理論と解釈』（創文社、1992年）88頁は、忘恩行為の語を用いることに対して注意を促す。山野目・債権各論91頁をも参照。

25）　法典調査会・三836頁は、「恩ニ背イタラバ之ヲ取返シテ宜イト云フ規定ハ、裏カラ申シマスレバ則チ他人ニ恩ヲ売ル為メノモノデアルト看做スト殆ンド同ジコトデアラウト思ヒマシテ、是ハ甚ダ道理上面白クナイ」（読点は引用者による）という。

26）　鳩山・債権各論上269頁。

27）　我妻・債権各論中一231-232頁、来栖・契約241頁等を参照。

が（信義則の機能と併せて、**第 12 章**［188 頁］を参照）、同じことが忘恩行為に
も妥当すると考えるのである。

(3) 債務内容

贈与者が負う財産権移転義務は、売主のそれと同じ内容・強度をもつのか。
この点は、他人物贈与における贈与者の義務に関して論じられてきた。

この問題については、贈与者は、自らが所有しない物を調達するという負
担をしてまで贈与を履行する意思を有しないことが通常である（遺贈につき、
996 条本文をも参照）として、そのような義務を否定する議論がみられる。し
かし、これでは、財産権移転義務を否定することとなり、移転型契約の定義
に照らして背理ではないか[28]。むしろ、「対抗要件を具備させる義務が、財
産権を確定的に移転する義務の現れにすぎないとすれば、贈与者についても
原則として同様の義務が認められる[29]」との考え方を基礎として、贈与者に
は財産権を確定的に移転するために必要な種々の行為が義務づけられると考
えてよい。

それでは、贈与者は、売主とまったく同様の義務を負うのか。この点につ
いては、贈与者も財産権移転義務を負うことを認めつつ、その強度を緩和し、
贈与者の調達義務は、結果債務ではなく、手段債務たるにとどまるとする議
論がある[30]（結果債務と手段債務の区別につき、**第 15 章**［235 頁］）。この解決は、
財産権移転義務の存在を肯定しつつ、贈与者の負担を考慮に容れることがで
きる点で、贈与の性質に即したものといえるであろう。

3　貸借型契約

貸借型契約のうち、賃貸借は、「賃料」の支払を要素とする（601 条）。無
償契約として問題となるのは、無利息消費貸借（587 条）と使用貸借（593 条）

---

28)　潮見・契約各論 I 65 頁以下を参照。
29)　詳解基本方針 IV 39 頁。
30)　森田・深める 1 頁以下。

とである。

(1) 拘束力

(a) 成立——要物性と要式性

(i) 消費貸借は、典型契約のうち、唯一の要物契約である（587条。その他の例として、344条を参照）。これに対して、2017年改正以前には、使用貸借（旧593条）と寄託（旧657条）も要物契約とされていた。ここからは、無償性と要物性とが親和的な規律として捉えられていたことが窺われる。

消費貸借が要物契約とされたのは、沿革上の理由による。起草者は、消費貸借を要物契約とすることに躊躇を示したが、「古来普通ニ行ハレテ居ル考ヘヲ一変スル丈ケノ勇気ハナカツタ[31]」として、その沿革に従った。

ところが、立法者の逡巡とも符合して、実務上、物の交付に先立って消費貸借契約の成立を認めるべき場合があることが、とりわけ担保権の設定との関係で指摘された。たとえば、金銭消費貸借に際して抵当権を設定するときには、まず金銭を交付して消費貸借契約を成立させた後に、抵当権設定契約を締結しなければならないとするのが論理的である。抵当権には付従性があるからである。しかし、これは煩瑣であるし、貸付を先行させることにはリスクもある。

こうした事情を一つの背景として、要物性を緩和するために有力に展開されたのが、有償消費貸借においては諾成的消費貸借が許容されるとの議論であった。「無償契約にあっては一旦約束しても、その後に都合が悪くなったとき、訴えてまで履行を迫るのは穏当でない」が、有償契約については、その予約（旧589条）を問題とするまでもなく、諾成契約であることを端的に認めてよいというのが、その理由である[32]。

(ii) これに対して、現行法は、要物性を要式性によって代替することで、要物性を緩和した。すなわち、消費貸借は、「書面でする」ことで、目的物の交付以前にも成立させることができる（587条の2第1項）。

---

31) 法典調査会・四201頁。
32) 典型的には、来栖・契約256頁以下を参照。

第 27 章　無償契約

「書面でする」とは、金銭その他の物を貸す旨の貸主の意思と、それを借りる旨の借主の意思の双方が書面に現れていることを求める趣旨だと説かれる[33]。贈与と異なる解釈であるが、これは、消費貸借が要式契約であることを反映したものである[34]。

要式性が要物性に代わる役割を果たすのは、書面作成という行為を介して軽率な契約締結を防止する点においてである。この点については、要物・要式いずれの契約においても、口頭で約束を交わしたとしても、一定の方式を履践するまでは契約が成立しないため、その時までは各当事者に翻意の可能性が留保される。以上は、書面によらない贈与の贈与者に解除権が与えられる（2(2)(a)）のと同じ機能を果たすものであり、使用貸借においても、贈与に準じるかたちで同様の取扱いが認められる（593条の2本文）。

しかし、要物性には、要式性によっては代替されない機能もある。というのは、こうである。借主からみれば、契約からの離脱を認める利益があるのは、軽率な意思決定をした場合に限られない。目的物を受け取るまでの間に状況が変わり、貸借の必要そのものが失われることもあるからである。消費貸借が要物契約であるとすれば、そのような場合にも、借主は、目的物を受け取らないことで契約の締結を見合わせることができる。

そこで、書面でする消費貸借の借主も、貸主から金銭その他の物を受け取るまでは、契約を解除することができるとされる（587条の2第2項前段）。これによって、要物性が果たすもう一つの機能が補完されることとなる。

(b)　解消——信頼関係の破壊

契約の解消との関係では、使用貸借に特有の議論があることが注目される（第17章［273頁以下］）。

---

33)　一問一答（債権関係）293頁注1。

34)　なお、民法においては、「書面でする」は要式契約（587条の2のほか、446条2項）、「書面による」（550条、593条の2、657条の2第2項）は、諾成契約における書面作成を意味する表現として用いられる（森田宏樹「『書面でする』と『書面による』の違い」法教485号（2021年）1頁）。もっとも、民法以外の法律には、「書面による」との文言で要式性を表現する例もみられる（たとえば、借地借家法22条、38条1項）。

429

使用貸借においては、契約の終了を規律するにあたり、契約の目的が一定の役割を果たす。すなわち、使用・収益の目的を定めたときは、使用貸借は、借主がその目的に従って使用・収益を終えることで終了する（597条2項）。また、借主が目的に従って使用・収益をするに足りる期間を経過したときは、貸主は、契約を解除することができる（598条1項）。ここにいう契約の目的は、「契約の事情に即した、個別的、具体的な目的」でなければならないと説かれる[35]。

　こうした終了原因の規律に関わって注目されるのは、信頼関係の破壊が使用貸借契約の解除原因となるとの議論である。判例には、家業を継続し、老親を扶養することを想定して土地を使用貸借させていたものの、借主がさしたる理由もなく扶養をやめ、家族間に対立が生じるに至ったというように、当事者間における信頼関係が地を払うに至り、借主に土地を無償使用させる理由がなくなったときは、598条1項（旧597条2項ただし書）の類推適用によって使用貸借を解除することができるとしたものがある[36]。

　ここで提起された問題は、学説においては、信頼関係の破壊が独立の解除原因となるか否かという観点から論じられることが少なくない[37]。けれども、それとともに、この判決が扱う状況が、贈与における忘恩行為に比すべきものであることも注目されてよい。本判決は、その説示に照らす限り、そのような状況において、債務不履行を観念することなく解除を認める。この結論は、忘恩行為について先にみたのと同じく（2(2)(b)）、無償での貸借を基礎づける目的が消滅したことによって正当化され得るものであろう[38]。

---

35)　後藤静思「判解（最判昭和42年11月24日民集21巻9号2460頁）」『最高裁判所判例解説民事篇（昭和42年度）』（法曹会、1968年）611頁。

36)　最判昭和42年11月24日民集21巻9号2460頁。

37)　中田・契約385頁、潮見・契約各論I 335頁。

38)　忘恩行為との類似性につき、平野・契約240頁を参照（なお、後藤・前掲判解（注35））612頁をも参照）。また、潮見・契約各論I 335頁は、「行為基礎の喪失を理由とする契約終了」と説く。ただし、両説とも、注36）に掲げた昭和42年最判の事案においては、負担の不履行による解除を認めるべきであったと説く。

第 27 章　無償契約

(2)　債務内容

無償の貸借においても、貸主が利用に供する給付をする義務を負う点は、有償の貸借と異ならない（第 25 章 ［392 頁］）。無償契約だからといって、貸主も、いつでも随意に目的物の返還を求めることができるわけではないことに注意が必要である。

これに対して、物を貸すというときには、事実上の使用を許諾するにとどまり、貸主はいつでも物の返還を求めることができる場合もある。これは、容仮占有とよばれ、使用貸借からは区別されることがある[39]。しかし、今日の学説においては、容仮占有もまた一種の使用貸借であるとして、その終了を 598 条 2 項によって規律するものが一般的である[40]。とはいえ、貸主としての負担を引き受ける意思をまったく有することなく、単に一時使用を許したにすぎないような場合には、そもそも法的な効力をもつ合意がなく、使用貸借の成立すら認められないというべきであろう[41]。

(3)　小　括

以上の検討から、無償の貸借型契約に共通して妥当する規律を見出すことができるか。

旧規定のもとでは、無償の貸借型契約は、要物契約と構成されていた。これに対して、現行法は、消費貸借につき、限定的に要物性を維持するにすぎない。しかも、要物性に由来する規律には、無償の債務負担者たる貸主だけでなく、借主の利益を図る趣旨のものも含まれている[42]。そうすると、消費貸借の要物性が維持されていることをもって、無償性に由来する取扱いがさ

---

39)　岡本詔治『無償利用契約の研究』（法律文化社、1989 年）422 頁を参照。

40)　来栖・契約 392 頁、三宅・契約各論下 620 頁、潮見・契約各論 I 313 頁。なお、中田・契約 376 頁をも参照。

41)　不動産登記制度研究会『不動産物権変動の法理』（有斐閣、1983 年）152 頁以下には、この点に関わる広中俊雄教授と石田喜久夫教授との激論が収録されている。

42)　借主の立場を考えるならば、要物性がより大きな意味をもつのは、むしろ利息付消費貸借の場合であることには注意が必要である。契約を解消することで、借主は、利息の支払債務を免れることができるからである。なお、損害賠償義務（587 条の 2 第 2 項後段）との関係につき、一問一答（債権関係）294 頁注 4 をも参照。

431

れていると直ちに理解することはできないであろう。

要物性が担う機能のうち、無償性に特有の取扱いというべきものは、債務者である貸主に対して、物が引き渡されるまでは契約の履行を拒絶することができるという利益を与えることである。この機能は、要式性によって代替されることがある。消費貸借のほか（587条の2第1項）、使用貸借においても、贈与（550条）に準じるかたちで、引渡し前の解除権が貸主に認められる（593条の2）。

また、終了の場面では、使用貸借につき、信頼関係の破壊を理由とする解除の可否が論じられてきた。これは、目的を達せられなかったことによる契約の解消が、有償契約とは異なる根拠によって正当化され得ることを示唆する。その内実は、贈与における忘恩行為に比すべきものとみることができる。

4　役務提供型契約

役務給付を無償ですることを約する場合において、それが仕事の完成を目的とせず、かつ、役務提供の態様が従属的でないときは、（準）委任が成立する。以下では、無償委任を採り上げる。

なお、雇用（623条）と請負（632条）は、役務給付について対価を支払うことを当然に予定する[43]。したがって、「労働に従事すること」や「仕事を完成すること」を無償で約するときは、一種の無名契約が成立すると考えられる（2(1)(a)）。

(1)　拘束力
委任の成立や終了については、有償・無償を区別して特別の規律が論じられることはない。

---

43)　このように、雇用と請負との間に共通性が見出されるのは、沿革的な理由によるとみられる。この点につき、森田修「ローマ法における『賃約』（locatio conductio）とその現代的意義——『役務提供契約』の基礎理論のために」中田裕康先生古稀記念『民法学の継承と展開』（有斐閣、2021年）591頁を参照。同論文の分析は、契約類型の編成方法に対する問題提起をも含んでいる。

第27章　無償契約

　もっとも、契約の終了との関係では、委任の当事者には任意解除権（651条1項）が認められることに注意が必要である（**第29章**［459頁以下］）。そうである以上、解除を基礎づけるために特別の理由を考察する必要はない。無償委任に特有の解除法理が論じられてこなかったのは、おそらくはそのためであろう[44]。そして、任意解除権は、委任の基礎をなす信頼関係に由来する規律であると説かれるのが通例である。

(2)　債務内容

　これに対して、債務内容の点では、有償委任に比べて、無償委任における受任者の注意義務の程度を軽減すべきではないかが議論されてきた。

　寄託においては、有償・無償の区別に応じて受寄者の注意義務の程度に軽重がある（400条、659条）。これに対して、委任については、両者を区別する規定はない。これは、無償委任の場合であっても、受任者が善良な管理者の注意をもって委任事務を処理しなければならない（644条）との理解を示すものとみられる[45]。そして、このように、無償委任の受任者にも高度の注意義務が課される理由も、委任の基礎にある当事者間の信頼関係に求められるのが通常である。

　もっとも、委任が好意に基づいて行われるときには、報酬と引換えにする場合に比べて厳格な注意を尽くすことは想定されていないこともあろう。無償受任者の注意義務を軽減すべきことを説く見解は、こうした状況を、無償委任の場合にいわば定型的に認めるものといえる。

　ただし、注意が必要なのは、善良な管理者の注意といっても、具体的にどのような注意を尽くすべきかは、委任事務との関係において定まることである。ところで、委任事務の内容を定めるのは契約だから、注意の程度もまた、契約を無視して決定することはできない。そうすると、受任者が尽くすべき

---

44)　ただし、広中・債権各論292頁ほか、651条1項は無償委任にのみ適用されるとする主張も有力に展開された。しかし、この解釈は、現行法のもとではもはや採り得ないであろう（同条2項2号を参照）。

45)　潮見・契約各論Ⅱ294頁は、他人の事務を処理するという受任者の立場からして、そのような注意を求めることが正当化されると説く（寄託との差異につき、同295頁注16をも参照）。

433

注意の程度も、契約の解釈を介して、合意の内容を斟酌しつつ決定されることとなろう[46]。委任が無償であることは、その際に考慮されるべき一事情となると考えられる。

(3) 小 括

以上のとおり、委任に関しては、無償性に基づく規律は、信頼関係に基づく規律によっていわば上書きされ、解釈論の前面に現れない。その背景には、委任は、有償・無償のいかんを問わず、当事者間の信頼関係を本質とするとの理解がある[47]。しかし、有償・無償の差異を捨象して同じ信頼関係を観念することが、はたしてできるのか。

この問題に関わって注目したいのは、無償契約と委任のいずれにおいても、その背後に「好意(厚意)」があるといわれることである。ただ、両者は微妙に異なるものを指しているようにみえる。無償契約において好意といわれるのは、対価を得ることなく給付義務を負担するという意思であろう。これに対して、委任については、「縦令ヒ報酬ヲ取ツテモ第一ニハ他人ノ為メニ用ヲ為ス」のであり、「厚意ニ始マリ厚意ニ続クト云フモノデアツテ何処マデモ雇傭ノ場合トハ違ウ」といわれる[48]。ここにいう「厚意」とは、委任者のために事務を処理するという利他性を意味するものだと考えられる[49]。

有償委任と無償委任とについて異なる規律を妥当させるかは、以上のいずれの意味での好意に着目するかに関わる。委任につき、有償・無償の区別に関わりなく統一的な規律を妥当させる見解は、事務の利他性に委任の特徴を見出すとともに、受任者がそのような負担を引き受ける理由を――反対給付でも、精神的な満足でもなく――当事者間の信頼関係に求めるものだといえよう。

---

46) 中田・契約 532 頁、平野・契約 372 頁を参照。
47) この点につき、平野・前掲論文(注 1))414 頁以下を参照。
48) 法典調査会・四 650 頁(富井政章発言)。
49) 委任の利他性につき、一木孝之『委任契約の研究』(成文堂、2021 年)特に 169 頁以下を参照。

第 27 章　無償契約

5　おわりに

以上の検討をふり返りつつ、各種の無償契約を横断する規律を構想することができるか否かを考えてみたい。

(1)　無償契約に特有の取扱い

検討の前提として、当然のことながら、無償契約に適用される規律のすべてが無償性に由来するわけではないことに注意する必要がある。無償契約という総論的規律が妥当する範囲は、二つの次元の各論的規律によって限定される。一つは、各種の典型契約に固有の規律である。たとえば、委任においては、無償性に由来する規律は、信頼関係に基づく規律の背後に退いていた（4(3)）。もう一つは、各個の契約における合意である。とりわけ、債務内容に関わる規律には、個々の契約の解釈に帰着するものが少なくない（2(3)、4(2)）。無償性に由来する規律は、主にその拘束力に現れていたとみることができる。

以上の点を留保しつつ、なおも無償契約全体に共通する規律を構想することができるか。共通性が明確に意識されてきた取扱いとしては、拘束力の発生要件に関して、移転型契約（贈与）と貸借型契約（消費貸借、使用貸借）、さらに、役務提供型契約でも寄託については、無償の債務負担者のために、軽率な債務負担からの解放を可能にしたとみられる規定（550条、587条・587条の2第1項、593条の2本文、657条の2第2項本文）がある。しかし、そのほかはどうか。

(2)　無償契約に特有の目的

この点について、契約の目的に着目するという、冒頭に述べた視点（1(2)）から考えてみたい。

まず、贈与においては、忘恩行為をめぐる議論にみられるとおり、無償で利益を与えるという契約目的が具体的な規律に対して影響を及ぼしていることが比較的に明瞭な場面があった。使用貸借にも、信頼関係の破壊による解

435

除のように、贈与との相似性が窺われる規律がある（3(1)(b)）。ここには、無償＝要素型の契約の特徴が反映されている。

　それでは、無償＝偶素型の契約はどうか。消費貸借や委任に現れる規律には、無償性に直結するとは考え難いものが含まれていた。とはいえ、その場合にも、「無償で」利益を供与することが契約の目的にまで高められることはある。そのように、何らかの精神的な満足を追求する意思をもって契約が締結されたときは、契約の拘束力につき、贈与等と同様の規律が妥当する余地があろう。たとえば、無利息消費貸借は、期間の定めがある場合であっても、忘恩行為を理由として「解除」される——返還債務について期限の利益を失う——ことがあってよいのではないか。また、委任の任意解除においても、「やむを得ない事由」（651条2項ただし書）の認定において、事務を引き受けるにあたって受任者が企図した精神的な満足を考慮する余地はあるように思われる。

　そうすると、次の問題は、精神的な満足という要素が常に無償契約の目的に取り込まれるかである。反対給付の合意を「特約」とする規定の構造からは、無償＝偶素型の契約においては、精神的な満足は、当事者が特に合意しない限り、契約内容へと格上げされないと考えることが素直であるかもしれない。しかし、有償契約が反対給付を要素とするのとあたかも同じく、無償契約は、その本質からして、精神的な満足という要素に支えられない限りは拘束力をもたないという見方も、理論的には成り立ち得よう。そのような理解によれば、無償＝偶素型の契約、つまり「有償であることを合意しない」無償契約なるものは、存在しないこととなると考えられる[50]。

50）　実体法的な論理としては、有償であることを合意しない限り、無償であることが合意されたものとするという操作が加えられることとなろう。そうすると、消費貸借（589条1項）や、委任（648条1項）・寄託（665条・648条1項）においても、無償・有償の別は、原則・例外の関係に立つとはいえないこととなる。

第28章
組 合

1 はじめに

典型契約の多くは、給付と反対給付との交換をその経済的作用とする。しかし、そのような見方では捉えられない契約もある。組合がそうであることは、既に触れる機会があったとおりである（第16章［251頁］、第22章［348頁］）。

本章では、組合を検討する。それに先立ち、組合の特徴を、その経済的作用（(1)）と法的構造（(2)）の側面から述べておきたい。

(1) 組合の経済的作用

(a) 有償性に代わるもの

組合は、各当事者からの「出資」によって共同の財産（＝組合財産。668条）を形成して、これを「共同の事業」のために運営し（667条1項）、各当事者がその成果である利益の分配に与ることを基本的な内容とする。このように、組合には、給付と反対給付の交換という契機、つまり対価関係がない。そうである以上、組合については、有償・無償の区別を論じる余地はない[1]。

しかし、このことは、給付をした当事者が何らの利益も得ないことを意味しない。多くの組合は、利益の分配を予定するからである。構成員に対して

---

1) 三宅・契約各論下1119頁。ただし、一般には、組合は一種の有償契約であると説かれる（たとえば、新注民⑭451頁（西内康人）を参照）。

437

利益を分配することは、「営利」とよばれる。つまり、組合については、有償・無償の区別に代えて、事業の成果としての利益の分配に与るか否かに応じて、営利・非営利を区別することができる。

この点を、売買と比較しつつ敷衍するならば、こうである。売買の当事者間には、一方の当事者が利益を得ると、他方の当事者が損失を被るという相関関係がある。これに対して、組合においては、事業の成否が、すべての当事者に対して等しく利益と損失をもたらす。つまり、組合の構成員——組合員——は、全員が利害を共同する。

(b) 等価性に代わるもの

このように、営利性は、各構成員が出資に対して利益の分配を受けることによって特徴づけられる。その際に注意が必要なのは、出資と分配との間には、有償性の特徴である給付と反対給付との等価性が存在しないことである。各組合員が受ける利益の分配は、事業が成功すれば増え、失敗すれば減ることとなる。

しかし、このことは、各組合員が受ける分配について、他の組合員との均衡を考慮すべき側面がないことを意味しない。利益の分配は、出資の割合に応じて行われることを本則とするからである（674条1項）。つまり、組合は、給付・反対給付の等価性に代えて、出資・利益分配の比例性を旨とする契約だといえる。

(2) 組合の法的構造

このように、給付と反対給付との対価関係がないことのあらわれとして、組合には、双務契約に関する規定が適用されない（667条の2各項）。それでは、これに代わって組合の法的構造を特徴づけるのは何なのか。

双務契約においては、各当事者は、反対給付を獲得するために給付義務を負うという関係に立つ。上にみた組合の特徴をこれに引きつけてみれば、各組合員は、利益の分配という給付を得るために、出資という給付を履行する債務を負う。

両者を比較して注意を要するのは、双務契約における給付の履行が相手方

第28章 組 合

の財産を増加させるのに対して、出資の履行は、他の組合員個人の財産を増加させないことである。出資は、組合財産に組み入れられ、総組合員の共有に属するからである（668条）。他の組合員は、組合財産に対する持分を取得するが、それは、自らが履行した出資のいわば変形物にすぎない。出資に対応して組合員の財産を増加させるのは、むしろ、事業の成果に基づいて分配される利益である。

　それでは、出資と利益分配とは、どのような関係に立つのか。ここで注目すべきは、出資が、利益分配を実現するための活動の原資となることである。つまり、組合における給付は、出資を手段とし、分配を目的とするという関係に立つ。このように、対価関係に代えて手段・目的関係が成立するところに、組合の法的構造の大きな特徴がある。

(3)　検討の課題

　こうした特徴を踏まえて、以下では、組合をめぐる問題を、その成立から目的の（不）達成に至るまでのプロセスに即して考察する。具体的には、成立（2）、出資（3）、業務執行（4）、利益分配（5）に関する規律を検討する。

2　組合の成立

　組合の成立をめぐる問題は、しばしばその契約性の問題として論じられた。学説においては、組合を合同行為とみる理解が有力に展開され[2]（第4章 [72頁以下]）、そのような性質から、成立に関しても特殊な規律に服すると説かれた。

(1)　合　意

(a)　成　立

　民法は、組合を契約の一種として位置づける。契約である以上、組合もまた、各当事者による意思表示の合致によって成立する（522条1項）。

---

[2]　たとえば、我妻・債権各論中二758頁。

439

もっとも、多くの契約が二当事者間で締結されるのに対して、組合は、三人以上の者の間で締結されることが少なくない。これは、社団の設立行為に類する。さらにまた、組合は、「共同の事業」を営むことを目的とする点で、すべての当事者が利害を共同する。組合を合同行為として捉えるべきであるとする見解は、これらの特徴を契約との異質性として指摘する。

　それでは、組合は、合同行為であって契約ではないのか。法律行為を分類する基準を「利害」に見出すならば（第4章〔63頁〕）、組合には次の特徴がある。事業の成否が総組合員に共通の利益・不利益をもたらす点で、たしかに、組合員間には利害の対立はない。しかし、各組合員は、総組合員に対して出資を履行し、総組合員から利益の分配を受けることを通じて、他の組合員との間に個々に法律関係を形成する。つまり、組合員間にも利害の相違はある。この点で、組合もまた、契約としての特徴を備えるといってよい。

　そうだとして、各組合員がする意思表示は、だれとの間で合意を成立させるのか。この点については、二つの考え方が成り立ち得るであろう。一方で、三当事者以上からなる契約があり得るとすれば、すべての組合員による意思表示の合致が一つ成立するとみる余地がある。しかし、他方で、契約はあくまでも二当事者間での合意だと考えるならば、各組合員は、他のすべての組合員と各別に合意するとみるほかない[3]。つまり、n 人の組合員からなる組合は、$_nC_2$ 個の意思表示の合致によって組成されることとなる。

（b）瑕疵

　ところで、組合員の一人がした意思表示に無効・取消しの原因があっても、他の組合員の間では、組合は有効に成立する（667条の3）。これは、次のような考慮に基づく規律だと説かれる。すなわち、組合の目的である「共同の事業」は、一部の組合員が欠けても実現することができるのが通常である。そうすると、その組合員を除く他の者との間で組合を成立させることが、当事者の意思にも、実際の便宜にも適う。

　とはいえ、あくまで理論的にみれば、組合契約を組成する意思表示の一部

3）　加藤・総則145頁（および146頁図表5-6）を参照。

が欠ける以上、その表意者を当事者に含む契約は、全体として効力を生じないとみる余地も否定されない。この見方は、組合を組成する意思表示の合致は一つだけであるとする見解によく当てはまる。実際にも、組合を合同行為とみる見解は、組合が契約であるとすればそう考えざるを得ないのであって、残りの組合員との関係が継続するのは、組合の社団性——つまり、合同行為性——のあらわれだと説いてきた[4]。

しかし、直ちにそういえるかは、疑問である。組合を契約であると理解するとしても、組合を組成する意思表示の合致は、組合員の数に応じて $_nC_2$ 個あるとみるならば、一部の組合員について存在する意思表示の瑕疵は、その者を表意者とする $n-1$ 個の意思表示の合致を害するにとどまると考えることが自然であろう。そうすると、667条の3も、以上の帰結を確認したにすぎないとみることができる。

(2) 組合の目的

組合においては、各当事者がする出資だけでなく、「共同の事業を営むこと」が合意の対象とされる（667条1項）。このことは、給付の内容だけでなく、それを通じて実現しようとする「組合の目的」（682条1号を参照）にまで合意が及ぶべきことを明らかにする。

それでは、共同の事業とは何か。その内容は、事業性と共同性の二面から考察される。

(a) 事業性

「事業」の意義については、営利性・継続性等の有無を問わないことに異論はないものの[5]、具体的に何をすべきかは明確ではない。一般には、「積極的に事業を営むこと」を要し[6]、たとえば共有物の使用方法を定めるだけ

4）　第4章［73頁］で言及した諸見解に加えて、加藤・契約464頁をも参照。ただし、我妻・債権各論中二763頁は、そのような理解が必然ではないことを示唆する。

5）　来栖・契約627-628頁。

6）　我妻・債権各論中二771頁。

441

では組合とはならないと説かれる[7]。

この説明は、事業の定義としては同語反復的である。その趣旨を忖度すれば、出資を募って財産の共有関係を形成し、これを使用・管理するにとどまらず、出資を超えた有形・無形の利益を獲得するための活動を行うことを求めるものであろう。そうでなければ、分配すべき利益を得られないからである。

以上のことは、組合の目的が、事業を通じて、給付に還元されない利益を獲得することで達成されることを示している。この利益は、経済的な利益である必要はなく、精神的な満足であっても差支えないとされるが[8]、この点は、非営利組合を認めるか否かという問題に関わる（5(3)）。

(b) 共同性

これに対して、「共同」とは、すべての当事者が事業の成功について利害を有すること[9]、いいかえれば、事業の成功が総組合員に対して一様に利益をもたらすことを意味する。つまり、出資に対して利益が分配されることが、組合の基本的な効果である（この点につき、5(1)(a)をも参照）。このこととの関係で、三点に留意したい。

第一に、出資はすべての組合員がするけれども、利益の分配は一部の組合員だけが受けるものとすることは、許されるか。一部の者にのみ利益を集中させる場合は「獅子組合」とよばれるが、これは組合とはいえないと理解されている[10]。つまり、共同性は、出資と利益分配を共同することを最低限の内容とする[11]。

第二に、損失の分配は、共同性の必須の内容ではない[12]。損失を分担しない組合員にも、出資の義務を負う限り、「共同の事業」への貢献が認められ

7） 最判昭和 26 年 4 月 19 日民集 5 巻 5 号 256 頁。ただし、新版注民(17) 49 頁（福地俊雄）は、この判決に疑問を呈する。

8） 最判平成 11 年 2 月 23 日民集 53 巻 2 号 193 頁は、「共同でヨットを購入し、出資者が会員となり、ヨットを利用して航海を楽しむこと」も、組合の事業の内容となり得るとする。

9） 新版注民(17) 48 頁（福地）。

10） 我妻・債権各論中二 773 頁。ただし、新注民(14) 458 頁（西内）の指摘をも参照。

るからである[13]。

　第三に、共同性は、組合の業務への関与を要素とするか。学説においては、これを認め、検査権（673条）をそのあらわれとみるものが有力である[14]。しかし、業務への関与は、契約の目的を実現するための手段であって、目的ではない。そうである以上、検査権がないからといって、契約の目的である「共同の事業」への関与までもがないということはできないであろう（4(2)(b)）。

3　出資の履行

　組合は、各組合員の出資によって組合財産を形成することを、その活動の手段とする。

(1)　出資の義務

(a)　出資の履行

　各組合員は、出資の義務を負う（667条1項）。これは、一種の給付義務である。

　出資は、財産的価値を提供するものであれば、どのようなものでもよい。金銭の出資は財産権移転給付であるが、役務給付によって出資が行われることもある（同条2項）。

　出資の履行については、既にみたとおり、給付によってもたらされる財産が、他の組合員ではなく、出資を履行する組合員を含む総組合員について生じることに注意を要する。たとえば、出資として財産権移転給付が履行されたときは、出資された財産は、出資者を含む総組合員の共有に属する（668条）。

---

11)　もっとも、利益の分配を受けないという意思をもってする出資も、財産を無償で与える趣旨である限り、贈与（549条）としての効力を生じる余地はある（新版注民(17) 49頁（福地）ほか、来栖・契約631頁をも参照）。そのような意思を欠くときは、契約の要素たる事項につき、表示行為に対応する意思を欠くものとして、錯誤（95条1項1号）取消しの余地が生じよう。

12)　大判明治44年12月26日民録17輯916頁を参照。

13)　後藤元伸「組合型団体における共同事業性の意義」関法59巻3-4号（2009年）573頁を参照。

14)　我妻・債権各論中二778頁、新版注民(17) 48頁（福地）、同124頁（森泉章）ほか、多くがこの趣旨を説く。新注民(14) 550頁（西内）もこの趣旨に帰するか。

443

ここに、交換型の契約との相違がある。

(b) 出資の不履行

（i） ところで、出資の不履行については、双務契約に関する規定は適用されない（667条の2。1(2)を参照）。これは、出資を履行した組合員が不履行の救済を主張する余地がないことを意味するのか。二つの場面を区別して考える必要があろう。

第一に、他の組合員が出資を履行しないときは、どうなるか。これについては、損害賠償請求（415条1項。さらに、669条）のほか、その者を除名すること（680条本文）が、解除に代わる対応となる。

第二に、むしろ重要なのは、次の点である。各組合員が出資をする目的は、他の組合員が出資を履行することではなく、出資に応じて利益分配に与ることにある。そうすると、債務不履行の救済は、むしろ利益分配義務の不履行について問題とされるべきであろう。

（ii） 利益分配義務の不履行に対する救済としては、出資の履行拒絶と、契約の解消とが特に問題となり得る。

まず、定期に出資する義務を負う反面、これに対応して利益配当が行われる組合において、特定の組合員に対してだけ配当が行われなかったときは、その組合員は、出資義務の履行を拒絶することができると解すべきであろう。出資に対して利益分配が実現されないことは、営利性という契約の目的に反するからである。

次に、契約の解消はどうか。民法は、他の組合員が債務を履行しないことを理由とする解除を禁ずるが（667条の2第2項）、脱退・解散に関する規律が特に設けられている以上、契約総則に基づく解除（541条、542条）はできないとみるべきであろう[15]。利益分配を受けなかった組合員は、組合から脱退（678条）し、または解散（683条）を請求するほかないと考えられる。

とはいえ、各組合員はいずれにしても脱退権を有するのだから、これを不

---

15) 684条の標題は「組合契約の解除の効力」とされるが、これは、解散の効力が遡及しないことを定めたものであろう。同条の解釈につき、新注民(14) 611頁（西内）を参照。

444

履行の救済とみる意味はないのではないかとの疑問が生じるかもしれない。しかし、営利組合において利益分配がされなかったときは、それをもって「やむを得ない事由」（678条1項ただし書、同条2項、683条）が認められると評価することはできるであろう[16]。

(2) 組合財産

各組合員が出資した財産は、組合財産を構成する（668条）。

組合財産は、総組合員の共有に属する。その法的性質につき、学説は、これを合有とみて、物権編が定める共有（249条以下）とは異なる取扱いに服するとする説いてきた[17]。

組合財産が合有とされる理由は、大別して二つある。一つは、共有の対象が、一群の財産として捉えられる余地のあるものであることである。もう一つは、持分に基づく権利行使が制限され、特に分割請求が禁じられることである。そして、こうした性質は、組合財産が「目的財産」であること[18]、つまり、「共同の事業」の基盤となっているために、それをめぐる固有の利害が形成されることによって正当化されてきた。

以上のことは、組合財産の共有と、物権編が定める共有との差異を考える手がかりを与える。両者の差異は、財産に対する物権的な支配の側面にあるのではなく、「共同の事業」という目的に供されることで、その目的のために権利を行使する義務が各共有者に課されることによって生じるのだとみることができる。つまり、共有と合有とをカテゴリカルに区別することに意味があるわけではなく、共有関係の発生原因に照らして、契約目的による拘束を受けた共有関係が成立すると考えることが、この場合における法律関係の

---

16) この点については、最判昭和61年3月13日民集40巻2号229頁が、合名会社につき、業務の執行が多数派社員によって不公正かつ利己的に行われる結果、少数派社員が恒常的な不利益を被っているときは、解散請求（商法旧112条1項。会社法833条2項を参照）が認められるとしたことが参考となろう。

17) もっとも、最判昭和33年7月22日民集12巻12号1805頁は、特別の規定がない限り、物権編の共有関連規定が組合にも適用されるとする。

18) 我妻・債権各論中二801頁、814頁。判例として、大判昭和11年2月25日民集15巻281頁をも参照。

理解としては適切ではないかと考える（第 20 章 [316 頁]）。

4　業務の執行

(1) 事業と業務

組合は、「共同の事業」の達成を目的とする。とはいえ、そのためにすべき具体的な行為は様々であり、その内容は、事務を処理する都度、明らかにされなければならない。

以上は、役務提供型契約における契約目的の「決定」「執行」（第 26 章 [410 頁]）と同じ構造をもつ（【図】を参照）。ただ、役務提供型契約においては、契約目的の執行は、役務提供者による裁量と役務受領者による指図とを通じて具体化されるのに対して、組合においては、そのような方法を採ることができない。組合員は、利害を共有しつつ各自が事業に参画するのであり、一方が指図し、他方がこれを遵守するという関係には立たないからである。そこで、これに代えて、業務の決定と執行を通じて契約目的が具体化される（670条）。

以上から、「事業」（667 条）と「業務」（670 条）との関係が明らかになろう。すなわち、「事業」が契約目的を表現するのに対して、「業務」は、事業を具体化する手段としての事務を意味する。

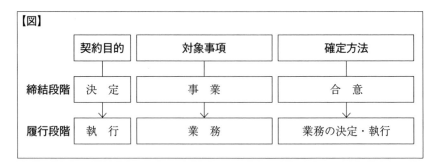

第28章　組合

(2)　業務の共同性
(a)　業務執行組合員の義務
　以上の違いを反映して、業務については、事業とは異なる意味での「共同性」が問題となる。
　事業における共同性とは、出資と利益分配とを共同することをいう（2(2)(b)）。これに対して、業務に関しては、組合財産に関する管理権の行使が、自己（事務を行う組合員）の財産と他人（その他の組合員）の財産とに対して同時に利害を生じる点に、共同性の契機があるといえる。
　業務の共同性は、契約の目的そのものではなく、その実現手段に関わるから、組合の法的構造（1(2)）を決定する要素とはならない。しかし、他人の財産に関する事務を行うという性格から、一方で、業務執行組合員には受任者に準じた義務が課され（671条）、他方で、他の組合員には一定の権限が与えられる。その主たるものが、検査権である（673条）。

(b)　検査権
　組合員の検査権は、事務の決定・執行に対する監督を実施するための権限である。そのような権限が認められるのは、組合の事務が、業務執行者ではない組合員にとって「自己の事務」たる性質をもつことからの帰結だと考えられる[19]。
　この点に関わって、業務執行者ではない組合員の検査権を認めない旨を取り決めることができるかが論じられる。既にみたとおり、学説には、そのような約定がされたときは、もはや組合とはいえないと説くものがある（2(2)(b)）。しかし、検査は、事業を実現する手段たる業務について行われるのであり、それを事業そのものの内容とみることは適切ではない。上のような取決めが禁じられるとすれば、その理由は、端的に、673条は強行規定だからだと説

---

[19]　なお、委任につき、委任者による検査権に関する規定がないのは、委任者が検査権を有するのは当然だからであろう。事務を他人に委ねたとしても、委任者自らがそれを処理することは妨げられないのだから、委任者は、自らに固有の財産管理権に基づき、受任者による事務の状況について調査することができるはずである。

447

明すべきであろう。

5 利益の分配

既述のとおり、組合の営利性は、出資に対応した利益分配を旨とする。営利組合においては、「利益の分配は共同事業の不可分の内容となる」から、「この場合には、すべての組合員が利益の分配を受けるのでなければ、その関係は組合ではなくなる」との説明は[20]、利益の分配が契約の本質的要素となることを確認するものだといえる。

より正確にみると、営利性を決定づける「利益分配」としては、①配当による利益分配のほか、②解散時や脱退時における残余財産の分配を想定することができる。会社・一般法人の規律（会社法 105 条 2 項、一般法人法 11 条 2 項）と平仄を合わせるならば、非営利ということができるのは、いずれも行わない場合だけだと考えられる[21]。

(1) 営利組合における分配
各組合員には、一定の割合で利益と損失が分配される（674 条）。

(a) 利 益
利益分配の割合は、出資の価額とは別に定めることができる（674 条 1 項を参照）。このことは、出資と利益分配との比例性が組合の経済的作用を特徴づける（1(1)(b)）ことと矛盾しないのか。

組合における比例性は、有償契約における等価性に比すべき役割を果たすから、その意義は、等価性と比較しつつ考察すべきであろう。しかるに、有償契約における給付と反対給付との等価性は、客観的価値ではなく、あくまでも契約当事者による主観的評価に基づいて決定される（主観的等価性。第 22 章 [347 頁]）。これと同じく、組合における出資と利益分配との比例性も、

---

20)　我妻・債権各論中二 823 頁。

21)　西内康人「組合契約で非営利活動を営む場合の法的諸論点」NBL 1104 号（2017 年）54 頁。

組合員による主観的評価に従って定められるべきであろう。

　そうすると、次のように考えられる。出資の価値は、組合財産の共有とい
う物権関係を形成する基礎として算定される。これに対して、利益分配の割
合は、契約当事者の評価において出資に対応するものとして定められる。こ
のように考えるとしても、出資と利益分配との比例性を問題とする意義は失
われない。たとえば、義務づけられた出資を半分しか履行しなかった組合員
は、それに比例して、利益分配も半分しか受けられないはずだからである。

(b) 損失

　損失の分配とは、組合について生じた損失を分担することをいう（「損失
分担」(675 条 2 項) ともいう)。

　損失とは、組合の解散・清算の際に、組合財産をもってなお完済すること
ができない組合債務をいうとされる[22]。いいかえれば、組合の継続中は、組
合債務の額が組合財産の額を超過したとしても、逐次これを補填する必要は
ない。

　損失の分配は、二つの場面において意義をもつ。

　一つは、組合の債権者が権利を行使すべき場面 (675 条 2 項ただし書) であ
る。ここでは、損失分担の割合は、組合員の責任を限定する役割を果たす。
というのは、こうである。組合債務は、すべての組合員に（合有的に）帰属
する。つまり、組合の債権者に対しては、総組合員が債務者たる地位に立つ。
そうすると、損失分担の割合に従って債権を行使するという制約は、実質的
には、各組合員の責任を損失分担の割合に従って限定する意味をもつといえ
よう。

　もう一つの場面は、一部の組合員が、責任の割合を超えて組合債務を個人
財産で弁済した場合である。たとえば、組合の債権者が等しい割合で弁済を
請求した結果 (675 条 2 項本文)、損失の分担割合が小さな組合員がこれを超
えた額を弁済したときは、損失分担の割合に従い、他の組合員に対して求償
することができる。

---

22)　我妻・債権各論中二 824 頁。

(2) 残余財産の分割

組合が解散したときは、清算（685条）を経て、残余財産を分割する（688条3項）。その性質については、利益分配との関係をめぐって議論がある[23]。

(a) 利益割合説

第一は、残余財産の分割は、営利組合においては、出資の償還と損益分配の双方を含むとするものである[24]。残余財産の分割が、営利組合と非営利組合とに共通する手続であることからすれば、営利組合においては、残余財産の分割は損益分配の手続だとみざるを得ないというのが、その理由である。

具体的には、出資を償還したうえでなお残余があるときは利益分配を行うべきであり、そのほかに、残余財産を分割（258条を参照）する余地はないとされる。ここでは、残余財産として、出資を償還した残りの財産が念頭に置かれている。

(b) 出資割合説

第二は、残余財産の分割は、清算後のすべての財産を出資の価額に応じて分割することだとみるものである。民法が「出資の価額に応じ」た分割を定める以上、組合債務を弁済し終えた後には、もはや利益分配を行う余地はないとする[25]。

この見解は、残余財産を分割する段階においては、出資の償還は行われないという。688条3項が定めるのは「出資の価額に応じ」た組合財産の分割であって、出資の償還ではないからである[26]。これによると、残余財産とは、清算を終えた後のすべての積極財産であり、688条3項は、これを対象とする共有物の分割たる性質を有することとなる。

---

23) この点に関する詳細な分析として、平野秀文「組合財産の構造における財産分割の意義(1)」法協134巻4号33頁以下を参照。

24) 三宅・契約各論下1187頁。

25) 鳩山・債権各論下720頁。

26) 鳩山・債権各論下720頁、我妻・債権各論中二848頁。

第28章 組合

(c) 区別説

第三は、残余財産の分割とは、清算後、利益分配を行った後に、なお残る財産について出資の価額に従った分割を行うことをいうとするものである。

起草者は、損益分配について出資とは異なる割合が定められた場合において、出資と利益とが区別されるときは、利益は、688条3項によらず、利益分配の割合に従って分配されると説いた[27]。これによると、残余財産とは、清算後、なお利益として分配されるべき部分を控除したものを意味することとなろう[28]。

(3) 非営利組合の可能性

ところで、既にみたとおり、残余財産の分配は、営利性の一つのあらわれだと説かれる。そうすると、残余財産が分割される以上、民法上の組合はおよそ営利性を有することにならないか[29]。この点については、次のように考えたい。

残余財産の分割が行われるのは、解散・清算の後である。解散は、組合の終了事由であり、以後、組合は、清算が結了するまで、ただ清算のみを目的として存続する[30]。そして、残余財産の分割は、清算が結了して組合が名実ともに消滅した後に行われる（676条3項）。したがって、残余財産の分割自体は、組合契約の目的である「共同の事業」とは無関係であり、組合の活動に営利性を与えることはない。そうである以上、残余財産が分割されるからといって、組合が当然に営利性を帯びるとはいえない[31]。

以上の理解からすると、残余財産の分割の性質は、理論としては、これを

---

27) 法典調査会・五18頁。

28) 我妻・債権各論中二821頁は、利益が現実に分配されなかったときは、各組合員の持分の内容が増加するから、「出資の割合と利益分配の割合が異るときは、組合財産に対する持分の割合も違ってくる」という。そうすると、利益を現実に分配することなく組合が解散したときは、清算後の財産につき、利益分配と出資の割合をそれぞれ適用することで財産が分配・分割されることともなりそうである。

29) 西内・前掲論文（注21）、平野・前掲論文（注23）は、この問題に関する優れた研究である。

30) この点につき、我妻・債権各論中二844頁を参照。

31) 三宅・契約各論下1187頁をも参照。

451

利益分配から区別しつつ併存させる区別説（(2)(c)）に沿って理解することが適切ではないかと思われる。残余財産の分割は、「共同の事業」という目的を失って残された共有物につき、その帰属先を決定する手続を——共有法理に準拠して——定めたものにすぎないと考えたい[32]。解釈論としては、残余財産の「分配」（会社法 105 条 1 項 2 号・2 項、一般法人法 11 条 2 項）ではなく「分割」（民法 688 条 3 項）の語が用いられることに、積極的な意義を見出すこととなろう。

6　おわりに

　以上、契約としての側面に焦点を当てつつ、組合に関する規律を概観した。とはいえ、組合そのものに関しても、その財産をめぐる債権者との関係や、組合代理等、検討の及ばなかった問題が少なくない。

　また、民法上の組合ではないけれども、それに類する仕組みをもつ契約もある。匿名組合（商法 535 条）がその代表であるが、そのほか、分収林契約（分収林特別措置法 2 条）のような個別立法によって規律されるものもある[33]。組合に関する民法の規定は、いわば、これら「配分型契約」（第 22 章［348 頁］）につき、その総則的規律の骨格を示すものである。

---

32)　そうだとすると、688 条 3 項を強行規定であるとみることにも必然性はなく、たとえば、組合員の合意によって、事業の目的に資する残余財産の帰属先を定めることも許されようか。新注民(14) 621 頁（西内）は、一般法人法 239 条 2 項・3 項の準用を説く。

33)　中尾英俊「分収林契約」松坂佐一先生ほか還暦記念『契約法大系VI 特殊の契約(2)』（有斐閣、1963 年）329 頁。

第29章
給付に還元されない利益

1　はじめに

　民法が定める典型契約は、基本的には、給付とその組合せに着目して類別される。いいかえれば、給付・反対給付に関わらない事項は、契約類型を相互に区別するための指標とはならない。これは、当事者が契約をする目的を決定づけるのは、給付の実現を通じて得られる利益であるとの見方によるものといえる（第22章［343頁］）。

　けれども、以上のことは、個々の契約において、給付に還元されない利益の実現が目指される場合があることを否定しない。さらにいえば、給付に還元されない利益に着目して契約を類型化することが、契約に関する規律を現実に沿うものとすることもあろう。そこには、新たな契約類型が生成される手がかりがある。

　本章では、給付に還元されない利益（以下、「給付外利益」という）が、契約のなかでどのように考慮され得るかを検討する。まず、そのような利益が、どのようにして個々の契約に取り込まれるかを考察したうえで（2）、次に、そのような利益が定型的に捉えられ、新たな契約類型の萌芽となりそうな場面を考察する（3）。

453

2 契約への取込み

契約の外にある事情を「契約に取り込む」というときには、様々な含意がある。このことを、動機の錯誤に即して（再）確認したうえで（(1)）、いわゆる複合契約の問題に展開したい（(2)）。

(1) 動 機

動機とは、一般的にいえば、各当事者が意思表示をしようと考えるに至った縁由をいう。もっとも、動機そのものが厳密に定義されることは少ない。動機は、その性質上、契約にとって意味をもたない事情であるため、これを積極的に定義する意義に乏しいからであろう。その意味では、動機は、法概念ではないともいえそうである。

ところが、通常は意味をもたないはずの事情が、一定の場合には契約の規律において考慮されることがある。基礎事情錯誤（95条1項2号・2項）がそのようなものとして理解され得ることは、既に検討したとおりである（第8章［134頁以下］）。この点について、もう少し考えてみたい。

(a) 契約の多層性

(i) 法律行為の動機となった事情を「契約に取り込む」という表現については、大きく二つの異なる帰結を想定することができる。

第一に、ある事情が債務の内容になるとき、「契約に取り込まれた」といえることは、明らかであろう。ここでは、債務者が給付の履行を引き受けるという意味において、その事情は契約の内容に取り込まれている。

第二に、ある事情が「法律行為の基礎とした事情」として錯誤の基礎となるときには、その事情は、契約の有効性を限界づける。これが契約への取込みを意味するとの考え方についても、既に検討した（第10章［158頁]）。このことは、債務の内容とはならないけれども、契約の目的を構成する事情があることを示している。

(ii) こうしてみると、取り込む側の「契約」には、次のような層があると

いえよう（**序章**をも参照）。

　一方で、契約に取り込まれた事情は、常に債務の内容になるとは限らない。契約は、債権の発生原因であるとともに、当事者間の規範を設定する。しかし、規範の内容を構成するのは、債権関係にとどまらない。債権関係は、この規範の一つの——ただし、中心的・本質的な——内容であって、債務者による給付を通じて経済的作用を具体化する力である。

　他方で、契約に取り込まれた事情は、常に契約の目的を構成するとは限らない。たとえば、履行期の約定は、それを欠いたからといって契約目的の達成を当然には妨げない（542条1項4号を参照）。

　さらに、契約に取り込まれた事情が、債務の内容となるとともに契約の目的を構成する場合と、どちらともならない場合（たとえば、裁判管轄の定め）もあり得よう。

(b) 合意の多層性

　このように、取り込む側の「契約」が多層的であるとしても、取込みを基礎づけるのは合意である。それでは、ある合意によっていずれの意味での取込みが実現されるかは、どのように判断されるのか。たとえば、「有名作家Pの作品」である版画甲を売却した売主は、Pの作品である版画を引き渡す義務を負うのか、それとも、版画がPの作品ではなかったときに買主が契約から離脱することを甘受すれば足りるのか。この問題については、いくつかの解決が考えられる。

　(i) まず、取り込む側の契約の層について、いわば序列を設けることが考えられる。つまり、債務の内容に取り込まれ得ることがらについては、法律行為の基礎とした事情に取り込まれたか否かを重ねて問題とする必要はないとするのである。

　しかし、債務不履行と錯誤とは、次元を異にする解決である（**第23章**［368頁]）。また、上の例において、売却された版画が「有名作家Pの作品」であるか否かが定かでなく、Pの作品を引き渡す義務は負わないけれども、Pの作品でなかったときは契約を解消する旨が了解されていたときは、解除ではなく、基礎事情錯誤の成否を問題とするほうが端的であろう。そうであるな

455

らば、両者の要件を満たすときに限っては錯誤の適用を否定すべきなのかという疑問も残る。

そうすると、区別の基準は、契約の層ではなく、取込みの仕組みに着目して考えなければならないであろう。大きく分けて二つの考え方がある。

(ii) 一つは、取り込まれるべき事情の内容に着目して、取込みの可否を区別することである。さらに二つの可能性があろう。

第一に、原始的不能の給付を約することはできないと考えられていた（いわゆる原始的不能ドグマ。第24章［372頁］）。これによると、各法理の適用領域は明確に区別され得る。たとえば、上の例における版画の売買が特定物売買だとすると、「有名作家Pの作品」である版画甲を売却することは不能だから、売主は、これを引き渡す義務は負わないこととなる。しかし、現行法は、この解決を否定した（412条の2第2項を参照）。

第二に、「品質」（562条1項本文）に着目することも考えられる。ある版画を「有名作家Pの作品」として引き渡す債務を負うためには、そのことが物の品質となっていなければならない。そうすると、品質に取り込まれ得る事情が限定されるならば、両者を区別する余地が生じよう。しかし、現行規定にいう品質は、物の性能等、目的物が備えるべき状態を広く含むと考えられる（第23章［365頁］）。したがって、品質に含まれる余地のないことがらを、ア・プリオリに想定することは難しい。

(iii) こうしてみると、契約への取込みに着目するもう一つの行き方として、取り込むという行為、つまり当事者間において合致した意思表示の内容を精査するほかないように思われる。上の例に即してみれば、重要なのは、「有名作家Pの作品」である版画を目的物とする履行を引き受けるという意思を債務者が有していたか否かであろう。その認定の手がかりは、どこに求められるのか。

(ii)にみたとおり、債務の履行可能性や目的物の状態は、それ自体としては給付義務の成否を分かつ根拠とはならない。しかし、債務者が履行を引き受けたか否かを判断する際には、目的物を一定の状態で引き渡すことが現に可能であったか否かを度外視することはできないであろう。より正確にいえば、あるべき状態の実現について債務者が支配可能性を有していた——あるいは、

そのことを債権者が正当に信頼していた——か否かが、履行の引受けの意思に関する認定を左右する有力な事情となるのではないかと思われる。

上の例に即していえば、売主の手許に既にある版画甲を「有名作家Pの作品」として売却するときには、売主は、もはやその版画の真贋に支配を及ぼすことができない。そうである以上、その版画が「有名作家Pの作品」であると説明したことをもって、そのような版画を引き渡す債務を負ったと直ちに判断することはできないであろう。これに対して、「有名作家Pの作品」である版画を他者から調達して売却するときは、売主には、調達の過程において引き渡すべき物の品質を確保することが期待されるから、そのような版画を引き渡す債務を負ったと判断しやすいように思われる。

(c) 小括

以上を要約すると、こうである。ある事情を「契約に取り込む」というときには、それを債務の内容としたのか、拘束力を限界づける事由としたのかが問題となり得る。両者は、合意の内容に従って区別される。そして、この合意の解釈にあたっては、その事情の実現に対する債務者の支配可能性（と、それに対する相手方の信頼）が、一つの有力な資料となる。

(2) いわゆる複合契約

ところで、契約外の事情をどのように考慮するかは、解除の可否についても論じられることがある。いわゆる複合契約の問題がこれに当たる。

(a) 判例の状況

この問題につき、判例は、同一当事者間において、A・Bという二つ以上の契約からなる債権関係がある場合において、それらの契約の目的とするところが相互に密接に関連づけられていて、社会通念上、A契約・B契約のいずれかが履行されるだけでは契約を締結した目的が全体としては達成されないときは、A契約の債務不履行を理由に、B契約をも解除することができるとの一般論を示した[1]（第17章［269頁］）。それでは、複数の契約を統合する「全体としての目的」が達成されなかったときに、不履行があったわけで

457

はない契約をも解除することができるのはなぜなのか。

この点に関わって注意が必要なのは、本判決が「契約を締結した目的」を参照する背景に、解除の可否を論じるにあたり、不履行が本質的か付随的かを区別する判例の蓄積があったことである[2]。既に確認したとおり、これら一連の判決は、「契約をなした主たる目的の達成に必須的でない附随的義務」の不履行は、特段の事情がない限りは解除権を基礎づけないとの立場を前提としつつ[3]、「契約締結の目的の達成に重大な影響を与える」債務の不履行は「要素たる債務」の不履行となり得るとした[4]（第17章［265頁］）。

以上が、解除の根拠を契約目的の不達成と結びつけたものか否かについては、厳密にいえば議論の余地がある。しかし、そこに現れた着想に理論的整理を加えた結果が、無催告解除の基礎づけとして「契約をした目的」に着目する現行規定（542条1項5号）へと結実したとみること自体は、現行法の制定経緯に関する理解として適切であろう。

(b)　判例法理の根拠づけ

以上を踏まえて、A契約の不履行がB契約にも影響を及ぼす理由を考える。契約の相対効の原則から出発するならば、A契約をめぐる事情は、B契約にとっては外在的なものとみなければならない。そして、そのような外在的事情が単なる事実であるか、それとも何らかの契約であるかは、B契約への影響を考えるにあたって有意な差異をもたらさないはずである。そうすると、そのような事情がB契約に取り込まれるためには、基礎事情錯誤の場合と同じく、A契約をめぐる事情が、B契約の拘束力を限界づけるという判断が求められよう（第17章［275頁］）。

この点については、平成8年判決の原審での議論が参考になる。原判決は、解除が許容されるのは、「会員権の購入契約が不動産の売買契約を同時に、

1）　最判平成8年11月12日民集50巻10号2673頁。
2）　議論の状況につき、詳解基本方針Ⅱ300頁を参照。
3）　最判昭和36年11月21日民集15巻10号2507頁。
4）　最判昭和43年2月23日民集22巻2号281頁。

かつそれに随伴して締結されたような場合であって、会員権購入契約にもとづく控訴人〔売主〕の義務が約定どおり履行されることが不動産の売買契約を結んだ主たる目的の達成に必須的でありかつそのことが売買契約において表示されていたのにこれが履行されないとき」だとした[5]。ここには、「動機の不法（あるいは動機の錯誤）の処理に通ずる思考様式を見てとることができる[6]」であろう。

3　契約の構造への取込み

さて、こうして給付外利益を契約に取り込むことができるとすると、そのような契約が現実の取引においてくり返し締結されるときには、給付外利益の獲得を定型的な目的とする契約を観念する素地が生まれる。その具体例とみるべき場面を考察したい。

(1)　委任契約

はじめに採り上げたいのは、債権法改正前の規定のもとで論じられた「受任者の利益のためにも締結された委任契約」である。以下では、これを「共同利益型の委任」とよぶ。

共同利益型の委任としては、次のような場面が想定される。たとえば、委任者が、受任者に対して、自らが第三者に対して有する債権の取立てを委託するとともに、取り立てた金銭を委任者が受任者に対して負う債務の弁済に充てることを約したとする（いわゆる取立委任）。この場合には、受任者がする債権の回収は、委任者のための事務であるとともに、受任者自身の債権回収という利益をももたらす。そのことが、任意解除権（651条1項）の制限をめぐる判例法理の形成を促した[7]。

5）　大阪高判平成8年1月31日金商1010号9頁。
6）　大村敦志「判批（大阪高判平成8年1月31日）」『平成8年度重要判例解説』（有斐閣、1997年）70頁。

（a）　議論の経緯

（i）　はじめに、議論の端緒となった二つの判決の説示を確認したい。

一方は、任意解除権の根拠につき、「委任ハ受任者カ委任者ノ為メニ其事務ヲ処理スルヲ以テ目的トスル所ノ契約ニシテ委任事務ノ処理ニ付利害関係ヲ有スルモノハ委任者ニシテ受任者ニアラス」と説く[8]。これは、受任者の給付に関する「利害関係」に着目し、それによって利益を受けるのは委任者だから、委任者による解除は自由に認められてよいとするものである。

もう一方は、任意解除権の根拠につき、「委任ハ当事者双方ノ対人的信用関係ヲ基礎トスル契約ナルヲ以テ自己ノ信任セサル者ヲシテ其事務ヲ処理セシムルコト能ハ」ずとする[9]。これは、委任契約が「人的信用関係」を基礎とする契約であることに基づいて、双方の当事者が任意解除権を有することを正当化するものである。

両判決は、委任における任意解除権の正当化根拠について異なる視点を示している。両者を整合的に理解するためには、次のような整理が必要であろう。まず、当事者双方に任意解除権が認められるのは、「人的信用関係」のゆえに契約の拘束力が弱められるからである。そのうえで、委任者からの解除（つまり、解任）の自由が認められるのは、委任事務の処理がもっぱら委任者の利益を目的とするからである（請負に関する641条をも参照）。

（ii）　さて、以上の整理によると、委任事務の処理が受任者にも利益をもたらすときは、委任者に任意解除権を認めるべき理由はなくなるはずである。実際にも、上記の各判決は、「受任者モ亦事務ノ処理ニ付キ正当ナル利害関係ヲ有スル」場合、あるいは「事務ノ処理カ委任者ノ為メノミナラス受任者ノ利益ヲモ目的トスル」（傍点引用者）場合には、委任者による解除権の行使は否定されるとした[10]。こうして、共同利益型の委任における任意解除権の制限法理が確立されることとなる。

7）　判例法理の展開につき、中田裕康「民法651条による委任の解除」同『継続的取引の研究』（有斐閣、2000年）330頁以下、岡孝「民法651条（委任の解除）」民法典の百年Ⅲ 439頁、森田修『契約の法性決定』（商事法務、2016年）429頁以下を参照。

8）　大判大正4年5月12日民録21輯687頁。

9）　大判大正9年4月24日民録26輯562頁。

第 29 章　給付に還元されない利益

　ところが、その後の判例は、上の趣旨を述べるために「受任者のためにも委任がなされた」という定式を用いるようになった[11]。この定式は、「委任事務の処理」に着目する先の定式よりも広い対象を示しており、その文言上は、たとえば、受任者に報酬が支払われるような場合をも含み得る。このことが議論に混乱をもたらしたが、単に受任者に報酬が支払われるだけでは「受任者のためにも委任がなされた」とはいえないことには、結論として争いはない。そのことを説明するためには、やはり、委任事務の処理という給付をめぐる利害に着目することが端的であろう。

　(b)　契約の構造
　(i)　委任事務の処理が受任者にとっても利益をもたらし、それが解除の可否を制限するということは、さらに分析すれば次のことを意味する。

　まず、給付と反対給付との組合せに着目すると、受任者が得るのは、有償委任においては報酬、無償委任においてはある種の精神的な満足（第 27 章 [421頁]）である。したがって、委任事務の処理に基づいて受任者が利益を得るということは、受任者が給付外利益を獲得することを意味する。そして、その種の契約においては定型的に解任の自由が制限されるのだとすれば、それは、給付外利益を定型的に取り込んだ契約が観念されているということである。

　(ii)　それでは、ここにいう給付外利益とは何か。次のように考えられる。
　共同利益型の（有償）委任契約においては、委任事務の処理は二重の意味をもつ。

　一方で、それは、役務給付の実現によって委任者に利益をもたらす。これに対応する委任者の義務は、上にみたとおり、受任者に対する報酬の支払であり、両者の間には対価関係がある。この限りでは、通常の委任と異なると

---

10)　この点につき、末川博「委任の解除」同『債権』（岩波書店、1970 年）393 頁以下を参照。なお、淺生重機「判解（最判昭和 56 年 1 月 19 日）」『最高裁判所判例解説　民事篇　昭和 56 年度』（法曹会、1986 年）8 頁をも併せて参照。

11)　最判昭和 56 年 1 月 19 日民集 35 巻 1 号 1 頁を参照。

ころはない。

しかし、他方で、委任事務の処理は、受任者自身にも利益をもたらす。これに対応して、委任者は、受任者が委任事務を処理するために必要な協力をする義務を負う。ここでは、委任者の協力が、「共通の目的」たる委任事務を処理する手段たる意味をもつ。

こうしてみると、共同利益型の委任には、対価関係に加えて、事務の遂行によって得られる利益を配分するという、組合に類する手段・目的関係（第28章［439頁］）が含まれていることがわかる。これを一般化して、以下では、共同の給付外利益の獲得を目的とし、その実現のために手段・目的関係に立つ義務を当事者間に発生させる契約を、先行する議論にならって「協働型契約」とよぶこととする[12]。

(iii)　もっとも、以上にみた共同利益型の委任をめぐる議論の意義は、今日では著しく相対化されている。現行規定のもとでは、委任事務の処理が受任者のためにも利益をもたらすからといって、委任者による解任の自由は制限されないからである（651条2項柱書き本文、同項2号を参照）。

それでは、協働型契約とよぶことができる契約は、（かつての）共同利益型の委任のほかにもあるのか。二つの例を採り上げて検討したい。

(2)　出版契約

(a)　契約の特徴

出版契約は、「当事者の一方（著作権者）が相手方（出版者）に、著作権の内在する著作物の利用を為さしめることを約し、相手方が自己の計算において、著作物を複製しそれを販売・頒布（出版）することを約するに因って成立する契約」等と定義される[13]。

上のような意味での出版契約は、有償・無償のいずれでもあり得る。この

---

12)　元来は、S. LEQUETTE, *Le contrat-coopération. Contribution à la théorie générale du contrat*, Economica, 2012, préf. Cl. BRENNER の構想である。これに想を得た考察として、中原太郎「フランスにおける『組織型契約』論の動向」廣瀬久和先生古稀記念『人間の尊厳と法の役割』（信山社、2018年）73頁を参照。

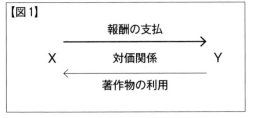

うち、出版契約が有償で行われるときは、出版者は、著作権者から著作物を利用する権限を取得するのに対して、その対価として報酬を支払う。この点のみを捉えるならば、出版契約は、著作物の利用権限とその対価との交換を目的とする契約だといってよい。

ところで、著作権者に対する報酬の支払方法には、「印税」「原稿料」とよばれるものがある。これらは、法概念として厳密に定義されるわけではないが、一般に、定価に対する割合によって支払われるものを印税、執筆の分量に応じて一時に支払われるものを原稿料という[14]。

このうち、原稿料が支払われる場合には、報酬は、著作物を利用する権利を取得するための対価としての意味をもつにすぎない(【図1】。Xを著作権者、Yを出版者とする)。出版者としては、対価を支払って著作物を利用する権利を取得した以上、あとはそれを自由に利用すればよい。

(b) 協働の契機

これに対して、印税が支払われる場合には、出版契約は、これとは異なる性質を帯びる。というのは、こうである。

印税が「定価に対する割合によって支払われる」ということは、出版部数が増えるのに従って、出版者が得る収益だけでなく、著作権者が得る報酬もまた増加するということである。これは、印税が支払われるときは、出版の成果について出版者と著作権者とが利害を共同することを意味する。

ところで、先にみたとおり、原稿料を対価とする出版契約においては、著

---

13) 末川博「出版契約論」同『法と契約』(岩波書店、1970年) 390頁による定義を基礎として、阿部浩二「出版契約」松坂佐一ほか還暦記念『契約法大系Ⅵ 特殊の契約(2)』(有斐閣、1963年) 80頁が説くものである。

14) 阿部・前掲論文(注13)) 94頁注7。

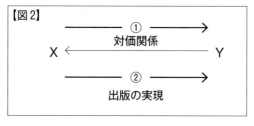

作物をどのように利用するかは、出版者の自由に委ねられてよい。出版の成果について利害を有するのは、出版者だけだからである。これに対して、印税を対価とする出版契約においては、著作権者もまた出版の成果について利害を有するから、著作物の利用を出版者の完全な自由に委ねることは適切ではない。むしろ、出版者は、著作権者の利益を（も）実現するために、対価の支払義務を負うほか、出版を実現する義務をも負うと考えなければならないであろう[15]（【図2】を参照）。

　先にみた共同利益型の委任と比較していえば、これは、次のことを意味する。著作権者は、出版者に対して、著作物の利用権限を与えるという給付義務を負う。この給付義務は、報酬支払義務（【図2】①）との間では対価関係に立つ。それとともに、出版義務（【図2】②）との間では手段・目的関係に立つこととなる。そして、この手段・目的関係のなかに、協働の契機が見出されることとなる。

(3) フランチャイズ契約

(a) 契約の特徴

　フランチャイズ契約についても、厳密な定義はない。学説においては、「特約店の特殊形態で、特約店（フランチャイジー）は、特定の商標・サービスマーク等を使用することにより同一のイメージの下に営業を行う権利を与えられ、かつその事業経営につき統一的な方法による統制・指導・援助を受け、その見返りとして対価（加盟金、ロイヤルティー等）を支払うもの」等とされる[16]（【図3】。Xをフランチャイザー、Yをフランチャイジーとする）。

---

[15] この点に関しては、著作権法上、出版権設定契約の効果として、出版契約者が出版の義務を負う（同法81条）ことが注目される。もっとも、これは、物権契約たる出版権設定契約の効果であると説かれるのが通例であり、ここでの議論に直ちに援用することができる規律ではない。

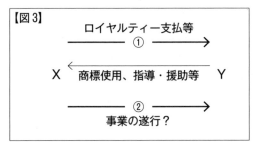

これは、どのような性質の契約なのか。商品の販売という側面に関しては、フランチャイズ契約は、フランチャイジーがフランチャイザーから商品を買い取って販売するという法形式をもつ。その一方で、両者の法律関係は、特約店たる性格に着目すると、(準)委任としての性質を有する「代理商に類似する点が多い」といわれる[17]。さらに、判例には、フランチャイズ契約の内容に含まれる代金支払事務の委託に関する法律関係は、準委任の性質を有するとしたものもある[18]。

このように、フランチャイズにおいて問題とされる権利・義務は、契約の具体的な内容に応じて多岐にわたり、どの側面に着目して契約を特徴づけるべきかは一見して明瞭ではない。上に引いた定義は、フランチャイズ契約においては、フランチャイジーが、①特定の商標・サービスマーク等を使用することにより同一のイメージの下に営業を行う権利、②事業経営につき統一的な方法による統制・指導・援助を受ける権利を取得するのに対して、③フランチャイザーに対価（加盟金、ロイヤルティー等）を支払う義務を負うことを明らかにするが、これは、交換の契機に着目してフランチャイズ契約を捉えるものである。

(b) 協働の契機

そのうえで、フランチャイズ契約にも協働の契機がある。二点に注目したい。

---

16) 江頭・商取引法 280-281 頁。詳解基本方針 V 420 頁も、同様の理解を基礎とする定義を示す。
17) 江頭・商取引法 280 頁。代理商契約の法的性質につき、同 279 頁を参照。ここでは、フランチャイザーを委任者、フランチャイジーを受任者に擬する関係が念頭に置かれている。
18) 最判平成 20 年 7 月 4 日判時 2028 号 32 頁。ここでは、フランチャイジーを委任者、フランチャイザーを受任者に擬する関係が念頭に置かれている。

465

第一に、フランチャイジーがフランチャイザーに支払うべき対価の算定方法については、売上総利益にチャージ率を乗じて算定する方式が採られることがある[19]。この場合には、出版契約において印税を支払う場合と同じく、フランチャイジーによる事業の成果について、フランチャイザーもまた利益を有することとなる。

　第二に、フランチャイジーには、「フランチャイズ網の形成・維持・拡充および統一的イメージの維持が求められる」といわれる[20]。これは、フランチャイザーから提供されるノウハウに従うことが、フランチャイジーにとってはもちろん、フランチャイズ網を強化し、周知性を高める点で、フランチャイザーにとっても利益となることを示唆するものである。

　以上の見方に従って共同の利益を実現するためには、フランチャイジーが、フランチャイザーが定める方針に従って事業を行い、収益を挙げなければならない。これは、出版者が出版義務を負うのと同様に、フランチャイザーにとっての義務（【図3】②）となるのか。そのような見方もあり得るかもしれないが、フランチャイジーにも事業遂行の自由があることからすれば、フランチャイザーから提示された方針を遵守することを超えて、フランチャイザーのために（も）事業を遂行する義務が発生するとまでは——少なくとも、「定型的」というほどに自明のこととしては——いえないように思われる。

(4)　小括——協働型契約の法的構造

　給付の構造という観点からみたとき、これら三種の契約の特徴は、対価関係に立つ債務に加えて、手段・目的関係に立つ債務を発生させるところにある。より正確には、対価関係に加えて手段・目的関係が契約の経済的作用に定型的に取り込まれているとき、その契約は、協働型契約と性格づけられるのだといえよう。

　それでは、手段・目的関係を併有する契約には、どのような取扱いが適用されるべきか。「法的構造」「経済的作用」という観点から考えてみたい。

---

19)　その例として、最判平成19年6月11日判時1980号69頁を参照。

20)　詳解基本方針V 421頁。特約店の権利義務につき、江頭・商取引法285頁以下をも参照。

第29章　給付に還元されない利益

　第一に、契約の法的構造としてみたとき、手段・目的関係を形成する義務の履行・不履行については、次の特徴が認められる。

　一方で、手段・目的関係を形成する義務の履行については、双務契約の牽連関係に関する規律、特に同時履行の抗弁に関する533条は適用されない。手段的給付は、その性質上、目的的給付に対して常に先履行の関係に立つからである[21]。

　他方で、手段・目的関係を形成する義務の不履行は、契約の解除原因となる。すなわち、手段的給付の不履行は、目的の達成を危殆化するゆえに、また、目的的給付の不履行は、まさにそれが目的の不達成をもたらすゆえに、契約の拘束力からの解放を正当化する[22]。

　第二に、契約の経済的作用としてみたとき、協働型契約には、次の特徴が認められる。

　一方で、手段・目的関係においては、契約目的の実現は、両当事者に等しく利益をもたらす。それは、組合において、出資と利益分配が手段・目的関係に立ち、共同の事業の成功がすべての組合員に等しく利益をもたらすことと、あたかも同じである。このことは、協働型契約が、「交換」を目的とする契約に、「配分」という経済的作用を加えるものであることを示している（「交換」と「配分」の特徴につき、第22章［346頁以下］を参照）。

　他方で、手段・目的関係においては、当事者は、自らの利益を犠牲にすることなく相手方の利益を増大させることができる。そうであるならば、各当事者は、双方に共通の利益を実現すべく、互いに協力する義務を負うとみるべきであろう。このことは、手段・目的関係を形成する義務の履行においては、対価関係を形成する義務の履行とは信義則（1条2項）のはたらきが異

---

21)　阿部・前掲論文（注13）82頁は、著作権者の「著作物を出版者に利用せしめる債務」と、出版者の「複製・頒布する債務」とが対価関係に立つから、出版契約は双務契約であるという。しかし、これらの債務が同時履行の関係（533条）に立たないとすれば、両債務の間に対価関係を認める意義は乏しいのではないか。

22)　この点に関しては、著作権法上、先にみた出版の義務（前掲注15）が履行されなかった場合の効果として、出版権の消滅請求が認められる（同法84条）ことが注目される。これもまた、出版契約について直ちに援用することができるものではないが、手段・目的関係の破綻に対して権利消滅という効果が与えられるという規律は、より広い射程を有するとみる余地があろう。

467

なり得ることを示唆する[23]。

4　おわりに

　典型契約は、当事者が得る利益に着目するが、それは、決して固定的・静態的なものではない。

　まず、当事者は、自らが締結する契約の内容を自由に決定することができる（521条2項）。このことを通じて、契約には、典型契約を類型化する基準となる給付とその組合せにとどまらない利益——給付外利益——が取り込まれる。ここには、典型契約が示す「典型」に対して、各契約がもつ「個別」の様相が現れている。

　さらに、給付外利益の獲得をめざす契約がくり返し締結されるようになると、それらは、社会的事実としての類型性を帯びるようになる。協働型契約を析出する試みは、そのような展開の可能性を含むものとして注目される。こうして「現実類型」から「法律類型」が生成される（第22章［342頁］）プロセスには、典型契約が示す「典型」に対して、新たな「典型」の様相が窺われる。

23）　この点につき、末川・前掲論文（注13））410頁は、「出版契約に於ては普通の双務契約に於けるやうに単純に給付と反対給付との交換丈けでは当事者の目的は達せられることが出来ぬのであるから、当事者は互に信任し互に扶け合うて行かねばならぬ」と説く。

第30章
給付によらない契約の分類

1 はじめに

既にくり返し確認したとおり、民法が定める典型契約は、基本的には、給付とその組合せに着目して類別される（**第22章**［343頁］、**第29章**［453頁］）。しかし、契約は、それとは異なる観点から分類されることもある（旧民法財産編297条から302条までと303条とを対照）。比喩的にいうならば、典型契約の分類を縦軸とすると、これに対する横軸をなす分類が、様々な民事法規のなかに存在する。

本章では、契約を類型化するにあたり、給付以外のどのような要素が考慮されるか、それぞれの分類がどのような意義をもつかを検討する。当事者（2）、成立（3）、履行（4）の三点に着目したい。

2 当事者

契約は、その当事者に着目して分類されることがある。

もっとも、民法は、契約当事者の属性に従った分類を設けてはいない[1]。これは、民法が、権利主体としての「人」を抽象的な人格の意味において捉

---

1) ただし、保証人については特別の規定がある（465条の2以下）。さらに、より一般的には、自然人と法人との間に取扱いの相違がみられることにも留意されてよいであろう。

469

える（第3章［49頁］）ことを反映したものであろう。すべての権利主体が「人」として等しく扱われる以上、分類の指標となるような「人の属性」を観念する余地はないからである。したがって、当事者に着目する契約の分類は、特別法の領域で展開した。

(1) 労働法

第一に、契約当事者の一方が労働者である場合を念頭に置いて、労働契約に関する規律が展開されてきた。

(a) 理念的側面

労働契約とは、「労働者が使用者に使用されて労働し、使用者がこれに対して賃金を支払うことについて、労働者及び使用者が合意することによって成立する」契約をいう（労契法6条）。

労働契約について特別な取扱いが適用される理由は、歴史的・社会的観点からは、労働という形態での役務提供が、労働者の人格や身体から切り離すことができないため、労働者を保護する必要があるからだと説かれる。一般契約法が、抽象的に捉えられた市民と市民との関係を規律するのに対して、特別法としての労働契約法は、「労働」という取引の場に現れる具体的な人間をめぐる関係を規律する。この点は、市民法と社会法との相違だとも説明されてきた[2]（第3章［50頁］）。

(b) 技術的側面

もっとも、労働契約に関する規律が、いかなる意味において当事者の属性に着目するかについては、留保が必要な点がある。

第一に、上の説明にも示唆されるとおり、法技術的な観点からみれば、労働契約は、労働という役務提供の方法に着目した分類である[3]。というのは、こうである。労働契約の当事者としての「労働者」とは、「使用者に使用さ

---

[2] 主体像の問題につき、橋本文雄『社会法と市民法』（有斐閣、1957年）296頁以下を参照。

[3] 詳細につき、土田・労働契約法7頁以下を参照。

れて労働し、賃金を支払われる者」（労契法2条1項）をいい、「使用者」とは、「その使用する労働者に対して賃金を支払う者」（同条2項）をいう。以上の定義からは、当事者の属性が、労働や賃金の支払という給付に着目して与えられていることがわかる（改めて、労契法6条をも参照）。

　それでは、「労働」という場では、当事者間にどのような関係が生じるのか。詳細は労働法の解説に譲るとして、ここでは、同じく役務提供型契約である（準）委任との違いとして、次の点を指摘しておきたい。すなわち、受任者は、委任事務の遂行にあたって「善良な管理者」の注意（644条）を尽くさなければならないが、被用者（労働者）については、これに相当する規定は民法にはない。被用者が尽くすべき注意の内容は、使用者の指揮命令を標準として定まるからである（第26章［415頁］）。このようにみると、役務提供に際して、役務提供者が役務受領者に従属する立場に置かれる点に、労働契約について特別の規律を必要とする根本の理由があることがわかるであろう。

　第二に、抽象的な「人」を扱う民法とは異なり、いわゆる社会法においては、具体的な「人間」が想定されるなどといわれる。しかし、社会法が想定するのも、（無限の多様性をもつ）一人ひとりの個人ではなく、「労働者」というカテゴリーに属する者である。いいかえれば、社会法の特徴は、国家全体の公的利益でもなく、各個人の私的利益でもなく、一定のカテゴリーに属する者の集団的利益を保護するところにある。

(2)　商法・消費者法

　第二に、商法・消費者法に着目したい。

　これらの法領域と民法との関係は、その当事者に即して図式化すれば、①市民間の取引（C2C取引）には民法が適用されるのに対して、②商人間の取引（B2B取引）には商法が、③商人（事業者）と市民（消費者）との取引（B2C取引）には消費者法が、それぞれ適用される。さらに、④民法は一般法だから、これらの各場面に共通して適用されるルールもまた、民法において扱われることとなる。

　ただし、ここでも労働法についてみたのと同様の疑義が生じる。これらの分類も、実は、当事者ではなく、取引に着目するようにみえるからである。

(a) 商 法

商法は、商行為（商法 501 条から 503 条まで）たる性格をもつ契約に適用される規律を定める。

それでは、商法には、民法と比較してどのような特徴があるのか[4]。この点については、古くは、実質的意義における商法の特徴づけをめぐって、商的色彩論や企業法説といった理論が提唱されたことが知られている[5]。そこでは、商法の一般的な特徴として、取引の簡易迅速、個性喪失等の側面が強調された。詳細は商法の解説に譲るとして、ここでは、次の点に留意したい。

第一に、商法は、「商人の営業、商行為その他商事」に適用される（商法 1 条 1 項）。このうち、商行為について、商法の適用場面は、いわゆる客観主義（商行為法主義）に従って画される。このことは、民法と商法とが、契約の当事者に着目して区別されるわけではないことを示している。ただし、商人が営業のためにする行為は商行為とされ（同 503 条 2 項）、かつ、商人の行為は営業のためにするものと推定される（同条 2 項）から（いわゆる折衷主義）、その限りでは、当事者に着目した規律が行われているといえる。

第二に、そもそも民法と商法の違いが本質的なものであるかも、問題である。両者の関係については、歴史的にみても様々な見方が示されてきた[6]。古くは、体系的な関心を交えて「民法の商化」が説かれたこともあったし[7]、民商統一法典を有する立法例もある[8]。以上のことは、一般法と特別法との

---

4) 高田晴仁「商法とは何か」同ほか編『民法とつながる商法総則・商行為法』（商事法務、2013 年）1 頁を参照。商法典の意義については、さらに、同『商法の源流と解釈』（日本評論社、2021 年）53 頁以下をも参照。

5) この点につき、服部・商法総則 4 頁以下を参照。

6) たとえば、金山直樹「フランス民法という世界」石井三記ほか編『近代法の再定位』（創文社、2001 年）50 頁は、商法をあくまでも民法の一分枝とみる観点に立ち、水林彪「日本『近代法』における民事と商事」同 212 頁は、民法＝非資本主義法、商法＝資本主義法と性格づけて両者の異質性を強調する（さらに、金山直樹『法典という近代』（勁草書房、2011 年）200 頁以下をも参照）。

7) この点につき、西原寛一『日本商法論』（日本評論社、1943 年）46 頁以下を参照。

8) スイス債務法典（1881 年、1911 年）が代表例である。日本法との関係では、中華民国民法（1929 年）がこの主義を採ったことが注目されるが、これを解説する日本の法学者は、批判的な評価を述べている（我妻榮『中華民国民法 債権総則』（中華民国法制研究会、1933 年）1 頁以下）。

区別が流動的であり得ることを示唆している[9]。

(b) 消費者法

消費者契約とは、「消費者と事業者との間で締結される契約」をいう（消契法2条3項）。このように、消費者契約の定義上は、ある契約が消費者契約であるか否かは、その当事者に着目して判断される。しかし、これまでにみたのと同じ問題が、ここにもある。

消費者契約法がいう「消費者」とは、「個人」であって、事業としてまたは事業のために契約の当事者とならないものをいう（消契法2条1項）。この定義もまた、ある者が消費者であるか否かが、知識・経験のような人の属性ではなく、「事業」との関わりで定まることを前提としている。

さらに、次のことにも注意する必要がある。事業者と消費者との間で締結される契約について特別の規律が設けられるのは、両者の間に、情報の質・量と交渉力について格差があるからである（消契法1条）。けれども、情報・交渉力の格差は、事業者・消費者間の取引にのみ存在するわけではないし、事業者と消費者との間で取引をするからといって、常に情報・交渉力の格差があるとも限らない。このことは、消費者契約法が、個別具体的にみた当事者の属性ではなく、消費者というカテゴリーに属する者の属性に焦点を当てていることを示している。

以上の観点からは、消費者契約法の究極的な目的は、当該事業者・消費者間の個別具体的な契約関係の規律ではなく、事業者・消費者によって形成される市場の規律にあるとの見方も成り立ち得るであろう[10]。消費者契約法が、「消費者の利益の擁護を図り、もって国民生活の安定向上と国民経済の健全な発展に寄与すること」（同法1条）をその目的として掲げることにも（独禁法1条をも参照）、このような見方に適合する面がある。

9）　以上のほか、民法（学者）と商法（学者）との間には、研究上の関心にも乖離がみられるのではないかという論争的な指摘がされたこともある（得津晶「民商の壁――商法学者からみた法解釈方法論争」新世代法政策学研究2号（2009年）233頁）。

10）　この点につき、千葉恵美子「消費者取引における情報力の格差と法規制」同ほか編『集団的消費者利益の実現と法の役割』（商事法務、2014年）165頁を参照。

(3) 小 括

以上のとおり、当事者に着目して編成される特別法には、究極的には、当事者そのものではなく、その当事者が置かれる場に着目した規律としての性格を有するとみるべきものが少なくない。あるいは、当事者に着目することは、一定の取引に入ることで当事者が果たす役割を特定するための手段だといってもよいだろう。

3 成 立

契約の成立について、民法は、諾成契約を原則としつつ、例外的に特別の「方式」が要求される場合があることを明らかにする（522条）。

(1) 諾成主義

諾成契約とは、二つの意思表示の合致のみを要件として成立する契約をいう（522条1項）。もっとも、契約の拘束力の根拠が、終局的には当事者の意思にあることを認めるならば、諾成主義は、何らかの方式が求められる場合があるという例外の存在を示す以上の意味をもたない。問題は、例外としての方式とは何かである。

諾成契約に対置され得る概念としては、要物契約と要式契約とがある。それぞれの定義は後に述べるが、諾成契約は、そのうち、要物契約の対概念として用いられるのが通常である。「諾成的消費貸借」という語が示すように、「諾成・要式契約」が観念されることがあるのは[11]、そのためである。

しかし、諾成主義がローマ法以来の方式主義を克服する過程で成立したことを考えると、「要式契約としての諾成契約」という表現は「不自然」だとの指摘もある[12]。522条に即してみても、諾成的消費貸借が同条2項いう「方式」に関わらないとみることは、やはり不自然であろう。

---

11) この点につき、山野目・債権各論146頁を参照。沿革的には、旧民法財産編299条（諾成・要物）、300条（要式・不要式）に遡る理解だとみられる。

12) 中田・契約350頁。

第 30 章　給付によらない契約の分類

　そうすると、概念・用語の整理としては、むしろ、①契約が有効に成立す
るために、意思表示の合致だけを要求する「諾成主義」と、意思表示の合致
以外の何らかの形式を要求する「方式主義」とを区別したうえで、②「方式
主義」に要物契約と要式契約とを包含させることが簡明であるように思われ
る[13]。そうすることで、意思表示の合致以外の要素が求められる趣旨を機能
的に考察することができ、要式契約のなかに、要物性を補う趣旨のものがあ
る（第 27 章［428 頁］）ことも適切に理解することができるであろう。

　なお、方式主義のもとでも、契約の拘束力の源泉となるのはあくまで当事
者の意思であって、方式ではない[14]。したがって、締結について方式が要求
される契約においても、意思表示に瑕疵があるときは、契約の有効性は否定
される。以上のことは、方式が、意思表示の合致に加えて要求されること、
いいかえれば、522 条 1 項が——必要条件という意味では——方式契約を含
むあらゆる契約に妥当することを示している。

(2)　方式主義

(a)　要物契約

　要物契約とは、その成立のために物の交付という方式を必要とする契約を
いう。

　現行法は、各種典型契約のうち、消費貸借（587 条）だけを要物契約とす
る（第 27 章［428 頁］）。そのうえ、消費貸借についても要物性は緩和されて
おり、書面ですることによって契約を成立させる余地が認められている（587
条の 2）。

　これに加えて、使用貸借と寄託が諾成契約化されたことからも窺われると
おり、民法は、要物契約に多くの意義を見出さない。このような態度は、起
草者の見解にも既に現れていたし（第 27 章［428 頁］）、民法制定直後の学説
にも、要物契約は歴史の残滓にすぎないとする議論が既にみられた[15]。もっ

---

13)　以上は、諾成主義の語を「方式の自由」の意味で用いるものだといってもよい。我妻・債権
　　各論上 29 頁以下、平井・契約総論 72 頁、中田・契約 74 頁を参照。
14)　潮見佳男「方式の自由と方式要件の強化」債権法改正と民法学Ⅲ 1 頁以下、特に 28 頁を参照。

475

とも、要物性が担ってきた機能をどのように代替するか——あるいは、そもそもそれができるのか——は、一つの問題である[16]。

(b) 要式契約

(i) 要式契約とは、契約を締結する意思表示をするために、書面作成等の方式を必要とする契約をいう。

要式契約の具体例として、民法上は、保証（446条2項）、書面でする消費貸借（587条の2）のほか、婚姻（739条1項）を指摘することもできる。

これとは別に、業法によって契約書の作成・交付が義務づけられることがある。しかし、だからといって、その契約が、私法上も当然に要式契約となるわけではない。判例は、鉄道運送契約の成立時に運送状の交付が義務づけられる（鉄道運輸規程50条）からといって、運送契約が要式契約となるわけではないとする[17]。その他の場面（たとえば、建設業法19条等）についても、同様の取扱いが妥当しよう。

(ii) ところで、要式契約において方式を具備しない意思表示がされた場合に、そもそも契約が成立しないのか、それとも、成立は認められたうえでその効力が生じないのかは、必ずしもはっきりしないことがある。

一般的には、方式の具備は、契約の成立要件だと説かれる。522条2項も、このことを前提とするものであろう。その一方で、保証契約の締結時に要求される書面については、これを有効要件と理解するかにみえる説明もある[18]。

---

15) 石坂音四郎「要物契約否定論」『改纂民法研究下巻』（有斐閣、1920年）677頁。

16) 森山浩江「債権法改正における使用貸借の諾成化をめぐって」法雑66巻1-2号（2020年）41頁は、使用貸借において、書面によらない贈与の規律に準じて要物性の機能を代替する（593条の2）という方針を採ることを、贈与と使用貸借との差異を捨象したものであるとして批判する。

17) 最判昭和30年1月27日民集9巻1号42頁。同旨を説くものとして、佐竹三吾『鉄道営業法（現代法学全集第11巻）』（日本評論社、1929年）302頁以下。

18) 吉田徹ほか編著『改正民法の解説［保証制度・現代語化］』（商事法務、2005年）13頁（「書面によらない保証契約を無効とする」という）。中田・債権総論568頁も同旨か。これに対して、成立要件であると明言するものとして、司研・類型別42頁を参照。潮見・債権総論Ⅱ642頁も、この趣旨であろう。

しかし、保証が要式契約であるとの理解を前提とするならば、上にみた要式契約の定義に照らして、書面要件が充たされない以上は意思表示が存在しないはずなのだから、契約の成立を否定することが自然であろう。婚姻についても、議論はあるものの、届出は成立要件だとする見解が多数を占める[19]。

4 履 行

契約は、債務を履行する態様に着目して分類されることがある。これは、給付に関わるものの、典型契約とは違って、「どのような」ではなく、「どのように」という問いに対応する分類である。二つを採り上げたい。

(1) 継続性

第一は、継続的契約である。継続的契約とは、給付が即時に実現されるのではなく、その履行について一定の期間を要する契約をいう[20]。

契約の継続性については、古くは、継続的債権関係に固有の取扱いを認めるべきであるとする議論が展開された。そこでは、継続性のゆえに、信義則の要請が強度にはたらくなどと説かれた[21]。

これに対して、現在では、継続性は、債権ではなく、契約の特徴として考察されるのが通例である。このことは、継続性が、何らかのかたちで契約の構造に影響を与える要素であることを示唆する。

(a) 取扱い

継続的契約の概念は、主として契約の解消について意味をもつものとして

---

19) 詳細につき、前田陽一「いわゆる『身分行為』の方式としての届出——婚姻を中心に」中田裕康先生古稀記念『民法学の継承と展開』(有斐閣、2021年)803頁を参照。

20) 詳細につき、詳解基本方針 V 400頁以下を参照。

21) 鳩山秀夫「債権法に於ける信義誠実の原則」同『債権法における信義誠実の原則』(有斐閣、1955年)290頁以下のほか、我妻・債権各論上35頁以下。これに対して、平野義太郎『民法に於けるローマ思想とゲルマン思想』(有斐閣、増補新版、1970年)203頁は、「継続的債権契約」に着目する。

論じられる。そのはたらきは、双面的である。

（ⅰ）一方で、継続性は、契約の解消を制限することがある。すなわち、ある程度の長期間にわたって契約が存続したときは、その後における契約の存続に対する期待を保護するために、一定の法的保護が与えられる。図式的にいえば、三つの段階がある。

第一に、契約の解消を適法としたうえで、予告期間を置く等、解除権の行使に手続的な制限を設けるものである（たとえば、626条2項）。もっとも、債務不履行解除一般について催告が必要である（541条）ことを考えれば、以上の限りでは、継続的契約に特有の取扱いはないとの見方も成り立ち得るかもしれない。

第二に、契約の解消を違法とし、その効力を認めつつも損害賠償義務を課すことが考えられる（たとえば、628条後段、651条2項）。信義則（1条2項）の一つのあらわれとして、行為の不誠実性を理由とする損害賠償責任を課したものといえる（第12章［189頁］）。

第三に、契約の解消を違法とし、その効力を否定することがあり得る。いわゆる解雇権濫用法理（労契法16条）が、その例である。これは、信義則（または、権利濫用の禁止。1条3項）のあらわれとして、行為の不誠実性を理由とする失権を認めたものといえる（第12章［191頁］）。

（ⅱ）他方で、継続性は、契約の解消を正当化することがある[22]。すなわち、契約による拘束が長期に及ぶときは、たとえその継続中であっても、そこから解放される権利が付与される[23]（678条1項を参照）。

その具体例として、いわゆる継続的保証における保証人の解除権がある[24]（第12章［186頁］）。たとえば、身元保証人には、「業務上不適任又ハ不誠実ナル事跡アリテ之ガ為身元保証人ノ責任ヲ惹起スル虞アル」ときは、保証契約を

---

[22] なお、賃貸借における信頼関係破壊の法理につき、最判昭和27年4月25日民集6巻4号451頁を参照。

[23] 中途解約に焦点を当てる研究として、丸山絵美子『中途解除と契約の内容規制』（有斐閣、2015年）特に7頁以下を参照。長期間の拘束を定める約定の効力につき、中田裕康「永久契約の禁止」同『継続的契約の規範』（有斐閣、2022年）76頁を参照。

[24] 西村信雄『継続的保証の研究』（有斐閣、1952年）特に80頁以下を参照。

解約することが認められる（身元保証法4条）。また、解釈論上も、主たる債務者の財産状態が著しく悪化したり、経営状態に変化が生じたりした等の事情がある場合には、保証人は、継続的保証契約を解約することができるほか（特別解約権。事情変更の法理の一適用といえる）、期限の定めがない継続的保証は、保証契約締結後、相当期間を経過したときは解約することができるとされる（任意解約権）。

　(b)　契約の構造——基本と支分

　(i)　ところで、継続的契約から発生する債権については、債務者に対する請求権としての側面と、その源泉となる法律関係としての側面との区別が明瞭に現れる。このうち、源泉となる法律関係は基本権、そこから発生する請求権としての債権は支分権とよばれる[25]。両者の区別は、次のような場面で意味をもつ。

　第一に、定期金債権について、特別の時効が定められている（168条1項）。これによると、支分権たる債権は消滅時効の一般法（166条）に服するのに対して、基本権たる債権は、そこから生ずる各債権（つまり、支分権たる定期金債権）を基準としつつ、それ自体として独立の消滅時効に服する（168条1項各号）。

　第二に、継続的契約から生じる債権を譲渡する際に、何を既発生の債権（466条）として捉え、何を将来債権（466条の6）として捉えるかが問題とされることがある[26]。この点は、譲渡の効力発生時期や、対抗要件具備の方法との関係で論じられる。

　(ii)　このように、継続的契約に基づいて発生する債権に二重の構造を認めることには、理論的にみてどのような意味があるのか。

　一般に、債権の効力は、請求力と給付保持力とを中核として説明される（第

---

25)　この問題につき、平野裕之「基本的債権・支分的債権概念をめぐって——消滅時効及び譲渡の可能性」慶應法学44号（2020年）139頁を参照。

26)　将来債権譲渡の問題を機縁として、基本・支分の区別に対する批判的分析を展開した研究として、白石大「債権の発生時期に関する一考察（6・完）」早法89巻2号（2014年）33頁以下を参照。

479

13 章［198 頁］)。ところで、支分権たる債権がこれらを備えるのに対して、基本権たる債権にはそのような性質は認められない[27]。この点に着目するならば、基本権たる債権は、それ自体としては一種の「地位」だとみておくことが適切であろう[28]。

そうすると、基本権たる債権は、契約上の地位とどのような関係に立つのか。この点については、基本権たる債権は、つまるところ、契約上の地位の一部を構成するとみるべきではないかと思われる[29]。いいかえれば、契約上の地位という全体から分離して、支分権たる債権を発生させる部分のみを客体とする権利変動を——「債権」に関する法的取扱いに基づいて——認めるところに、基本権たる債権を観念することの意義があるといえよう[30]。したがって、たとえば、基本権たる債権の譲渡と契約上の地位の譲渡とが相次いで行われたときは、同一の客体の処分が部分的に競合するため、二重譲渡の関係が生じることとなる[31]。

(c) 枠契約

基本と支分の関係に似た構造は、複数の契約の間に生じることもある。たとえば、部品製造業者が、機械製造工場に対して、部品を継続的に納入するといった契約においては、取引条件を定める基本契約を締結した後に、個々の納入に関する個別契約が締結されることがある。

---

27) 森田・深める 118 頁以下を参照。平野・債権総論 35 頁の指摘も、この趣旨であろう。

28) 潮見・債権総論Ⅰ 243 頁は、基本権たる利息債権を「利息を発生させる基本的地位」と説く。

29) 森田・深める 119 頁以下は、基本権たる賃料債権を契約上の地位と「同義」であるとみたうえで、債権譲渡の対象となるのは支分権たる賃料債権であると分析する。

30) 最判平成 7 年 9 月 5 日民集 49 巻 8 号 2733 頁は、基本権たるゴルフ場施設利用権が時効によって消滅したときは、ゴルフ会員権そのものが包括的権利としてはもはや存在し得なくなるとする。ゴルフ会員権が契約上の地位である（第 19 章［302 頁］）ことを踏まえると、これは、契約上の地位にとっての「基本的な部分」（上記平成 7 年最判）である基本権たる債権の消滅が、契約上の地位の消滅をも招来することを示している（この点につき、中田裕康「信託受益権の消滅時効」道垣内弘人ほか編『信託取引と民法法理』（有斐閣、2003 年）278 頁を参照）。金山直樹『時効における理論と解釈』（有斐閣、2009 年）354 頁、松久三四彦『時効判例の研究』（信山社、2015 年）369 頁は、ここに、契約（契約上の地位）の消滅時効を考える契機を見出す。

31) 詳細につき、詳解基本方針Ⅲ 272 頁以下を参照。

このように、取引条件のみを定める合意は、枠契約とよばれる[32]。枠契約は、「当事者の合意した目的の実現のために、通常、同じ当事者間で、その枠組みを適用し実施する契約（適用契約）が締結されることを予定する契約であり、多くの場合、適用契約の成立の仕方や取引条件などその内容についても定める」もの等と定義される[33]。

ところで、個別契約は、それによって債権関係を発生させるから、契約であることに疑いがない。これに対して、枠契約は、将来において締結される契約の条件・内容等を画一的に取り決めるにすぎず、それ自体が債権を発生させるとはいい難い。そのようなものも「契約」ということができるのか。

この問いは、要するに、契約の本質的な効果として何を想定するかに関わる。民法上、契約は、債権の発生原因として位置づけられる。このことから、契約には債権の発生という要素が含まれなければならないと考えるならば（第1章［22頁］）、枠契約については、「合意」ではあっても「契約」ではないといった説明をする必要が生じよう[34]。枠契約は、いわば規範の設定のみを効果とするからである[35]。

(2) 終身性

履行の態様については、さらに、期間との関係で終身性が問題とされることがある。

---

32) 中田裕康「枠契約概念の多様性」同『継続的取引の研究』（有斐閣、2000年）32頁を参照。

33) 中田・契約129頁。

34) 民法は、「契約（をする）」「合意（をする）」という表現を使い分けている。たとえば、免責的債務引受は「契約」であるが（472条2項、3項）、契約上の地位の移転は「合意」（539条の2）である（なお、債権譲渡は、どちらとも明示されていない）。もっとも、両者を区別する基準は、規定からだけでは必ずしもはっきりしない。

35) 同じことは、継続的契約の枠を超えて、たとえば予約のように、後に締結される契約の条件・内容を取り決める合意についても問題となる余地がある。この種の問題に関する先駆的な考察として、浜上則雄「規範設定契約」松坂佐一ほか還暦記念『契約法大系VI 特殊の契約(2)』（有斐閣、1963年）112頁をも参照。

(a) 終身定期金契約

（ⅰ）　民法は、終身定期金を典型契約の一つとする。終身定期金とは、特定の人の死亡を終期として金銭その他の物を継続的に給付することをいう（689条）。

この定義からも窺われるとおり、終身定期金は、贈与や売買と並ぶ典型契約ではない。たとえば、Aが、自分が死亡するまで、Bに対して毎月一定額の金銭を与えるという約束は、Bが反対給付義務を負うならば売買等の有償契約となり、これを負わないならば贈与となる[36]。終身定期金について民法が定めるのは、正確にいえば、終身定期金債務の取扱いだと考えるべきであろう[37]。

（ⅱ）　上の定義からわかるとおり、定期金債務者は、基準となる者が早期に死亡することで利益を受ける。したがって、そのような事態が不正に招来されないようにする必要がある（130条2項をも参照）。

そこで、債務者が定期金債務の終期となるべき事実を故意に実現させたときは、債権者は、契約を解除することができる（693条2項・691条1項）。それだけでは債権者が被る不利益が填補されないときは、損害賠償を請求することもできる（693条2項・691条2項）。

もっとも、損害額の算定には、しばしば困難が伴う。そのため、民法は、定期金債権が相当の期間存続するものとして扱うことを認め（693条1項）、債権者の利益を保護する[38]。これは、損害賠償に代替する機能を果たすものだから、定期金債権の存続が認められる範囲では、損害賠償請求をする余地はないとみるべきこととなろう。

(b) 射倖契約

以上のとおり、終身定期金債務は、定期給付の終期が不確定であることを

---

36)　我妻・債権各論中二 863 頁。来栖・契約 691 頁、加藤・契約 492 頁は、これらの例を、売買・贈与等と終身定期金という性質を併有する契約とみる。

37)　三宅・契約各論下 1220 頁。

38)　この規定の趣旨、特に定期金債権の存続が損害賠償としての性質を有することにつき、梅・債権 840 頁、我妻・債権各論中二 867 頁を参照。

特徴とする。その結果、終身定期金給付の総量は、終期となる人の死亡が生じる時期に応じて変動する。このような性格は、射倖性とよばれる。

旧民法財産取得編157条は、射倖性を契約を分類するための一つの指標とみて、「当事者ノ双方若クハ一方ノ損益ニ付キ其効力カ将来ノ不確定ナル事件ニ繋ル合意」を射倖契約と定義した（同財産編301条3項をも参照）。これは、給付と反対給付との交換の実現結果が「将来ノ不確定ナル事件」に依存することを意味する。射倖契約とは、この「事件」によって一方の当事者が被るべき不利益を、対価の支払と引換えに他方の当事者が塡補することを内容とする「リスク移転型契約」だと説く議論もある[39]。

このことを踏まえて注意が必要なのは、契約の期間を終身と定めたからといって、給付が常に射倖性を帯びるわけではないことである。期間が終身であるだけでは、「損益」の不確定性は生じないからである。たとえば、終身の賃貸借（高齢者の居住の安定確保に関する法律52条）においては、賃貸借の期間は「終身」であっても、賃料債務の額は使用収益をした期間に応じて定まるから、損益に不確定性は生じない。したがって、それは、終身定期金債権を発生させるものではない（期間終身の契約の例として、678条1項本文をも参照）。

5　おわりに

本章で採り上げた問題は、雑多である。しかし、それは、契約を分類するための基軸が多様であることを反映したものだから、致し方のないところであろう。一連の検討を通じて明らかにしようとしたのは、契約が、典型契約論とは異なる様々な観点から分類され得ること、そして、それぞれの分類には、それに対応する特有の取扱いがあることである[40]。

---

39)　新注民(14) 625頁以下（西原慎治）を参照。
40)　概念の分類と法の適用との関係につき、小粥太郎『民法学の行方』（商事法務、2008年）83頁以下を参照。

法令索引

■日本国憲法〔憲法〕

24 ·····························343

■民法

1 ·····2, 4, 66, 113, 118, 183, 184, 188, 192, 426, 467, 478

3 ·····························33

3の2 ·····················32, 36, 37, 125

6 ·····························33

7 ·························35, 44, 47, 48

9 ·····························58

11 ·····················35, 44, 47

13 ·····························33, 64

15 ·····················35, 44, 47

20 ·····························68

34 ·····························31

85 ·····························309

87 ·····························317

90 ·······10, 26, 58, 66, 108, 109, 110, 111, 112, 113, 125

旧90 ···························109

92 ·····························125

93 ·····················123, 124, 138, 139, 150

94 ·············123, 124, 138, 139, 326, 337, 339

95 ·······15, 97, 99, 123, 124, 126, 128, 131, 132, 133, 134, 135, 136, 138, 139, 140, 142, 143, 146, 147, 148, 149, 151, 152, 154, 155, 156, 157, 158, 159, 161, 167, 172, 275, 276, 277, 347, 368, 443, 454

旧95 ·········125, 127, 137, 140, 142, 150, 158

96 ·····5, 111, 123, 124, 131, 133, 157, 326, 332, 347

旧96 ···························124

97 ·····················65, 81, 82

98の2 ·····························82

99 ·····················168, 175

100 ·····························172

101 ·····················123, 124

106 ·····························416

110 ·····························175

114 ·····························68

115 ·····························68

117 ·····················172, 175

119 ·····························47, 125

120 ·················58, 59, 124, 180, 297

121 ·····················6, 326, 327, 331, 332

121の2 ·····················328, 336

125 ·····························194

127 ·····························158

130 ·····························482

144 ·····························260

166 ·····················259, 479

168 ·····················479, 479

175 ·····························410

176 ·······210, 211, 226, 252, 308, 311, 327, 328, 334, 335, 336, 356, 357, 358, 384

177 ·······322, 326, 327, 328, 330, 331, 332, 333, 359

178 ·····················359, 361, 376

182 ·····························361

183 ·····························361

184 ·····························361

192 ·····························400

206 ·····················226, 309, 320

249 ·················309, 312, 312, 313, 314

251 ·····················313, 314

252 ·················312, 313, 314

254 ·····················316, 317

256 ·····················292, 315

258 ·····························450

264 ·················290, 292, 309, 311

266 ·····················319, 321

271 ·····························320

273 ·····························321

275 ·····························319

276 ·····················321, 322

344 ·····························428

399 ·····························13

400 ·················198, 199, 202, 398, 433

401 ·······198, 199, 200, 203, 205, 217, 227, 358, 364, 365, 366, 373, 375

404 ·····························241

406 ·····················207, 208

407 ·····························208

410 ·····················208, 209

412 ·················1, 4, 7, 191, 192, 241, 260

412の2 ·····················217, 222, 359, 456

413の2 ·····················227, 227, 228

414 ·····················217, 277

415 ·······206, 217, 220, 221, 222, 226, 231, 240,

484

241, 242, 247, 261, 277, 380, 381, 404, 444

416 ·················231, 242, 243, 244, 245, 246
418 ·················242
419 ·················232, 241
427 ·················278, 279
428 ·················278, 280, 281
旧428 ·················281
430 ·················280, 281
432 ·················278, 281
436 ·················281, 282
438 ·················286
439 ·················285
440 ·················286
441 ·················284, 286
446 ·················278, 288, 349, 429, 476
448 ·················284
454 ·················289
465の2 ·················469
465の10 ·················125
466 ·················479
466の6 ·················479
467 ·················301, 302, 359
470 ·················292, 303
472 ·················298, 303, 481
473 ·················211, 217, 256
482 ·················22, 210, 213, 214, 285
484 ·················205
492 ·················256, 285
493 ·················204, 227, 227, 255
494 ·················198
504 ·················192
505 ·················285
506 ·················67, 260
513 ·················210, 212
519 ·················287, 288
521 ·················3, 10, 25, 63, 82, 91, 102, 110, 151, 155, 166, 167, 170, 277, 351, 468
522 ·················3, 5, 63, 77, 82, 83, 84, 88, 100, 151, 276, 343, 439, 474, 475, 476
523 ·················78
525 ·················78
533 ·················23, 222, 223, 224, 248, 253, 254, 257, 259, 261, 277, 360, 424, 467
旧534 ·················225, 263, 310, 384
旧535 ·················225
536 ·················23, 223, 225, 226, 227, 228, 254, 277
旧536 ·················222, 225
537 ·················178
539 ·················297
539の2 ·················180, 294, 298, 299, 300, 301, 302,

304, 358, 481

540 ·················4, 222, 262
541 ·················4, 15, 115, 241, 261, 264, 267, 277, 321, 380, 381, 444, 478
旧541 ·················269
542 ·················14, 15, 158, 226, 264, 268, 271, 273, 274, 275, 277, 306, 444, 455, 458
543 ·················225, 226, 227, 277
旧543 ·················221, 225, 263
544 ·················71
545 ·················14, 382
547 ·················68
548の2 ·················4, 5, 108, 113, 118, 120, 121, 122, 154, 160, 164, 165, 167, 197
548の3 ·················162, 163
549 ·················63, 288, 297, 311, 344, 356, 361, 421, 422, 443
550 ·················424, 425, 429, 432, 435
551 ·················391
旧551 ·················374
553 ·················321, 423
555 ·················1, 7, 83, 100, 146, 179, 203, 216, 226, 234, 252, 297, 310, 311, 316, 318, 336, 342, 344, 346, 356, 357, 361
559 ·················356, 391, 413
560 ·················211, 252, 319, 359, 361, 406
561 ·················319, 358, 361
562 ·················100, 140, 204, 228, 228, 319, 361, 364, 368, 371, 374, 374, 375, 375, 376, 378, 379, 381, 382, 413, 456
563 ·················158, 228, 268, 379, 380, 381
564 ·················379, 380
565 ·················371, 374, 375
旧565 ·················363
566 ·················375, 376, 378
旧566 ·················373
567 ·················227, 228, 229, 319, 361, 384, 385, 385, 413, 414
568 ·················375
旧570 ·················364, 373
573 ·················252, 253
586 ·················297, 311, 344, 356
587 ·················250, 345, 387, 388, 390, 398, 399, 401, 427, 428, 435, 475
587の2 ·················251, 390, 428, 429, 431, 432, 435, 475, 476
589 ·················397, 421, 436
旧589 ·················428
590 ·················356, 391
591 ·················399

593 ・・・・・・・・・345, 387, 388, 398, 399, 421, 427	671 ・・・・・・・・・・・・・・・・・・・・・・・・・・・・・・・・・・・・447
旧593 ・・・・・・・・・・・・・・・・・・・・・・・・・・・・・・・・・・・・428	673 ・・・・・・・・・・・・・・・・・・・・・・・・・・・・443, 447
593の2 ・・・・・・・・・・・・・・・429, 432, 435, 476	674 ・・・・・・・・・・・・・・・・・・・・・・・・・・・438, 448
594 ・・・・・・・・・・・・・・・・・・・・・・・・・・・・・・・・・・・・398	675 ・・・・・・・・・・・・・・・・・・・・・・・・・・・・・・・・・・・・449
595 ・・・・・・・・・・・・・・・・・・・・・・・・・・・・・・・・・・・・392	676 ・・・・・・・・・・・・・・・・・・・・・・・・・・・315, 451
596 ・・・・・・・・・・・・・・・・・・・・・・・・・・・356, 391	678 ・・・・・・・・・・・・・・444, 445, 478, 483
597 ・・・・・・・・・・・・・・・・・・・・・・・・・・・274, 430	680 ・・・・・・・・・・・・・・・・・・・・・・・・・・・・・・・・・・・・444
598 ・・・・・・・・・・・・・・・・・・・・・274, 430, 431	682 ・・・・・・・・・・・・・・・・・・・・・・・・・・・・・・・・・・・・441
601 ・・・・・1, 13, 296, 345, 347, 387, 388, 398, 399,	683 ・・・・・・・・・・・・・・・・・・・・・・・・・・・444, 445
427	684 ・・・・・・・・・・・・・・・・・・・・・・・・・・・・・・・・・・・・444
605 ・・・・・・・・・・・・・・・298, 304, 305, 306, 307	685 ・・・・・・・・・・・・・・・・・・・・・・・・・・・・・・・・・・・・450
605の2 ・・・・・・・・・・・・・・・・・・・・・・・・・304, 305	688 ・・・・・・・・・・・・・・・・・・・450, 451, 452
605の3 ・・・・・・・・・・・・・・・・・・・・・・・・・298, 300	689 ・・・・・・・・・・・・・・・・・・・・・・・・・・・・・・・・・・・・482
606 ・・・・・・・・・・・・・・・・・296, 319, 319, 392	691 ・・・・・・・・・・・・・・・・・・・・・・・・・・・・・・・・・・・・482
607 ・・・・・・・・・・・・・・・・・・・・・・・・・・・158, 265	693 ・・・・・・・・・・・・・・・・・・・・・・・・・・・・・・・・・・・・482
611 ・・・・・・・・・・・・・・・・・・・・・・・・・・・158, 265	695 ・・・・・・・・・・・・・・・・・・・・・・・・・・・・・・・・・・・・352
612 ・・・・・・・・・・・・・・・・・296, 298, 358	696 ・・・・・・・・・・・・・・・・・・・・・・・・・・・352, 354
614 ・・・・・・・・・・・・・・・・・・・・・・・・・・・・・・・・・・・・253	703 ・・・・・・・・・・・・・・・・・・・328, 345, 358
616 ・・・・・・・・・・・・・・・・・・・・・・・・・・・・・・・・・・・・398	708 ・・・・・・・・・・・・・・・・・・・・・・・・・・・・・・・・・・・・195
623 ・・・・・・・・・・・・・345, 403, 407, 422, 432	709 ・・・・・・・・・・・・・・・・・・・・6, 209, 354
624 ・・・・・・・・・・・・・・・・・・・・・・・・・・・・・・・・・・・・253	723 ・・・・・・・・・・・・・・・・・・・・・・・・・・・・・・・・・・・・・25
625 ・・・・・・・・・・・・・・・・・・・・・・・・・・・・・・・・・・・・416	739 ・・・・・・・・・・・・・・・・・・・・・・・・・・・・・・・・・・・・476
626 ・・・・・・・・・・・・・・・・・・・・・・・・・・・・・・・・・・・・478	838 ・・・・・・・・・・・・・・・・・・・・・・・・・・・・・・・・・・・・・47
628 ・・・・・・・・・・・・・・・・・・・・・・・・・・・・・・・・・・・・478	843 ・・・・・・・・・・・・・・・・・・・・・・・・・・・・・・・・・・・・・48
632 ・・・・・・・・・・・345, 347, 403, 407, 412, 432	853 ・・・・・・・・・・・・・・・・・・・・・・・・・・・・・・・・・・・・・48
633 ・・・・・・・・・・・・・・・・・・・253, 412, 413	858 ・・・・・・・・・・・・・・・・・・・・・・・・55, 57, 59
636 ・・・・・・・・・・・・・・・・・・・・・・・・・・・・・・・・・・・・409	876 ・・・・・・・・・・・・・・・・・・・・・・・・・・・・・・・・・・・・・47
641 ・・・・・・・・・・・・・・・・・408, 412, 460	876の6 ・・・・・・・・・・・・・・・・・・・・・・・・・・・・・・・・・47
643 ・・・・・・・・・・・・・・・・・345, 403, 407	886 ・・・・・・・・・・・・・・・・・・・・・・・・・・・・・・・・・・・・・26
644 ・・・・・・・・・・・・・・・・・415, 433, 471	896 ・・・・・・・・・・・・・・・・・・・・・・・・・・・290, 300
644の2 ・・・・・・・・・・・・・・・・・・・・・・・416, 417	906 ・・・・・・・・・・・・・・・・・・・・・・・・・・・・・・・・・・・・290
645 ・・・・・・・・・・・・・・・・・・・・・・・・・・・・・・・・・・・・416	906の2 ・・・・・・・・・・・・・・・・・・・・・・・・・・・・・・290
646 ・・・・・・・・・・・・・・・・・・・・・・・・・・・・・・・・・・・・416	909の2 ・・・・・・・・・・・・・・・・・・・・・・・・・・・・・・290
648 ・・・・・・・・・・・・・・・・・・・・・・・・421, 436	985 ・・・・・・・・・・・・・・・・・・・・・・・・・・・・・・・・・・・・・69
651 ・・・・・・・・・・・407, 408, 433, 436, 459, 462, 478	986 ・・・・・・・・・・・・・・・・・・・・・・・・・・・・・・・・・・・・・70
653 ・・・・・・・・・・・・・・・・・・・・・・・・・・・・・・・・・・・・・51	987 ・・・・・・・・・・・・・・・・・・・・・・・・・・・・・・・・・・・・・68
656 ・・・・・・・・・・・・・・・・・・・・・・・・404, 407	996 ・・・・・・・・・・・・・・・・・・・・・・・・・・・・・・・・・・・・427
657 ・・・・・・・・・・・・・・・・・345, 403, 407	1022 ・・・・・・・・・・・・・・・・・・・・・・・・・・・・・・・・・・・69
旧657 ・・・・・・・・・・・・・・・・・・・・・・・・・・・・・・・・・・・・428	1027 ・・・・・・・・・・・・・・・・・・・・・・・・・・・・・・・・・・・321
657の2 ・・・・・・・・・・・・・・・・・・・・・・・429, 435	
659 ・・・・・・・・・・・・・・・・・・・・・・・・・・・・・・・・・・・・433	**■一般社団法人及び一般財団法人に**
662 ・・・・・・・・・・・・・・・・・・・・・・・・・・・・・・・・・・・・401	**関する法律〔一般法人法〕**
663 ・・・・・・・・・・・・・・・・・・・・・・・・・・・・・・・・・・・・401	10 ・・・・・・・・・・・・・・・・・・・・・・・・・・・・・・・・・・・・・・70
665 ・・・・・・・・・・・・・・・・・・・・・・・・421, 436	11 ・・・・・・・・・・・・・・・・・・・・・・・・・・・・448, 452
667 ・・・・・・・・73, 251, 315, 348, 437, 441, 443, 446	152 ・・・・・・・・・・・・・・・・・・・・・・・・・・・・・・・・・・・・・69
667の2 ・・・・・・・・・・・・・・・251, 349, 438, 444	239 ・・・・・・・・・・・・・・・・・・・・・・・・・・・・・・・・・・・・452
667の3 ・・・・・・・・・・・・・・・・・・・74, 440, 441	
668 ・・・・・・・・・・・73, 349, 437, 439, 443, 445	**■会社法**
669 ・・・・・・・・・・・・・・・・・・・・・・・・・・・・・・・・・・・・444	105 ・・・・・・・・・・・・・・・・・・・・・・・・・・・・448, 452
670 ・・・・・・・・・・・・・・・・・・・・・・・・・・・・・・・・・・・・446	833 ・・・・・・・・・・・・・・・・・・・・・・・・・・・・・・・・・・・・445

法令索引

■家事事件手続法〔家事事件〕
別表第一 1 の項 ……………………48
別表第一 3 の項 ……………………48

■建設業法
19 ……………………………… 476

■高齢者の居住の安定確保に関する法律
52 ……………………………… 483

■私的独占の禁止及び公正取引の確保に関する法律〔独禁法〕
1 ……………………………… 473

■借地借家法
2 ………………………… 306, 323
10 ……………………… 304, 323
19 ……………………………… 300
20 ……………………………… 300
22 ……………………………… 429
28 ……………………………… 351
31 ……………………………… 304
32 ……………………………… 351
38 ……………………………… 429

■商法
1 ……………………………… 472
501 …………………………… 472
502 …………………………… 472
503 …………………………… 472
504 ……………………… 172, 173
535 …………………………… 452
596 …………………………… 404
597 …………………………… 404
598 …………………………… 404

■障害者基本法
1 ………………………………53
2 ………………………………53

■消費者契約法〔消契法〕
1 ……………………………… 473
2 ……………………………… 473
4 ………………… 44, 113, 124, 134
10 …… 4, 108, 113, 114, 115, 117, 118, 120, 121, 122, 197
12 ……………………… 117, 121

■成年後見制度の利用の促進に関する法律
2 …………………………………

■相続税法
7 ……………………………… 424

■宅地建物取引業法〔宅建業法〕
47 ………………………………80

■著作権法
81 ……………………………… 464
84 ……………………………… 467

■任意後見契約に関する法律〔任意後見〕
4 ………………………………52
10 ………………………………51

■農地法
3 ……………………………… 358

■不動産登記法〔不登法〕
60 ……………………… 359, 406
78 ……………………………… 322

■分収林特別措置法
2 ……………………………… 452

■身元保証ニ関スル法律〔身元保証法〕
4 ……………………………… 479

■民事執行法〔民執〕
31 ……………………………… 258
59 ……………………………… 305
188 …………………………… 305

■民事訴訟法〔民訴〕
11 ………………………………12
16 ………………………………12
179 …………………………… 224

■労働基準法〔労基法〕
22 ………………………………68
38の 3 ………………………… 409

■労働契約法〔労契法〕
2 ……………………………… 471
5 ……………………………… 187
6 ………………… 78, 470, 471
16 ……………………………… 478

■鉄道運輸規程
50 ……………………………… 476

487

■国際物品売買契約に関する国際連合条約
19 ……………………………………………85

■障害者の権利に関する条約〔障害者権利条約〕
12 ………………………………………54, 55

■旧民法
（財産篇）
297 ………………………………………… 469
298 ………………………………………… 469
299 …………………………………… 469, 474
300 …………………………………… 469, 474
301 …………………………………… 469, 483
302 …………………………………… 271, 469

303 ………………………………………… 469
304 ………………………………………… 149
306 ………………………………………… 149
309 …………………………………… 149, 150
401 ……………………… 204, 229, 284, 385, 385
436 ………………………………………… 209
439 ………………………………………… 280
451 ………………………………………… 217
（財産取得篇）
157 ………………………………………… 483
178 ………………………………………… 388
（人事篇）
1 …………………………………………… 33, 47

判例索引

■大審院
大判明37・11・2民録10-1389 …………… 319
大判明44・12・26民録17-916 …………… 443
大判大2・10・25民録19-857 …………… 334
大判大3・12・15民録20-1101 …………… 127
大判大3・12・26民録20-1208 …………… 412
大判大4・5・12民録21-687 …………… 460
大判大4・12・24民録21-2182 ………… 4, 119
大判大6・2・24民録23-284 …………… 127
大判大7・3・2民集24-423 …………… 332
大判大7・8・14民録24-1650 …………… 252
大判大9・4・24民録26-562 …………… 460
大判大9・5・8民録26-636 …………… 320
大判大9・12・18民録26-1947 …………… 192
大判大10・5・3民録27-844 …………… 105
大判大12・6・1民集2-417 ……………71
大判大14・10・28民集4-656 …………… 186
大判大14・12・3民集4-685 …………… 185
大判昭3・10・30民集7-871 …………… 262
大判昭4・2・21民集8-69 …………… 396
大判昭8・9・29民集12-2443 …………… 193
大判昭9・2・26民集13-366 ……… 192, 256
大判昭9・5・1民集13-875 …………… 110
大判昭10・12・28民集14-2183 …………… 193
大判昭11・2・25民集15-281 …………… 445
大判昭11・9・19法学6-86 …………… 186
大判昭13・6・11民集17-1249 ……… 192, 256
大判昭13・12・8民集17-2299 …………… 425
大判昭14・4・12民集18-397 …………… 405

大判昭17・9・30民集21-911 ………… 326, 327
大判昭19・6・28民集23-387 ………………97

■最高裁判所
最判26・4・19民集5-5-256 ………… 442
最判27・4・25民集6-4-451 ………… 478
最判昭29・4・8民集8-4-819 ………… 290
最判昭29・7・27民集8-7-1455 ………… 258
最判昭29・11・16民集8-11-2047 ………… 420
最判昭30・1・27民集9-1-42 ………… 476
最判昭30・11・22民集9-12-1781 ………… 195
最判昭30・12・16集民20-801 ………… 195
最判昭31・5・15民集10-5-496 ………… 351
最判昭32・7・5民集11-7-1193 ……11, 185
最判昭33・6・20民集12-10-1585 ………… 334
最判昭33・7・22民集12-12-1805 ………… 445
最判昭34・5・14民集13-5-609 ………… 262
最判昭34・6・19民集13-6-757 ………… 281
最判昭34・9・17民集13-11-1412 ……299, 358
最判昭34・11・26民集13-12-1550 ………… 316
最判昭35・4・21民集14-6-930 ………… 359
最判昭35・10・11民集14-12-2465 ………… 391
最判昭35・12・15民集14-14-3060 ………… 256
最判昭36・4・20民集15-4-774 ………82
最判昭36・11・21民集15-10-2507 ……265, 458
最判昭36・12・15民集15-11-2852 ………… 373
最判昭37・4・20民集16-4-955 ………… 194
最判昭37・4・26民集16-4-1002 ………… 425
最判昭37・9・4民集16-9-1834 ………… 191

488

最判昭39・ 1 ・23民集18- 1 -99 …………… 405
最判昭39・11・26民集18- 9 -1984 ………… 211
最判昭40・ 3 ・11判タ175-110 ………………… 211
最判昭40・ 4 ・ 6 民集19- 3 -564 ………… 195
最判昭40・ 4 ・30民集19- 3 -768 ………… 211
最判昭40・11・19民集19- 8 -2003 …… 334, 359
最大判昭41・ 4 ・20民集20-4-702 ………… 194
最判昭41・11・18民集20- 9 -1845 ………… 194
最判昭41・11・22民集20- 9 -1901 ………… 332
最判昭42・10・31民集21- 8 -2232 ………… 337
最判昭42・11・24民集21- 9 -2460 …… 274, 430
最判昭43・ 2 ・23民集22- 2 -281 …… 265, 458
最大判昭43・ 4 ・24民集22- 4 -1043 ……… 173
最判昭43・ 8 ・ 2 民集22- 8 -1558 …… 359
最判昭43・ 8 ・20民集22- 8 -1692 ………… 363
最判昭43・11・19民集22-12-2712 ………… 211
最判昭44・ 6 ・26民集23- 7 -1264 ………… 405
最判昭44・ 7 ・ 4 民集23- 8 -1347 ………… 195
最判昭46・12・16民集25- 9 -1472 …… 8, 183
最判昭47・ 3 ・ 9 民集26- 2 -213 ………… 358
最判昭50・ 2 ・20民集29- 2 -99 ………… 272
最判昭50・ 2 ・25民集29- 2 -143 ………… 189
最判昭51・ 2 ・13民集30- 1 - 1 ………… 329
最判昭53・11・30民集32- 8 -1601 ………… 425
最判昭56・ 1 ・19民集35- 1 - 1 …… 408, 461
最判昭56・ 2 ・ 5 判時996-63 ………………… 405
最判昭60・11・29民集39- 7 -1719 ………… 425
最判昭61・ 3 ・13民集40- 2 -229 ………… 445
最大判昭62・ 4 ・22民集41- 3 -408 ………… 309
最判平元・11・24判時1344-132 ……………… 80
最判平 5 ・ 1 ・21民集47- 1 -265 …… 180, 291
最判平 7 ・ 9 ・ 5 民集49- 8 -2733 ………… 480
最判平 8 ・ 7 ・12民集50- 7 -1918 …… 291, 302
最判平 8 ・11・12民集50-10-2673 …… 269, 458
最判平 9 ・ 2 ・14民集51- 2 -337 …… 255, 256
最判平 9 ・ 3 ・25民集51- 3 -1609 ………… 291
最判平 9 ・ 7 ・ 1 民集51- 6 -2452 ………… 187

最判平10・ 6 ・11民集52- 4 -1034 …………… 82
最判平10・ 9 ・10民集52- 6 -1494 ………… 286
最判平11・ 2 ・23民集53- 2 -193 ………… 442
最判平13・ 3 ・27民集55- 2 -434 ………… 193
最判平13・11・27民集55- 6 -1311 ………… 366
最判平15・ 4 ・18民集57-4-366 ………… 118
最判平15・ 7 ・11民集57- 7 -787 ………… 312
最決平16・ 8 ・30民集58- 6 -1763 ……80, 191
最判平17・ 7 ・14民集59- 6 -1323 ……………39
最判平17・ 7 ・19民集59- 6 -1783 …9, 191, 395
最判平17・ 9 ・16判時1912- 8 …………… 190
最判平18・11・27民集60- 9 -3437 ………… 405
最判平19・ 6 ・11判時1980-69 ……………… 466
最判平20・ 5 ・ 1 金法1842-103 …………… 175
最判平20・ 7 ・ 4 判時2028-32 …… 405, 465
最判平21・ 1 ・22民集63- 1 -228 ……… 291, 405
最判平22・ 6 ・ 1 民集64- 4 -953 ………… 366
最判平23・ 4 ・22民集65- 3 -1405
…………………………… 9, 183, 189, 190
最判平23・ 7 ・15民集65- 5 -2269 ………… 114
最判平24・ 3 ・16民集66- 5 -2216 …… 4, 115
最判平25・ 4 ・16民集67- 4 -1049 ………… 409
最判平28・ 1 ・12民集70- 1 - 1 …… 24, 137, 158
最判平28・ 4 ・21民集70- 4 -1029 …… 9, 189
最大決平28・12・19民集70- 8 -2121 ………… 290

■下級審裁判例
大阪高判昭60・ 6 ・25判時1171-79 ………… 320
東京地判平 4 ・ 5 ・26判時1458-71 ………… 86
大阪高判平 8 ・ 1 ・31金商1010- 9 ………… 459
大阪高判平19・12・18金法1842-105 ………… 175
東京地判平20・ 4 ・28判タ1275-329 ………… 6
東京地判平21・ 7 ・28判時2051- 3 ………… 238
東京高判平21・ 9 ・30金判1327-10 ………… 117
東京高判平22・11・25判時2107-116 ………… 238
東京地判平25・ 6 ・18判時2206-91 ………… 253

事項索引

※　事項索引の項目は、語句の意味内容に即して選択したものであり、本文中に用いた表現とは正確に対応しないことがある。

― あ ―

合わせて一本 ……… 106, 112, 118, 120, 121, 197

意思欠缺 …………………………… 123, 126, 138-153
意思能力 …………………………… 21, 31-45, 51
――の相対性 …………………………… 37-40

意思表示 ······················· 170
　——の解釈 →解釈
　——の瑕疵
　　········26, 74, 113, 123-137, 180, 197, 441
　——の合致
　　·············3, 62-63, 77-79, 82-87, 439-441
　——の成立 ························81
　——の方向 ·················62-64, 72
　瑕疵ある—— ···············123, 180
遺贈·················69, 70, 321, 427
一身専属性 ··············48, 300, 416
移転型契約 ······299, 311, 344, 356-370, 422-427
委任······51-52, 345, 404, 414-418, 421, 433, 447
　——の本旨 ·················415-417
　共同利益型の—— →共同利益型の委任
　準—— →準委任
印税 ····························463
請負········253, 345, 347, 350, 381, 404, 411-414, 432
　引渡しを要する—— ···········253, 411
営利（性）········349, 438, 441, 444, 445, 448-452
役務
　——給付 →給付
役務提供型契約 ····· 254, 345, 403-418, 432-434, 471

— か —

解雇権濫用法理 ·····················478
解釈［＝当事者の意思の探求］········10, 29, 159,
　185, 186, 201, 233, 245, 271, 279, 360, 417,
　434, 212, 252, 281, 457
　意思表示の—— ······89, 94-101, 104, 169, 366
　　本来的解釈 ·····················93, 95-97
　　規範的解釈 ·················93, 97-100
　契約の—— ··············101-106, 183, 185-187
　　修正的解釈 ·····················105
　　補充的（契約）解釈 ········11, 93, 102-103, 104
　　例文解釈 ·······················105
　不明確——準則 →不明確解釈準則
解除········65, 69, 71, 158, 222, 225, 258, 263-277,
　306, 320, 321-322, 329, 354, 380, 412, 424,
　426, 429, 430, 436, 444, 455, 457-459, 467,
　482
　任意—— →任意解除
　一部—— ···················381-383
　組合の—— →組合
解除権··················67, 180, 240, 297, 424, 478
拡大損害 ·······················241

瑕疵···························141, 365, 374
　——担保責任 ·················371-374
　意思表示の—— →意思表示
　隠れた—— ·······················364
過失責任主義 ···················232, 235
完全性利益 ·····················239, 241
危険（負担）··············223, 254, 310
　——の移転 ········· 204, 205, 208, 209, 226,
　228-229, 384-385, 413
　給付—— ·········202, 219, 227, 228, 229, 384
　対価—— ·············225-228, 384
期限·················23, 27, 253, 283, 284, 390, 396
帰責事由（責めに帰すべき事由）·······187, 225,
　232, 235, 263
　債権者の—— ·············225, 226, 227
寄託·····345, 400, 401, 404, 416, 421, 428, 433, 475
規範的解釈 →解釈
基本権（たる債権）→債権
94条2項類推適用 ·····················326
給付········7-9, 22 83, 85, 178, 198-214, 234, 249,
　276, 278, 280, 282, 296, 306, 318, 329, 336,
　343-346, 374, 439, 471, 477
　——危険 →危険（負担）
　——義務 ············186, 321, 443, 464
　——に還元されない利益（給付外利益）
　　·····························453-468
　——の一倍額性 ·····················282
　——保持力［債権の——］········198, 358, 479
　役務—— ····· 345, 403-418, 406-418, 432, 443, 461
　財産権移転—— ···············339, 357-362, 443
　状態—— ·················395, 396, 397
　担保する—— ·················288, 395
　反対—— →反対給付
　無形—— ·······················358
　利用に供する—— ···········319, 389-397
協働型契約 ···················462, 466-468
共同行為 ·······················71, 72
共同の事業［組合の——］·······73, 251, 315,
　348, 437, 440, 441-443, 445, 446, 451, 467
共同利益型の委任 ···············408, 459-462
業務［組合の——］·················443, 446-448
共有·····73, 311-318, 349, 439, 442, 443, 445, 449, 452
　債務の—— ·······················291
　準—— ·················289-292, 311
虚偽表示 ·············123, 138, 139, 337
経済的作用 ···············249, 293, 352
　給付の—— ······· 207, 288, 343-344, 389, 403,

490

423

組合の—— ……………………… 437-438

契約の—— ………… 14, 42, 75, 346-349, 466

組合……………………………………75, 437-452

——財産 ………73, 315, 316, 349, 437, 439, 445, 447, 449

——債務 …………………………… 291, 449

——の解除 ……………………………… 444

——の無効・取消し ……… 74-75, 440-441

獅子—— …………………………………73, 442

非営利—— ………………………… 438, 451

組入規制 →約款

クリーン・ハンズの原則 ………………… 195

形成権……………………12, 67-68, 69-70, 297

継続的契約 ……… 52, 301, 392, 394, 399, 477-478

契約……………… 1-16, 17, 62, 308, 352

——交渉の不当破棄 ………79, 191, 237

——書 ……… 11, 87-90, 96, 161, 476

——条項 ……… 12, 113-121, 197, 352

——責任 …………………………… 142, 373

——（内容）の修正 ………………… 105, 187

——の解釈 →解釈

——の成立 …… 24, 76-90, 94, 96, 98, 148, 171, 177, 182, 276, 342, 407, 474-477

——の相対効 ………………………… 458

——の当事者 →当事者

——の（本質的）要素 ……… 12, 82-87, 100, 104, 142-150, 265, 266, 342, 357, 361, 390, 401, 407, 421, 448

——の目的［——目的、——をした目的］ …… 13-16, 103, 117, 144, 145, 158, 185, 234, 249, 253, 257, 264, 272-277, 270, 300, 360, 367, 395, 409, 411, 420-422, 426, 430, 435, 446, 454-458

移転型—— →移転型契約

役務提供型—— →役務提供型契約

協働型—— →協働型契約

継続的—— →継続的契約

混合—— →混合契約

三面—— →三面契約

消費者—— →消費者

貸借型—— →貸借型契約

典型—— →典型契約

非典型—— →非典型契約

複合—— →複合契約

附合—— →附合契約

物権—— →物権契約

無償—— →無償契約

有償—— →有償契約

枠—— →枠契約

契約自由の原則 ……………… 15, 28, 63, 86, 281

契約上の地位 ……… 182, 290-291, 294-307, 316, 358, 480

——の移転 …………………… 180, 317, 481

——の対抗要件 ……………………… 301

契約不適合責任 …… 100, 140, 151, 203, 228, 361, 364, 368, 371-386, 391, 413

請負における—— ……………… 413-414

原稿料………………………………… 463

検査権……………………………… 443, 447

原始的不能 ……………………………… 222

——ドグマ ……………………… 372, 456

原状回復義務 …………………… 326, 328

顕名 ………………………………… 171-176

非——代理 ……………………………… 173

権利……………………… 20, 68, 185, 290

——抗弁 …………………………… 259

——（の）行使 ……… 118, 188-196, 259, 312, 315, 445

——濫用 …………………66, 118, 192, 478

権利能力 ……………………………… 31, 46

牽連関係 …… 23, 222, 248, 260, 361, 467

合意原因説 ……………………… 144-146

合意主義 ……………… 154-167, 188, 246

行為能力 ………………21, 33, 46-60, 81

効果意思 …… 25, 55, 79, 89, 123, 125, 133, 141-142, 149, 151

交換………42, 249-251, 264, 276, 347-348, 463, 465, 467, 483

——契約 …………………………… 344

等価—— …………………………… 347

公序良俗 …………………… 26, 66, 109-113

合同行為 ……………… 70-75, 439-441

合有 …………………… 291, 315, 316, 445, 449

合理的意思 ……………………………… 106

個別化理論 …………………………… 141, 147

雇用……………253, 345, 404, 408, 415, 416, 432

婚姻 ………………………………… 343, 476

混合契約 …………………………… 350-351

— さ —

サービス取引 ………………………… 406

債権…… 22, 96, 216-221, 305-307, 305, 306, 316, 410

——譲渡 ……………… 294, 296, 302, 344, 481

——の目的 ………………… 198-214, 343

——の目的物 …………………… 199-207

基本権たる—— ………………… 479-480

支分権たる—— ………………… 479-480

491

種類—— →種類
選択—— ····················· 208-209
定期金—— ····················· 479
任意—— ······················ 209-210
債権関係 ············· 158, 282, 400, 455
分割—— ······················ 279-280
不可分—— ···················· 280-281
連帯—— ······················ 281-287
財産（権）···························· 307, 422
——移転給付 →給付
催告解除 ···························· 266-268
催告権···································· 68
債務
——引受 ········· 294, 296, 302-303, 422
併存的—— ············· 283, 292, 302
免責的—— ············· 298, 302, 481
——不履行 ······· 183, 186, 215-230, 404, 444, 455
結果——、手段—— ············· 235, 404, 427
持参——、取立—— ············· 204, 204
保証—— →保証
裁量［役務提供者の——］············· 408
詐欺·········· 111, 124, 131, 133, 157, 347
錯誤········· 15, 24, 43, 97, 99, 123-137, 138-153, 155-160, 172, 275, 347, 368, 443, 454, 455
——の重要性 ········· 142-146, 147-148, 276
——の付加的要件 ············· 132, 133, 134
基礎事情—— ······· 15, 275, 368, 454, 455, 458
共通—— ····················· 135, 157
承諾を阻却する—— ············· 149
動機の—— ····················· 24, 454
指図··52, 409, 417
——遵守義務 ····················· 415
三面契約 ··································· 298
残余財産の分割［組合における——］
·· 450-452
指揮命令 ···························· 409, 415, 471
時効·········· 68, 194, 259, 260, 332, 479
自己執行義務 ····················· 415-417
仕事の完成 ················· 404, 411-412, 414
事実認定 ·································96
事情変更の法理 ············· 187-188, 426, 479
失権 ···························· 192, 478
支分権（たる債権）→債権
社会法·····························50, 470, 471
射倖契約 ····················· 482-483
社団の設立 ····················· 70, 440
終身定期金 ························ 482
修正的解釈 →解釈
授権····································· 178

受諾···································· 63, 425
手段・目的関係 ············ 439, 462, 464, 466-468
出資·····73, 348-349, 437-439, 443-446, 448, 450, 467
——の不履行 ····················· 444-445
出版契約 ···························· 462-464
受領遅滞 ································ 227
種類（物）······· 200, 203, 217, 228, 335, 363, 364, 375, 389, 394
——債権 ····························· 199
制限種類債権 ····················· 201, 228
準委任················· 404, 405, 432, 465, 471
準共有 →共有
消極的利益 →信頼利益
承継取得 ···························· 301, 328
法定—— ····················· 336-340
条件··········· 23, 27, 67, 130, 158, 283, 284, 423
商行為···························· 173, 472
使用貸借 ······· 273-274, 345, 388, 392, 393, 399, 419, 421, 428, 429-431, 475, 476
承諾··········3, 63, 77, 78, 79, 149, 299-301, 358
——を阻却する錯誤 →錯誤
消費者 ···························· 369, 471, 473
——契約··························89, 473
消費貸借 ········ 345, 388, 390, 394, 399, 421, 428, 475, 476
諾成的—— ············· 251, 390, 428, 474
利息付—— ············· 250, 396, 431
消費物 ································ 388
情報提供義務 →説明義務
証明··································29, 88, 390
消滅時効 →時効
書式の戦い ·····························84
署名代理 ································ 175
所有権の移転 ·········23, 204, 209, 211, 252, 333, 336, 346, 388
事理弁識能力 ·····························35
真意 ··················· 93, 96, 97, 128, 139
信義誠実の原則［信義則］········· 2, 4, 113, 118, 183-197, 235, 256, 467, 477, 478
紳士協定 ································80
信頼関係［委任における——］·········· 433, 434
信頼関係破壊の法理 ······ 272-274, 322, 429-430
信頼利益 ···························· 237-239, 240
——の賠償 ·····························79
心裡留保 ···················· 123, 138, 139, 150
数量 ··················· 148, 203, 363, 375, 378
——不足 ····························· 375, 378
請求力［債権の——］····················· 198, 479
制限物権 ···························· 318-323, 344, 400

事項索引

製作物供給契約 ･･････････････････････ 350
精神上の障害 ･･････････････････････ 43, 54
成年後見制度 ･･････････････････････ 46-60
責任財産 ･･････････････････････････ 283
積極的利益 →履行利益
設定［物権の――］･････ 299, 301, 313, 318
説明義務 ･･････ 6, 101, 183, 189-190, 366
善管注意義務 →善良な管理者の注意
善良な管理者の注意 ･･････ 202, 417-418, 433, 471
善良の風俗 ･･････････････････････ 110
相殺 ･･････････････････････ 258, 260, 285
相当因果関係説 ･･････････････････ 242-247
双務契約 ･･･････ 23, 222, 248-254, 264, 321, 349,
　　362, 438, 444, 467
贈与 ･･･････ 40, 63, 75, 288, 343, 344, 361, 421,
　　422-427, 443
　混合―― ･･････････････････････ 423
　死因―― ･･････････････････････ 70
　書面によらない―― ･･････････ 424, 476
　負担付―― ･･････････････････ 423
損失の分配［組合の――］･････････ 442, 449
損失分担［組合の――］→損失の分配

― た ―

対価関係 ･･･････ 41, 248-254, 346, 352, 397, 419,
　　437, 438, 461
代金減額（請求）（権）･････ 268, 380, 381-383
対抗要件 ･･････････････ 252, 301, 323, 479
　――具備義務 ･･･････････ 359, 406, 427
第三者のためにする契約 ･････････････ 178
貸借型契約 ･････ 345, 387-402, 427-432
貸借型理論 ･･････････････････････ 389
代替物 ･･････････････････････ 200, 389
代物弁済 ･･････････････ 22, 210-213, 284
代理 ･････････････････････ 21, 168-182
　署名―― →署名代理
　表見―― →表見代理
　無権―― →無権代理
代理商 ･･････････････････････ 465
諾成契約 ･････････････ 211, 391, 424, 474
諾成主義 ･･････････････････ 474-475
他主占有権原 ･･････････････････ 313, 394
単独行為 ･･･････ 17, 64-70, 71-72, 81, 287, 339
担保 ･･････････････ 288, 289, 293, 422
　――する給付 →給付
遅延賠償 ･･････････････ 241, 256, 258
地上権設定契約 ･･････････ 310, 311, 318
調達（義務）･･･････ 201, 202, 234, 361, 427
賃借権 ･･････････････････ 306, 388, 392

――の譲渡 ･･････････････････ 296, 358
――の対抗 ･･････････････････ 323
賃貸借の対抗 ･････････････････ 305
賃貸借 ･････････ 345, 347, 399, 419
追完 ･･････････････ 368, 377, 379-381
追認 ･･････････････ 169, 174, 291
定期金債権 →債権
定期行為 ･･･････････････ 15, 275
定型取引合意 ･･････････････ 160
定型約款 ･･･････ 4, 118, 160, 163
　――の組入れ ･･････････ 160-162
　――の内容の表示 ･･････ 162-163
適合性原則 ･･････････････ 38, 43
典型契約 ･･････ 83, 266, 276, 341-355
填補賠償 ･･････････････ 240-241
等価性 ･･････ 42, 110, 250, 347, 349, 373, 438
　主観的―― ･･･････ 250, 347, 420, 448
動機 ･･･････ 14, 56, 127, 144, 368, 423, 454
　――の錯誤 →錯誤
当事者 ･･･････ 20-22, 31, 168-171, 292
　――たる地位 →契約上の地位
同時履行（の抗弁）（権）･･････ 223, 248-262, 360,
　　424, 467
到達 ･･････････････････ 65, 81
特定 ･･･････ 199-207, 217, 227, 229, 358, 363, 384
特定物 ･････ 200, 202, 205, 363, 378, 388, 393, 398,
　　456
　――ドグマ ･･････････ 141, 147, 372
特約 ･･････････ 130, 273, 397, 421
特約店 ･･････････････････ 464
取消し ･･･････ 15, 57, 65, 69, 113, 124, 132, 146, 180,
　　327, 337, 368
　――後の第三者 ･･････････ 327-328
　――の遡及効 ･･････････････ 327
　――前の第三者 ･･････ 328 332
　組合の―― →組合
取消権 ･･･････ 58, 67, 68, 180, 297, 339
　――者 ･･････････････････ 58

― な ―

なりすまし ･････････････････ 174
任意解除（権）［委任の――］･････ 408, 433, 436,
　　459, 460
任意規定 ･･････ 11, 85, 92, 103, 114, 203, 351
人間 ･･･････････････ 49, 56, 471
能力 ･･･････････････ 21, 32-35

493

— は —

売買‥‥‥‥ 228, 252, 310, 336, 344, 346, 350, 356, 424

配分‥‥‥‥‥‥‥‥‥‥‥‥‥‥ 348-349, 462, 467

反対給付 ‥‥ 14, 249, 258, 276, 381-383, 396, 421, 436

引換給付判決 ‥‥‥‥‥‥‥‥‥‥‥ 258, 261

引渡し‥‥‥‥‥ 198, 202, 229, 252, 253, 360, 361, 376-377, 384, 411-412, 413-414

非典型契約 ‥‥‥‥‥‥‥‥‥‥ 86, 349-352

人‥‥‥‥‥‥ 37, 49, 406, 410, 469, 471

——の法‥‥‥‥‥‥‥‥‥‥‥‥‥‥49

表見代理 ‥‥‥‥‥‥‥‥‥‥‥‥‥ 175

表示‥‥‥‥ 15, 96, 127, 128, 132, 135, 147, 154, 156, 161, 162, 167, 275

——行為 ‥‥‥ 79, 89, 95, 97, 123, 126, 177, 366

——の誤りは害しない ‥‥‥‥‥‥‥95

不実—— →不実表示

比例性［出資と利益分配の——］ ‥‥‥‥‥‥‥‥‥‥‥‥‥ 349, 438, 448

品質‥‥‥‥‥‥ 159, 203, 362-370, 374, 378

不意打ち条項 ‥‥‥‥‥‥‥‥‥‥‥ 119

不可分債権関係 ‥‥‥‥‥‥‥‥ 280-281

付款 →法律行為

複合契約 ‥‥‥‥‥‥‥‥ 269-272, 457-459

附合契約 ‥‥‥‥‥‥‥‥‥ 163-166, 193

不実表示 ‥‥‥‥‥‥‥‥‥‥ 133-134, 157

付随義務 ‥‥‥‥‥ 8, 186, 189, 273, 395

不訴求約束 ‥‥‥‥‥‥‥‥‥‥‥ 285

物権化 ‥‥‥‥‥‥‥‥‥‥‥ 306, 323

地代支払義務の—— ‥‥‥‥‥ 322

賃借権の—— ‥‥‥‥‥‥‥‥ 306

物権契約 ‥‥‥‥‥‥‥ 23, 310, 400, 464

物権行為 ‥‥‥‥‥‥‥‥‥‥ 319, 336

——の独自性 ‥‥‥‥‥‥ 23, 333-336

——の無因性 ‥‥‥‥‥‥‥ 328, 329

物権変動 ‥‥‥‥‥ 23, 70, 214, 306, 308, 318, 344

復帰的—— ‥‥‥‥‥‥‥ 70, 325-340

不明確解釈準則 ‥‥‥‥‥‥‥‥ 99-100

フランチャイズ契約 ‥‥‥‥‥‥ 464-466

分割債権関係 ‥‥‥‥‥‥‥ 279-280, 287

返還（債務）‥‥‥‥‥‥‥‥‥ 397-401

変更権 ‥‥‥‥‥‥‥‥‥‥‥ 205-207

弁済‥‥‥‥‥‥ 192, 217, 226, 284, 449

——期 ‥‥‥‥‥‥‥‥‥‥ 253-254

——の提供 ‥‥‥‥‥‥‥‥ 256-257

忘恩行為 ‥‥‥‥‥‥‥‥ 426-427, 430

方式‥‥‥‥‥‥‥‥‥‥ 429, 474, 475

——主義 ‥‥‥‥‥‥‥‥‥ 474, 475-476

法的構造［契約の——］ ‥‥‥‥‥ 249, 346, 398, 438-439, 447, 467

冒頭規定 ‥‥‥‥‥‥ 83, 252, 345, 399

法は些事にこだわらず ‥‥‥‥‥‥ 191-192

暴利行為 ‥‥‥‥‥‥‥‥ 58, 109-113

現代的—— ‥‥‥‥‥‥‥‥ 111-113

法律関係 ‥‥‥‥ 20, 49, 67, 170, 181, 215, 295, 314, 352, 479

法律行為 ‥‥‥‥‥ 3, 17, 20-30, 41, 61-75, 94, 124, 285

——の内容 ‥‥‥‥‥‥ 24, 109, 130, 423

——の付款 ‥‥‥‥‥‥ 27, 158, 390, 423

——の目的 ‥‥‥‥‥‥‥‥‥ 22, 276

——の要素 ‥‥‥‥‥‥‥ 125, 142-146

法律効果 ‥‥‥‥‥ 19, 22, 25, 65, 96, 102, 141, 176-181, 333-336, 353

——の転帰 ‥‥‥‥‥‥‥‥‥ 177

法律要件 ‥‥‥‥‥‥ 17-30, 96, 124, 176

補充的解釈 →解釈

保証 ‥‥‥‥‥‥ 288-289, 293, 349, 476

——債務 ‥‥‥‥‥‥‥‥ 288-292

継続的—— ‥‥‥‥‥‥‥‥ 186, 478

連帯—— ‥‥‥‥‥‥‥‥‥ 289

本質的要素 →契約

本来的解釈 →解釈

— ま —

無権代理 ‥‥‥‥‥‥‥‥‥‥ 175, 291

——人の責任 ‥‥‥‥‥‥‥ 172, 175

無効‥‥‥‥‥‥‥‥‥‥‥‥‥ 124

組合の—— →組合

無催告解除 ‥‥‥‥‥‥ 264-266, 272, 458

矛盾行為禁止の原則 ‥‥‥‥‥‥‥ 194

無償契約 ‥‥‥‥‥ 63, 249, 346, 348, 419-436

免除 ‥‥‥‥‥‥‥‥‥‥‥‥ 285, 288

連帯の—— →連帯

免責（事由）［債務不履行責任の——］ ‥‥‥‥‥‥‥‥‥ 231-235, 220, 404

申込み ‥‥‥‥‥‥‥ 3, 63, 77, 78, 79

——の誘引 ‥‥‥‥‥‥‥‥‥‥80

目的財産 ‥‥‥‥‥‥‥‥‥‥‥ 445

— や —

約款‥‥‥‥‥ 4, 89, 99, 116, 119, 160-166

——の組入れ（組入規制）‥‥‥‥ 119, 160-163

——の内容規制 ‥‥‥‥‥‥ 165, 197

やむを得ない事由 ‥‥‥‥‥‥‥ 436, 445

事項索引

有効要件 ……………………………… 25-30, 476
有償契約 ……… 144, 248-251, 346, 356, 397, 413,
　　428, 437
有償性……………… 42, 249, 252, 398, 402, 438
用益物権 ……………………………… 313, 320, 394
容仮占有 ……………………………………… 431
要件事実 ……………………………19, 171, 259, 390
要式契約 ……………………425, 429, 474, 476-477
要素（契約の──）→契約
要物契約 …………… 211, 251, 390, 393, 428, 474,
　　475-476
用法遵守義務 ……………………………… 320, 398
予見（可能性）…………………………… 242-247
予約……………………………………………… 481
　　消費貸借の── ……………………………… 428

－ ら －

利益分配［組合の──］…………… 73, 349, 467,
　　448-452
利害（関係）……40, 63, 64, 69, 72, 340, 343, 348,
　　349, 438, 440, 442, 460, 463, 464
履行…………………………………………… 217, 284
　　──請求権 …………… 217-220, 240, 379, 414
　　──遅滞 …………………… 192, 223, 256, 258

──に代わる損害賠償 →填補賠償
──不能 ………………201, 217, 222, 223, 225
　　社会通念上の── ………………………… 218
──補助者 …………… 187, 246, 416, 235-236
履行拒絶（権）…………… 223-224, 248-262, 444
　　危険負担による── →危険（負担）
　　組合における── ……………………… 251, 444
　　同時履行による── →同時履行
履行利益 ………………………… 191, 236-237, 240
リスク………99, 136, 154, 186, 202, 218, 275, 319,
　　370, 483
利用権限 …305, 306, 391, 393-395, 397, 400, 463
例文解釈 →解釈
連帯
　　──債権関係 ……………………… 281-287
　　──の免除 ……………………………… 286-287
　　──保証 →保証
労働契約 ……………………… 68, 78, 90, 187, 470

－ わ －

和解……………………………………… 352-355
　　──の確定効 ……………………………… 352
枠契約……………………………………… 480-481

495

〈著者紹介〉

山城一真（やましろ・かずま）

1982年　北海道生まれ
2005年　最高裁判所司法研修所司法修習生（第59期）
2011年　早稲田大学大学院法学研究科博士後期課程修了（博士（法学））
現在　早稲田大学法学学術院教授

けいやくほう　　かんが
契約法を考える

2024年9月30日　第1版第1刷発行

著　者──山城一真
発行所──株式会社　日本評論社
　　　　〒170-8474 東京都豊島区南大塚3-12-4
　　　　電話　03-3987-8621（販売）　03-3987-8592（編集）
　　　　FAX　03-3987-8590（販売）　03-3987-8596（編集）
　　　　https://www.nippyo.co.jp/　振替　00100-3-16
印　刷──株式会社　平文社
製　本──株式会社　難波製本
装　丁──神田程史
© 2024 K.Yamashiro　　検印省略
ISBN978-4-535-52803-1　　Printed in Japan

JCOPY　〈㈳出版者著作権管理機構　委託出版物〉
本書の無断複写は著作権法上での例外を除き禁じられています。複写される場合は、そのつど事前に、
㈳出版者著作権管理機構（電話03-5244-5088、FAX03-5244-5089、e-mail: info@jcopy.or.jp）の許諾を
得てください。また、本書を代行業者等の第三者に依頼してスキャニング等の行為によりデジタル化す
ることは、個人の家庭内の利用であっても、一切認められておりません。